동양의 자연과 인간 이해

국립중앙도서관 출판시도서목록(CIP)

동양의 자연과 인간 이해 : 중국의 천인관계론
풍우 지음 ; 김갑수 옮김. -- 서울 : 논형, 2008
 p. ; cm. -- (논형학술 ; 41)

ISBN 978-89-90618-86-3 94150 : 15000
ISBN 978-89-90618-29-0(세트)

152-KDC4
181.11-DDC21   CIP2008000992

동양의 자연과 인간 이해

중국의 천인관계론

풍 우 지음 | **김갑수** 옮김

논형

TIAN AND REN by fung yu

ⓒ1992 by fung yu
Originally published in chinese by THE PEOPLE OF UNIVERSITY, Publishers, Beijing, 1992
This Korean language edition published in 2008 by Nonhyung, Seoul
by arrangement with the author, fung yu

동양의 자연과 인간 이해

중국의 천인관계론

지은이 풍우·馮寓

옮긴이 김갑수

초판1쇄 인쇄 2008년 3월 30일

초판1쇄 발행 2008년 4월 10일

펴낸곳 논형

펴낸이 소재두

편집위원 이종욱

편집 최주연, 김현경

내지디자인 박진희, 이순옥

표지디자인 홍원태

등록번호 제2003-000019호

등록일자 2003년 3월 5일

주소 서울시 관악구 봉천2동 7-78, 한림토이프라자 5층

전화 02-887-3561 **팩스** 02-887-6690

ISBN 978-89-90618-86-3 94150

가격 15,000원

개역·개정판에 부쳐

이 책은 1993년에 『천인관계론』이라는 이름으로 신지서원에서 출판한 것을 대폭 다시 번역하였고, 전체적으로 문장을 고치거나 다듬은 것이다. 따라서 내가 '개정'이라고 부르는 것은 원본 내용의 개정을 의미하는 것이 아니라 번역과 편집상에서의 개정을 의미한다.

대학원 박사과정에서 공부할 때 이 책의 원본을 보고 그 알찬 내용에 욕심이 생겨 번역한 것이 벌써 14년이라는 긴 세월이 흘렀다. 그 뒤 학위를 마치고 대학에서 강의할 때 이 책을 교재나 참고서로 사용하면서 몇 군데 불만스러운 부분과 오역이 발견되어 무척 아쉬운 생각이 들었다. 왜냐하면 이 책이 출판되고 나서 얼마 뒤 출판사의 경영권과 주소가 바뀌는 바람에 출판사와 연락이 끊겨 오류를 바로잡을 기회가 없었기 때문이다.

이 책을 구입할 수 없게 된 것은 이미 오래 되었지만 필요로 하는 사람까지 없어진 것은 아닌 모양이다. 그동안 주위의 동료나 학생 등 여러 사람들로부터 이 책을 다시 출판해 달라는 요청을 꾸준히 들어온 터였으나 예전 상태 그대로 내기에는 양심이 허락하지 않았고, 전면적으로 수정하고 다듬자니 의외로 많은 시간을 필요로 하였기에 계속 미루어왔었다. 올해 봄에 어느 정도 짬이 나서 15년 전 처음 번역을 시작할 때 사용한 원본을 다시 펼쳐놓고 번역문과 하나하나 대조하면서 어색하거나 부적절한 표현은 자연스럽게 바꾸고, 발견된 오역은 재번역하였다. 다행스럽게도 몇 군데 오역과 교정 과정의 실수를 제외하면 고쳐야 할 부분이 그리 많지는 않았다.

　무척 고마운 것은 논형출판사에서 내 뜻을 흔쾌히 받아들여 수정과 재출판의 길을 열어 주었다는 점이다. 세상이 변하는 속도에 비례하여 독서나 출판 상황도 급변하고 있다. 하루에도 백여 종의 새로운 책들이 쏟아져 나오는 판에 십여 년 전에 나온 책을 다시 출판한다는 것은 쉬운 결정이 아닐 것이다. 물론 이 책은 충분히 그럴 만한 가치가 있다는 것은 출판사뿐만 아니라 번역자인 나 역시 인정하는 바이다. 왜냐하면 이 책은 동아시아의 철학사상 및 문화를 이해하는 데 결코 빼놓을 수 없는 중요한 문제들을 다루고 있고, 이 책의 원본이 출판된 지 20년 가까이 되었지만, 이 주제와 관련하여 이 책을 능가할 만한 책은 아직 나오지 않았기 때문이다. 이 책의 장점은 부담스럽지 않은 부피 속에 풍부한 내용을 주제별로 잘 정리한 데 있다.

　동아시아의 전통사회에서 발생한 자연과 인간의 관계에 대한 여러 가지 생각과 논의를 통틀어 천인관계론이라고 부른다. 천인 관계란 하늘(天)과 사람(人)의 관계를 말한다. 천은 하늘일 수도 있고, 자연일 수도 있다. 따라서 천인 관계는 신 혹은 하느님으로서의 하늘과 사람의 관계를 의미하기도 하고, 자연과 인간의 관계를 의미하기도 한다. 천은 또 천성일 수도 있고 하늘이 정한 운명일 수도 있다. 이 경우에 천인관계는 천성과 인위의 관계를 뜻하기도 하고, 운명과 인간의 능동성에 대한 관계를 뜻하기도 한다. 천은 또 도덕적 선善일 수도 있다. 이때 천인 관계는 도덕과 욕망의 문제에 주목한다. 이처럼 천天은 여러 가지로 해석될 수 있는 다의적인 것이고, 그것을 어떻게 보는가에 따라 자연과 사회 그리고 개인의 구체적 삶에 대한 이해가 달라진다. 한 마디로 천에 대한 이해는 세계관 혹은 자연관의 범주에 속하는 문제이고, 천인관계론은 그 연장선상에서 사회관, 인생관 등까지도 포괄한다.

인간의 역사를 자기 발견의 역사라고 한다면, 사상사는 인간의 자기에 대한 인식 혹은 자각의 역사이며 주체성과 자유에 대한 확장의 역사라고 할 수 있다. 천인 관계는 바로 이러한 의미의 사상사에서 가장 중요한 문제를 다루고 있다. 동아시아에서 전통 시대의 어떤 사상도 천인관계의 문제를 비껴갈 수 없었다. 따라서 그것은 한 마디로 동아시아의 문화와 사상을 이해하는 문화적 키워드의 하나이고, 이런 이유에서 천인관계론에 대한 분명한 인식과 체계적 정리가 중요하다는 것은 대부분의 연구자들이 공감하고 있다. 이 책은 복잡한 의미를 갖는 천(하늘, 자연)과 인간에 대한 정의가 어떻게 바뀌어왔는지, 그리고 그것은 실제 인간의 삶에 어떤 영향을 끼쳤지 등과 관련된 여러 가지 문제를 역사적 맥락에서, 그리고 구체적인 자료를 가지고 설명하고 있다.

시간의 흐름과 함께 인류의 인식은 발달하여왔고, 인식의 발달과 함께 과거에 중시되던 어떤 문제는 완전히 폐기처분되기도 하지만 대부분의 문제는 다시 음미되고 평가되고 또 분화되는 것이 인류 인식사의 일반적인 특징이다. 사상사의 발전은 외연의 확장, 내용의 다양화 혹은 풍부화 등을 그 특징의 한 축으로 삼는다. 오늘날 우리가 고민하는 특정 문제는 백여 년 전의 사람들에게는 아무 문제가 아니었을 수 있고, 수천 혹은 수백 년 전부터 고민하던 문제가 오늘날에도 여전히 중요한 문제가 되고 있는 것은 바로 그런 이유에서인 것 같다. 어쨌든 우리는 수백 년 전에 고민했던 문제를 다시 고민하는 경우가 많다. 선인들의 고민과 그들이 내놓은 대답은 그들이 살았던 사회를 이해하는 데 중요하다는 것은 말할 필요도 없고, 오늘날 우리가 우리의 문제를 고민하고 해결책을 찾는 데도 많은 도움이 된다는 점 역시 부인할 수 없다.

이 책의 재출판을 결심하도록 격려해준 이숙인 선생님과 학습자의 입장에서 이 책의 가치를 일깨워준 성균관대학교 동양철학과 석박사 과정의 수강생 여러분들에게 감사한다. 그분들의 진심 어린 격려가 이 책이 새로운 모습으로 다시 출판될 수 있도록 한 진정한 원동력이었다.

역자는 이 책의 출간에 앞서 지금 미국에서 활동하고 있는 풍우 선생과 직접 연락하여 개역·개정판의 재출판 취지를 설명하고, 그로부터 동의를 받았다. 우리의 취지를 이해하고 이 책의 한국어 개역·개정판을 재출판할 수 있도록 허락해 주신 저자 풍우 선생님께 진심으로 감사드린다.

2008년 3월
옮긴이 김갑수

한국어판 저자 서문

근대 학자들은 중국 전통철학을 연구할 때, '천인관계' 문제가 역대 중국철학자들의 공통적 관심사였다는 점을 모두 인정하였다. 많은 사람들은 한 술 더 떠 '천인합일'은 중국철학의 가장 근본적인 이론적 특징이라고까지 주장하기에 이르렀다. 그러나 필자가 1978년 북경사범대학에 들어가 중국 역사를 연구하면서 이전의 연구에서는 서주시대의 천인관계론과 후대의 천인관계론의 중대한 차이점을 구별해 내는 데 성공하지 못했다는 사실을 발견하였다. 이때부터 필자는 중국 천인관계론을 보다 체계적으로 연구하고자 하는 생각을 갖게 되었다.

필자의 지도교수인 석준石峻 교수의 꼼꼼한 가르침을 받아가면서 10년의 노력을 기울인 결과 필자는 1988년 박사학위논문 『중국천인관계론연구中國天人關係論硏究』를 완성하게 되었다. '천인상감天人相感'·'천명天命과 인력人力'·'천도天道와 인도人道'·'천성天性과 인위人爲'·'천리天理와 인욕人欲'·'천인상승天人相勝' 등의 측면에서 역사발전에 기초하여 중국 역사상의 천인관계론을 비교적 총체적으로 분석하고 평가하였다. 이러한 연구를 통해 필자는 마침내 유행하던 관점과는 다른 결론을 얻었다. 필자는 중국의 천인관계론을 단순히 '천인합일'이라고만 개괄할 수 없으며, 또 '천인합일'과 '천인분리'라는 양대 진영의 투쟁으로만 묘사하는 것도 옳지 못하다고 생각하게 되었다. 중국 역사상의 대다수 철학자들은 천인관계를 설명할 때 모두 (천인) '분리'와 (천인) '합일'을 함께 거론하였다. 따라서 (중국의 전통적) 천인관계는 '하나이면서 둘(一兩)', 즉 대립·통일 관계의 전형이었다. 덧붙여 말하자면 '천인' 문제에서 중국 철학이 외국 철학과 구분된다는 점을 과장해서도 안 된다. 왜냐하면 서양 중세에도 중국의 천인관계론과 유사한 사상이 많이 발견되기 때문이다.

비교적 젊은 학자임에도 불구하고 이전의 연구와 다른 견해를 제기한다는 점에서 당시에 저자는 마음이 착잡하고 편치 못하였다. 그런데 논문심사위원 주심이었던 장대년張垈年 선생 등 저명한 학자들이 모두 저자의 논문에 대하여 높이 평가해 준 점은 큰 위안이 되었다. 그 뒤 필자가 인도에서 박사후 과정 학생으로서 연구할 때, 대부분의 인도철학자들이 중국철학의 천인관계론과 인도철학의 범梵(Brahman)·아我(Atman)론이 매우 많은 유사점을 가지고 있다고 인정하는 것을 알았다. 이것은 필자로 하여금 필자가 내린 결론에 대하여 보다 강한 확신을 갖도록 하였다.

이 책『중국의 천인관계론』(원제:『天與人』)은 필자의 박사학위 논문을 일반 독자들의 요구에 부응할 수 있도록 고쳐 쓴 것이다. 따라서 지나치게 전문적인 학술고증 부분은 짧게 줄이거나 생략하였으며, 동시에 천인관계론이 오늘날 우리에게 끼친 영향의 부분에 대해서는 지면을 더 늘렸다. 필자는 천인관계론의 여러 측면들은 오늘날에 이르기까지 인류의 사유와 환경의 관계 등 여러 가지 문제에 걸쳐 여전히 시사하는 바가 있다고 생각한다. 고쳐 쓰는 과정에서 인민대학 철학과 유대춘劉大椿 교수 등 동료들의 도움을 받았으며, 아울러 중경출판사重慶出版社 황장군黃長軍 선생 등으로부터 큰 지지를 받아 이 책이 순조롭게 출판될 수 있었다.

김갑수 선생이 이 책을 한국 독자들에게 널리 소개한다는 점에 대하여 큰 감사를 드린다. 다 알고 있듯이 한국과 중국은 유구한 문화 교류의 역사를 가지고 있다. 한국철학은 동양철학의 중요한 구성 요소이다. 역사상 많은 저명한 한국의 철학자들은 중국으로부터 전래된 유·불·도 사상을 창조적으로 발전시켜 독특하고 풍부한 철학체계를 수립하였는데, 그 가운데는 대개 천인관계론에 대한 연구가 포함되어 있다. 예를 들면 한국 주자학의 대가인 이황李滉은 이 문제를 심도 있게 논의하였다. 필자는 앞으로의 연구에서 한국·일본 등 동아시아 철학자들의 천인관계론에 대하여 비교적 많이 섭렵하고, 아울러 인도 및 서양철학에 있어서 이에 상응하는 문제들을 깊이 있게 비교 연구하려고 한다. 이 때문에 졸저에 대한 한국학자들의 비평을 간절히 바란다.

우리 인민대학 철학과의 '중국 및 동방철학교연실(中國與東方哲學敎硏室)'은 이미 한국과 좋은 관계를 맺고 있는데, 이 기회를 빌려 한국의 벗들에게 알릴 수 있는 것을 필자는 큰 보람으로 생각한다. 3년 전 우리는 국제퇴계학술대회를 주최하였다. 우리 연구소의 교수 여러 명이 한국을 방문하는 영광을 가졌으며, 동시에 많은 한국 학자들의 방문을 받았다. 필자는 이러한 관계가 앞으로 보다 더 발전되리라고 믿는다. 그것은 찬란히 빛나는 동양문화의 발전을 촉진하는 데 기여할 것이다.

철학박사 풍우馮寓 씀

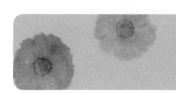

9장 결론

1장 _ 서론

    중국의 현대화를 추진하는 과정에서, 서양과의 문화 교류가 날로 깊어짐에 따라 중국의 전통문화와 현대화의 관계에 대한 문제가 점점 사람들의 보편적 관심의 대상으로 떠오르고 있다. 민족적 특색을 갖춘 물질 문명과 정신 문명이 함께 고도로 발달된 사회주의 중국을 건설하고 미래의 도전을 받아들이기 위해서는 중국의 선조들이 남겨준 유구한 문화유산, 즉 우리의 전통문화를 비판적으로 계승해야만 한다.

    그런데 전통문화란 무엇인가? 근래 들어 사상계와 문화 예술계에서는 전통문화의 문제와 '뿌리 찾기' 문제에 대한 연구가 매우 활발하여 여러 가지 학설이 분분하다. 그러나 다음과 같은 한 가지 점은 긍정된다. 4000년의 오랜 문명국인 중국은 장기간의 역사 발전과정을 통해 풍부한 다원적 전통문화를 형성하였다. 전통철학은 이러한 다원적 전통문화를 구성하는 매우 중요한 요소이다. 그것은 경극京劇 등 구체적 문화 예술 형식보다 더 오랜 역사를 가지고 있으며, 흙과 돌로 쌓아 이룩한 만리장성보다 더 견고하고 안정적이다. 왜냐하면 그것은 중국 민중의 심리구조 속에 뿌리내리고 있으며, 따라서 연면히 이어져 끊어지지 않고 영원히 번창하여 시들지 않을 것이기 때문이다. 중국문화의 창조자들(정신문명의 창조자든 물질문명의 창조자든 가릴 것 없이)은 모두 이러한 전통철학의 영향과 제약을 받지 않을 수 없었고, 각기 관련된 사고방식을 가지고 자신들의 창조적 활동을 진행하였다. 그런데 중국 전통철학에서 천인관계는 모든 분야에 영향을 끼친 문제이다. 중국 전통문화를 이해하고자 한다던가, 그 문화를 비판적으로 계승하고자 한다면 중국 역대의 천인관계론을 깊이 연구하고 총체적으로 개괄하지 않으면 안 된다.

1. 가장 오래된 철학 범주

중국철학과 인도철학, 그리고 희랍철학은 세계에서 가장 오래된 철학이다. 중국철학의 역사적 발전이라는 긴 강에서는 많은 범주와 개념이 나온다. 이들 범주와 개념은 대부분 독립적으로 발전된 것이며, 선명한 민족적 특징을 표현하고 있다. 그러나 인류의 인식 발전은 또한 공통의 법칙을 가지고 있다. 인류가 자연 현상을 인식하고 파악하는 구조상의 핵심을 개괄해 보면 범주와 개념들은 대체로 짝을 이루고 있다. 철학자들은 항상 대립하는 범주나 개념의 연관을 통하여 자기의 철학체계를 전개하였다. 중국철학도 예외는 아니다. 예를 들면 음陰과 양陽, 도道와 기器, 지知와 행行, 리理와 세勢 등 유명한 범주들은 모두 짝을 이루고 있다. 그런데 중국철학자들이 제기한 많은 '짝' 속에서 어떤 것이 가장 오래되었을까? 많은 사람들은 '음'과 '양'이라고 대답할 것이다. 그러나 실제로 가장 오래된 범주는 '하늘(天)'과 '인간(人)'이다. 이 대립적 범주는 늦어도 서주시대 초기에 나타났다. '음'·'양'이나 '도道'·'물物' 등 대립적 범주 역시 매우 오랜 역사를 가지고 있지만 그것들은 서주시대 초기에는 아직 나타나지 않았다.

인류의 인식의 역사에서 몇몇 철학적 범주들은 소수의 철학자들에 의해 제창되어 잠시 동안 유행하기도 하였지만, 오래지 않아 자취를 감추었거나 고대의 문헌 가운데 '화석층'으로만 존재할 뿐이다. 예를 들면 희랍의 스토아학파에서 제기한 뉴머pneuma(정신, 영혼)나 중국 후기묵가後期墨家에서 제기한 일련의 논리학적 범주들(예를 들면 '侔' 등)이 그것이다.

하늘과 인간이라는 대립적 철학 범주는 그와 같이 한번 반짝하고 사라져 버린 것이 아니었다. 서주시대 초기의 주공周公 희단姬旦(B.C. 11

세기에 활동하였음)에서부터 근대의 장태염章太炎(1869~1936)에 이르기까지 역사적으로 중요한 지위를 차지한 거의 모든 사상가들이 하늘과 인간을 자기 철학체계의 중요한 범주의 하나로 삼았다. 선진先秦과 양한兩漢 시기에 있어서 천인관계 문제는 당시의 철학자들이 논쟁한 최대의 철학적 문제였다고 할 수 있을 것이다. 그것은 노자老子(B.C. 6세기), 공자孔子(B.C. 551~B.C. 479), 묵자墨子(B.C. 5세기), 장자莊子(B.C. 4세기), 맹자孟子(B.C. 372~B.C. 289), 순자荀子(B.C. 313년경~B.C. 238), 동중서董仲舒(B.C. 179~B.C. 104), 왕충王充(27~97년경) 등 일급 철학자들의 중심 연구 과제였다. 위진魏晉시대에는 하늘과 인간에 대한 문제가 두 번째 지위로 밀려났지만, 이 시대에도 여전히 곽상郭象(?~312) 등 철학자들이 이 문제를 진지하게 연구하였고 또 이론적으로 발전시켰다. 수당隋唐시대에는 한유韓愈(768~824), 유종원柳宗元(773~819), 유우석劉禹錫(772~842) 등이 천인관계 문제를 놓고 격렬한 논쟁을 벌였으며, 심지어 불교철학자 종밀宗密(780~841)까지 이 논쟁에 참가하였다. 송명宋明시대에는 천인관계가 다시 가장 기본적인 철학적 문제의 하나로 등장하였다. 소옹邵雍(1011~1077), 장재張載(1020~1077), 주희朱熹(1130~1200), 왕정상王廷相(1474~1544), 왕부지王夫之(1619~1692) 등 저명한 철학자들이 깊은 관심을 가지고 이 문제를 탐구하였다. 근대에 들어와서는 지주계급의 개명파開明派 공자진龔自珍(1792~1841), 위원魏源(1794~1857), 태평천국의 영수 홍수전洪秀全(1814~1864), 홍인간洪仁玕(1822~1864), 자본가계급의 개량파 엄복嚴復(1853~1921), 강유위康有爲(1858~1927), 그리고 자본가계급의 혁명파 장태염章太炎(1869~1936), 손중산孫中山(1866~1925) 등은 모두 새로운 사회적 상황 속에서 천인관계라는 전통적 문제에 대하여 깊이 숙고하였다. 오늘날에도 하늘(자연)과 인간의 범주는 여전히 사람들에 의해 사용되고 있는 것을 보면 그것은 완전히 역사의 뒤안길로 사라져버린 것이 결코 아니라는 것을 알 수 있다.

한 마디로 하늘과 인간의 범주는 30여 세기 동안 지속되었으며, 천인관계에 대한 토론은 한 번도 중단된 적이 없었다. 앞으로도 그것은 계속 지속될 것으로 전망된다. 이처럼 오랜 역사와 끈질긴 생명력을 가진 철학적 범주는 중국철학사에서 극히 드물 뿐만 아니라 세계적으로 보더라도 그것에 필적할 만한 것은 거의 없을 것이다.

2. 가장 대중화된 철학 문제

중국 역사에서 철학자들은 무수히 많은 철학적 문제를 토론하였지만, 그 가운데 몇 가지 난해하고 애매한 문제에 대한 연구는 소규모의 개별 사상가 그룹으로 한정되었다. 비록 소수의 철학자들이 깊은 관심을 가지고 사소한 것까지 탐구하면서 끊임없이 논쟁하였지만, 그것은 사회적 주목이나 대중의 관심을 끌 수 없었으며, 따라서 그것은 봄에 내린 눈처럼 호응하는 사람이 적을 수밖에 없었다. 예를 들면 선진 명가의 견백堅白 · 지물指物의 문제나 위진魏晉 · 수당隋唐 불교의 반야般若 · 열반涅槃의 문제 등은 철학적으로 중요한 의미를 가지고 있으며 이론적으로 깊이를 가지지 않은 것이라 할 수 없지만, 그것이 끼친 영향은 한정되어 있었다. 따라서 일반 백성들이 볼 때 명가에서 제기한 "흰말은 말이 아니다(白馬非馬)"와 같은 명제는 완전히 궤변이며, 심지어는 궤변의 대명사라 할 수 있었다. 중국 민중에 대하여 불교가 끼친 영향은 매우 컸지만 그것은 인과응보론, 윤회설 등과 같은 것이었지, 오묘하고 신비스런 반야나 열반 같은 것은 민중들에게 거의 영향을 끼칠 수 없었다. 그러나 중국철학사에서 하늘과 인간의 관계에 대한 연구는 오히려 위에서 설명한 난삽한 철학적 문제와는 매우 달랐다. 한편으로 그것은 상당한 이론적 깊이를 가지고 있었으며, 역대 철학자들은 그것을 크게 중시하여 각기 자기의 의견을 개진하였다. 그것은 복잡하게 얽히고설킨 채 끊임없이 논쟁되었으며 오늘날에도 계속되고 있다. 다른 한편으로 그것은 모든 철학적 문제를 초월한 보편성을 가지고 있었으며, 중국 민중의 관념에 중요한 영향을 끼쳤다. 중국 봉건사회에서 교육받을 권리를 박탈당한 하층 민중은 견백·현명玄冥(위진현학의 중요한 철학 개념)·반야 등에 대한 말을 듣지 못하였을 것이며, 특히 그와 같이 고상하고 일상생활에서 멀리 떨어진 추상적 이론은 생각하지도 못하였을 것이다. 그러나 그들은 오히려 '하느님'을 알 수 없었기 때문에 자신들의 생계가 하늘과 관계가 있다고 생각하지 않을 수 없었다.

천인관계에 대한 철학적 연구는 실제로 종교를 포함하여 역사학·문학·자연과학·민속 등 중국 전통문화의 여러 가지 분야에 침투해 들어갔다. 몇 가지 예를 들어보면 다음과 같다.

(1) 종교 분야

북경에는 천단天壇이라는 세계적으로 유명한 고대건축이 있다. 그것은 명청明淸 시대의 봉건 지배계급이 제천의식을 거행하던 곳으로서, 기록에 따르면 두 왕조의 제왕은 그곳에서 거의 한 해도 빠뜨리지 않고 수백 차례에 걸쳐 제천의식을 거행하였다. 평소에는 위세가 당당하던 황제라 하더라도 하늘에 제사지낼 때는 모든 정성과 공경을 다했으며 매우 엄숙했다. 하늘은 3000년 동안 줄곧 중국 봉건사회의 지배계급이 받들어 모시던 최고신이었으며, 지배계급은 하늘의 신령은 그 밖의 신령보다 우월하기 때문에 모든 것을 주재할 수 있다고 생각하였다. 그들은 제천의식을 통하여 하늘의 보우를 받기를 희망하였다.

(2) 역사 분야

중국 역사상 가장 위대한 사학자의 한 사람으로서 불후의 명작 『사기史記』를 남긴 사마천司馬遷(서한시대)을 예로 들어보자. 그는 '구천인지제究天人之際'[1]를 역사학자의 신성한 사명으로 삼았다. 왜냐하면 역사현상 가운데는 인간의 의지나 행위로써 해석될 수 없는 매우 많은 경우들이 있으며, 그것들은 인간의 의지와는 상관없는 그 무엇에 의해 결정되는 것 같았기 때문이었다. 그러한 것들은 항상 천명으로 불리었다. 인간의 의지와 천명의 관계를 명확하게 하지 않으면 역사학자들은 역사 과정을 성공적으로 해석할 수 없다. 『사기』에는 사마천 자신이 천인관계에 대하여 고심하면서 탐구한 흔적이 엿보인다.

(3) 문학 · 예술 분야

원대의 유명한 희곡작가 관한경關漢卿의 『두아원』과 원말명초元末明初 소설계의 거장 나관중羅貫中의 『삼국연의』를 예로 들 수 있다. 위의 두 가지는 모두 중국 고대 문학사의 불후의 명작이라고 할 만하다. 그것들은 명백하게 천인관계와 관련된 철학적 이론의 영향을 받았을 뿐만 아니라 심지어는 천인관계에 대하여 직접적으로 철학적 탐구를 진행하기도 하였다. 『두아원』은 지배계급의 어리석음과 무도함이 하늘의 분노를 사서 유월에도 서리가 내린다는 것으로 끝맺고 있다. 이것은 전형적인 천인감응

---

1) 철저하고 명확하게 천인관계를 탐구하는 것.

사상이며, 동시에 이 극 속에서 작자 역시 하늘의 주재적 작용에 대하여 회의를 제기하였는데, 예를 들면 주인공 두아가 형벌을 받기 전에 다음과 같이 노래한 것이 그것이다.

> 해와 달은 낮과 밤을 비추고 귀신은 생사를 결정하는 대권을 쥐고 있다. 천지는 당연히 청탁淸濁(옳고 그름, 선과 악)을 구분할 수 있을 터인데, 무엇 때문에 도척盜跖과 안연顏淵의 운명을 뒤바꾸어 놓았을까? 왜 선행을 한 사람은 빈곤하고 또 단명하며, 악행을 한 사람은 부귀를 누리고 또 장수할까? 천지도 강한 자를 두려워하고 약한 자를 속이는 쪽으로 움직이는 걸까, 아니면 원래부터 그것은 필연적인 추이를 따른 것일까? 땅이여 당신은 좋은 것과 나쁜 것도 구분하지 못하면서 어떻게 땅이라고 할 수 있겠는가. 하늘이여 당신은 현명한 자와 어리석은 자를 판단하지 못하여 하늘로서의 본분을 저버렸다.[2]

이것은 천인관계 이론에 대한 탐구라 하지 않을 수 없다. 작자는 천지를 비난하였지만, 그것은 실제로 불평등한 사회에 대한 분노였다. 『삼국연의』라는 책은 천인감응과 천명결정 등의 이론으로 가득 차 있다. 그밖의 중국 고대 문학 · 예술 작품에서 비슷한 예는 얼마든지 찾아볼 수 있다. 불교의 인과응보 · 윤회, 도교의 신선술을 제외한다면, 중국의 문학 · 예술에 천인관계론만큼 큰 영향을 끼친 철학이나 종교 이론은 없다고 할 수 있다.

(4) 자연과학 분야
중국 고대에 비교적 발달한 자연과학은 농학, 천문학, 수학, 의학 등이다.

---

2) 關漢卿, 『竇娥冤』 제3막 : 有日月朝暮懸, 有鬼神掌著生死權. 天地也只合把淸濁分辨, 可怎生糊突了盜跖顏淵. 爲善的受貧窮更命短, 造惡的享富貴又壽延. 天地也, 做得個怕硬欺軟, 却元來也這般順水推船. 地也, 你不分好歹何爲地. 天也, 你錯勘賢愚枉做天.

그 가운데서 천문학은 하늘을 직접 연구하였으며, 아울러 그것은 언제나 천체 현상과 인간 사회의 역사적 현상을 일정 정도 연관시켜 생각하였다. 중국 고대의 수학과 천문학은 밀접한 관련이 있다. 예를 들면 『주비산경周髀算經』은 천문학의 명작이면서 동시에 수학의 명작이기도 하다. 따라서 그 책에서는 천인관계 문제를 다루지 않을 수 없었다. 중국 농학에서는 '천시天時'와 인간의 농업 생산 활동을 분리하여 연구하지 않았다. 이것은 너무나 명백한 것이기 때문에 길게 논의할 필요를 느끼지 못한다. 중국 전통 의학과 천인관계에 대한 철학적 연구 역시 서로 연관되고 서로 영향을 끼쳤다. 예를 들면 인간의 건강 상태는 하늘의 변화로부터 직접적으로 영향을 받는다는 것 등이 그것이다. 현존하는 중국 최고의 명저 가운데 하나인 『황제내경』의 여러 장절章節에서 심오한 의학 이론과 천인관계에 대한 철학적 탐구를 발견할 수 있다. 예를 들면 『음양응상대론』의 다음과 같은 주장이 그것이다.

> 음양이란 천지의 질서이고 만물의 법칙이고 모든 변화의 근원이고 죽고 사는 것의 원천이고 신명神明의 창고이다. …… 맑은 양기는 하늘이 되고 흐린 음기는 땅이 된다. 땅의 기운은 위로 올라가 구름이 되고 하늘의 기운은 아래로 내려와 비가 된다. 비는 땅의 기운에서 나오고 구름은 하늘의 기운에서 나온다. …… 하늘은 사시와 오행으로써 만물을 생육시키고 잠들게 하며, 추위(寒氣)와 더위(暑氣), 건조함(燥氣), 습기濕氣, 바람 등을 발생시킨다. 인간은 오장으로부터 나오는 오기五氣에 의해 기쁨, 노여움, 슬픔, 우울함, 공포 등의 감정을 일으킨다. …… 하늘(天: 陽에 해당함—역자)은 서북쪽이 부족하다. 그러므로 서북쪽은 음이며, 인간의 오른쪽 귀와 눈은 왼쪽만큼 밝지 못하다. 땅(地: 陰에 해당함—역자)은 동남쪽이 부족하다. 그러므로 동남쪽은 양이며, 인간의 왼쪽 손과 발은 오른쪽만큼 강하지 못하다.[3]

여기서 천지의 생성과 우주의 구조, 기상의 변화 등과 인간의 심리적 · 생리적 기능을 뭉뚱그려 하나로 다루고 있다. 이와 비슷한 설명이 『황제내경』에 자주 보인다.

(5) 민속 분야

혼례를 예로 들 수 있다. 근세에 이르기까지 하늘과 땅에 절하는 것(拜天地)은 혼례식의 가장 기본적인 의식 가운데 하나였다.

이상의 몇 가지 예를 통하여 중국 문화의 여러 가지 분야는 모두 천인관계론이라는 유구한 역사를 가진 철학적 탐구와 관련이 있으며, 하늘과 인간의 관계에 대한 문제는 그것들에 깊고도 넓은 영향을 끼쳤다는 것을 알 수 있다.

심지어 오늘날에도 자연과 인생에 대한 견해에 있어서 어떤 측면은 직접, 혹은 간접적으로 역사상의 천인관계론의 영향을 받고 있다. "일을 꾸미는 것은 인간에 달려 있고 그것을 이루는 것은 하늘에 달려 있다", "하늘의 비바람은 예측할 수 없고, 인간의 화복은 조석으로 바뀐다", "하늘을 원망하지 않고 남을 탓하지 않는다", "하늘은 인간의 살길을 끊어 버리지 않는다", "천시와 지리와 인화", "천리와 양심" 등의 말은 여전히 유행하는 격언, 혹은 속어로서 이것들이 그 영향이라는 것은 어렵지 않게 알 수 있다. 길거리에서는 거듭된 좌절을 맛본 사람에게서 "인간의 운명은 하늘이 결정한다"는 식의 한탄을 여전히 들을 수 있다.

위에서 설명한 현상은 천인관계론의 보편성과 대중성을 더욱 명확

---

3) 『黃帝內經』 『陰陽應象大論』 : 陰陽者, 天地之道也, 萬物之綱紀, 變化之父母, 生殺之本始, 神明之府也. ……淸陽爲天, 濁陰爲地. 地氣上爲雲, 天氣下爲雨, 雨出地氣, 雲出天氣. ……天有四時五行以生長收藏, 以生寒暑燥濕風. 人有五臟化五氣, 以生喜怒悲憂恐. ……天不足西北, 故西北方陰也, 而人右耳目不如左明也. 地不滿東西, 故東南方陽也, 而人左手足不如右强也.

하게 해 주는 것일 뿐만 아니라 그 현실성을 보여 주는 것이기도 하다.

3. 연구의 필요성과 현황

중국 역사에서 천인관계론에 대한 연구가 30여 세기에 걸쳐 진행되었고 또 그것은 중국 전통문화의 각 부문에 침투하면서 영향을 끼쳤기 때문에 천인관계론은 의심할 것 없이 중국 전통사유를 규정하는 특징적인 문제의 하나라고 할 수 있다. 한 걸음 더 나아가 말한다면 천인관계에 대한 문제는 이미 흘러가 버린 역사의 긴 강 속에서만 존재하는 것이 아니라 그것은 현실에 영향을 끼치고 있으며, 오늘날에도 어떤 분야에서는 여전히 살아 있다. 따라서 역사상의 천인관계론 및 그것의 현실에의 영향에 대하여 깊이 있게, 그리고 전반적으로 연구할 가치가 있음을 알 수 있다. 이러한 연구는 중국철학의 특징을 밝히고 역사의 유산을 청산하면서 챙겨야 할 '알맹이(精華)'와 버려야 할 찌꺼기를 구별하는 데 기여할 것이며, 중국적 특색을 가진 사회주의 정신문명의 건설에 이바지하고 세계문명의 발전에 공헌하게 될 것이다.

곽말약郭沫若이 30년대에 『선진 천도관의 발전』(원제: 『先秦天道觀之進展』)이라는 논문을 쓴 뒤로 현대의 많은 학자들이 중국 역대의 천인관계론을 연구하였고, 또 많은 발전을 이루었다. 그러나 아직도 해결하고 제고해야 할 일련의 문제들이 남아 있다.

현재까지 달성한 성과를 볼 때, 역사상의 개별 사상가의 천인관계론에 대한 연구, 예를 들면 순자의 "하늘과 인간의 구분을 분명히 알아야 한다(明於天人之分)"와 같은 이론은 비교적 깊이 연구되었다. 그러나 체계적이고 총체적이며 거시적인 연구는 아직도 부족한 것 같다. 대만 학자 양혜걸楊慧傑은 『천인관계론天人關係論』이라는 책을 썼다. 그러나 이 책은 주로 선진 철학자들의 천인관계론을 소개하는 데 그쳤고 한대 이후의 발전에 대해서는 개략적으로만 언급했을 뿐이다. 따라서 그것은 곽말약의 연구 범위를 벗어나지 못하였다. 그러므로 오늘에 이르기까지 중국 역대의 천인관계 학설을 전체적으로 다룬 전문 연구서가 없었다고 할 수 있다. 만약 개별 사상가의 천인관계론을 전체 중국 민족의 천인관계론 속에서 고찰하지 않는다면, 그 사상가의 이론은 정확하고 총체적으로 평가될 수 없을 것이다. 사실 천인관계론 이라는 한 영역에 대한 미시적 연구의 발전은 바로 거시적 연구의 결핍이라는 장애에 부딪치고 전체적 안목의 결핍은 개별적 인물에 대한 연구의 심화를 어렵게 한다.

다른 한편에서 볼 때, 몇몇 연구자들은 천인관계론을 단순히 자연관, 혹은 우주론(cosmology)의 영역으로만 한정한다. 그러나 중국 역대의 천인관계론에서 다루어진 철학적 문제는 매우 광범위하다. 그것은 자연관이나 우주론적 문제를 포함하고 있기는 하지만 결코 거기에 머무르지 않고 적어도 인식론, 인성론, 역사관 등 다방면의 문제를 포괄하고 있다. 이 때문에 위에서 지적한 단순화한 견해로부터 출발한다면 3000여 년 동안 진행된 천인관계론의 변화를 총체적으로 설명할 수 없고, 이 귀중한 유산을 과학적이고 총체적으로 개괄해 낼 수도 없을 것이다. 단순화의 또 다른 표현은 역사상의 천인관계론을 유신론과 무신론이라는 두 가지 형태로만 구분하는 것이다. 그 중에서 유신론의 형태를 또 '천명관天命觀'으로 개괄하는데, 이것은 매우 부당하다. 정확하게 말하면 천인관계를 둘러싼 문제의 하나로서 유신론과 무신론의 투쟁이 있었지만, 그것뿐만 아니라 여러 가지 복잡하고 착종된 모순인식과 대립적 사상 및 학파가 존재하였다. 따라서 그것은 진지한 연구와 치밀한 분석을 요구한다. 천인관계의 형태를 단순하게 두 가지로 구분하는 예로는 당대唐代의 시인이자 사상가인 유우석劉禹錫의 다음과 같은 지적을 들 수 있다. "세상에서 주장하는 하늘에 관한 견해는 두 가지가 있다." 그 중 하나는 하늘이 선행을 한 사람에게 복을 주고 악행을 저지른 사람에게 재앙을 내린다는 이른바 '음즐설陰騭說'4)이 그것이고, 다른 하나는 하늘이 의지를 가지고 있다는 것을 부정한 '자연설自然說'이 그것이다(『천론』 참조). 그러나 유우석은 『천론』에서 자신의 철학적 이론을 전개할 때 실제로 이 두 가지 형태를 지양하면서 천명결정론에 중점을 두고 분석하였다. 이러한 논점은 '자연설'과 다를 뿐만 아니라 '음즐설'과도 다르다. 가령 우리가 천인관계론의 역사를 분석한다 하더라도 1000여 년 전 옛 철학자들의 견해에 총체적으로 접근하지는 못할 것이다. 이것은 매우 안타까운 일이다.

천인관계론에 대한 오늘날의 연구에서 발견되는 다른 하나의 중요한 결함은 천인관계론이 가지고 있는 현실성을 외면하고 있다는 것이다. 많은 연구자들이 역사적 사실의 고증에 매우 많은 노력을 기울이고 있다. 예를 들면 당대 중기의 '천론' 발생의 구체적 연대를 고증하는 것 등이 그것이다. 이러한 연구는 매우 중요한 것이며, 특히 그것은 거시적 연구의 기초가 된다. 그러나 만약 역사상의 어떤 구체적 관점이나 구체적 사건의 고증에 만족해 버리고 그것의 현실에 대한 영향이나 의미가 무엇이었는지 묻지 않는다면, 심지어 옛 문헌을 줄줄이 늘어놓기만 한다면, 이러한 연구를 통해서 우리는 역사발전 법칙을 개괄해 낼 수 없을 것이며, 또 그것은 중국철학의 특징을 설명하는 데 아무런 도움을 줄 수 없을

---

4) 역자 주 : 음즐설(陰騭說)이란 "재앙은 반드시 자기가 지은 죄로부터 말미암고, 복록은 반드시 자기가 행한 선행으로부터 유래한다"는 주장을 중심으로 한 학설을 가리킨다.

것이다. 따라서 그 가치 역시 매우 적을 것이다.

이것과는 반대로 천인관계와 관련된 그 밖의 몇 가지 연구에서는 근본적 의의를 가지면서도 현실에 근거한 견해가 제기되었는데, 이것은 매우 훌륭한 성과이다. 그러나 어떤 연구 결과는 도리어 설득력을 잃고 있다. 예를 들면 어떤 학자들은 중국 역대의 천인관계론에 대한 거시적 분석 및 서양철학과의 비교를 통하여 다음과 같은 결론을 내린다. 즉 천인합일天人合一은 중국철학의 본질적 특징이고, 또 이 때문에 중국철학과 외국의 철학은 근본적으로 다르다고 단정한다. 이러한 종류의 모든 견해는 중국 역대의 천인합일의 참모습과 일치하지 않는다. 이러한 연구는 흔히 천인관계론과 관련된 많은 역사적 문헌에 대하여 총체적이고 치밀한 고찰을 결핍한 채, 오직 단편적인 어구語句만 뽑아내서 자기 결론의 증거로 삼는 데 그친다. 천인합일설에 대해서는 이 책 제9장 1.에서 자세하게 검토할 것이다.

이상에서 설명한 것들을 종합해 보면, 중국 역대의 천인관계론에 대하여 체계적이고 총체적이며, 또 역사적 사실에 부합하면서 현실에 근거한 거시적 연구가 요청된다. 이러한 연구는 반드시 정확한 미시적 연구의 기반 위에서 진행되어야 하며, 또 많은 역사적 문헌에 대한 치밀하고 객관적인 고찰에 기초하여야 한다. 이것은 매우 어려운 것으로서 하루아침에 완성될 수 있는 것이 아닌 장기적 과제이다. 이 책은 변증법적 유물론과 사적 유물론에 입각하여 이 문제의 탐구를 시도한 것이다.

2장_ 하늘(天)과 인간(人)의 개념

1. 도깨비 같은 것

중국 역대의 천인관계론을 연구하고자 할 때는 먼저 '하늘(天)'과 '인간 (人)'의 범주가 내포하는 의미를 명확하게 정의해야 한다.

언뜻 보기에 하늘과 인간이 내포하는 의미는 매우 단순한 것 같기 때문에 중국철학사에 자주 등장하는 '태극太極', '무명無名', '현명玄冥', '반야般若' 등의 범주처럼 신비스럽거나 이해하기 어려운 점은 없는 것 같다. 그러나 그것의 정확한 의미를 명료하게 말한다는 것은 사람들이 생각하고 있는 것보다 훨씬 더 복잡하다. 사람들은 일상생활 속에서 하늘과 인간이라는 말을 빈번하게 사용하고 있지만, 아마도 이 한 쌍의 범주를 이해하는 데 있어서 봉착하는 여러 가지 문제를 자각적으로 의식하고 있는 사람은 거의 없을 것이다. 그들에게 이러한 문제에 대한 질문을 던진다면 하늘과 인간의 의미를 비교적 총체적으로 설명할 수 있는 사람은 거의 없을 것이다. 어떤 사람들은 중국철학사에 나타나는 하늘(天)은 자연계를 가리키고 인간(人)은 당연히 인류를 가리키며, 천인관계는 모두 자연계와 인류의 관계를 가리키는 것이라고 생각한다. 이러한 견해는 일면적이다. 하늘과 인간에 대한 현대인의 이해는 엄격하게 말하자면 하늘과 인간에 대한 특정한 측면에서의 이해일 뿐이다. 하늘과 인간에 내재된 의미는 결코 자연계와 인류에만 국한되지 않는다. 예를 들면, 오늘날에도 여전히 자주 쓰이는 "일을 꾸미는 것은 인간에 달려 있고 그것을 이루는 것은 하늘에 달려 있다(謀事在人, 成事在天)"라는 격언에서도 하늘은 결코 자연계로 해석될 수 있는 것이 아니라 '행운'·'운수'의 뜻을 가지고 있으며, 그에 상응하여 인간은 사람의 주관적 노력을 가리킨다는 것을 알 수 있다. 중국 역사에 등장하는 하늘과 인간의 범주는 여러 가지 측면의 복잡한 의미를 가진다. 하늘(天)은 중국 고대 문헌에서 결코 단순하게 자연계만을 가리키는 것이 아니었고 인간(人)도 단순히 인류라는 의미로만 취급되지 않았다.

근현대 역사에서 서양 학자들은 중국 고대사상을 연구하면서 중국 고전 문헌을 서양의 언어로 번역할 때 많은 곤란을 경험하였다. 중국 전통철학의 개념 가운데는 서양의 개념에 상응하는 적절한 번역어를 아예 찾을 수 없는 것들이 많았기 때문이다. 예를 들면 도道나 음양陰陽 등이 그 것인데, 그것들에 대해서는 음역의 방법이 채택될 뿐이었다. 하늘에 대해서는 그에 상응하는 번역어를 억지로 찾기는 하였지만 그 의미는 중국에서 사용된 전통적 개념과는 큰 차이가 있었다. 영문으로 예를 들면, 중국 고전철학 문헌 속의 '천天'이라는 글자는 일반적으로 Heaven으로 번역된다. Heaven은 원래 천체를 의미하는 말이었는데, 나중에 천당이라는 뜻으로 변하였고, 그로부터 하느님(God)의 의미가 덧붙여진 말이다. 그런데 중국의 '천天'이라는 글자는 천체, 천당, 하느님의 의미 외에 본연 (Spontaneity), 자연(Nature), 천성(man's inborn nature), 운명(Fate) 등 많은 복잡한 뜻을 가지고 있기 때문에 Heaven이라는 한 마디로는 이러한 복잡하고 풍부한 의미를 모두 포용할 수 없다. 천인관계에 대한 한 사람의 논의 속에서도 '천'자는 위에서 설명한 여러 가지 복잡한 의미를 모두 포함하고 있다. 순자의 저명한 논문 『천론天論』을 예로 들어보자. 이 한 편의 논문은 'On Heaven'이라는 표제 아래 몇 개의 '천'자만이 Heaven으로 번역되고 나머지 부분은 문장의 의미에 근거해서 Nature라든지 Fate 등으로 구별하여 번역될 뿐인데, 이처럼 일단 영문으로 번역된 뒤에는 전체적으로 지리멸렬해지고 원문의 긴박함과 논리적 관계는 완전히 상실된다. 만약 통일적으로 Heaven으로 번역하면 첫째 원래의 뜻에 부합되지 않고, 둘째 문장도 성립할 수 없다. 이처럼 역자는 Heaven, Nature, 혹은 Fate라고 의역한 뒤에 T'ien(웨이드식 표기)이라는 음역을 보충할 수 있을 뿐이다. 서양의 많은 학자들이 이러한 번역상의 한계를 지적하는 전문적 글을 썼지만 보다 좋은 방법을 찾지는 못하였다. 그들은 중국철학을 진정으로 이해하기 위한 필수적 방법은 먼저 중국 언어와 문자를 학습하는 것이라고 건의하는 데 그쳤다.

중국 현대의 저명한 철학자 웅십력熊+力은 중국철학사에는 두 개의 '도깨비 같은 것'이 있다고 말하였는데, 그가 지적한 두 가지 가운데 하나는 '하늘(天)'이고 다른 하나는 '기氣'이다(『乾坤衍』참조). 무엇 때문에 그는 이 두 가지를 '도깨비 같은 것'이라고 말하였을까? 그것들의 의미가 너무 복잡하고 너무 풍부하여 시대나 사상가에 따라 그것의 해석이 매우 달라지며[1], 심지어는 완전히 상반될 수도 있기 때문에 번역자들이 '하늘(天)'이라는 말 앞에서 곤혹을 느끼고 해석하지 못하거나 어찌할 바를 모르기 때문이라는 것이다.

2. 하늘과 인간 개념의 역사적 변천

중국 글자 가운데 '천天'자와 '인人'자가 내포하고 있는 복잡한 의미는 장기간의 역사 발전 속에서 점진적으로 형성된 것이다. 이 한 쌍의 말의 최초 의미는 무엇일까? 그 후로 어떻게 변화되었을까? 역사 발전 속에서 나타났던 그것들의 주요 의미는 무엇이었을까? 이러한 문제에 대답하기 위해서 우리는 반드시 총체적으로 역사를 되돌아보아야 한다.

---

1) 여기서는 다만 범주의 기본 해석, 혹은 정의에 대해서만 말하는 것인데 만약 그것들의 발전과 전개에 대한 논의까지 고려한다면 그 복잡성은 몇 배 더 늘어날 것이다.

'천' 자와 '인' 자는 상商왕조 시대의 갑골문 속에 이미 나타난다. 그러나 그것들은 당시에는 아직 짝을 이루지 못하였다. 문자학자의 고증에 따르면 '천' 자는 본래 사람의 머리를 뜻한다. 따라서 갑골문에 '천' 자는 大, 혹은 天로 기록되어 있다. 앞의 것은 상형자象形字이고 뒤의 것은 지사자指事字인데 둘 다 사람의 머리 부분을 돌출시키고 있다. 이와 같은 본래의 의미에서 출발하여 '천' 자에는 나중에 위(上), 혹은 크다(大)의 의미가 덧붙여졌는데, 사람의 머리는 인체의 가장 위쪽에 있고 가장 돌출해 있으며 가장 두드러진 위치에 있기 때문이었다. 갑골문 속의 '천' 자는 자주 형용사로 사용되었으며 '대大' 자, 혹은 '상上' 자와 통용될 수 있었다. 하늘은 당시에 신神으로 이해되지 않았고 또 자연으로 이해되지도 않았다. 따라서 그것은 인간과 함께 하나의 철학적 관계를 구성하지도 않았다.

'천'과 '인', 즉 하늘과 인간은 서주시대 초기의 문헌인 『서경』『대고편』에서 최초로 짝을 이루어 나타난다.

나는 감히 하늘이 내린 위엄을 행사하지 않을 수 없다. 문왕께서 나에게 물려준 보배로운 거북으로 점을 쳐 하늘의 뜻을 헤아려 보았더니 하늘은 우리에게 다음과 같이 명을 내렸다. "서쪽 땅에 큰 재난이 있을 것이다. 서쪽 땅에 사는 사람들은 편안하지 못할 것이다."[2]

하늘은 또 앞의 문왕에게 복을 주었다.[3]

---

2) 『書經』『大誥篇』: 予不敢閉于天降威, 用寧王遺我大寶龜, 紹天明. 卽命曰, 有大難于西土, 西土人亦不靜.

3) 같은 곳 : 天亦惟休于前寧人.

난해한 문자와 종교적 색채로 충만된 위의 기록은 중국 역사상 첫 번째로 하늘과 인간을 상대적으로 사용한 예이다. 그 중 하늘은 인격화된 최고신을 가리키는데, 그것은 인간에게 명령을 내릴 수 있고(龜卜을 매개로 함) 재앙이나 복을 내릴 수 있는 존재로 인식되었다. 또 인간은 일반 민중을 가리키는 것이 아니라 오로지 지배계급의 성원을 가리킨다.

이를 통해 서주 초기의 하늘과 인간은 각각 인격화된 최고신과 인간 세계의 지배자를 가리키며, 천인관계는 따라서 천상의 최고신과 인간 세계의 지배자의 관계를 가리킨다는 것을 알 수 있다.

서주의 '천' 자가 어떻게 최고신이라는 새로운 의미를 획득하였을까? 거기에는 한 차례의 변화 과정이 있었다. 상왕조 시대의 '천' 자는 '상上' 자와 통하였기 때문에 '천' 자는 대략 상말주초商末周初 쯤에 사람들의 머리 위의 푸른 하늘을 지칭하는 것으로 바뀌어 사용되었으며, 서주 초기의 문헌 중 예를 들어 『시경』『한록』의 "솔개는 하늘 위를 날고 물고기는 연못에서 뛴다"[4] 등에서와 같이 '천' 자는 푸른 하늘로 해석되었다. 그리고 세계 각 민족의 종교 의식의 공통적 법칙에 따라 '천', 즉 하늘은 신이 있는 곳으로 이해되었으며, 따라서 사람들은 또 매우 자연스럽게 최고신이 있는 곳을 최고신 자신으로 바꿔 부르게 되었다. 이러한 변화는 종교적 경건함에서 나온 것이며, 신에 대한 공경의 한 표현으로서 직접 신을 부르는 것보다 예를 갖춘 것이다. 하늘의 의미에 대한 이러한 추론은 결코 이상한 것이 아니며, 서양의 언어 가운데서도 드물지 않게 자주 보이는 것이다. 영어의 천당·천체를 뜻하는 Heaven, 천공을 뜻하는 Sky, 위를 뜻하는 Above 등은 모두 하느님을 뜻하는 God의 대명사이고 (따라서 당연히 대문자로 쓴다), 불어에서 천공을 뜻하는 Le ciel도 하느

---

4) 『詩經』 大雅 『旱麓』 : 鳶飛戾天, 魚躍于淵.

님을 뜻하는 Le Dieu의 대명사이다.

서주시대 중기에 이르면 중국의 하늘과 인간의 관계는 서양의 『성경』속의 하나님과 인간의 관계와 대체로 비슷해진다.

대략 서주 말기쯤부터 비로소 사정이 변화되는데, 춘추시대의 역사 문헌 가운데는 이미 하늘과 인간의 의미가 상당히 현저하게 변화되어 있다. 일부 사람들이 말한 하늘과 인간은 서주 초중기부터 가지고 있던 원래의 의미를 그대로 유지하였으며, 다른 일부의 사람들이 주장한 하늘과 인간은 새로운 의미를 획득하였다.

춘추시대의 걸출한 정치가이자 사상가인 정鄭나라의 자산子産 (?~B.C. 522)은 "천도는 멀고 인도는 가깝다"[5]라고 말한 바 있다. 자산의 이 말은 당시의 저명한 점성술가인 비조裨竈를 신랄하게 공격한 것이다. 비조는 천상의 별의 상태 및 방위와 그것들의 변화에 근거하여 정나라에 장차 재난이 발생할 것이라고 단정하였지만, 자산은 천상의 질서는 우리들과는 매우 멀리 떨어져 있고 인간 사회의 질서는 우리들과 매우 가깝기 때문에 이 두 가지는 서로 관계가 없는 것이라고 생각하였다. 그러므로 결코 그것들을 억지로 연관시켜서는 안 된다고 주장하였다. 따라서 여기서의 하늘과 인간은 각각 천체 현상(별의 상태)과 인사(인간의 사회의 일)를 가리킨다. 별의 상태를 의미하는 하늘은 비록 비조 등이 신비적인 것으로 보고 그것이 인사의 길흉을 결정하는 것이라고 생각하였지만, 그것은 서주 초기의 인격화된 최고신과는 같지 않으며 또 그와 같은 직관적이고 소박한 '푸른 하늘'과도 같지 않다. 이처럼 춘추시대의 천인관계에는 별의 상태와 사회 생활의 관계라는 의미가 새롭게 추가되었다.

춘추시대의 천인관계는 그 밖에 새로운 의미를 가지고 있었다. 춘

---

5) 『春秋左氏傳』 『昭公』18년조 : 天道遠, 人道邇.

추시대 말기 월나라의 걸출한 정치가 · 사상가로서 전설적 인물이 된 범려范蠡(생몰년 미상)는 천인관계를 매우 체계적으로 검토하였는데, 그의 사상은 주로 『국어』 『월어』에 기록되어 있다. 그는 "하늘은 사람에 근거하고 성인은 하늘에 근거한다"[6]고 생각하였다. 그가 말한 하늘은 천체와 기상을 중심으로 한 일부분의 자연 현상을 가리키는데, 주로 일월성신日月星辰의 운행 · 변화, 사시四時(四季)의 교체, 날씨의 변화 등이 그에 해당된다. 또 사람이란 인간의 행위에 역점을 둔 말이다. 따라서 범려의 천인관계론은 일부분의 자연 현상[7]과 인간의 행위, 인류의 사회적 현상 사이의 관계를 탐구한 것으로서 이것은 춘추시대의 일부 사상가 사이에서 널리 유행하던 관념이었다. 그들이 탐구한 하늘과 인간은 이미 철학의 한 범주로서 서주의 종교적인 하늘의 범주 및 천인관계론과는 비교적 명확한 차이를 보이고 있다.

춘추시대에는 그 밖에 운명 · 행운과 인위적 노력의 관계를 연구한 천인관계론이 있다. "하늘이 살리고자 하는 나라는 멸망시킬 수 없고, 하늘이 멸망시키고자 하는 나라는 되살릴 수 없다."[8] "한 나라의 흥망은 천명에 달려 있다."[9] 이 두 문장은 『춘추좌씨전』과 『국어』에 10여 차례 반복하여 나타난다. 이 말들의 의미는 국가의 흥망과 인사의 성패는 모두 정해진 운명(數)이 있는 것이기 때문에 인간의 힘으로 바꿀 수 없다는 것이다. 대부분의 사람들은 노력을 기울였음에도 불구하고 종종 맛보아야 하는 의외의 실패를 하늘 탓으로 돌려버렸다. 예를 들면 저명한 진晉나라와 초楚나라의 언능鄢陵의 전투가 그것이다. 전쟁이 일어나기 전까지 사람들은 거의 모두 강대국인 초나라 군대가 압승할 것이라고 믿었다. 그

---

6) 『國語』 『越語』 : 天因人, 聖人因天.
7) 그것의 외연은 우리들이 말하는 '자연계' 보다 좁다는 데 주의해야 한다.
8) 『國語』 『周語下篇』 : 天之所支, 不可壞也. 其所壞, 亦不可支也.
9) 같은 책, 『晋語』 : 國之存亡, 天命也.

러나 실제 전투의 결과가 초나라 군대의 패배로 끝나자 초나라 임금은 "하늘이 초나라를 패배하게 하였도다"[10]라고 탄식하였다. 이 이야기는, 실패는 인간의 행위에서 기인하는 것이 아니라 운명이 그렇게 정해져 있으며, 따라서 인간은 그것을 간섭할 수 없다는 의미를 분명히 시사하고 있다. 그러므로 이것은 실제로 하늘은 인간의 능력 밖에 있는 것이라고 이해한 것이며, 또 그것을 주체적 노력으로서의 인력人力과 대립시킨 것이다. 춘추시대의 이러한 천인관계론은 당시의 하늘이라는 관념이 아직 서주의 최고신 관념의 영향에서 완전히 벗어나지 못하였음을 보여주지만, 동시에 그것은 서주의 인격신에 비해 매우 추상화되어 있음을 알 수 있게 해 준다.

백가쟁명의 춘추말기와 전국시대에 이르면 천인관계론의 의미는 보다 복잡하고 다원화된 형태를 드러낸다. 위에서 말한 여러 가지 천인관계의 이해가 계속 존재하면서 발전하고 동시에 새로운 해석과 정의가 발생한다.

공자 이후 유가를 대표하는 최고의 인물인 맹자는 왜 요순시대에 선양禪讓이 실행되다가 우임금 이후에 세습제로 변하게 되었는가를 설명할 때 다음과 같이 말하였다.

순임금과 우임금, 그리고 익益[11] 등이 천자를 보좌한 기간에 차이가 있는 것이나, 그 자식들이 현명하다든지 어리석다든지 하는 차이가 있는 것은 모두 하늘에 의해 결정되는 것이지 인간이 어떻게 할 수 있는 것은 아니다.[12]

---

10) 『春秋左氏傳』『成公』10년조 : 天敗楚也夫.
11) 우임금 때의 현자. 전설에 따르면 우임금이 천하를 그에게 선양하려고 하였지만 그는 받지 않았다.
12) 『孟子』『萬章上篇』: 舜禹益相去久遠, 其子之賢不肖, 皆天也, 非人之所能爲也.

여기의 인간은 인간의 주관적 노력을 가리키고, 하늘은 저절로 그러한 것으로서 인위적 노력을 거치지 않고 이루어지는 것을 가리킨다. 즉 그것은 운명의 의미를 띠고 있지만 그 외연은 운명보다 더 넓다. 맹자는 위와 같이 분석한 뒤 다음과 같이 정의하였다.

> 사람이 애써 하지 않아도 저절로 되는 것은 하늘의 일이고, 오라고 부르지 않아도 저절로 오는 것은 운명이다.[13]

맹자는 인仁·의義·충忠·신信 등 도덕적 관념을 '천작天爵'이라고 설명하였는데, '천작'이란 '하늘이 부여한 작위'라는 의미이다. 그의 주장에 따르면 인·의·충·신은 인간의 두뇌 속에 있는 고유한 것이지 후천적 노력을 통해 외부로부터 인간의 두뇌 속으로 들어온 것이 아니다. 따라서 그는 그것을 하늘(에 의한 것, 천부적인 것)이라고 불렀다. 이처럼 어떤 면에서 보면 맹자의 천인관계론은 인위적 노력과 비인위적 요소 사이의 관계를 연구한 것이다.

노자 이후 도가학파[14]의 가장 대표적 인물인 장자는 하늘과 인간의 범주에 대하여 명확한 정의를 내렸는데, 그것은 중국철학사에서 아마도 최초일 것이다.

> 소나 말이 네 발을 가지고 있는 것을 하늘이라고 한다. 소의 코를 뚫고 말머리를 얽어매는 것을 인간이라고 한다.[15]

---

13) 같은 곳 : 莫之爲而爲者, 天也. 莫之致而至者, 命也.
14) 역자 주 : '도가(道家)'라는 말 안에 '학파'의 뜻이 포함되어 있지만, 이 책에서는 저자의 표현을 존중하여 '도가학파' 혹은 '유가학파', '묵가학파' 등의 표현을 그대로 사용하기로 한다.
15) 『莊子』 『秋水篇』 : 牛馬四足, 是謂天. 穿牛鼻落馬首, 是謂人.

이 정의는 장자가 관용적으로 쓰던 비유의 수법을 사용한 것으로, 그 속뜻은 선명하고 생동감 넘친다. 장자에 있어서 이른바 하늘은 사물의 본성, 혹은 본연의 상태를 가리키고, 인간은 인간의 유목적적 · 계획적 활동이나 행위만을 가리킨다. 이러한 정의는 앞서 말한 맹자의 설명에 매우 접근해 있지만, 하늘이 가리키고 있는 범위는 맹자의 그것보다 더 넓다. 우리들이 오늘날 말하는 '자연계'와 비교해 볼 때, 어떤 면에서는 장자의 하늘이 보다 넓은 외연을 가지고 있다. 그는 여러 가지 자연발생적 사회현상이나 '본래부터 그러한' 것들을 모두 하늘이라고 부를 수 있다고 생각하였다. 그러나 다른 한 편에서는 우리가 말하는 '자연계'보다 범위가 좁다. 장자의 주장에 따르면 자연물이 일단 인간의 유목적적 개조의 과정을 거치면 다시는 그것을 하늘이라고 부를 수 없기 때문에 그는 '인간이 자연에 영향을 미친다'든지 '인간이 자연을 개조한다'는 것을 승인하지 않았다.

장자 이후 법가의 집대성자 한비韓非(B.C. 280경~B.C.233)도 하늘과 인간의 범주에 대하여 명확한 정의를 내렸다.

> 총명함과 예지는 하늘에 의한 것이고 (그것에 바탕한)행위와 사고는 인간에 의한 것이다.16)

여기서 하늘이란 인식 주체로서의 인간이 선천적으로 가지고 있는 총명 · 예지 등의 본능이나 본성을 가리키고, 인간이란 인식주체의 사유 활동과 실천 활동을 가리킨다. 한비는 인간은 선천적으로 총명한 존재로서 사물을 파악하고 인식할 수 있는 잠재적 능력을 가지고 있다고 생각

---

16) 『韓非子』 『解老篇』 : 聰明叡智, 天也. 動靜思慮, 人也.

하였는데, 그는 그것을 하늘이라고 하였다. 그러나 잠재적 능력과 인식을 진행시키는가 아닌가는 다른 것이다. 후자는 반드시 구체적 활동(보고 듣는 것에서부터 사려 및 실천 활동 등등에 이르기까지)에 근거해야 한다. 이러한 것들을 하늘과 구별하기 위해서 한비는 인간이라고 하였다. 한비의 하늘과 인간에 대한 정의는 장자의 정의에 어느 정도 접근해 있지만 정의의 범위가 비교적 좁다. 그것은 인식론적 측면에서만 말한 것으로서 인식 주체의 두 가지 측면, 즉 본능·자질과 인식 활동의 관계를 가리킨다. 이처럼 그는 인간의 인식이라는 범위 속에서 하늘과 인간을 구분해 낼 수 있었다.

한대 유가의 중요한 대표자인 동중서董仲舒는 '하늘과 인간의 경계(天人之際)'의 문제에 대하여 많은 체계적인 논설을 남겼는데, 그가 말한 하늘은 한편으로는 자연적 외모를 가진 것으로 일월성신日月星辰·사시四時(사계)·풍우風雨 등 자연 현상을 가리키고, 다른 한편으로는 의지를 가지고 인간의 행위를 감찰하고 재이災異나 상서祥瑞를 내릴 수 있는 존재이다. 이처럼 동중서의 하늘은 자연의 모습을 한 최고신을 본질로 하고 있다. 그가 말한 인간은 인간의 행위를 가리키는 것으로서 주로 지배자, 특히 최고 지배자의 행위를 가리킨다. 동중서의 천인관계는 여전히 본질적으로 신인관계神人關係이지만 서주 초기의 천인관계와 완전히 일치하는 것은 아니다.

위진魏晉시기의 현학가玄學家인 곽상郭象은 천인관계에 대하여 비교적 많은 글을 남겼다. 그는 "하늘이란 저절로 그러한 것들의 총칭이다"[17]라고 정의하였다. 이 정의에 따르면 하늘이란 우리들이 말하는 자연과 큰 차이가 없는 것으로 보인다. 그러나 자세히 분석해 보면 곽상의 정의는

---

17) 郭象, 『莊子注』 『齊物論注』: 天者, 自然之總名也.

장자의 천인분석의 기초 위에서 발전한 것으로서 하늘은 본래 그러하다
는 의미의 자연이지 인류사회와 대립되는 자연계를 가리키는 것이 아니
다. 곽상에 따르면 일반적으로 합리적 사회현상이나, 각기 제 위치를 지
키면서 윗사람을 넘보거나 허튼수작을 하지 않는 것 등은 모두 하늘이다.

당대唐代의 유우석劉禹錫은 천인관계에 대하여 깊이 연구하였다. 그
는 여러 가지 각도와 측면에서 하늘과 인간을 이해하였다. 그 가운데 인
간의 육체나 체력적인 것을 하늘에 귀속시키면서, 그것이 인간의 지혜나
윤리·도덕·법제 등 인간의 측면에 속하는 것과 서로 대립적이라고 한
것은 새로운 경향이라고 할 수 있다. 따라서 유우석이 말한 천인관계는
인간의 육체와 인간의 사회적 속성의 관계라는 의미까지 포괄한다. 한비
와 같이 유우석도 인간 속에서 하늘과 인간을 구분해 낼 수 있다고 생각
하였다. 이점에 대하여 유우석의 친구 유종원은 크게 이의를 제기하였
다. 그는 유우석이 말한 체력의 강약이나 도덕·지혜의 우열 등 두 가지
측면의 요소들은 모두 인간의 범주에 속하는 것이라고 생각하였기 때문
에 체력의 강약을 하늘에 귀속시키는 것은 옳지 않다고 하였다.[18]

송명리학宋明理學은 천인관계를 새롭게 해석하고 발전시켰다. 리학
의 정통, 즉 정주학파에서는 천인관계를 설명할 때 하늘을 '천리天理' 혹
은 '리理'라고 정의하여, "리로써 말하자면 그것은 하늘이다"[19]라고 하
였다. 정주程朱(程顥·程頤 및 朱熹)의 저작에서 하늘·천리·리·태극太極
등은 동일한 철학적 범주의 서로 다른 표현일 뿐이다. 이들 범주는 최고
의 영원한 우주의 본체로서 그것은 '기氣'를 발생시키고 또 '기'와 연합
하여 만물을 발생시키는 것이며, 동시에 그것은 봉건사회의 가장 근본적
인 윤리 원칙, 즉 강상綱常이기도 하다. 인간은 두 가지 측면의 의미를 가

---

18) 劉禹錫의『天論』과 柳宗元의『答劉禹錫天論書』를 보라.

19) 朱熹,『四書集注』: 以理言之謂之天.

지고 있다. 첫째 그것은 인간의 본성을 가리키는 것으로서 이른바 '천명지성天命之性'(하늘의 명령에 의해 부여된 본성)이 그것이다. 이 '천명지성'은 우주의 본체, 즉 하늘, 혹은 '천리'에서 직접 기원하는 것이라고 생각되었다. 하늘, 혹은 천리의 본질은 '인仁'이며 인간의 본성도 '인仁'이다. 천인관계는 이러한 의미에서 동일한 관계이다. 이러한 측면에서 천인관계를 검토해 보면 정자와 주자는 '천인합일'적 견해에 대한 단정적인 말을 많이 발표하였음을 알 수 있다. 예를 들면 "하늘과 인간은 본래 둘이 아니다"[20]라든지, "하늘과 인간은 하나이다"[21] 등이 그것이다. 둘째 인간은 인간의 물질에 대한 욕구를 가리키는데, 정주는 그것을 '인욕人欲'이라고 하였다. 천리와 인욕의 관계는 위에서 설명한 천리와 본성의 관계와 매우 상반된다. 천리와 인욕은 같지 않을 뿐만 아니라 물과 불처럼 서로 대립적이다. 따라서 천리를 보존하려고 한다면 반드시 인욕을 깨끗이 제거해야 한다. 한마디로 정주학파의 천인관계론은 두 가지 주요 측면이 있는데, 첫째는 하늘(理)과 인간(性)이 동일하다는 것이고, 둘째는 하늘(理)과 인간(欲)이 대립적이라는 것이다. 송명시대 리학의 다른 학파에서도 대부분 하늘을 우주의 본체로 인식하였지만, 본체에 대한 정의에는 커다란 차이가 있다. 장재張載(1010~1077)로 대표되는 기본체론파氣本體論派에서는 하늘을 '태허太虛'라고 정의하고 "태허가 바로 기氣이다(太虛卽氣)"라고 하였다. 그들의 주장에 따르면 하늘의 본질은 '기'이지 '리'가 아니다. 왕수인王守仁(1472~1528)으로 대표되는 심학파心學派에서는 "하늘이 바로 '심心'이다(天卽心)"라고 하여 하늘(天)·'리理'·'심心' 등을 같은 것으로 취급하면서 '심'을 본질로 삼았다. 송명리학의 각 학파에서는 인간을 대체로 본성(性)과 욕구(欲)라는 두 가지 측면에서 분

---

20) 程顥, 『語錄』: 天人本無二.
21) 朱熹, 『朱子語類』: 天人一物.

석하였다. 그러나 하늘에 대한 해석이 서로 달랐기 때문에 천인관계론도 다양한 색채를 띠게 되었다.

명대明代 이후로 중국에 기독교가 비교적 광범위하게 전파되어 하늘은 기독교의 하나님의 번역어가 되었다.22) 이처럼 천인관계에는 또 하느님(神)과 인간의 관계라는 의미가 포함되어 있었다.

근대에 이르러 서양 과학사상의 유입에 따라 하늘은 또 Nature(자연계)의 번역어로 채택되었다. 예를 들면 엄복嚴復은 헉슬리의 명저『진화론과 윤리학』을 번역하면서 자연계의 진화를 '천연天演'이라고 번역하였다. 천인관계는 여기서 현대적 의미에서의 인간과 자연계의 관계라는 의미를 갖게 되었다.

이상에서 중국 역사상 3000여 년 동안의 천인관계론 중 하늘과 인간에 대한 중요한 의미 몇 가지만 열거하고, 크게 유행하지 않은 것이나 비교적 영향이 적은 해석은 제외 시켰다. 위에서 살펴본 하늘과 인간이라는 두 가지 범주의 의미는 대략 10여 가지가 되는데 역사적 순서에 따라 표를 만들면 다음과 같다.

이 표를 통해 중국 역사에 등장하는 천인관계론의 의미는 복잡하게 얽혀 있다는 것, 따라서 역대의 천인관계를 자연과 인간의 관계로만 규정하는 것은 매우 일면적이라는 것 등을 알 수 있다.

---

22) 이렇게 번역하는 것이 옳은가에 대하여 당시에 매우 격렬한 논쟁이 있었다

하늘(天)의 의미	인간(人)의 의미	처음 나타난 시기
인격화된 최고신	사회현상	서주
천체현상(별의 상태)	사회현상	춘추
별의 상태와 기상을 중심으로 한 일부의 자연 현상	사회현상	춘추
위 자연 현상의 법칙	인간사회의 법칙	춘추
운명 · 행운	인위적 노력	춘추
자연적인 것, 필연적인 것	인위적으로 노력하는 것	전국
사물의 원초적 상태	인위적 조작	전국
인간의 인식본능	인간의 인식활동	전국
자연의 모습을 한 최고신	인간의 행위	한(漢)
자연스럽고 합리적인 것	부자연스럽고 불합리한 것	진(晉)
인간의 육체, 체력	인간의 지혜, 도덕	당(唐)
세계의 본체(理, 氣, 心)	인간의 본성	송(宋)
천리(天理)	인간의 물질적 욕구	송
기독교의 하느님	인간	명(明)
자연계	인류사회	근대

3. 개별성과 공통성

하늘과 인간의 범주는 역사 발전 과정 속에서 매우 큰 융통성과 가변성을 보이고 있으며, 여러 시대 여러 학파의 철학자들이 모두 천인관계를 설명하였지만 그들이 연구한 문제는 서로 다르고 심지어는 전혀 공통점이 없는 것도 있다. 어떤 철학자가 하늘이라고 부르는 것을 다른 철학자는 인간으로 규정하기도 하였다. 예를 들면 한비는 인간의 총명 · 지혜를 하늘(에 의한 것)이라고 이해하였는데, 유우석은 도리어 그것을 인간(적인 것)이라고 생각하였으며, 다른 예를 들면 장자는 소의 코를 뚫고 말의 머리를 얽어매는 따위를 인간의 유위적 조작이라고 하여 인간(적인 것)

으로 규정하였지만, 곽상郭象은 소나 말이 인간의 부림을 받는 것은 그것 자체가 바로 그들의 천성을 발휘하는 것이라는 이유에서 그는 그것을 하늘(에 의한 것)이라고 하였다. 이것은 사상가들마다 하늘과 인간의 개념이 매우 다르기 때문에 그것을 검토할 때 각각이 가진 풍부한 개별성을 무시할 수 없음을 설명하는 것이다.

그런데 개별성 속에 공통성은 없는가? 의미가 극히 복잡하고 다양한 하늘과 인간의 범주 속에서 공통성을 발견하여 중국 역대의 하늘과 인간의 범주 및 천인관계론에 대한 가장 일반적인 정의를 내릴 수는 없을까? 이것은 자세하게 검토하여야 할 문제이다.

역대 사상가들이 말한 하늘과 인간의 갖가지 의미를 분석하고 종합하여 정리해 보면 하늘과 인간 양자의 외연이 서로 겹쳐지는 부분이 있음을 발견할 수 있는데, 아래의 그림에서 보이는 교차관계가 그것이다.

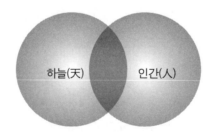

위의 그림에서 겹쳐지는 부분의 가장 주된 요소는 인간의 본성, 혹은 본능이다. 그것은 하늘이라고도 할 수 있고 인간이라고도 규정될 수 있다.

그리고 겹쳐지는 부분 밖의 것을 통해 우리는 중국 역대의 사상가들이 말한 인간이란, 인간의 주체적 활동을 가리킨 것임을 알 수 있고, 또 인간의 작위가 중심이 된다는 공통적 경향이 있음도 알 수 있다. 물론 이러한 활동은 지배계급의 정치적 조치나 도덕적 실천, 혹은 인식 주체의 사려나 실천 과정을 가리키는 것으로서 전체적인 경향은 인간의 작위와 활동의 강조였다. 상대적으로 하늘은 주체적 활동과 대립적인 요소, 즉 인간의 활동을 감찰할 수 있는 힘을 가졌다고 상정된 인격신을 가리킬 수도 있고, 주체적 활동을 제한하는 행운이나 운명이라고 생각되는 것을 가리킬 수도 있고, 주체의 인식이나 실천의 대상(자연계, 혹은 사회)을 가리킬 수도 있고, 주체의 활동이 의존하는 어떤 선천적 조건을 가리킬 수도 있는데, 그것들의 공통성은 인위적 행위나 활동에 대립되는 요소라는 점에 있었다.

중국 역사에 나타난 하늘과 인간의 범주에 대하여 가장 일반적인 정의를 내려야 한다면 다음과 같이 말할 수 있을 것이다. 즉 "인간은 주체의 작위와 활동을 가리키며, 하늘은 주체의 작위와 활동에 대립하는 요소이다"라고. 천인관계도 (하늘과 인간의 이와 같은) 가장 일반적인 의미에 따라 설명될 수 있는데, 그것은 주체의 작위 및 활동과 그에 대립하는 요소 사이의 관계이다.

위의 정의는 매우 싱거운 것이 되어 버렸다. 앞에서 설명하였듯이 그것은 여전히 중국 역사에서 드러나는 극히 풍부한 하늘과 인간의 범주 및 천인관계 이론을 완전히 포괄하지는 못하고 있다. 왜냐하면 이 정의에서는 중국 천인관계론의 주요 내용의 하나라고 할 수 있는 본체本體와 천성天性이라는 의미의 천인관계론을 배제해 버렸기 때문이다. 어떻게 이처럼 의미가 풍부하고 복잡해질 수 있었으며 정의를 내릴 수 없는 국면에까지 이르렀는가에 대해서는 마지막 장에서 자세하게 검토해 보기로 한다.

4. 몇 가지 기본 문제, 혹은 기본 방향

앞에서 설명한 것처럼 중국 역대의 하늘과 인간의 범주에 내재된 의미가 매우 복잡하고 다양하기 때문에 천인관계론이 취급하는 이론적인 문제도 자연히 매우 광범위하다. 시대나 학파에 따라서 관점이 다를 뿐만 아니라 방향도 매우 다양하며, 수준의 높낮이도 다르다. 귀납적 방법에 따라 가장 중요한 것들을 뽑아 보면 다음과 같은 여섯 가지의 문제, 혹은 여섯 가지의 기본 방향으로 귀결됨을 알 수 있다.

① 하늘과 인간 사이에는 '감응'이 존재하는가? 어떻게 감응하는가?
② '천명'과 '인력'의 관계는 어떻게 보아야 하는가?
③ '천도'와 '인도'의 관계는 어떠한가?
④ '천성'과 '인위'의 관계는 어떠한가?
⑤ '천리'와 '인욕'의 관계는 어떠한가?
⑥ 하늘이 인간을 지배하는가, 아니면 인간이 하늘을 지배하는가? 바꿔 말하면 하늘과 인간이라는 두 대립적 요소 가운데 어느 것이 주도적인가?

위의 몇 가지 문제는 각각 독립적인 의미를 가지고 있으며 현실에 대한 영향도 다르지만 또 서로 연관되어 있기도 하다. 중국철학에서 설명되는 천인관계는 대체로 비교적 애매하다. 중국철학자들은 그것을 뚜렷하고 명확하게 구별하지 않았다. 천인관계를 설명한 한 편의 논문 속에서, 심지어는 천인관계에 대한 한 단락의 말속에서도 그것은 흔히 여러 가지 측면과 각도에서 설명된다. 예를 들면 정주학파의 천인관계를 설명하는 하나의 기본적인 특징은 천명·천도·천성·감응 등의 문제가 한꺼번에, 즉 통일적이고 상호 연관적으로 해석된다는 것이다. 이 책에서는 각각의 문제에 따라 중국 천인관계론의 발전 및 그것의 현실에 대한 영향을 검토하고 있다. 따라서 특정 사상가의 원래 통일적인 특정 사상에서 각각의 문제를 떼어내 분석하고 서술할 것이다(이러한 방법은 중복을 피할 수 없다). 보다 거시적인 관점에서 볼 때 중국철학자들도 고립적으로 하늘과 인간을 설명하지 않는다. 그들은 하늘과 인간의 범주를 기타의 범주나 개념과 연관 지어 설명한다. 하늘이라는 하나의 범주는 여러 가지 측면과 방향에서 신神·수數·기氣·성性·도道 등의 범주와 연관되어 있다. 따라서 우리들이 비록 하늘과 인간을 위주로 분석한다 하더라도 위에서 열거한 범주와 연관시키지 않을 수 없다. 예를 들면 천성은 성선性善·성악性惡·성삼품性三品 등의 개념, 혹은 관념과 함께 설명되어야 할 것이다. 만약 어떤 철학자의 전체적인 철학체계를 벗어나 고립적으로 그의 천인관계론만을 말한다면 우리는 과학적 결론을 얻어낼 수 없을 것이다.

마지막으로 독자들이 주의해야 할 것은 중국 역대의 '천론天論'과 '천인관계론'은 완전히 일치하지 않으며 '천론'의 외연이 좀 더 넓다는 것이다. 중국 고대 철학자들은 하늘에 대하여 논의할 때 한편에서는 "하늘에 대하여 정확한 견해를 발표하는 자들은 반드시 인간으로부터 그 증거를 찾아내야 한다"는 이유에서 하늘과 인간의 관계에 대한 분석을 긍정하였는데, 이는 일관된 전통이다. 다른 한편에서는 또 많은 사람들이 우주의 발생, 혹은 우주의 구조에서 하늘이 차지하는 지위에 대하여 연구하였는데, 이때는 하늘이 반드시 인간과 직접적으로 연관되어 있는 것은 아니다. 이 책에서는 앞의 한 측면의 문제에만 한정하여 검토할 것이며 뒤의 문제에 대해서는 필요할 경우에만 고찰할 것이다.

다음의 각 장에서는 위에서 설명한 여섯 가지의 큰 문제, 혹은 기본적인 측면에 대하여 논의할 것이다.

3장_ 천인감응

천인감응 사상은 중국 역사에서 매우 장구한 시간에 걸쳐서 지속적으로, 그리고 일반 대중에게 널리 영향을 끼친 이론이다. 이 사상의 가장 일반적인 이론은 하늘과 인간은 서로 교통한다는 것이며, 하늘은 인간의 여러 가지 행위에 상응하는 반응을 나타낸다는 것이다. 전체적으로 볼 때 이 이론은 종교적인 색채를 띠고 있다. 그러나 여러 시대, 여러 사상가의 체계에서 똑같이 천인감응이 주장되었다 하더라도 내용과 형식 및 사상의 실질은 매우 다르며, 중국철학 발전의 긴 역사적 흐름 속에서 차지하는 지위에 대해서도 한마디로 말할 수 없다. 그러나 어떤 점에서는 농후한 신비주의적 분위기 속에서 합리적 요소를 드러내기도 하였으며, 심지어는 인간과 자연의 관계에 대한 문제로 고민하는 현대인에게 어떤 시사를 던져 줄 수도 있다. 현재 중국철학사에 대한 연구 저작들에서는 천인감응을 대체로 간단하게 설명해 버리는 경향이 있으며, 천인감응에 대하여 비교적 많이 그리고 체계적으로 언급한 동중서를 항상 대표적 인물로 들고 있다. 이는 중국 역사에 한 종류의 천인감응 이론만 있다는 주장과 같은 것으로 역사적 진실과 부합되지 않는다. 하늘과 인간의 관계에 대한 여러 가지 이해와 감응방식의 차이에서 볼 때, 중국 역대의 천인감응론은 적어도 다음과 같이 다섯 가지의 기본 유형으로 분류될 수 있는데, 그것들은 동태적 발전 속에 놓여 있으면서 한 순간도 변화하지 않은 적이 없었다.

① 주왕조 초기의 신인감응론神人感應論
② 서주말에서 춘추전국시대에 걸친 자연화된 천인감응론
③ 묵자와 동중서의 천인감응론
④ 한유의 천인감응론
⑤ 리학理學의 천인감응론

이상의 것들을 하나하나 나누어 검토해 보자.

1. 서주 초기의 신인감응론

천인감응의 최초의 형태는 신인감응神人感應으로서 그것은 서주 초기에 발생하였다 그것의 기본 내용은 인격화된 최고신이 지배자의 행위를 감시하면서 상선벌악賞善罰惡[1] 한다는 것이다.

이에 앞서 상商왕조 시대에 이미 인격화된 최고신을 신봉하였음을 지적할 수 있는데, 이 최고신은 자연과 인간 사회의 만사만물을 결정할 수 있다고 생각되었다. 그러나 우리는 상왕조 시대에 이미 천인감응의 관념이 있었을 것이라고는 생각할 수 없다. 그 이유는 첫째 상왕조 시대의 최고신은 '상제上帝'라고 불리었지 '천天'이라고 불리지는 않았다는 점에서이고,[2] 둘째로 보다 중요한 것은 상왕조의 지배계급은 하느님(상제)과 인간의 관계는 교류한다거나 감응하는 것이 아니라 전자가 후자를 일방적으로 결정한다고 생각하였다는 점에서이다. 인간의 행위는 전혀 하느님을 움직일 수가 없었다는 것이다. 뒤집어 말하면 하느님이 인간에게 내리는 상이나 벌은 인간의 행위와는 전혀 관계가 없다는 것이다. 갑골문에 반영되어 나타나는 '하느님'의 형상은 이성도 없고 변덕스럽고 고집스러운 폭군이다. 인간과 하느님을 연결하는 유일한 매개 고리는 점복卜(龜卜)이다. 무사巫師는 거북의 껍질(龜甲)이나 동물의 뼈(獸骨)를 태운 뒤에 나타나는 갈라진 무늬의 다소와 방향에 따라서 하느님의 의중을 추측하였다. 이 '복사卜辭'는 거역할 수 없는 '하느님의 명령'이 되었다. 따라서 노예제사회를 반영하고 있는 전제적이고 잔혹하며 몽매한 상왕조의 종교적 의식 속에는 아직 천인감응의 사상이 존재하지 않았을 것

---

1) 역자 주 : 선한 행위에 대해서는 상을 주고 악한 행위에 대해서는 벌을 준다는 생각이나 믿음을 말한다.
2) 곽말약 郭沫若 등의 고증에 따르면 대체로 서주 이전의 문헌 가운데 최고신으로서 '천 天'을 언급한 것들은 모두 신뢰할 수 없다.

이라고 단정할 수 있다.

상왕조의 정치적 부패에 따라 내부모순이 극에 달하였을 때 주周
씨족이 위수渭水와 황하黃河가에서 일어났다. 주나라는 야목牧野의 전투를
통해 상나라를 빼앗고 그 뒤를 이어 중원을 통일하였다. 주나라가 상나
라를 멸망시킨 후 정치적 측면에서 제후를 분봉하고 예악禮樂을 제정하
였는데, 그 속 내용은 봉건영주제로써 낡은 노예제를 대체한 것이다(范
文瀾의 학설). 정치적 변혁은 종교적 영역에도 새로운 활력을 불어넣었
다. 새로 일어나 패기가 넘친 서주의 지배집단은 옛 종교를 대폭적으로
개조하였다. 그 중 가장 중요한 내용의 하나가 '천天'으로써 '제帝'를 대
체하여 인격화된 최고신의 칭호로 삼았으며, 천신天神이 상선벌악한다는
참신한 관념을 제기하였다는 점이다. 이점과 관련하여 『서경』 『강고편』
에 다음과 같은 기록이 있다.

위대하시고 총명하신, 네 돌아가신 아버지 문왕께서는 덕을 힘써 밝히고
형벌을 신중히 하였으며 홀아비나 과부들을 결코 소홀히 하지 않았다.
또 그는 공경과 외경으로써 백성들을 깨우쳤으며, 우리의 작은 주나라와
(지방의)몇몇 나라를 세웠고 우리의 서쪽 땅을 다스렸다. 그러자 이 일이
하늘에까지 알려져 하느님(上帝)께서 기뻐하셨다. 하늘은 위대한 명령을
문왕에게 내리시어 은나라를 쳐 없애고 은나라가 가지고 있던 천명을 받
도록 하였다. 이렇게 해서 온 나라와 백성들이 모두 안정되었다.[3]

위의 문장은 매우 까다롭고 이해하기 힘든 글인데, 그 요지는 다음
과 같다. 즉 주의 문왕이 덕이 있는 자를 존경하고(敬德) 백성을 보호하

---

3) 『書經』 周書 『康誥篇』: 惟乃丕顯考文王, 克明德愼罰, 不敢侮鰥寡, 庸庸祗祗威威顯民,
用肇造我區夏越我一二邦, 以修我西土. 惟時怙冒聞于上帝, 帝休. 天乃大命文王殪戎
殷, 誕受厥命, 越厥邦厥民.

며(保民) 신령을 존경하였기 때문에 그의 이러한 행위가 하느님에게 알려졌으며, 하느님은 매우 기뻐하고 바로 문왕이 은상殷商을 토벌하여 멸망시킬 것을 명령하였고 또 상왕조의 강토와 인민을 문왕이 지배하도록 맡겨 주었다는 것이다. 여기서 주나라 사람들이 중원을 통일할 수 있었던 것은 그들의 행위가 선하여 하늘의 상을 받았기 때문이라는 것과, 이와는 반대로 덕을 상실하면 반드시 하느님의 징벌을 받게 되리라고 믿고 있었음을 알 수 있다. 『서경』『소고편』에서는 다음과 같이 말하였다.

> 우리는 하夏나라를 본보기로 삼지 않을 수 없다. 또 은나라를 본보기로 삼지 않을 수 없다. 하나라가 처음 천명을 받고서 그것이 영원히 지속될 줄 알았지만 얼마 가지 못했다. 그들이 덕을 공경하지 못했기 때문에 그들이 받은 천명을 곧 상실한 것인지도 모른다.4)

이 문장의 요지는 다음과 같다. 하나라 상나라 두 왕조의 지배자가 하늘의 뜻에 순종했더라면 그들의 왕조가 아직도 계속 지속될 수 있었을 것이다. 그러나 두 왕조의 마지막 지배자는 경덕敬德하지 못하였기 때문에 하늘의 분노를 사서 하늘이 두 왕조에 내린 천명을 거두었다는 것이다.

하느님이 상선벌악賞善罰惡한다는 것은 서주 초기의 종교적 의식을 형성하는 중심 관념이다. 이 첫 번째 유형에 속하는 천인감응 이론에서 하늘은 확실히 인격화된 최고신(살아 숨 쉬는 하느님)을 가리킨다. 그는 비록 우리에게서 매우 멀리 떨어진 하늘 위에서 살지만 시시각각 인간의 행위를 감시하고 있는 것으로 생각되었다. 『시경』주송『경지편』에서는

---

4) 같은 책,『周書』『召誥篇』: 我不可不監于有夏, 亦不可不監于有殷. 我不敢知曰, 有夏服天命, 惟有歷年. 我不敢知曰, 不其延. 惟不敬厥德, 乃早墜厥命.

이점에 대하여 매우 구체적으로 노래하였다.

> 공경하고 또 공경하라
> 하늘은 우리를 영원히, 그리고 훤히 굽어보고 계신다.
> 천명을 얻기가 쉽지 않다.
> 하느님이 저 멀리 높은 곳에 계시다고 말하지 말라.
> (그래서 우리의 행위를 알지 못할 것이라고 생각하지 말라—저자)
> 그의 사자가 끊임없이 하늘과 인간 사회를 오르내리도록 하여
> 시시각각 우리들을 감시하고 계신다.5)

위의 문장에서 당시의 사람들은 천사(士)가 천국과 인간을 소통시키는 교량 역할을 하며, 하느님은 천사를 통해 인간 세계의 소식을 듣고 그것에 의거하여 상벌을 결정한다고 생각하였음을 알 수 있다. 하느님이 내리는 상벌의 방식은 주로 다음과 같은 것들이었다.

① 통치자의 수명을 결정. 덕이 있는 자를 장수하도록 하고 덕이 없는 자를 빨리 죽도록 한다.

② 현자를 강생시킬 것인가, 아닌가를 결정. 지배자가 덕이 있으면 하늘은 바로 현자를 강생시켜 지배자를 보좌하도록 하고, 지배자가 덕이 없으면 하늘은 현자를 강생시키지 않음으로써 지배자 주위에 어리석고 무능한 자들이 모여들도록 한다.

③ 국가의 흥망을 직접 결정. 지배자가 덕을 숭상하면 하늘은 그 나라를 번창하게 하여 천하를 아우르도록 하고, 지배자가 덕을 잃으면 하늘은 그 나라를 멸망시킨다.

---

5) 『詩經』 周頌 『敬之』: 敬之敬之, 天維顯思. 命不易哉. 無曰高高在上, 陟降厥士, 日監在兹. * 역자 주 : 저자의 현대어 풀이를 감안하여 번역한다.

위에서 설명한 신인감응의 방식은 우리가 비교적 잘 알고 있는 후대의 감응 방식과 여러 가지 점에서 다르다. 후대의 천인감응에서 하늘은 신인감응에서처럼 살아 숨 쉬지도 않으며 '천사'의 흔적도 거의 보이지 않는다. 또 후대의 천인감응에서 감응의 매개는 특이한 자연 현상이었는데, 드물게 보이는 미적 자연 현상은 하늘이 내린 상으로 간주되었으며 드물게 보이는 추악한 자연 현상은 하늘의 징벌로 간주되었다. 서주 초기의 천인감응에서 자연 현상에 대한 언급이 거의 보이지 않는다든지, 최고신이 사회현상·사회생활 등에 직접 관여한다든지 하는 특징(후대의 천인감응과 구별되는 특징)은 대체로 연구자들의 충분한 주의를 끌지 못하였다.[6]

주왕조 초기의 신인감응은 물론 전혀 은폐되지 않은 종교적 관념론이었지만, 상왕조 시대의 종교의식宗敎意識과 비교해 볼 때, 그것은 또 진보적 요소, 매우 큰 진보적 요소를 내포하고 있다.

먼저 이러한 이론에 근거하면 한 국가의 흥망성쇠는 하느님에 의해서 결정된다. 그러나 하느님의 결정은 또 지배자의 행위(경덕敬德 여부)에 근거하여 나온 것이다. 따라서 국가 흥망의 최종 원인은 결국 인간 자신에게 있는 것이다. 이처럼 농후한 종교적 분위기 속에서 '인간의 발견'에 대한 몇 가지 서광이 비치기 시작하였다. 즉 상왕조 시대의 종교에서는 전제적인 하느님 앞에서 무기력하기만 한 것으로 생각되었던 인간의 행위가 비로소 큰 의미를 갖게 되었다. 바로 그러한 신념을 가지고 있었기 때문에 주공周公 등 주왕조 초기의 매우 총명한 두뇌를 가진 걸출한 정치가들은 인사人事를 버려두고 종교에 호소하는 것을 옳지 못하다고

---

6) 『서경』 주서의 『홍범』, 『금등』 두 편의 천인감응 방식은 후대의 그것과 비슷하다. 전문가들의 고증에 따르면 이 두 편은 매우 의심된다. 그것들은 춘추시대 이후의 작품일 수는 있어도 서주 초기의 사상을 반영한 사료라고 믿을 수 없다.

생각하였다. 따라서 그들은 한편으로는 하층 민중이나 상왕조의 피정복 지배계급 및 다른 종족의 구성원에 대해서 천명은 거부할 수 없는 것이라고 선전하면서 하늘이 임명한 주왕조의 지배는 번복될 수 없는 것이기 때문에 그것을 받아들여야 한다고 설명하였다. 그들은 또 다른 한 편으로는 자기 종족의 자제들에게 조심하라고 충고하면서 천명은 바뀔 수 없는 것이라고 생각해서는 안 된다고 하였다. 『서경』의 다음과 같은 구절은 그러한 충고가 가장 노골적으로 드러난 예이다.

> 하늘은 믿을 수 없다. 우리는 오직 문왕의 덕을 계승하여야 한다.[7]

이것은 하늘은 신뢰할 수 없기 때문에 우리의 지배는 문왕의 덕치 정치를 따라야만 비로소 오늘날과 같은 상황이 유지될 수 있다는 것을 의미한다.

주공 등은 상왕조 말기의 지배계급에 유행한 미신적 종교의 과오를 분석·비판하고 그것을 '은감殷鑑(상왕조 멸망에서 얻을 수 있는 교훈)' 의 주 내용 중 하나로 삼고자 하였다. 여기서 주왕조 초기의 천인감응 사상이 비록 종교적 형식의 제약을 받고 있기는 하였지만, 그것은 상왕조 시대의 신에 대한 맹목적 신앙을 크게 극복하였으며, 인간의 지위를 제고시켰고 이미 종교를 부정하는 사상적 요소를 포함하고 있기도 하였음을 알 수 있다.

다음으로 주왕조 초기의 천인감응론에서는 종교적 외피를 두르고 법칙성·인과성을 강조하였다. 최고신의 의지는 이제 상왕조의 지배계급에서 이해한 것과 같이 파악하기 어렵다든지 예측할 수 없는 것이 아

---

7) 『書經』 『君奭篇』: 天不可信, 我道惟寧王德延.

니었다. 그와는 반대로 신은 엄격한 법칙에 따라 상이나 벌을 내린다고 믿었다. 덕을 숭상하는 자는 반드시 상을 받으며 덕을 잃은 자는 반드시 천벌을 받게 된다는 관념에는 인과관계가 매우 명확하게 드러나 있는데, 이것은 인간의 사유능력이 현저하게 제고되었음을 보여 주는 것이다. 서주의 하느님(天帝)은 비록 상왕조의 하느님(上帝)과 같이 살아 숨 쉬는 인격화된 최고신이기는 하였지만 더 이상 호오好惡를 예측할 수 없는 외경스럽고 공포스러운 폭군의 모습을 한 것이 아니라, 공정하고 인자스럽고 영특한 군주로서 덕행의 보호자이고 사악의 징벌자였다. 그것은 이성이 형상화된 것이며 실제로 주왕조 지배계급의 기본적 의지와 영원한 이익을 신격화한 것이다. 이러한 형태상의 변화는 화하華夏 문명이 야만과 무지로부터 이지理智를 향하여 크게 진보하였음을 보여 주고 있는 것이다. 비록 주왕조 초기의 천인감응론이 매우 빠른 속도로 발전한 철학적 관념에 의해 비판되기는 하였지만, 그것이 포함하고 있는 인간 중시 관념 등 적극적 요소는 후대 사상가에 의해 더욱 발전되어 중국 봉건사회에서 발달한 '인문주의'8)의 중요한 원천의 하나가 되었다.

2. 서주말과 전국시대의 '자연화'된 천인감응론

서주 초기의 중국철학이 기나긴 준비 기간을 거친 뒤에 몇 갈래의 서광을 비추었다고 한다면, 서주 말기에서 백가쟁명 이전에 이르기까지의 단계는 중국철학의 여명기라고 부를 수 있을 것이다. '천인감응' 관념의 변천은 바로 이 단계의 철학사상에서 발생한 중요한 내용의 하나다.

---

8) 여기서 말하는 '인문주의'는 서양의 문예부흥 이후에 등장하는 인문주의, 혹은 인본주의와는 성격이나 특징에 있어서 다른 점이 있음에 주의해야 한다.

서주 말기부터 점점 형성되기 시작한 하나의 새로운 관념은 바로 자연계의 특이한 현상은 인간의 불량한 행위에서 기인한다는 것이었다. 『국어』『주어』에는 서주 말년의 백양보伯陽父[9]가 주나라 유왕幽王 3년 (B.C. 779년)에 한 말이 다음과 같이 기록되어 있다.

'천지의 기(天地之氣)'는 본래부터 가지고 있는 질서를 잃지 않는 법인데, 만약 질서를 잃게 되면 백성들은 혼란을 일으킨다. 양陽이 밑에 깔려 있어 밖으로 나오지 못하고 음陰이 압박을 받아 솟아 나오지 못할 때 지진이 발생한다.[10]

『시경』소아 『시월지교十月之交』의 작자도 이 지진 및 같은 시기에 발생한 일식 등 기타의 특이한 자연 현상을 '불용기량'[11] 등의 실정失政에서 기인한 결과라고 해석하였다.

이것은 새로운 유형의 천인감응이 탄생되고 있음을 보여 주고 있다. 서주 초기의 천인감응과 비교해 볼 때, 그 변화된 내용은 다음과 같다. 첫째 백양보 등의 말에서 하늘(天)과 땅(地)이 연결, 혹은 대비되고 있으며[12], 따라서 하늘은 확실히 인격화된 최고신을 가리키는 것이 아니라 자연계의 일부분을 의미한다는 점이다. 둘째로 백양보 등이 강조한 것은 인간의 행위와 자연 현상의 직접적 감응으로서 이러한 감응은 자연발생적인 것이지 결코 어떤 신의 지시에 의한 것이 아니라는 점이다. 인간의

---

9) 당시의 걸출한 사상가일 것으로 추정되는데, 백양보를 사백(史伯)이라고 하는 사람도 있다.
10) 『國語』『周語』: 天地之氣, 不失其序, 若過其序, 民亂之也. 陽伏而不能出, 陰迫而不能烝, 於是有地震.
11) "불용기량 不用其良"은 좋은 것을 쓰지 않았다는 뜻으로, 선인 善人이 한 말을 채택하지 않고 간사한 무리들의 말을 받아들인 것을 가리킨다.
12) 서주 초기의 문헌에서 '천(天)'자와 '지(地)'자를 연결, 혹은 대비시켜 사용한 예가 거의 없다는 점과, 서주 말기에서부터 '천지(天地)'라는 말이 대대적으로 출현하기 시작한다는 점에 주목하기 바란다.

불량한 행위로 말미암아 '천지의 기'가 본래부터 가지고 있는 정상적인 질서가 파괴되면 (인간과 자연은)평상적인 교류를 실현할 수 없게 되며, 그러한 장애가 일정 정도 축적되면 지진이 발생하게 된다는 것이다. 이러한 견해를 우리는 '자연화'된 천인감응이라고 부르고자 한다. 그것은 천인감응의 두 번째 유형에 속한다.

'자연화'된 천인감응은 결코 고립적 의식 현상이 아니라, 당시의 철학사조를 구성하는 커다란 부분의 하나로서 출현하였다. 이러한 사조를 '자연화' 사조라고 부를 수 있을 것인데, 그 기본 내용은 땅과 상대되는 자연의 하늘로써 최고신의 지위를 대체한 것이다. 하늘은 여전히 만물의 근원으로서 존중되었지만, 더 이상 인격화된, 살아 숨 쉬는 하느님을 가리키는 것이 아니라 천체 현상, 기후 현상 등을 중심으로 한 자연 현상의 일부분을 의미하였다. 하늘에 대한 해석에 근본적인 변화가 왔기 때문에 하늘에 대한 그 이전의 종교적 이론은 모두 수정되어야만 했다. 예를 들면 신이 만물을 창조했다는 원래의 이론은 천지가 기를 합하여 만물이 발생되었다고 수정된 것 등이 그것이다. 그것은 당시의 진보적 사상가들이 자연의 천·지·음·양·기 등의 철학적 개념으로써 만사만물의 발전·변화 및 여러 가지 사회현상을 해석하고자 시도하였음을 반영하는 것이다. 이것은 전통적인 종교적 관념에 대한 과감한 극복이며, 철학으로 종교를 대체한 것으로서 진보적 의미를 띠고 있음은 자명하다. 의식형태 영역에서의 이러한 혁명은 곧 이어 발생하는 중대한 사회적 변동13) 및 천문학 등 자연과학의 거대한 발전을 배경으로 하고 있다. 그러나 '자연화'된 천인감응도 여전히 농후한 신비주의적 색채를 띠고 있었음이 발견되기도 하는데, 자연 현상과 인간 행위의 관계를 해석할 때 대

---

13) 이때는 주왕조가 쇠락하고 제후들이 할거하여 우열을 다투는 시기로서 봉건지주제로 이행하기 시작한 과도기에 해당한다.

체로 건강부회를 면치 못하였다.

춘추전국시대에는 위에서 말한 두 종류의 천인감응 사상이 더욱 유행하였는데, 그것들은 다음과 같은 두 측면으로 발전하였다. 첫째, 많은 개별적 논의뿐만 아니라 총체적이고 공식화된 설명도 나타나게 되었다. 진晉나라 백종伯宗의 다음과 같은 정의는 가장 대표적인 것이다.

> 하늘이 절기를 어기면 (時令이 부정확해진다든지 추위나 더위의 시기가 바뀌는 등의) 재난이 발생하고, 땅이 사물의 본성을 어기면 (비정상적인 현상, 즉 기형적인 동식물이 나타나는)요괴가 발생하며, 인민이 덕을 어기면 혼란이 발생한다. 혼란은 요괴와 재난을 가져온다.[14]

둘째로 천인감응의 여러 가지 방식을 종류별로 분류·정리한, 보다 더 체계적인 저작이 나타났다. 그러한 저작 가운데 비교적 사람들의 관심을 끄는 것으로는 『서경』 『홍범편洪範篇』과 『여씨춘추』 『명리편明理篇』이 있다.

전통적인 견해에 따르면 위에서 언급한 『홍범편』은 서주 초기에 주나라 무왕武王이 상왕조의 유민인 기자箕子라는 현자에게 자문을 구하여 기록된 것이다. 그러나 현대의 많은 학자들은 이 편이 후대인의 가탁假托일 것이라고 의심을 품고 있다. 오늘날의 적지 않은 학자들은 이 편이 쓰여진 연대를 춘추시대로 추정하고 있는데, 필자도 이 주장에 따르기로 한다. 『홍범편』은 천인감응을 설명할 때 '좋은 징조(休徵)'와 '나쁜 징조(咎徵)'를 매우 자세하게 분석하고 있다.

---

14) 『春秋左氏傳』 『宣公』 15년조 : 天反時爲災, 地反物爲妖, 民反德爲亂, 亂則妖災生.

좋은 징조란 (정사에 임하는 왕의 행실이)진지할 때 나타나는 시기 적절한 비, 조리가 있을 때 나타나는 시기 적절한 햇볕, 지혜로울 때 나타나는 시기 적절한 더위, 사려가 깊을 때 나타나는 시기 적절한 바람 등이다. 나쁜 징조라고 하는 것은 (정사에 임하는 왕의 행실이)경망스러울 때 나타나는 오랫동안의 햇볕, 실정失政하였을 때 나타나는 오랫동안의 더위, 조급할 때 나타나는 오랫동안의 추위, 어리석을 때 나타나는 오랫동안의 바람 등이다.15)

위의 문장은 명확하게 해석되지 않지만 전체적인 사상은 분명하다. 즉 정치가 잘되면 바람과 비가 순조롭고, 정치가 잘되지 않으면 홍수나 한발 등의 자연재해가 발생한다는 것이다. 그리고 여러 가지 잘된, 혹은 잘못된 정치적 조치는 같은 종류의 구체적 자연 현상과 관련지어 분류되고 있다.

그런데 『홍범편』이 표현하고 있는 사회현상과 자연 현상의 연결체계는 완벽한 것이 못된다. 예를 들면 '좋은 징조'에 해당되는 '엄숙(肅)'과 '사려 깊음(謀)'은 둘 다 '시기 적절한 추위(寒若)'가 된다는 것 등이 그것이다.16) 『여씨춘추』 『명리편』에서는 재이를 풍우風雨 · 한서寒暑 · 음양陰陽 · 사시四時 · 인간(人) · 금수禽獸 · 초목草木 · 오곡五穀 · 구름(雲) · 일월日月 · 성기星氣 · 요얼妖孽 등의 분야로 분류하고, 여러 가지 분야에서 일어나는 감응을 다시 갖가지 복잡한 조목으로 구별하였다.

---

15) 『書經』 『洪範篇』 : 曰休徵, 曰肅, 時雨若. 曰乂, 時暘若. 曰晢, 時?若. 曰謀, 時寒若. 曰聖, 時風若. 曰咎徵, 曰狂, 恒雨若. 曰僭, 恒暘若. 曰豫, 恒?若. 曰急, 恒寒若. 曰蒙, 恒風若.

16) 역자 주 : 원래 저자가 인용한 위의 문장은 "曰休徵, 曰肅, 時寒若. ……曰謀, 時寒若. ……曰蒙, 恒風若(……부분은 역자가 생략한 것)"으로 되어 있다. 그러나 역자의 조사에 따르면 "曰肅, 時寒若"으로 기록된 『서경』 판본은 없다. 이것은 아마도 저자의 착오인 것 같아서 인용문 부분은 역자가 바로잡았다. 따라서 저자가 여기서 "'엄숙(肅)'과 '사려 깊음(謀)'은 둘 다 '시기 적절한 추위(寒若)'가 된다"라고 지적한 것은 잘못이다.

『홍범편』과 『명리편』에서 주장한 '좋은 징조' 나 '나쁜 징조' 는 현대인의 관점에서 볼 때 황당하고 가소로운 억측에 불과하지만, 선진시대에는 이러한 사상이 매우 유행하였다. 인식론적 관점에서 볼 때 그것은 자연 현상과 사회현상 사이의 보편적 연관을 찾으려는 고대 중국인의 순수한 노력을 반영하고 있다.

고대의 사상가들은 장기간의 사회적 실천과 자연 현상에 대한 관찰을 통해 점차 사물들 사이에 어떤 고정된 연관이 있다는 것, 어떤 사물의 출현은 다른 어떤 사물의 출현을 예고하는 징조라는 것, 어떤 현상은 다른 현상과 호응한다는 것 등을 발견하게 되었다. 『주역』 『문언전』에서는 다음과 같이 추론하고 있다.

> 같은 소리는 서로 호응하고, 같은 기운은 서로 찾는다. 물은 습한 곳으로 흐르고 불은 건조한 곳으로 번진다. 구름은 용을 따르며 바람은 호랑이를 따른다.[17]

이러한 추론에 과학적 타당성이 없는 것은 아니다. 예를 들면 "물은 습한 곳으로 흐르고 불은 건조한 곳으로 번진다" 든지 "같은 소리는 서로 호응한다" 는 것 등은 모두 확실한 물리적 현상을 나타낸 것이다. 그런데 철학의 본질은 결코 개별적 현상의 관찰에만 머물러 있는 것이 아니다. 그것은 우리에게 일반성과 보편성을 파악하도록 요구한다. 이 때문에 중국 고대인들은 위에서 설명한 발견을 기초로 하여 자연계와 인간사회를 개괄할 수 있는 보편적 연관의 그물을 구축하기 시작하였다. 그러나 그 당시 인간들의 자연 현상과 사회 현상에 대한 인식이 매우 일천

---

17) 『周易』 『文言傳』 : 同聲相應, 同氣相求. 水流濕, 火就燥. 雲從龍, 風從虎.

하였기 때문에 갑작스럽게 매듭지어진 하늘과 인간을 관통하는 상호 교류의 그물 대부분은 확실히 허구적이지 않을 수 없었다. 그리고 이러한 체계의 내용이 구체화 될수록 허구적 요소는 늘어나기 마련이다. 그러나 몇몇 연구자들이 이미 지적한 바와 같이 황당한 천인감응 이론 속에는 체계론적 천재성의 씨앗이 내포되어 있었다.

서주말부터 전국시대에 이르는 동안 두 번째 유형의 천인감응 관념은 간단한 것에서부터 복잡한 것으로 발전하였다. 발전의 초기에 그것은 그 이전부터 존재하던 종교사상의 대립물로서 나타난 것이지만, 그 뒤의 발전에서 무신론적 요소는 도리어 점차 약화되고 황당무계한 신비주의적 요소가 더욱 농후해져 갔다. 세 번째 유형의 천인감응 사상이 한대漢代에서 지배적 위치를 굳히자, 두 번째 유형의 천인감응은 새로운 종교적 천인감응 이론 속에 완전히 융합되어 더 이상 독립적으로 존재하지 않게 되었다.

3. 묵자와 동중서의 천인감응론

묵자墨子는 전국 초기묵가初期墨家 학파의 창시자이고, 동중서董仲舒는 한대漢代의 종교적 관념론의 대표자로서 유가의 계보에 속한다. 역사상 이 두 사람의 이론적 연관에 대하여 주의를 기울인 사람은 거의 없었다. 오직 근대의 저명한 학자 장태염章太炎만이 동중서를 필두로 한 한대의 '금문경학파今文經學派'가 묵가 학파의 후예일 것이라고 지적하였을 뿐이다(『儒術眞論』 참조). 장태염의 이러한 논의는 편파성을 면할 수 없지만 두 사람의 밀접한 관계를 정확하게 지적한 것이다. 아쉽게도 장태염의 관점은 당시 학계의 주목을 끌지 못하였다.

묵자의 사상과 동중서의 사상체계의 가장 주된 연관은 바로 천인 관계 분야에 있다. 천인감응의 세 번째 유형의 창립은 묵자의 공이며, 그 것을 보다 더 충분하게 논증하고 체계적으로 밝힌 자가 동중서이다. 이 때문에 우리는 이러한 천인감응 사상을 '묵자 — 동중서의 천인감응' 이 라고 부르고자 한다.

이 천인감응의 기본 내용과 특징은 다음과 같다. 즉 하늘은 자연의 모습을 한 유의지적有意志的 최고신이다. 감응의 방식은 하늘이 인간의 행 위를 감찰한 뒤에 일련의 자연 현상을 통해 자신의 의지를 나타냄으로써 인간 세계의 지배자에게 경고나 상을 내린다.

우선 묵자의 천인감응 사상은 『묵자』『상동중편』의 다음과 같은 집 약적 논의를 통해 살펴볼 수 있다.

> 천자의 뜻에 따르고 하늘의 뜻에는 따르지 않는 자에게는 하늘의 재앙이 그치지 않을 것이다. 그러므로 만약 하늘이 때에 맞지 않는 추위나 더위 를 내리고 눈·서리·비·이슬 등을 때에 맞지 않게 내린다든지, 오곡이 익지 않고 여러 가지 가축이 자라지 않는다든지, 질병, 재앙, 악한 기운, 전염병 등이 발생한다든지, 갑자기 바람이 불고 폭우가 쏟아진다든지 하 는 등의 일이 그치지 않고 계속된다면 그것은 하늘이 내린 벌이다.[18]

위 문장의 요지는 인민과 천자의 의지가 통일되었다 하더라도 천 자와 하늘의 의지가 통일되지 않으면 천재(자연재해)가 발생된다는 것이

---

18) 『墨子』『尙同中篇』: 旣尙同乎天子, 而未尙同乎天者, 則天災將猶未止也. 故當若天降 寒熱不節, 雪霜雨露不時, 五穀不孰, 六畜不遂, 疾災戾疫, 飄風苦雨, 荐臻而至者, 此 天之罰也.

다. 이러한 상황에서는 다음과 같은 현상이 나타날 수 있다. 추위와 더위가 불규칙하게 되고, 홍수와 가뭄과 태풍이 연달아 일어나 끊이지 않고, 오곡이 익지 못하고, 모든 가축이 자라지 않고, 돌림병이 유행하게 되는데 이러한 것들은 하늘이 내린 징벌이라는 것이다. 표면상으로 이것은 앞의 두 번째 유형의 천인감응 사상과 별 차이가 없이 하늘과 사시·한서 등의 자연 현상이 연관되어 있는 것으로 보인다. 그러나 묵자는 유의지적 하늘을 강조하였으며, 그는 하늘은 '애민愛民' 적이고(『墨子』『天志篇』 등 참조), 하늘과 인간 사이의 감응은 결코 자연스러운 직접적 교류가 아니라 하늘이 심사숙고한 뒤에 내리는 벌이나 상을 통해 이루어진다고 생각하였다. 묵자의 하늘이 비록 외형상 자연의 모습을 띠고 있기는 하지만 본질적으로 그것은 의지를 가진 신이며, 특이한 자연 현상은 신이 인간 세계의 지배자에게 경고를 내리기 위해 채택한 도구일 뿐이라고 생각하였음을 알 수 있다. 동중서는 명백하게 묵자의 사상을 계승하였으며, 아울러 많은 발전을 이룩하였다. 그의 천인감응 이론은 묵자의 그것에 비해 보다 체계적이고 완벽하다. 동중서는 일련의 목적론적 추론을 통하여 하늘의 유의지성有意志性을 특히 강조하였다. 동중서는 천인감응을 주장할 때 항상 "천계약왈天戒若曰, ……"이라는 말을 사용하였다. 이 말은 "하늘의 경고는 ……라고 말하는 것과 같다"는 뜻이다. 예를 들면 『춘추』에 기록된 "정공 원년 10월에 서리가 내려 콩의 싹이 죽었다"라는 부분에 대해 다음과 같이 해석하였다.

콩이란 풀 가운데서도 강한 것이다. 하늘의 경고는 지나치게 큰 실권을 가진 대신을 죽이라고 말하는 것과 같다.[19]

---

19) 『漢書』『五行志』 : 叔草之强者. 天戒若曰, 加誅於强臣.

그는 또 당시에 고묘高廟와 고원高園에서 발생한 화재에 대하여 다음과 같이 해석하기도 하였다.

> 이번의 재이는 폐하에게 다음과 같이 말하는 것과 같습니다. 오늘날 (궁전 등을)크게 지어 놓았지만 재난이 거듭되고 있는데, 그것은 태평하고 공정한 정치를 통해 피하지 못할 재난이 아닙니다. 친척과 귀족, 혹은 제후로 있는 자들 중 정도를 벗어난 짓을 가장 심하게 한 자들을 찾아내어 요동의 고묘전에 불을 낸 사람 처단하듯 과감하게 죽여야 할 것입니다. 또 가까운 신하 가운데 폐하의 곁에 있거나 높은 지위에 있는 가까운 신하 가운데 정직하지 못한 자를 찾아내어 고원전에 불을 낸 사람 처단하듯 과감하게 죽여야 할 것입니다.[20]

동중서가 말한 "천계약왈天戒若曰"이라는 네 글자는 매우 미묘한 것이다. 그것은 앞의 두 가지 유형의 천인감응 사상과 형태상으로 구별 지어 주고 있다. 첫째, 하느님의 의지는 서주 초기의 그것과 같이 곧바로 "하느님(帝)이 문왕에게 ……라고 말하였다"라는 적나라한 종교적 형식으로 나타나는 것이 아니다. 따라서 이것은 첫 번째 유형의 천인감응과는 다르다. 둘째, 하늘은 여전히 의지를 가지고 있는데, 이러한 의지는 비록 직접적이고 자세하게 전달될 수 없다 하더라도 일련의 자연 현상을 통하여 우회적으로 표현된다. 이것은 두 번째 유형의 천인감응과도 다르다. 동중서는 실제로 그 동안 자연과학이 크게 진보하였고, 전통적 천 관념이 무신론적 사상가의 유력한 비판을 받은 새로운 상황 하에서 만약 서주 초기와 같이 전혀 은폐되지 않은 천인감응 이론이 단순하게

---

[20] 『漢書』 『五行志』: 天災若語陛下, 當今之世, 雖救而重難. 非以太平至公, 不能治也. 視親戚貴屬在諸侯遠正最甚者, 忍而誅之, 如吾燔遼高廟殿乃可. 視近臣在國中處旁仄及貴而不正者, 忍而誅之, 如燔高園殿乃可.

다시 반복되면 그것은 사람들에게 받아들여지기 매우 어렵다는 것을 의식하였다. 이 때문에 동중서는 하느님의 외형을 바꾸고 그에게 한층 자연화된 외피를 입혔다. 즉 그는 재이災異, 상서祥瑞 등의 특이한 자연 현상의 출현을 감응의 주요 방식으로 삼아 두 번째 유형의 천인감응 학설에 포함된 대부분의 구체적 내용을 흡수했으며, 아울러 선진先秦의 음양오행 학설을 추론의 도구로 삼았다. 그리고 하늘을 최고신으로 간주하는 첫 번째 유형의 천인감응론의 핵심적 내용을 자신의 이론 속에 그대로 담고 있었다.

그러나 이러한 개조는 반드시 이론적인 모순을 드러낼 수밖에 없다. 즉 본질(유의지적 신)과 외형(자연 현상)이 서로 충돌을 일으키게 마련이다. 푸른 하늘이 어떻게 사고한다는 말인가? 이러한 천인감응 이론을 최초로 제기한 묵자는 이 문제에 대하여 만족할 만한 해답을 제시하지 못하고, 다만 자연 현상이나 자연환경이 인간의 생존에 적합하다는 것으로 하늘이 애민愛民하는 마음을 가지고 있다는 것을 증명하려고 하였다. 동중서는 묵자의 목적론을 계승 발전시키는 것 외에 또 '인부천수人副天數'라는 학설로써 모순·충돌의 문제를 미봉하려고 하였는데, 이것 역시 동중서 천인감응론의 중요한 특색이다. 『춘추번로春秋繁露』 『인부천수편人副天數篇』에서 동중서는 인간이 어떻게 하늘의 '부본副本'이 되는가를 상세하게 설명하였다. 예를 들면 인간에게 오장五臟이 있고 하늘에는 오행이 있으며, 인간에게 사지四肢가 있고 하늘에는 사계절이 있는 것 등이 그것이다. 이러한 견강부회적 얽어붙이기 수법을 통해 동중서가 제시한 결론은 자연의 하늘 이외에 다시 어떤 인격화된 하느님을 찾을 필요가 없다는 것, 자연의 하늘 자체가 바로 의지와 인격을 가진 '백신의 대군大君'이라는 것이다. 인간은 의지를 가지고 있으며 인간의 행동은 목적성을 가지고 있지만, 인간은 하늘의 복사판에 지나지 않기 때문에 하늘도 당연히 의지를 가지고 있다는 것이 동중서의 논리이다. 그는 또 『춘추번로』 『위인자천편爲人者天篇』에서 천인합일에 대하여 더욱 자세하게 논증하였다. 그는 하늘은 인간의 '증조부'라고 하면서 조상과 후손은 당연히 공통점을 가지고 있기 때문에 유의지적 인간의 조상으로서의 하늘도 의지를 가지고 있음이 긍정된다고 하였다. 위에서 설명한 각고의 노력과 극히 황당한 추론을 통하여 동중서는 전례 없이 완벽한 천인감응 이론의 체계를 세웠다.

동중서의 천인감응은 자연계를 신격화함으로써 '범신론' 적 색채를 띠고 있으며, 따라서 그 이전부터 전해져 오던 종교적 속박을 벗어나게 했다는 의미에서 진보적이라고 보는 견해도 있다. 이러한 견해가 잘못되었다는 것은 분명하고 쉽게 알 수 있다. 천인감응 사상 발전의 유형을 역사적으로 고찰해 보기만 해도 동중서가 완성한 세 번째 유형의 천인감응 이론이 종교적 속박으로부터 벗어나기 위해 제기된 것이 아닐 뿐만 아니라 오히려 그 반대의 작용을 일으켰다는 것을 발견할 수 있다. 왜냐하면 서주 이후의 두 번째 유형의 천인감응 이론은 서주 초기의 하느님을 이미 땅(地)과 반대되는 자연의 하늘로 바꾸어 버렸는데, 동중서는 도리어 하느님을 다른 형태로 되살려 내서 다시 하늘의 유의지성과 최고성을 긍정함으로써 천인감응 학설에서 다시금 천신天神이 숭배되도록 길을 열어 놓았기 때문이다. 동중서가 만들어 낸 새로운 천신이 비록 서주 초기의 황천상제皇天上帝와 같이 살아 숨 쉬는 것은 아니라 하더라도 그것은 결국 의지를 가지고 있으며, 또 인격을 갖추고 있는 최고신임에는 틀림없다.

동중서의 천인감응 이론은 중앙집권적 군주 전제와 봉건적 강상綱

常을 신비화하려는 한대 지배계급의 요구에 매우 정확하게 들어맞았다. 따라서 그것은 지배계급의 지지와 제창을 받아 매우 급속하게 지배적 의식형태로서 자리 잡았다. 한대의 각종 역사 문헌들은 천인감응의 관점으로 가득 차 있는데, 심지어 장형張衡과 같은 대과학자도 천인감응의 영향을 피하지 못하였다.

한대 이후로 다른 종류의 천인감응 이론이 출현하였지만, 철학계 밖의 사람들에게 가장 많은 영향을 끼친 이론은 역시 동중서가 제창한 위와 같은 천인감응론이었다. 역사서를 펼쳐보면 페이지마다 보이는 것이 상서와 재이에 대한 기록인데, 이것은 동중서 이론이 끼친 영향의 깊이를 알 수 있게 해 준다. 심지어 서양의 학문이 동양에 유입되면서 자연과학이 날로 발달하던 근대 중국에 이르러서도 어떤 사람은 동중서의 이론을 끌어안고 놓으려 하지 않았다. 예를 들면 '양무파'의 대표적 인물이었던 장지동張之洞(1837~1909)은 여전히 그러한 이론을 부르짖고 있었다.

별자리에 변화가 일어나는 것은 바로 하늘이 임금을 사랑하는 데서 연유한다. 즉 하늘이 구체적인 일을 통해 무언가를 표현함으로써 다가올 사태에 미리 대비할 수 있도록 도와주는 것이다.[21]

이러한 이론과 중국 예술 및 중국 정치와의 관계에 대해서는 제7절과 제8절에서 자세하게 분석할 것이다.

---

21) 張之洞,『星變修省勿過憂慮片』: 星辰變異, 正由上天仁愛人君, 因事垂象, 俾得早爲之備.

4. 한유의 천인감응론

동중서의 천인감응론과 비교해 볼 때 당대唐代의 한유韓愈에 의해 제기된, 중국철학사상 네 번째 유형에 속하는 천인감응 이론의 영향은 매우 적었다. 그의 관점은 심지어 다른 사람의 동의를 거의 얻지 못했다고 말할 수도 있으며, 따라서 이것은 하나의 예외로 취급될 수 있을 뿐이다. 그러나 한유의 이론은 매우 독특하며, 그 이론이 많은 오해를 불러 일으켰고, 그의 이론이 매우 귀중한 합리적 요소를 포함하고 있다는 등의 이유 때문에 우리는 그의 이론을 다른 이론과 구별하고 자세히 분석해 보아야 한다.

이전까지 중국 철학사에 대한 일반적인 연구서에서 한유의 하늘에 관한 사상을 설명할 때는 흔히 한유를 전통적 '천명론' 의 옹호자로 취급하였다. 당대 중기에 폭발한 천인관계를 둘러싼 논쟁에서 쟁점을 유발한 한유는 다만 부정적 역할을 담당했을 뿐이다. 그는 하늘이 의지를 가지고 인간에게 상과 벌을 내린다는 종교적 관념론의 관점을 견지하였기 때문에 유물주의적 경향의 사상을 가진 유종원柳宗元과 유우석劉禹錫으로부터 끊임없는 비판을 받았다. 그러나 치밀하게 고찰해 볼 때 우리는 위에서 말한 유행적 관점(한유를 전통적인 천명론의 옹호자로 취급하는 관점)에 타협할 수 없으며 그것은 마땅히 수정되어야 함을 알게 된다.

한유의 관점은 전통적 하늘숭배의 종교사상을 견지한 것인가? 유종원의 『천설天說』이라는 논문에 기록된 한유의 '하늘에 관한 학설(天之說)' 을 자세하게 음미해 볼 때 얻을 수 있는 결론은 부정적인 것이다. 확실히 한유는 하늘의 유의지성을 긍정하였고 또 천인감응을 인정하였다. 그러나 그가 주장한 하늘의 의지와 감응의 내용은 서주 초기의 신인감응과 다르고, 또 동중서의 새로운 종교적 사상과도 다른 것이다. 그것은 독특하고 새로운 관점이다. '하늘에 관한 학설'의 문장은 그리 길지 않으므로 전문을 소개한다.

한유가 유종원에게 다음과 같이 말하였다. 당신은 하늘에 관한 학설을 아는가? 나는 당신에게 하늘에 관한 학설을 설명하겠다. 만약 몹시 고통스럽고 지치고 모욕 받고 배고프고 추위에 떨고 있는 사람이 하늘을 우러러보며, "사람을 학대하는 사람은 출세하고 사람을 도와주는 사람은 재앙을 받는다"라고 한다든지 또 하늘을 우러러보며, "어째서 이처럼 극심한 고통을 당하게 하는가?"라고 외친다면 이러한 사람들은 모두 하늘에 대하여 아무것도 모르고 있다고 할 수 있다. 대체로 과일이나 음식이 썩으면 벌레가 생겨난다. 인간의 피가 부패하고 흐름이 막히면 등창·혹·악성 치질에 걸리고 병균이 서식한다. 나무가 썩으면 굼벵이가 그 속에 살고 풀이 썩으면 개똥벌레가 날아든다. 이것이 어찌 파괴된 뒤에 일어나는 현상이 아니랴? 사물이 파괴되면 그로부터 벌레가 생겨난다. 원기元氣나 음양이 파괴되면 그로부터 인간이 생겨난다. 벌레가 생겨나면 사물은 더욱 파괴된다. 그것을 먹어 치우고 거기에 구멍을 뚫고 하여 벌레가 사물에 끼친 해는 몹시 심하다. 그것들을 제거할 수 있는 자는 사물을 도와주는 자이고 그것들을 번식시키는 자는 사물을 해치는 자이다. 인간이 원기나 음양을 파괴하는 것도 매우 심하다. 자연 상태의 토지를 개간하고 산림을 베어내고 우물을 파서 물을 마시고 무덤을 파서 죽은 자를 묻으며, 또 땅을 파서 방죽을 만들고 담장과 성곽을 쌓고 망루를 만들어 즐기며, 땅을 파서 물이 흐르게 하고 제방을 쌓아 연못을 만들며, 나무를 태워서 번제燔祭를 지내고 쇠붙이를 녹이고 도자기를 굽고 돌을 깎는 등등 천지만물의 생기를 잃게 하고 그것들이 본래의 성질을 유지할 수 없게 하며, 멋대로 두드리고 비틀고 해서 잠시도 쉬지 못하게 한다. 인간이 원기와 음양에 끼친 재앙은 벌레의 그것보다 심하지 않은가? 나는 이러한 인간을 없애는 것은, 날이 가고 해가 갈수록 원기와 음양에 대한 해악이 더욱 적어질 것이기 때문에, 그것은 천지를 도와주는 것이라고 생각하며, 인간을 번식하게 하는 자는 천지의 원수가 될 것이라고 생각한다. 지금 사람들은 모두 하늘을 알지 못한다. 그래서 이처럼 하늘에 대고 외치고 하늘을 원망하는 것이다. 나는 하늘이 그 외침과 원망의 소리를 듣는다면 (하늘을)도와준 사람에게 반드시 큰 상을 내릴 것이며, 해를 끼친 사람에게는 또 큰 벌을 내릴 것이라고 생각한다. 당신은 내 말을 어떻게 생각하는가?[22]

위의 문장을 통해 다음과 같은 것을 알 수 있다. 첫째, 한유의 하늘은 '원기·음양' 및 '땅(地)'과 하나로 뭉쳐 있다는 것이다. 바꿔 말하면 어느 정도 자연적 색채를 띠고 있다. 이는 서주 초기의 인격화된 최고신과 같을 수 있다는 가능성을 배제하는 것이다. 위의 인용문 외에 한유의 『원인原人』이라는 중요한 저작 속의 다음과 같은 주장이 그 증거가 될 수 있다. "위에 자리 잡고 있는 것을 하늘이라 하고 아래에 자리 잡고 있는 것을 땅이라고 하며 그 사이에 살도록 운명 지어진 것을 인간이라고 한다. 위에 자리 잡고 있는 일월성신이 모두 하늘이다."[23]

둘째로, 보다 중요한 것은 한유가 이해한 하늘의 의지는 하늘에 의

---

22) 柳宗元, 『天說』: 韓愈謂柳子曰, 若知天之說乎. 吾謂子言天之說. 今夫人有疾痛倦辱飢寒甚者, 因仰而呼天曰, 殘民者昌, 佑民者殃. 又仰而呼天曰, 何爲使呈此極戾也. 若是者, 擧不能知也. 夫果蓏飮食旣不壞, 蟲生之. 人之血氣敗逆壅底, 爲癰瘍疣贅瘻痔, 蟲生之. 木朽而蝎中, 草腐而螢飛. 是豈不以壞而后出邪. 物壞, 蟲由之生. 元氣陰陽之壞, 人由之生. 蟲之生而物益壞. 食齧之, 攻穴之, 蟲之禍物也滋甚. 甚有能去之者, 有功於物者也, 蕃而息之者, 物之仇也. 人之壞元氣陰陽也滋甚. 墾原田, 伐山林, 鑿泉以井飮, 窾墓以送死, 而又穴爲堰溲, 築爲墻垣城郭臺榭觀游, 疏爲川瀆溝洫陂池, 燧木以燔, 革金以鎔, 陶甄琢磨, 悴然使天地萬物不得其情, 倖倖沖沖, 攻殘敗撓而未嘗息. 其爲禍元氣陰陽也, 不甚於蟲之所爲乎. 吾意有能殘斯人, 使日薄歲削, 禍元氣陰陽者滋少, 是則有功於天地者也. 蕃而息之者, 天地之仇也. 今夫人擧不能知之, 故爲是呼且怨也. 吾意天聞其呼且怨, 則有功者受賞必大矣, 其禍焉者受罰亦大矣. 子以爲吾言爲如何.

23) 韓愈, 『原人』: 形於上者謂之天, 形於下者謂之地, 命於其兩間者謂之人. 形於上, 日月星辰皆天也.

지가 있다고 인정한 그 이전의 어떤 사상가의 이해와도 다르다는 점이다. 그 이전의 사상가, 즉 서주시대의 주공 등은 물론 전국시대의 묵자와 한대의 동중서 등은 모두 하늘은 '애민' 적이며, 하늘의 의지 역시 인간의 가장 이상적인 도덕의 원칙이고, 하늘이 가지고 있는 선악의 표준은 인간의 표준과 완전히 일치하는 것으로서 하늘은 바로 인간적인 '복선화음福善禍淫'[24]을 근거로 하여 착한 사람에게는 상을 주고 악한 사람에게는 징벌을 내린다고 생각하였다. 하늘이 의지를 가진다는 것을 긍정하지 않은 자연화된 천인감응론에서도 도덕에 부합되는 인간의 행동에 대해서는 미적 자연 현상이 수반하며, 도덕에 위배되는 모든 행동은 자연 현상을 추악하게 만들고 그것의 본성을 해친다고 생각하였다. 그러나 한유의 입장에서 볼 때 하늘의 의지는 인간의 의지와 다를 뿐만 아니라 완전히 대립적이다. 하늘이 가지고 있는 선악의 표준은 인간의 선악 표준과 완전히 상반된다. 백성을 사랑하는 자는 인간의 표준으로 판단할 때 선인이고 '영주英主', 혹은 '현신賢臣'이지만 하늘의 기준에 의해 판단할 때 그는 최대의 악인이 된다는 것이다. 또 백성을 학대하는 자는 인간의 표준으로 평가할 때 악한이지만, 하늘의 눈에는 그가 도리어 가장 좋은 동반자로 비친다는 것이다. 왜 그런가? 인간의 생산활동은 하늘의 '원기·음양'에 대한 엄중한 파괴가 되며, 이것은 탐욕스런 해충이 과일과 채소를 갉아먹어 버리는 것과 같기 때문이다. 즉 '백성을 사랑하는 자'는 인민의 생활이 안정되도록 하며 인민이 잘 자라고 번식할 수 있도록 하는데, 인민의 수가 많아질수록 하늘이 받는 손해는 더욱 커지게 되며, 이와는 반대로 '백성을 학대하는 자'는 자신의 폭력 행위를 통해 인구가 감소하도록 하여 하늘이 받는 손해가 적어지도록 하기 때문이라는 것이다.

---

24) 역자 주 : 선한 행위에 대해서는 복을 내리고 악한 행위에 대해서는 재앙을 내린다는 생각이나 믿음을 말한다.

하늘과 인간의 이익이 완전히 상반되기 때문에 천인감응은 바로 인민을 해치는 사람에게 하늘이 상을 주고 인민을 보호하는 사람에게 벌을 주는 방식으로 이루어진다. 간단하게 말하면 복음화선福淫禍善, 즉 악한 자에게 복을 내리고 착한 자에게 벌을 내린다. 좋은 일을 많이 해서 인민의 존경을 받는 사람일수록 하늘의 가혹한 징벌을 받을 가능성이 높게 되는데, 이것은 일반적인 현상에 위배되는 것이 아니라 오히려 현실의 이치와 완전히 일치한다는 것이다.

하늘과 인간의 이익이 상반된다는 것은 한유의 천인감응 이론의 가장 큰 특색이다. 중국 역사상 한유와 같이 명확하게 하늘과 인간이 상반된다는 감응이론을 주장한 사람은 아마도 없었을 것이다.25) 따라서 우리는 그를 중국 역사에 나타난 천인감응의 네 번째 유형으로 분류할 것이다.

한유가 제기한 천인상반적 감응론은 우연한 것이 아니었다. 그것은 중국 봉건사회가 쇠망으로 들어서기 시작함에 따라26) 봉건 정치가 날로 부패해져 간 것, 그리고 그 자신이 개인적으로 절실하게 경험한 것 등과 밀접한 관계가 있다. 한유는 일생을 통해 벼슬길이 매우 험난하였다. 그는 현명한 자나 재능이 뛰어난 자가 대우받기는커녕 항상 재앙을 받는다든지, 간사하고 아첨 잘하며 인민을 학대하는 소인배들이 오히려 오랫동안 부귀를 누린다든지 하는 것들을 무수히 체험하고 목격하였다. 예를 들어 한유는 '부처의 뼈(佛骨)'를 궁중에 맞아들이는 일에 대하여 다음과 같이 간언하였다. 즉 지배자가 전혀 신통력도 없을 뿐만 아니라 이단異端27)을 상징하기도 하는 부처의 사리를 모시는 데 많은 인력과 물자를 낭비하는 것을 반대하면서 그것은 사직과 민생을 이롭게 하는 훌륭한 사

---

25) 도가의 대표적 인물인 장자 莊子도 하늘과 인간이 상반된다는 견해를 가지고 있었지만 그는 결코 감응을 주장하지는 않았다.

26) 한유가 처한 당 중기는 바로 이러한 전환기였다.

27) 한유 자신은 유가의 정통이라고 자처하였다.

업이 아니라고 하였다. 그러나 그 결과 그는 도리어 관직이 강등되고 아울러 목숨까지 잃을 뻔하였다. 이러한 현실에 직면하여 그는 '하늘이 복선화음한다'는 전통적인 관점에 대하여 회의를 품지 않을 수 없었으며, 오랫동안 심사숙고한 끝에 하늘과 인간이 상반된다는 반전통적 결론을 내리게 되었다. 이러한 사상적 형성 과정에 대하여 한유는 『여최군서』라는 논설에서 다음과 같이 매우 상세하게 서술하였다.

> 예로부터 현명한 자는 적고 어리석은 자는 많다. 그런데 나는 세상의 물정을 알게 된 뒤로 현명한 자는 항상 불운하고 현명하지 못한 자는 어깨를 으쓱대면서 청색 자색의 관복을 걸치고 다니며, 현명한 자는 항상 제 몸 하나 온전히 보존하기가 어려운데(현명하지 못한 자는 뜻을 이루고 의기양양하게 살아가며, 현명한 자는 비록 하찮은 관직을 얻었다 하더라도 곧 죄를 얻어 죽게 되지만), 현명하지 못한 자는 장수한다는 것 등을 알게 되었다. 조물주의 궁극적인 의도가 결국 무엇인지 나는 모르겠다. 그의 호오好惡는 인간의 마음과 다른 것은 아닐까? 혹은 아무런 의식도 없이 인간 자신에게 사생死生과 수요壽夭를 맡겨 버리고 있는 것은 아닌지 알지 못하겠다. 인간에게는 본디부터 경상卿相이라는 높은 벼슬이나 천승千乘의 높은 지위를 하찮게 여기고 누추한 곳에서 시래깃국 마시며 살기를 즐기는 사람도 있다. 같은 사람이라도 호오가 이와 같이 다른 것을 놓고 볼 때 하늘과 인간은 반드시 호오가 다를 것이라는 점은 의심의 여지가 없다. 하늘과 일치되면서 인간과 괴리되는 생활을 한들 무슨 해가 되겠는가?28)

---

28) 韓愈, 『與崔群書』: 自古賢者少, 不肖者多. 自省事已來, 又見賢者恒不遇, 不賢者比肩青紫. 賢者恒無以自存, (不賢者志滿氣得. 賢者雖得卑位, 則旋而死)不賢者或至眉壽. 不知造物者意竟如何. 無乃所好惡與人異心哉. 又不知無乃都不省記, 任其死生壽夭邪. 未可知也. 人固有薄卿相之官, 千乘之位, 而甘陋巷菜羹者. 同是人也, 猶有好惡如此之異者, 況天之與人, 當必異其所好惡無疑也. 合於天而乖於人, 何害.
* 역자 주 : 괄호 안의 문장은 저자의 인용문에는 아무런 설명 없이 빠져 있으나 역자가 한유의 원문에 따라 보충한 것이다.

위의 설명에서 보이는 한유의 논리는, 현명한 자는 불우하고 현명하지 못한 자가 영화를 누리는 현실에 대하여 두 가지의 해석만이 가능하다는 것이다. 첫 번째의 해석은 하늘은 근본적으로 인간의 행위나 화복에 간여하지 않는다는 것이고, 두 번째의 해석은 하늘과 인간은 상반된 호오를 가지고 있다는 것이 그것이다. 한유의 견해에 따르면 두 번째의 해석이 사실에 보다 가깝다. 즉 많은 사람들이 부귀와 영화를 지향하지만 소수의 사람은 고난을 달게 받아들이려 하고 있는 등 같은 사람이라도 사상은 매우 큰 차이가 있을 수 있다는 점을 통해 볼 때, 인간과 근본적으로 다른 하늘의 의지는 확실히 인간의 의지와 괴리된다는 것이다. 이 때문에 하늘과 인간이 상반된다는 것은 이론적으로 완전히 성립될 수 있었다.

한유의 '하늘에 관한 학설'은 진지한 사고를 통해 얻은 것으로 비록 그것이 "격한 감정에서 나온 것"이라고 할 수는 있어도 "한 순간의 입심"에서 나온 것은 결코 아니다. 이와 같이 독특한 천인감응 이론을 통해 한유는 실제로 그 자신이 받은 불평등한 대우에 대한 탄식과 사회의 어두운 상황에 대한 분노를 토로하였다. 후대에 유우석이 『천론』에서 "자기 일신의 궁통窮通(운수가 트이는 것과 막히는 것)에 따라 하늘의 유무를 의심하고자 한 것은 어리석은 짓이다"라고 논평한 것은 바로 한유의 '하늘에 관한 학설'을 두고 말한 것이다.

위에서 설명한 것을 종합해 보면 한유의 천인감응 이론은 결코 그 이전의 종교적·종교적 관점을 단순하게 되풀이하지 않았다는 것이다. 하늘이 의지를 가지고 있다든지 그것은 인간에게 상과 벌을 줄 수도 있다는 그의 생각은 당연히 잘못된 것이다. 그러나 그가 하늘과 인간은 서로 괴리된다고 지적한 것은 전통적인 종교적 관점에 대하여 심각한 충격을 던져 주기도 하였다. 동시에 그의 이론 속에 포함되어 있는, 인간의 활동은 대자연의 보복을 받을 것이라는 견해는 인구가 증가하면 자연환경에 위해를 끼칠 것이라는 뜻으로 이해된다. 한유의 이러한 이론은 비록 하늘에 의지가 있다는 종교적 형식으로 표현된 것이긴 하지만 그의 견해는 매우 심오하고 고귀한 일면이 있다. 즉 그는 생태계의 문제를 간파하고 있었다.

중국 역사상 이러한 천재적 견해를 가진 사람은 한유 한 사람에 그치는 것이 아니다. 『예기』『월령편月令篇』과 『여씨춘추』『십이기편十二紀篇』 등 선진시대의 저작에서도 천인감응의 형식을 통해 생태계의 평형을 유지하기 위한 조치가 제시되었다. 예를 들면 조류나 야수의 번식기에는 수렵을 금지하여야 하고 초목이 성장하는 계절에는 채벌을 금지하고 산림을 육성해야 한다는 것 등이 그것인데, 만약 이러한 원칙을 위반하면 '하늘은 반드시 재앙을 내릴 것', 즉 자연의 징벌을 받을 것이라고 하였다. 한유는 보다 날카로운 언어로써 인간의 활동이 자연과 대립적 관계에 있다는 점을 특히 강조한 것뿐이다. 이러한 견해들은 결코 아무런 근거 없이 제기된 것이 아니다. 생태 환경의 평형이 파괴됨으로써 야기되는 환경적 재난은 중국 고대부터 이미 조짐이 보이기 시작하였다. 예를 들면 중화민족의 발상지인 황하 양안兩岸의 광대한 지역에는 원래 무성한 원시의 삼림이 자라고 있었고 강물은 맑았다. 그러나 인간의 생산활동의 맹목성으로 인하여 시간이 지날수록 삼림이 남벌되어 푸른 산은 민둥산으로 바뀌었다(이점은 『맹자』에 설명이 보임). 그에 따라 엄청난 토사가 유실되었고 물 색깔은 노랗게 변해서 '황하'라는 이름을 얻게 되었으며, 홍수의 범람으로 인한 위협은 갈수록 커졌다. 이는 바로 엥겔스가 다음과 같이 설명한 것과 같다.

우리는 우리의 자연계에 대한 승리에 지나치게 도취되어서는 안 된다. 이러한 각각의 승리에 대하여 자연계는 우리에게 보복할 것이기 때문이다. 각각의 승리 중 제1보에 있어서는 우리가 예상한 결과를 확실히 얻을 것이다. 그러나 제2보와 제3보에서는 도리어 완전히 예상을 벗어난 결과를 얻을 것이며, 대체로 제1보에서 얻은 결과를 잃어버릴 것이다.[29]

한유 등은 바로 역사적 교훈을 전반적으로 개괄함으로써 하늘이 인간에게 보복할 것이라는 사상을 제기한 것이다. 이러한 사상은 중국 고대 인민의 지혜를 체현하고 있는 것이다. 그러나 후대의 봉건사회에서 그들의 호소는 전혀 중시되지 못했다. 『월령』 속의 합리적 조치도 엄격히 실행되지 못하였다.

환경 문제와 생태계 문제가 갈수록 절박해진 오늘날 인간과 자연의 관계에 대한 문제는 더욱 새롭게 인식되고 있다. 이러한 상황에서 볼 때 한유 등의 주장에 있어서 '천인감응'이라는 종교적 외피 속에 감추어진 생태학적 요소의 합리성은 우리에게 유익한 시사를 던져주고 있다. 요컨대 한유의 천인감응론은 전혀 가치 없는, 철저하게 파기되어야만 하는 오류가 결코 아니라, 중요한 철학적 가치와 의미를 지니고 있다는 것이다.

5. 리학의 천인감응론

동중서의 하늘 숭배적 종교사상으로 대표되는 세 번째 유형의 천인감응 이론은 본래 황당무계한 이야기와 허술하기 짝이 없는 견강부회로 가득

---

29) F. 엥겔스, 『자연변증법』

차 있다. 이런 엉성한 이론은 후대에 정밀한 위진현학魏晉玄學과 외국에서 수입된 불교의 충격, 혹은 도전을 받게 되자 더 이상 버텨낼 수 없게 되었다. 게다가 유물론적·무신론적 사상가의 맹렬한 비판을 받아, 그러한 이론은 비록 지배자들의 선전에 힘입어 대중 속에서는 여전히 커다란 영향을 끼치고 있기는 하였지만, 철학의 영역에서는 유지되기 어려웠고, 현학과 불교의 현담사변玄談思辨과 겨룰 수 없게 되었다. 후대에 출현한 한유의 천인감응론도 일종의 유행사조가 될 수 없었다. 왜냐하면 하늘과 인간이 완전히 대립적이라는 그의 관점은 확실히 이단적인 성격을 가지고 있었기 때문이었다. 바로 이러한 배경 아래에서 다섯 번째 유형의 천인감응 이론이 송명시대의 리학자理學者들에 의해 추진되고 탄생되었다.

송명시대는 정밀한 신유학新儒學(性理學 및 陽明學)—리학理學이 중국 사상계에서 지배적 의식형태로 자리 잡게 되었다. 리학자들은 주류파인 정주程朱·육왕陸王은 물론 비주류파인 장재張載 등까지 모두 동중서로 대표되는 천인감응론을 전반적으로 계승하지 않았는데, 그 가운데 어떤 사람은 이 이론에 대하여, "한대 유자들의 학문은 모두 견강부회한 것이라서 믿을 수 없다"30)라고 비판하기도 하였다.

그러나 리학자들은 천인감응을 철저하게 부정하지도 않았고 부정할 수도 없었다. 그 기본적인 원인은, 리학은 유학이라고 자부하면서 형식적으로는 반드시 선진의 경전 저작을 최고의 이론적 근거로 삼아야 했는데, 선진의 유교경전 속에는 『서경』과 『시경』의 신인감응을 제외하면 천인감응을 주장하는 곳이 매우 많기 때문이었다. 두 번째 유형, 혹은 유형이 불분명한(지나치게 간략하게 기록된 데 그 원인이 있음) 천인감응의 견해는 공자 이후의 유가 저작에서도 드물지 않게 자주 보인다. 예를

---

30) 『二程集』『外書篇』: 漢儒之學, 皆牽合附會, 不可信.

들면 리학자들에 의해 존중된 사서四書의 하나인 『중용』에서는 다음과 같이 주장하였다.

나라가 번영하려고 할 때는 반드시 상서로운 조짐이 나타나고, 나라가 쇠망하려고 할 때는 반드시 불길한 조짐이 나타난다.[31]

이것은 매우 명확한 천인감응 이론이다. 이 때문에 리학자들은 천인감응에 대하여 새로운 해석을 부여하고 선진의 경전에 나타난 천인감응을 비교적 정치한 사변철학으로 개조하고 견강부회한 한대의 조잡한 천인감응을 비판하면서 중국 역사상 다섯 번째 유형에 속하는 천인감응 이론을 수립하였다.

북송北宋시대의 리학자인 장재는 주로 '천심天心'은 바로 '민심民心'이라는 관점에서 천인감응을 해석하였다. 그는 다음과 같이 말하였다.

『서경』에서 하늘이 그림자나 메아리처럼 대답한다고 한 것은 그것이 실제로 복을 주고 재앙을 내린다는 것인가? 대체로 천도天道는 볼 수 없으며 오직 인민 속에 들어 있을 뿐이다. 사람들이 기뻐하는 것을 하늘도 반드시 기뻐할 것이며 증오하는 것을 하늘도 반드시 증오할 것이다. ······ 대체로 민중이 지향하는 것은 리理가 틀림없는데, 리에는 천도가 들어 있다.[32]

장재가 볼 때 '감응'은 민심으로 표현되는데, 지배계급의 행동이 만약 민중의 환영을 받는다면 그것은 하늘의 상을 받는 것을 의미하는

31) 『中庸』 제24장: 國家將興, 必有貞祥. 國家將亡, 必有妖孽.
32) 張載, 『經學理窟』: 書稱天應如影響, 其福禍果然否. 大抵天道不可得而見, 惟占之於民. 人所悅則天必悅之, 所惡則天必惡之. ······大抵衆所向者必是理也, 理則天道在焉.

것이며 또 이른바 '선응善應'이라는 것이 되지만, 만약 민중의 반대에 부딪친다면 그것은 바로 '악응惡應'이 된다. 왜냐하면 민심의 소재는 바로 리理에 있고 리理는 또 천심이고 천도이기 때문이다.

장재가 주장한 천인감응에서는 리理를 강조하였는데, 이것은 바로 다섯 번째 유형의 천인감응의 가장 중요한 특징이다. 이 이론에 따르면 하늘은 인격신이 아니라 필연적인 이치이고 필연적인 추세趨勢이며, 그것은 또 추상적이고 정신적인 존재로서, "하늘은 바로 리이다(天卽理也)"라는 명제로 집약된다. 그러나 장재의 이론은 비교적 초보적 단계에 머물러 있었다.

북송시대의 정호程顥와 정이程頤 형제는 정통적인 정주 리학의 진정한 창립자들이다. 그들이 주장한 천인감응은 다섯 번째 유형의 천인감응 이론의 전형이 되었다. 어느 날 한 학생이 정이에게, "착한 자에게 복을 주고 악한 자에게 재앙을 내린다는 것에 대하여 어떻게 생각하십니까?"라고 묻자, 정이는 "그것은 자연의 이치이다. 착하면 복이 있을 것이고 악하면 재앙이 있을 것이다"라고 대답하였다. 학생은 다시 "천도란 무엇입니까"라고 물었다. 정이는 "그것은 리일 뿐이다. 리가 바로 천도이다. 만약 황천皇天이 진노했다고 말한다면 이것은 인간이 하늘 위에서 진노하는 것과 같은 것이 아니라 이치가 그와 같다는 것일 뿐이다"라고 대답하였다(『二程遺書』).

이정二程(정호와 정이를 가리킴)은 리(天理)가 세계의 근원이며 그것은 각각의 사물로부터 발견될 수 있다고 생각하였기 때문에 감응도 일어나지 않는 곳이 없으며, 합리적인 것의 실현과 불합리한 것의 존재할 수 없음이 바로 '감응'이라고 생각하였다. 그래서 이정은 다음과 같이 설명하였다.

천지 사이에는 오직 '감동(感)'과 '응답(應)'이 있을 뿐이다. 그 밖에 무엇이 또 있겠는가? 33)

그런데 한유가 주장한, 선한 행위는 악으로 보답을 받고 악한 행위는 선으로 보답을 받게 되는 상황을 어떻게 해석할 것인가? 이정은 그것을 다음과 같이 해석하였다.

하늘이 보답하는 것은 마치 그림자나 메아리와 같다. 보답을 받는 것이 정상적인 이치(理)이고 보답을 받지 못하는 것은 비정상적인 이치이다. 그러나 자세하게 추론해 보면 반드시 보답을 받는다는 것을 알 수 있다.34)

이정은 사람들에게 개별적인 '비정상적인 이치'의 사례 때문에 하늘의 보답에 회의하여서도 안 되고, 좋은 보답을 받기 위해 조금 좋은 일을 해서도 안 된다고 가르쳤다. 이정의 이론은 리학자들의 하늘과 '감응'에 대한 이해가 서주 초기의 종교적 관념과 다르고 또 동중서의 그것과도 다르다는 것을 보다 전형적으로 보여 주고 있다. 리학자들은 비교적 명확하게 하늘의 인격화를 부정하였으며, 감응의 원인은 천리의 작용임을 지적하였다. 이것은 리에 부합되는 행위는 복을 받을 수 있고 리에 위배되는 행위는 징벌을 받을 수 있다는 이론으로서 자연스러운 것이다.

이정은 또 인간은 마땅히 자기의 행위가 천리에 부합되는가에 주의를 기울여야 하며, 하늘에 의한 재난과 같은 외재적 자연 현상에 주의

---

33) 程顥·程頤,『二程遺書』: 天地之間, 只有一個感與應而已, 更有甚事.
34) 같은 책 : 天之報應, 皆如影響. 其得報者是常理也. 不得其報者, 非常理也. 然而細推之, 則須有報應.

를 기울여서는 안 된다는 점을 강조하였다. 실제로 동중서 등 한대의 유학자들이 천인감응을 주장한 목적도 사람들로 하여금 하늘의 의지인 강상綱常을 따르도록 하려는 데 있었다. 그러나 그들은 지나치게 하늘을 인격화하였고, 그것의 유의지적 측면을 부각하면서 아울러 감응의 방식을 지나치게 번잡하게 하고 황당하게 하였으며 강화하였다. 그 때문에 정이는 그것을 다음과 같이 분석하여 설명하였다.

　　동중서가 천인관계를 설명한 데서도 역시 의미 있는 점을 조금 발견할 수 있으나, 한대의 유자들이 그것을 지나치게 밀고 나갔다. 왜 하필이면 이러저러한 일에 대해서는 이러저러한 보답이 주어진다고 하였는가?[35]

　　위의 비평에서 리학의 감응이론과 동중서의 관점이 완전히 다르지는 않으며, 어떤 측면에서는 정밀한 정도의 차이가 있을 뿐이라는 점을 알 수 있다.

　　주희朱熹는 정주 리학의 집대성자이다. 그는 중국 봉건사회 후기에 가장 방대한 유학적 관념론의 체계를 수립하였다. 천인감응의 문제에 있어서 그의 이론은 이정 및 장재의 그것에 기초하여 더욱 발전되었고 사변성이 보다 풍부해졌으며 보다 원숙해졌다.

　　우선 주희도 리가 감응 가운데서 작용한다는 점을 특히 강조하였다.

　　하늘이 하늘이 될 수 있는 까닭은 리理 때문이다. ……도교에서 말하듯 삼청대제三淸大帝가 옷을 입고 앉아 있는 것과 같은 것은 아니다.[36]

35) 같은 책 : 董仲舒說天人相與之除, 亦略見些模樣, 被漢儒推得太過. 亦何必說某事有某應.
36) 朱熹, 『朱子語類』 : 天之所以爲天者, 理而已. ……非如道家說, 三淸大帝著衣服如坐耳.

여기서 주희도 리로써 하늘을 해석하고 있으며, 하늘은 살아 숨쉬는, 인간에게 자세하게 일러주는 인격신으로 간주되지 않았음을 알 수 있다. 그러나 주희도 하늘이 이것 때문에 그 자체의 주재성을 상실하는 것이 아님을 인정하였다. 여기서 주희는 이정이 하늘의 자연성을 지나치게 강조한 것을 바로잡았다.

> 하늘이 어떤 개인의 죄악을 평가한다고 말할 수는 없다. 그러나 그것을 주관하는 것이 전혀 없다고도 말할 수 없다.[37]

그렇다면 하늘은 의지를 가지고 있다는 것인가? 주희의 주장은 매우 복잡하다. 그는 "천지의 마음(心)이 영험하지 않다고 할 수는 없지만, 인간과 같이 사고하지는 않는다"라고 하였다. 바꿔 말하면 하늘은 인간과 같이 사고할 수는 없지만 전혀 의지가 없지는 않다는 것이다. 주희는 "천지가 별다른 생각을 가지고 있는 것이 아니라, 다만 사물을 생성하는 것을 자신의 마음으로 삼을 뿐이다"라고 하였다. 사물을 생성하는 이러한 마음이 바로 '인仁'이며, "오직 천지가 이러한 사물을 생성할 때만 '인'이 있다." 주희는 그 점을 논증하면서 다음과 같이 말하였다. 즉 봄이 올 때 기후가 온화해지고 초목이 무성하게 자라는 것을 예로 들면서 "사랑하는 마음(仁愛)이 아니고서 어떻게 이렇게 할 수 있겠는가? 천지는 본질적으로 이와 같이 사랑과 온화함을 가지고 있기 때문에 자연히 자애롭고 애틋해 하는 마음이 겉으로 드러난다."[38] 이것은 실제로 동중서의 논리와 아무런 차이도 없다. 즉 인간의 도덕적 관념을 무리하게 자

---

37) 같은 책 : 而今說天有個人在那裏批判罪惡, 固不可說. 道全無主之者, 又不可.
38) 같은 책 : 非仁愛, 何以如此. 緣他本原處有個仁愛溫和之理如此, 所以發之於用, 自然慈祥惻隱.

연에 부여함으로써 하늘에 의지가 있음을 '증명'한 것인데, 주희의 이론이 조금 더 치밀하다.

감응의 형식면에서 볼 때 주희의 주장이 보다 더 복잡하다. 한편으로 그는 '천심'이 바로 '민심'이라는 사상을 계승하면서 다음과 같이 지적하였다.

하늘이 무슨 귀나 눈이 있어서 보고 듣고 하겠는가? (하늘은)다만 우리 백성이 보고 들은 바에 따라 보고 듣고 할 뿐이다. 예를 들면 하느님(上帝)이 문왕에게 명을 내렸다고 해서 하늘이 어떻게 문왕에게 하나하나 명령을 내렸겠는가? 그것은 문왕이 리理에 부합되도록 한 행동이 마치 하느님이 그렇게 명령을 내려서 하는 행동 같았다는 것일 뿐이다.[39]

다른 한 편으로 주희는 또 '기氣'의 이론을 사용하여 사회현상과 자연 현상 사이의 인과관계를 설명하였다.

천지의 입장에서 보면 하나의 기氣만 있다. 일신상에서 보면 내가 가지고 있는 기는 조상의 기이며 이는 또한 (천지의 기와 똑같은)하나의 기일 뿐이다. 그렇기 때문에 감동적인 행위에는 반드시 보답이 따른다.[40]

정신과 혈기는 시운時運과 함께 유통된다. 봉황이 나타나지 않고 명군이 나타나지 않게 될 때는 그러한 조짐(봉황이나 명군이 나타나지 않을 만한 조짐)이 보인다.[41]

---

39) 같은 책 : 天豈曾有耳目以視聽, 只是自我民之視聽, 便是天視聽之. 如帝命文王, 豈天諄諄然命之, 只是文王要恁地便是理合恁地便是帝之命也.

40) 같은 책 : 自天地言之, 只是一個氣. 自一身言之, 我之氣卽祖先之氣, 亦只是一個氣, 所以才感必應.

41) 같은 책 : 精神血氣與時運相爲流通. 到鳳不至, 風不出, 明王不興, 其徵兆自是恁地.

결론적으로 주희의 천인감응론은 리를 중심으로 한 것이고, 또 그 이전의 몇 가지 천인감응의 내용을 흡수하여 다섯 번째 유형의 천인감응 사상을 최종적으로 완성한 것이다.

리학理學의 종결자인 왕부지王夫之도 천인감응을 긍정하였지만, 그는 주로 장재의 관점을 계승하였다. 그는 다음과 같이 말하였다.

하늘은 특별한 실체를 가지고 있는 것이 아니라 자신의 신비한 변화력을 본질로 삼고 있다. 인민이 보고 듣는 것과 밝은 지혜, 위엄 있는 행동 등이 모두 그 자체로 하늘의 신비함이다. 그러므로 민심의 보편성 속에 리가 있고 하늘이 있고 또 길흉도 그에 따라 응답한다.[42)]

위의 인용문에서 왕부지는 이 문제에 관한 한 여전히 리학의 울타리를 벗어나지 못하고 있었음을 알 수 있다.

6. 천인감응에 반대한 이론들

중국 역사상 천인감응 이론이 오랜 기간 동안 지배적 지위를 차지하고 있었던 것은 중국철학 전통의 중요한 내용을 이룬다. 기타 민족의 사상사에서도 중국의 천인감응과 유사한 관념이 있었다. 기독교의 『성경』 『창세기』에는 하느님이 인간들의 사악함 때문에 홍수를 내려 징벌했다는 이야기가 기록되어 있는데, 이것이 바로 그런 예이다. 그러나 중국의 천인감응 사상이 『성경』의 그것에 비해 보다 풍부하고 복잡하며 자세하

---

42) 王夫之, 『正蒙注』: 天無特立之體, 卽其神化以爲體. 民之視聽明威, 皆天之神也, 故民心之大同者, 理在是, 天卽在是, 而吉凶應之.

고 체계적이다. 다른 한편 중국에서도 천인감응 이론에 반대한 오랜 전통이 있었는데, 그것은 어느 정도 무신론과 유물론적 경향을 가진 철학자들에 의해 주장되었다.

순자荀子는 중국 역사상 가장 명확하게 천인감응을 반대한 철학자이다. 순자가 생활하던 시대에는 비록 주나라 초기와 같이 하느님이 '복선화음福善禍淫' 한다는 관념은 이미 쇠퇴하였지만 두 번째 종류의 천인감응, 즉 '자연화' 된 천인감응론이 매우 성행하고 있었으며, 아울러 그것은 신비주의적 색채를 농후하게 띠고 있었다. 그와 동시에 묵자가 제창한 세 번째 유형의 천인감응론도 함께 유행하고 있었다. 이것들 외에도 여러 가지 점성술占星術, 관상술觀相術 등의 미신적 활동이 창궐하자 많은 지배자들은 미신에 빠져 나라와 인민을 그르치고 있었다. 이에 대하여 순자는 비장한 각오로『천론편』등의 명저를 저술하였다.

별이 떨어지거나 나무가 울면 나라 안의 사람들이 모두 두려워하면서, "이것이 어찌된 일인가?"라고 한다. 나는 다음과 같이 대답한다. 아무 일도 아니다. 그것은 천지와 음양의 변화에서 기인하는 것으로서 사물에 있어서 드물게 일어나는 현상이다. 이상하게 여기는 것은 좋지만 그것을 두려워하는 것은 잘못이다. 일식이나 월식, 그리고 때 아닌 비나 바람, 우연히 나타나는 괴성, 이런 것은 어느 시대에나 일어나지 않은 적이 없었다. 군주가 현명하고 정치가 안정되면 비록 그와 같은 현상이 계속해서 일어난다 하더라도 걱정할 것이 없다. 군주가 어리석고 포악한 정치를 하면 이러한 현상이 하나도 일어나지 않는다 하더라도 전혀 도움이 되지 않는다.[43]

---

43)『荀子』『天論篇』: 星隊木鳴, 國人皆恐. 曰, 是何也. 曰, 無何也, 是天地之變, 陰陽之化, 物之罕至者也. 怪之可也. 而畏之非也. 夫日月之有蝕, 風雨之不時, 怪星之黨見, 是無世而不常有之. 上明而政平, 則是雖並世起, 無傷也, 上闇而政險, 則是雖無一至者, 無益也.

순자는 자연계의 이상 현상에 대해 결코 두려워할 필요가 없다고 지적하고, 또 그것은 결코 하느님의 경고가 아니라고 하면서 현실 정치를 잘하기만 한다면 자주 나타나는 자연계의 이상 현상은 해를 끼칠 수 없을 것이라고 설명하였다. 동시에 그는 일반적인 가뭄이나 홍수와 같은 재해도 하늘의 징벌로 볼 수 없다고 하면서, "하늘의 작용에는 일정함이 있다. 요堯를 위하여 존재하는 것이 아니고 걸桀을 위하여 없어지는 것도 아니다"[44]라고 하였다. 순자에 따르면 하늘은 네 계절이나 비바람 등의 자연 현상을 가리키는데, 그것들의 작용은 나름대로 일정한 법칙이 있으며 인간 사회의 정치와는 전혀 아무런 관계가 없기 때문에 걸주桀紂와 같은 폭군이 나타났다고 해서 작용을 멈추지 않는다. 이것은 마치 인간이 추위를 두려워한다 하더라도 겨울이 없어지지 않는 것과 같은 이치이다. 요컨대 자연의 운행·변화는 인간의 의지에 의해서 바뀌지 않는다는 것이다.

순자는 하늘의 여러 가지 신비적인 외피를 벗겨 낸 뒤 "하늘과 인간의 구분을 명확히 알아야 한다(明於天人之分)"는 유명한 명제를 제기하였다. 이것은 하늘과 인간이 각각 자기 나름의 직분이 있음을 말한 것이다. 음양이 변화하고 네 계절이 교체하는 것은 하늘의 직분이기 때문에 인간이 간섭하지 말아야 하고 할 수도 없다. 그와 반대로 도덕적 수양을 하고 나라를 다스리는 것 등은 인간의 직분으로서 하늘에 의존할 수 없다. 인간은 하늘과 직분을 다툴 수 없다. 즉 인간의 의지로 바꿀 수 없는 객관적 변화(법칙)를 간섭할 수 없다. 그러나 인간은 반드시 자기의 능동적 작용을 충분히 발휘하여야만 자기가 당연히 수행하여야 할 직책을 완성할 수 있으며, 하늘은 인간에게 은혜를 베풀어줄 수 없다.

---

44) 같은 곳 : 天行有常, 不爲堯存, 不爲桀亡.

순자는 우리가 진정으로 두려워해야 할 것은 특이한 자연 현상이 아니라 '인요人妖(인간에 의해 발생되는 재앙)'라고 지적하였다. 즉 인류 사회에 도덕과 예법이 실천되지 않음으로써 발생하는 사악하고 반인륜적 행위와 여러 가지 부패 현상 등 '인요'의 대량적 출현이야말로 망국亡國의 조짐이라고 하였다.

천인감응 이론에 반대한 순자는 인간의 역량과 작용을 강조하고, 자연 현상과 사회현상의 구분을 강조하는 데 중점을 두었을 뿐, 직접적으로 하늘의 무의지성을 논증하지 않았는데, 이는 당시 사상계의 구체적 정황과 관계가 있다. 왜냐하면 당시에 가장 유행한 것은 두 번째 유형의 천인감응론이었는데, 이 이론의 특징은 인간의 행위와 자연 현상이 직접적인 인과관계를 가지고 있다고 생각함으로써 사회와 자연의 차별성과 구분을 무시하였지만, 하늘이 의지나 인격을 가진 신이라고 생각하지는 않았기 때문이었다. 순자가 볼 때 하늘은 바로 자연적인 것이며, 이것은 더 이상 논증을 필요로 하지 않았다.

그러나 한대에 들어와 상황은 명확한 변화를 일으켰다. 동중서로 대표되는 세 번째 유형의 천인감응론이 주도적 지위를 차지하자 하늘의 유의지성과 유목적성은 전례 없이 강조되었다. 이러한 새로운 상황 하에서 양한兩漢 교체기의 환담桓譚 등에 의한 이론적 준비기를 거쳐 동한東漢 시대의 왕충王充에 이르러 천인감응론에 반대하는 체계적인 사상이 수립되었다. 이것은 순자 이후 천인감응론에 반대한 사상의 두 번째 절정이었다.

왕충의 반천인감응反天人感應 이론은 거의 모든 곳에서 동중서의 천인감응론과 첨예하게 대립되었다. 대립의 초점은 하늘은 의지를 가지고 있는가 하는 것이었다. 이것은 왕충의 이론이 순자의 그것과 구별되는 점인데, 그는 순자의 이론을 여러 가지 측면에서 새롭게 발전시켰다.

왕충의 기본 사상은 그의 철학적 대작, 즉 외국에까지 명성을 날린 『논형論衡』에서 반복적으로 사용된 다음과 같은 하나의 명제로 개괄할 수 있다.

천도는 저절로 그러하고, 길흉은 우연히 들어맞는다.[45)]

위 문장의 앞 구절은 주로 하늘이 의지를 가지고 있다는 동중서 천인감응론의 기본 전제를 반대한 것이다. 이에 대하여 왕충은 생동감 넘치는 많은 해학과 풍부한 유머를 구사하여 동중서 등의 논리를 풍자하였다.

동중서 등의 종교화된 유가의 관점에 따르면 하늘은 의지를 가지고 있고 천자天子는 하늘에 의해 임명되며, 천자의 지배에 폐단이 있을 때는 하늘이 특이한 자연 현상을 통해 천자에게 경고함으로써 잘못을 고치게 할 수 있는데, 그들은 이것을 '견고譴告'라고 불렀다. 왕충은 이점에 대하여 다음과 같이 풍자하였다. 만약 하늘이 참으로 의지를 가지고 있다면 왜 하필 어리석은 사람을 천자로 임명하고 나서 번거로움을 무릅쓰면서까지 그들에게 여러 차례에 걸쳐 조언과 경고를 하는 것인가? 요堯나 순舜과 같이 영특한 사람을 천자로 임명하면 세상이 평화롭지 않겠는가? 이러한 점을 통해 보더라도 하늘은 의지가 없는 것이다.

한대의 유자들이 하늘에 의지가 있다고 생각하게 된 중요한 근거의 하나는 종교적 목적론이다. 인간은 오곡을 먹는다든가, 베옷을 입는다든가…… 등등의 혜택을 자연으로부터 받고 있는데, 만약 인류를 몹시 사랑하는 '하느님'이 없다면, 무엇이 그처럼 좋은 자연적 조건을 만들어

---

45) 王充, 『論衡』: 天道自然, 吉凶偶會.

인간이 향유하도록 제공할 수 있었겠는가 하는 것이다. 왕충은 이점에 대하여 다음과 같이 풍자하였다. 이러한 견해를 가지고 하느님을 받드는 것보다 그것을 깎아내리는 것이 더 낫다. 왜냐하면 실제로 그러한 논리는 하늘을 뽕잎 따는 여자(桑女)나 농부쯤으로 간주하는 것이기 때문이다. 동시에 만약 하늘이 참으로 의지를 가지고 있고 참으로 인류를 몹시 사랑한다면, 사람을 해치고 무는 호랑이나 표범, 모기나 파리 등이 생겨나지 못하도록 했어야 한다. 이러한 점을 통해 보더라도 자연 환경은 결코 신의 의지에 의해 조성된 것이 아니다. 왕충은 인간이 하늘이나 땅으로부터 발생되었다는 점은 결코 부정하지 않았다. 그러나 그는 천지가 의지나 목적을 가지고 인간을 만든 것이 아니라는 점을 강조하면서 '천지는 의식적으로 인간을 만들었다'는 견해에 반대하였다. 그의 견해에 따르면 천지가 본래 인간을 만들려고 한 것이 아니라 천지의 기가 서로 합해져서 인간이 저절로 탄생된 것이다. 이것은 마치 사람이 제 몸에 이(蟲)를 기르려고 하지 않더라도 이가 저절로 몸에 기생하여 사는 것과 같은 이치라는 것이다.

　　왕충은 한대의 유자들이 하늘에 의지가 있다는 것을 증명하기 위해 제시한 두 번째의 중요한 근거(천인동형天人同形 · 인부천수人副天數)에 대해서도 비판하면서 하늘과 인간은 형체가 다르다고 주장하였다. 이점에 대하여 왕충은 다음과 같이 분석하였다. 사람들은 한편으로는 하늘과 인간이 동형이라고 주장하면서 다른 한편으로는 천지天地라고 병칭하여 땅(地)을 하늘(天)에 포함시키고 있다. 그렇다면 천지는 각각의 짝이 되며, 짝이란 서로 비슷한 형체를 가지기 마련이다. 그런데 땅(地)에는 이목구비耳目口鼻가 없다. 따라서 하늘에도 확실히 이러한 감각기관이 없을 것이며, 감각기관이 없다면 욕망이나 의지와 같은 것이 있다고 할 수 없을 것이다.

이상이 왕충의 "천도는 저절로 그러하다"는 명제에 관한 주요 논점이다.

앞에서 인용한 명제의 뒷부분, 즉 "길흉은 우연히 나타난다"는 것은 감응感應 자체를 직접 반대한 것이다. 왕충의 견해는 다음과 같다. 가령 자연계의 어떤 이상 현상이 바로 인간 사회의 어떤 사건과 동시에 발생하였다 하더라도 그것은 우연의 일치일 뿐이라는 것이다. 바꿔 말하면 두 사건 사이에는 필연적 인과관계가 존재하지 않는다는 뜻이다. 이점에 관해서도 왕충은 많은 분석을 하였다.

한대의 유자들이 천인감응을 설명할 때 어떤 일에 대해서는 어떤 응답이 있을 것이라는 식으로 매우 구체적이었으며, 그것이 구체화될수록 더 많은 결함을 드러내어 더 이상 수습할 수 없게 되었다. 왕충은 천인감응론의 바로 이러한 약점을 틀어쥐고 놓지 않았다.

예를 들면 한대의 유자들은 어느 지방에서 사람을 잡아먹는 호랑이가 출현하였다면 그것은 반드시 해당 지방의 관리가 '간악하기 때문'이라고 생각하였는데, 그 점에 대하여 왕충은 다음과 같이 풍자하였다. 만약 참으로 그러한 인과관계가 존재한다면 호랑이가 항상 출몰하는 외딴 산악 지방의 관리는 반드시 간악할 것이며, 호랑이가 거의 나타나지 않는 평야 지방의 관리는 반드시 청렴할 것이다. 그러나 실제로는 산악 지방이나 평야 지방이나 가릴 것 없이 참으로 청렴한 관리는 100분의 1도 안 된다(왕충의 이러한 폭로를 통해 중국 봉건사회 관리 제도의 부패상을 짐작할 수 있다). 이러한 점으로 미루어보아 호랑이가 사람을 잡아먹는 것과 관리의 치적과는 전혀 아무런 필연적 연관이 없음을 알 수 있다는 것이다.

또 다른 예를 들어보면 한대의 유자들은 어떤 지방에서 갑자기 해충의 피해가 폭발적으로 늘어나면 이것은 그 지방 관리의 부정한 행위에서 연유한 것이며, 검은 몸뚱이에 붉은 머리의 벌레는 무관武官을 상징하고 붉은 몸뚱이에 검은 머리의 벌레는 문관文官을 상징한다고 하면서 나쁜 짓을 한 관리를 제거하기만 하면 해충의 피해는 그칠 것이라고 주장하였다. 이점에 대하여 왕충은 다음과 같이 폭로하였다. 폭발적인 해충의 피해는 언제나 오랫동안 지속될 수 없으며, 갑작스럽게 발생한 것은 보통 갑작스럽게 멈춘다. 그 지방의 관리를 파면하든 말든 해충의 피해는 모두 멈추게 할 수 있다. 농업기술에 대하여 잘 알고 있던 왕충은 또 다음과 같이 지적하였다. 사람들이 침종법浸種法을 이용한다면 해충의 피해는 막을 수 있을 터인데, 그것이 훌륭한 관리를 북돋아 주면서 동시에 탐욕스런 관리를 제거하는 것을 의미하는가? 이러한 점을 통해 볼 때 해충에 의한 피해와 정치와는 필연적인 연관이 없음을 알 수 있다.

요컨대 왕충은 "인간의 행동은 하늘을 감동시킬 수 없고 하늘도 인간의 행실에 따라 보답해 줄 수 없다"[46]라고 결론지었다. 이것은 철저하게 천인감응론을 부정한 것이다.

천인감응론에 대한 왕충의 비판은 탁월하였다. 그의 생동적인 풍자를 통해 우리는 그의 사상이 참신한 이성과 논리적 역량을 가지고 있음을 발견할 수 있다. 견강부회와 엉성한 논리로 구성된 종교적 견해들은 그의 공격 앞에서 망연자실한 채 아무런 대답도 하지 못하였음을 알 수 있다. 그러나 다른 측면에서 볼 때 왕충은 사물의 발전 속에 포함된 우연적 요소를 지나치게 강조하여 인간의 행위는 하늘과 서로 감응할 수 없을 뿐만 아니라, 자기 자신의 전도와 운명을 결정할 수도 없는 것으로

---

46) 같은 책 : 人不能以行感天, 天亦不隨行而應人.

간주하였다는 점을 지적할 수 있다. 즉 그는 모든 것은 우연적이며, 확정적인 인과관계는 아무것도 존재하지 않는다고 함으로써 숙명론에 빠졌다. 따라서 그는 순자가 천인감응론을 반대하면서 인위를 중시했던 귀중한 사상적 전통을 내팽개쳐 버렸다. 이점에 대해서는 다음 장에서 자세하게 검토할 것이다.

　　동한東漢 말기의 중장통仲長統(180~220)과 당대唐代 중엽의 유종원은 왕충 이후로 천인감응 이론을 반대한 가장 중요한 학자들이다. 그들은 모두 일정 정도 왕충의 오류를 바로잡았으며, 한편으로 천인감응론을 비판하면서 다른 한편으로는 인간의 길흉은 인간 자신의 행위에 의해 결정된다는 점을 지적하였다. 중장통은 '인간에 관한 일이 근본적인 것이다'는 점을 강조하였으며, 유종원은 『정부貞符』라는 유명한 논문을 발표하였다. 이 논문에서 그는 국가가 발전하려고 할 때 상서로운 조짐이 나타나는가라고 자문하고 나서 이에 대하여 긍정적으로 대답하였다. 그러나 그가 긍정한 조짐이란 흰 물고기나 붉은 새(周 왕조가 흥성하려고 할 때 나타났다는 상서로운 조짐) 따위가 아니라 사회 그 자체 속에 있는데, 그에 따르면 유일한 조짐이란 그 사회의 깨끗한 정치이다. 그는 이 하나의 조건만 충족된다면 국가는 반드시 발전할 수 있지만, 만약 그 사회의 정치가 부패해 있다면 기린麒麟이나 영지초靈芝草가 아무리 많이 나타난다 하더라도 그 사회는 구제될 수 없다고 하였다. 유종원은 이러한 이론에 기초하여 상고시대부터 당대에 이르는 동안의 천인감응론을 총체적으로 비판하였다. 그의 문장에 나타난 준엄한 어조와 격렬한 문투는 전례를 찾아볼 수 없을 정도이다.

　　어찌 동중서뿐이랴. 사마상여司馬相如로부터 유향劉向·양웅揚雄·반표班

彪·반고班固 등이 모두 비웃음거리를 그대로 답습하고 옛날의 상서로운 물건을 천명과 연결시켰다. 그들의 주장은 사악한 무당이나 소경 악사처럼 후세의 사람들을 광란케 하였다. 그리하여 그들은 성인이 도덕적 표준을 세운 근본 취지, 최고의 덕을 구현한 것, 현실적으로 큰 성과를 올린 것 등을 확실히 알지 못하고 오히려 성인의 의도를 크게 왜곡하였다.[47]

그러나 이론적인 깊이에서 볼 때 유종원은 순자와 왕충의 기초를 능가할 만한 진전을 보이지 못하였다. 그 뒤 북송北宋의 저명한 개혁가인 왕안석王安石(1021~1086)은 "하늘의 변화를 두려워할 필요가 없다"고 주장하였으며, 명대의 사상가인 왕정상王廷相은 하늘에는 의지가 없다고 지적하면서 재이설災異說을 반대하였다. 청대清代 초기의 웅백룡熊伯龍은 『무하집無何集』이라는 책을 편집하였다. 이 책에서는 왕충의 반종교적 언론을 내용별로 분류하였는데, 책의 제목은 순자의 『천론편』에 나오는 "무하야"無何也(자연의 이상 현상은 아무런 조짐도 아니라는 뜻)에서 따왔다. 이들은 모두 반천인감응론의 전통을 계승하였다. 그러나 이들에게서는 새롭게 진전된 점이 발견되지 않으며, 또 이들의 사상은 당대에 사상적 주류가 되지 못하였다. 그 원인은 계급이나 사회적 원인을 제외하면 주로 낙후된 자연과학에 있었다. 인간들은 올라갈 수 없는 높고 푸른 하늘을 쳐다보면서, 즉 무수하게 나타나는 자연계의 괴이한 현상에 직면하여 그것을 과학적으로 인식할 수 없었다. 이 때문에 (하늘에 대한)신비감은 완전히 제거될 수 없었다. 중국 봉건사회의 사상가들 역시 보다 견실한 자연과학에 의거하여 천인감응론을 반박할 수 없었다.

근대의 자연과학, 특히 서양의 천문학이 중국에 전래됨에 따라 그

---

47) 柳宗元, 『貞符』: 何獨仲舒爾. 自司馬相如劉向揚雄班彪彪子固, 皆沿襲嗤嗤, 推古瑞物以配受命. 其言類淫巫馨史, 誣亂後代, 不足以知聖人立極之本, 顯至德, 揚大功, 甚失闕趣.

러한 상황은 질적 변화를 일으켰다. 강유위康有為 · 장태염章太炎 등 중국 자본가계급 사상가들은 서양의 천문학적 지식에 의거하여 우리 머리 위의 푸른 하늘은 지구 주위를 둘러싸고 있는 대기에 불과할 뿐 전혀 신비스러울 것이 없다고 지적하였다. 또 광막한 우주에서 하늘이나 지구는 극히 미세한 것이고 과거에 하늘에 예속된 것으로 생각되었던 여러 별들은 도리어 지구로부터 멀리 떨어진 방대한 존재라고 설명하였다. 이렇게 되자 사회현상이 천상의 별자리들과 서로 감응한다는 과거의 견해는 성립될 수 없음이 명백하게 되었다. 강유위는 "지구는 매우 작다는 것과 그것은 태양의 혹성 가운데 하나일 뿐이라는 사실을 안다면 어떻게 뭇 항성을 한 나라 백관의 점괘와 대응시킬 수 있겠는가? 가소로운 일이다(『諸天講』)"라고 하였다. 장태염도 『천론』 · 『시천설視天說』 등의 논문에서 "항성은 모두 태양이며 태양은 모두 지구를 가지고 있다"라고 하였다. 이것은 각각의 항성은 모두 태양과 유사하고, 각 항성 주위에는 모두 몇 개의 행성이 돌고 있으며, 지구도 태양 주위를 도는 하나의 행성에 불과하다는 의미이다. 더욱이 그는 고대인이 보았던 '짙푸른 하늘(蒼蒼之天)'은 말하자면 대기가 쌓인 것에 불과할 뿐 하늘이라는 것이 실제로 존재하는 실체는 아니며, 따라서 그것은 인간의 눈에 비친 일종의 허상에 지나지 않는다고 하였다. 고대 천인감응론에 기초한 존천관념尊天觀念은 근대의 천문학 앞에서 존립 근거가 뿌리째 흔들렸다. 따라서 장지동張之洞이나 그보다 더 완고한 봉건 잔여 세력이 낡은 것에 매달려 새로운 것을 받아들이려 하지 않기는 하였지만, 천인감응 이론은 이미 무너져 가는 대세를 만회할 방법이 없었다. 그것은 다만 엄숙한 철학적 이론임을 선언하면서 제명에 따라 죽어갈 뿐이었다.

7. 천인감응론과 중국 문학

천인감응 이론과 중국의 전통문학은 밀접한 관련을 가지고 있다. 우선 많은 전통적 문학작품은 명백하게 철학자들이 제기한 천인감응 이론의 영향을 받았는데, 천인감응은 작품 속에서 기본적인 세계관(철학적 관점)으로 성립하였다. 다른 한편 천인감응 이론의 형성과 발전 역시 중국 문학으로부터 계발과 촉진을 받았다.

앞의 한 측면에 관해서는 제1장에서 이미 몇 가지 예를 들었다. 천인감응론의 영향을 받은 명작의 예를 몇 가지 더 들면 다음과 같다.

① 관한경關漢卿의 『두아원』

나 두아는 까닭 없이 저들에게 벌을 내려 달라고 기원하는 것이 아니다. 나의 가슴에 사무친 원한이 정말 적지 않기 때문이다. 나의 혼령이 나타내는 이변이 세상 사람들에게 전해지지 않는다 하더라도 (너희는) 저 맑고 푸른 하늘을 바라볼 수 없을 것이다. 나는 나의 뜨거운 피가 한 방울도 흙에 떨어지지 않도록 할 것이며, 그것들이 모두 여덟 자 높이의 장대 끝에 매어 놓은 흰 비단으로 튀어 오르도록 할 것이다. 그리고 사방 사람들이 모여들기를 기다려 그들이 그것을 보도록 할 것이다. 이것은 바로 원한을 품고 자결한 장홍萇弘(주왕조의 대부)의 피가 3년 뒤에 벽옥碧玉으로 변한 이변이라든지, 촉나라 왕이었던 망제望帝(이름은 杜宇)가 숨어살다가 두견새가 되어 울었던 이변과 같은 것이다.[48]

---

48) 關漢卿, 『竇娥冤』제3막 : 不是我竇娥罰下這等無頭愿, 委實的冤情不淺. 若沒些兒靈聖與世人傳, 也不見得湛湛青天. 我不要半星熱血紅塵洒, 都只在八尺旗槍素練懸. 等他四下里皆?見, 這就是??弘化碧, 望帝啼鵑.

당신은 여름 날씨는 덥기 때문에 눈이 내리지 않는다고 하지만, 추연鄒衍의 분노 때문에 유월에 서리가 내렸다는 말을 들어보지 못하였는가? 만약 뱃속 가득 찬 분노가 불길처럼 솟아오른다면 반드시 감동을 받은 하늘이 솜 같은 눈송이를 펑펑 뿌려 내 시체가 보이지 않도록 덮어버릴 것이다. 그러면 저 거친 논밭 길로 내 시신을 실은 눈 덮인 상여(素車白馬)를 무슨 수로 보낼 것인가?[49]

당신은 하느님은 믿을 수 없고 인간에게는 동정심이 없다고 하지만, 그것은 하늘 역시 인간이 바라는 것을 따른다는 사실을 모르고 하는 말이다. 왜 동해東海에 3년 동안이나 단비가 내리지 않았던가? 그것 역시 억울하게 죽은 그곳의 효부孝婦가 원한을 품었기 때문이다. 이제 너희 산음현山陰縣 차례다. 이것은 모두 관리들이 법을 공정하게 집행하려는 생각이 전혀 없었기 때문이며, 백성들로 하여금 입이 있어도 말을 못하게 하였기 때문이다.[50]

② 고칙성高則誠의 『비파기』

예로부터 전해 내려오는 바에 이러한 것이 많았으니 결국 저 푸른 하늘을 감동시켜 알도록 할 것이다.[51]

선행과 악행은 끝내 그에 따른 보답을 받을 것이다. 다만 그것이 빨리

---

49) 같은 곳 : 爾道是署氣暄, 不是那下雪天, 豈不聞飛霜六月因鄒衍. 若果有一腔怒氣噴如火, 定要感的六出氷花滾似綿, 免着我尸骸現, 要什麼素車白馬, 斷送出古陌荒阡.

50) 같은 곳 : 爾道是天公不可期, 人心不可憐, 不知皇天也肯從人愿. 做甚麼三年不見甘霖降, 也只爲東海曾經孝婦冤. 如今輪到爾山陰縣. 這都是官吏每無心正法, 使百姓有口難言.

51) 高則誠, 『琵琶記』 : 自古流傳多有此, 畢竟感格上蒼知.

찾아오는가 늦게 찾아오는가 하는 문제만 남을 뿐이다.[52]

③ 풍몽룡馮夢龍의 『정충기』

밤이 몹시 깊었건만 대낮처럼 밝도다. 그러나 원수와 은혜는 모두 갚아졌다. 원래 인과因果란 다시 받을 수 없고, 화복禍福은 사람이 각기 구하는 바를 따른다. 하늘에는 법도가 있고 보응이라는 것은 허황된 말이 아니다. 어찌 일월이라는 두 눈을 속일 수 있겠는가?[53]

④ 시내암施耐庵의 『수호전』

민심을 동요시키려는 모의는 하늘의 문을 진동케 하고 나지막이 속삭이는 말은 육군六軍을 부른다. 어찌 떨어져 있는 벽에만 귀가 있겠는가? 눈앞에 가득 찬 귀신이 모두 들어 알고 있다.[54]

천리는 모든 것을 환히 알고 있기 때문에 속일 수 없다. 간악한 무리들이 뛰어난 계략을 세우지 못하도록 할 것이다.[55]

⑤ 나관중羅貫中의 『삼국연의』

건영建寧 4년 2월 낙양에 지진이 일어났다. ……희평熹平 5년, ……암탉이 수탉으로 변했다. ……여러 가지 상서롭지 못한 징조가 한두 가지에 그치지 않았다. 이 때문에 영제靈帝는 두려워하게 되었으며 급기야

---

52) 같은 곳 : 善惡到頭終有報, 只爭來早與來遲.
53) 馮夢龍, 『精忠旗』 : 長夜幽, 明如晝, 但從前怨德都酬. 元來因果還受, 禍福隨人各自求. 天經有, 報應的無虛謬, ?遮瞞的日月雙眸.
54) 施耐庵, 『水滸傳』 : 謀人動念震天門, ?語底言號六軍. 豈獨隔墻原有耳, 滿前神鬼盡知聞.
55) 같은 곳 : 天理昭昭不可誣, 莫將奸惡作良圖.

조서를 내리고 광록대부光祿大夫 양사楊賜 등을 불러 금상문金商門에 나가 재이가 일어난 연유와 그것을 해소할 방법을 알아보도록 하였다.[56]

⑥ 조설근曹雪芹의 『홍루몽』

봄을 맞으러 나가면서 비록 말은 없어도 마음속으로 생각한다. 이 꽃은 결코 좋은 징조가 아닐 것이라고. 무릇 이치를 따르는 자는 번창하지만 거역하는 자는 멸망하게 된다. 초목은 앞으로 닥칠 운명을 알고서 때 아니게 피어나니 이는 반드시 불길한 징조이리라.[57]

이 밖에 종교적 관념으로 일관된 『서유기西游記』와 신비스러운 고사만을 전문적으로 기록한 『요재지이聊齋志異』 등 두 소설에는 감응에 관한 사상이 보다 많이 나타나며, '복선화음福善禍淫'·선유선보善有善報·악유악보惡有惡報 등은 이들 책의 기본 관점이다. 이상의 것을 종합해 보면 원명元明의 희곡과 명청明淸의 소설 등 두 분야는 각 시대의 전형적인 문예형식이었는데, 그것들은 천인감응 사상을 매우 보편적으로 받아들였다. 이점은 특히 소설에서 보다 두드러지는데, 중국 고대의 제일급에 속하는 소설 중 천인감응을 언급하지 않은 것은 찾아볼 수 없다.

문학 속의 철학적 관점과 철학자들이 선전한 철학 이론은 사회적 영향의 측면에서 서로 다르다. 철학자들의 이론은 보통 상류 사회에 직접적으로 영향을 끼치고, 정치제도나 윤리적 원칙 등의 형식을 통해 사회에 다시 간접적인 영향을 끼칠 뿐이다. 그러나 소설이나 희곡이 담고

---

56) 羅貫中, 『三國演義』: 建寧四年二月, 洛陽地震, ……熹平五年……雌鷄化雄, ……種種不祥, 非止一端. 於是靈帝憂懼, 遂下詔, 召光祿大夫楊賜等詣金商門, 問以災異之由及消復之術.

57) 曹雪芹, 『紅樓夢』: 探春雖不語, 心內想, 此花必非好兆. 大凡順者昌, 逆者亡. 草木知運, 不時而發, 必是妖孼.

있는 사상적 관점은 인민대중과 직접 접촉하기 때문에 그 영향은 보다 넓고, 또 어떤 의미에서는 보통 사람들의 심리 상태를 반영하고 있기 때문에 비교적 많은 대중성을 가진다고 할 수 있다. 철학사 연구는 철학자들의 철학만을 연구의 대상으로 삼아서는 안 되며, 당연히 인민대중의 사상적 관점의 역사적 변천을 고찰하여야 한다. 문학, 특히 희곡과 소설 등 대중화된 예술은 대중의 관점을 이해하는 중요한 열쇠가 된다. 바로 이러한 고려 때문에 문학 속에 포함된 철학적 관점의 고찰이 중시되어야 한다고 한 것이다. 희곡과 소설에 보편적으로 존재하는 천인감응의 관점은 그 관점(주로 두 번째와 세 번째 유형)이 이미 민중의 의식 속에 깊이 들어가 있음을 반영한 것이다. 그 밖에 대중의 의식에 있는 감응 이론은 실제로 유가의 천인감응론과 불교의 인과응보론이 서로 결합된 것이다. 이점에 대해서는 다음에서 자세하게 검토할 것이다.

천인감응론과 중국 문학에 관한 두 번째의 측면, 즉 문학이나 미학이 천인감응 이론의 형성과 발전에 끼친 영향에 대해서는 현재 중시되거나 연구될 만큼 충분한 관심을 끌지 못하고 있다. 필자는 천인감응론(주로 두 번째와 세 번째 유형)이 유구한 역사를 가진 '비比'·'흥興' 등의 문학적 방법에서 매우 많은 영향을 받았다고 생각한다. 이점에 대하여 『시경』을 예로 들어보겠다. 『시경』은 중국에서 가장 오래 된 문학작품의 하나이다. 그것은 서주시대부터 춘추시대에 이르는 동안의 시가와 민요 등을 수집하여 '풍風'·'아雅'·'송頌' 등 세 부분으로 나누어 편집된 책이다. 그 중에서 '송'은 '부賦(직설법)'를 주된 체제로 삼고 있으며, '풍'과 '아'는 '비比(비유법)'와 '흥興' [58]을 주된 방법으로 삼아 쓰여진 것이다.

---

58) 역자 주 : 흥(興)은 『시경』에서 쓰인 독특한 표현수법의 하나로서 자신이 표현하고자 하는 주제에 앞서 직설법으로 사물을 노래함으로써 뒤에 이어질 주제를 미리 상징적으로 암시하는 기법을 말한다.

'비'는 비유의 의미로서 사물을 비유하는 것이며, '흥'은 기탁의 의미로서 외적 대상을 빌려 자신의 감흥을 표현하는 것이다. '비'나 '흥'이나 모두 어떤 사물을 다른 하나의, 혹은 몇 개의 사물과 관련을 지어 설명하려는 것인데, 흔히 사람과 사물을, 작자의 심정과 외적 대상을, 사회현상과 자연 현상을 관련지어 설명한다. 예를 들면, "이 처녀 시집가(之子于歸)"는 것과 "복사꽃이 탐스럽게 피어(桃之夭夭)" 있는 것, "내 마음이 서러운(心悲)" 것과 "보슬비가 내리는(零雨其濛)" 것, '반가운 손님(嘉賓)'과 "사슴 울음(鹿鳴)" 등이 그것이다. 이러한 것을 통해 아름다운 자연 현상은 아름다운 심경이나 아름다운 사회현상과 연관 짓고, 그와 반대로 추악한 자연 현상은 고통스러운 심경이나 혼란한 사회 상황과 관련짓는 것이 비유와 기탁의 일반적인 경향이었음을 알 수 있다. 이러한 현상은 매우 자연스러운 것이다. 미학적 용어로 이것을 '감정이입'이라고 부르는데, 간단하게 말해서 그것은 자기의 생각이나 감정을 자연계의 사물에 투영하여 설명하는 방식이다. 개인의 마음이 유쾌할 때는 자연환경의 아름다운 측면에 주의를 기울이고, 심경이 고통스럽고 불안할 때는 자연환경 속에서 특히 서글프고 원망스러운 측면을 쉽게 발견하는 것이 일반적이다. 이 때문에 문학작품 속에서 사람들은 본래 희로애락의 감정을 가지지 않는 자연 현상을 자기의 주관적 감정의 색채로 물들인다. 이러한 '차경생정借景生情'[59]과 '정경교융情景交融'[60]의 방법은 『시경』에서만 사용된 것이 아니라 그 밖의 문학작품 속에도 존재한다. 따라서 그것은 중국 문학의 뿌리 깊고 견고한 전통의 하나라고 할 수 있을 것이다. 현대 중국의 문학작품 속에서도 이러한 방법은 여전히 사용되고 있다. 이러한 방법을 성공적으로 사용하면 작품의 호소력을 증대시킬 수 있다. 그러나

---

59) 역자 주 : 자연경관을 빌려 자신의 심경을 표현하는 것.
60) 역자 주 : 인간의 심정과 자연 경관을 융화시키는 것.

일부의 현대 문학작품은 이러한 방법을 기계적으로 정식화하여 사용하고 있기 때문에 사람들로부터 조소와 비난을 받기도 한다. 예를 들면 영화나 TV극에서 주인공이 뜻을 이루었을 때는 항상 푸른 하늘에 태양이 밝게 빛나고 온갖 꽃들이 피어나지만, 주인공이 수난을 당할 때는 비바람이 몰아치고 모든 나무들이 시들어 버리며, 주인공이 격렬하게 전투를 할 때는 또 성난 파도가 해안을 삼킬 듯 거세게 일어나고 천둥번개가 요란하게 내려치는 것 등이 그것이다. 이러한 것에 대하여 사람들은 연출가가 바람을 일으키고 비를 오게 할 수 있다고 비아냥거린다. 이러한 표현 방법 속에 천인감응의 영향이 있음을 알 수 있다.

이론적으로 볼 때 예술에 있어서의 감정이입은 실제로는 전혀 필연적인 연관이 없는 것, 즉 주관, 정감, 인간의 행위 등을 외부의 특정한 자연 현상과 연관 짓는다. 사람들은 오랜 동안 문학작품의 영향을 받아 이러한 연관에 익숙해졌고 그것을 굳게 믿어 의심하지 않았으며, 마침내 그것은 종교나 철학적 이론으로 성립하는 데까지 이르렀다. 이 때문에 문학적 비유는 철학적 비유로 전화되었으며 예술적 정경교융情景交融은 종교적 천인동심天人同心으로 바뀌었다. 고대의 천인감응 이론에서는 '비'나 '홍'의 방법을 사용한 흔적을 명확하게 발견할 수 있다. 특히 위에서 말한 현대의 졸렬한 작품에서도 '하늘과 인간이 실제로 교감한다'는 철학적 시사를 발견할 수 있지 않은가? 이러한 점들을 통하여 '비'나 '홍'의 방법이 천인감응론에 시사를 주었고 또 그것이 유행하도록 추동하였음을 알 수 있다.

8. 천인감응과 봉건정치

천인감응 사상은 언제나 봉건사회의 정치와 연관을 가지고 있는데, 특히 동중서로 대표되는 세 번째 유형의 천인감응론은 보다 선명한 정치적 색채를 띠고 있다.

우선 천인감응은 지배자를 신격화하는 측면이 있다. 동중서의 해석에 따르면 하늘은 최고의 권위이지만, "하늘을 섬길 때 완벽하게 하지 않으면 비록 온갖 신들이 흠향한다고 하더라도 이롭지 못하다."61) 하늘이 유일·최고의 성격을 가진다는 점은 인간의 지배자도 유일·최고의 권위를 가지고 있음을 나타낸다. 이것은 확실히 군주의 전제적 지배를 돕기 위한 것이다. 일반적으로 초기의 천인감응 이론에 따르면 오직 지배자만이 하늘과 서로 감응할 수 있는 권리를 가지고 있었는데, 그것은 '천자'는 일반인과는 다르다고 설명함으로써 봉건 지배자에 대한 신비스러움을 증대시켰다는 것을 명확하게 증명해 준다.

그러나 천인감응론의 작용에는 또 다른 한 측면이 있었다. 그것은 지배자에 대한 견제이다. 강유위는 『제천강』이라는 논문에서 이점을 다음과 같이 분석하였다.

> 군주의 권력이 증대되자 옛 성현들은 부득이하게 하늘을 통해 군주의 권력을 통제하고자 하였다. 즉 하늘의 현상을 통해 군주를 경계하도록 한 것은 어쩔 수 없는 일이었다.62)

---

61) 역자 주 : 이 문장의 원문은 "(天者百神之大君也) 事天不備, 雖百神猶無益也(『春秋繁露』『交際篇』)"인 듯하다. 저자는 출처를 밝히지 않고 다만 "天祭天, 雖百神無益也"라고만 인용하였는데, 이 문장만으로는 뜻이 통하지 않기 때문에 『춘추번로 春秋繁露』의 원문에 의해 해석한다.

62) 康有爲, 『諸天講』: 君權大, 先聖不得已以天統君, 故藉天象以警戒之, 亦不得已之事.

이것은 천인감응 사상을 제기한 사람이 본래 황제에 대해 경고하려는 의도를 가지고 있었음을 설명하는 것이다. 즉 황제의 권력이 지나치게 커지자 함부로 직접적인 비판을 할 수 없었기 때문에 보다 높은 권위를 가진 하늘을 강조할 수밖에 없었으며, 그것을 이용하여 군주가 선정을 베풀도록 설득하였다는 것이다. 강유위의 이러한 분석은 일리가 있다.

묵자는 인민들이 반드시 천자의 의지에 복종해야 하지만 천자도 반드시 하늘의 의지에 따라야 한다고 주장하였다. 이것은 분명히 하늘의 권위로써 자신의 특정한 정치적 주장이 받아들여지도록 천자에게 압력을 가한 것이다. 동중서의 『춘추번로』에서도 『춘추』[63]의 원칙은 바로 "인민의 권력을 약화시켜 군주의 권력을 강화하고 군주의 권력을 약화시켜 하늘의 권력을 신장하는 것"[64]이라고 주장하였다. 인민은 당연히 국군國君에게 굴종해야 하며 국군은 또 반드시 하늘의 의지에 따라 일을 처리해야 하는데, 그렇지 않을 경우 하늘의 징벌을 받게 된다는 것이다.

근본적인 견지에서 볼 때 하늘은 실제로 일정한 정치적 원칙을 신성화한 것이다. 봉건사회에서 장기간 유행한 세 번째와 다섯 번째 유형의 천인감응론에서 주장된 하늘은 봉건의 근본 원칙─강상綱常에 다름 아니다. 하늘과 군주의 관계는 실제로 봉건 지배의 장구한 이익인 강상과 봉건지배자 개인적 의지와의 관계이다. 동중서 등은 하늘의 권위를 빌려 봉건지배자가 강상에 따라 일을 처리하기를 희망하였다. 만약 개인적 원망과 이것이 모순될 경우 당연히 최고의 원칙에 복종하여야 한다는 것이다. 동중서 등은 자연재해가 발생할 때마다 최고지배자는 마땅히 자기의 행위를 점검해 보고 잘못된 점을 개선하여 봉건 지배의 장구한 안정에 기여하도록 할 것을 바랐다. 예를 들면 수탈이 지나치고 형벌이 너

---

63) 동중서는 이 책을 공자가 직접 창작한 만세萬世의 입법立法이라고 생각하였다.
64) 『春秋繁露』『玉杯』: 屈民而伸君, 屈君而伸天.

무 무거우면 '인仁'에 부합되지 못하기 때문에 계급적 모순이 격화되어 인민의 반항을 불러일으킬 것이다. 바로 이러한 원인 때문에 동중서 등 천인감응을 주장한 사상가들이 비록 재이災異와 상서祥瑞를 동시에 주장하기는 하였지만, 결국 재이가 중심이 되었던 것이다. 이점에 대하여 송대의 이정二程은 "조짐이라는 것이 과연 있습니까, 없습니까?"라는 어느 학생의 질문에 대하여 다음과 같이 대답하였다.

> 있다. 나라가 번영하려고 할 때는 반드시 상서로운 조짐이 나타난다. 이 것은 사람에게 좋은 일이 있으면 그러한 기색이 얼굴에 나타나는 것과 같다. 성인이 상서를 귀중하게 생각하지 않는 것은 재이가 있을 때 덕을 닦으면 손해가 없지만, 상서가 나타날 때 거만해지면 해를 입기 때문이 다.65)

역사적으로 볼 때 극히 소수의 비교적 총명한 군주들은 사상가들의 조언에 귀를 기울여 재이가 닥쳤을 때는 덕을 닦고, 과오를 고쳤으며, 심지어는 여러 신하들에게 상서를 올려 솔직한 의견을 제시하도록 문호를 개방하기도 하였다. 그러나 대다수의 군주들은 도리어 그것과는 반대의 행동을 취하였다. 일단 이른바 '상서'가 발생하면 그것을 크게 선전하면서 각급 관리에게 경축하는 글을 지어 올리도록 하고 그것을 자신의 공로로 돌렸다. 그러나 재이가 발생하면 그것을 숨기고 알리지 않는다든지, 혹은 그 죄과를 대신들에게 덮어씌우기도 하였다. 중국 역사에서 이러한 예는 쉽게 발견할 수 있다. 앞에서 설명했듯이 왕충이 살았던 동한 시대에 해충에 의한 재난이나 호랑이에 의한 피해 등은 지방 관리에게

---

65) 程顥·程頤,『二程遺書』：有之. 國家將興, 必有貞祥. 人有喜事, 氣見面目. 聖人不貴 祥瑞者, 蓋因災異修德則無損, 因祥瑞而自恃則有害也.

책임이 돌려졌다. 즉 그러한 재난은 지방 관리의 간악한 행위에 의해 발생된 것이라고 해석되었다. 따라서 천인감응론은 실제 효과의 측면에서 볼 때 최고지배자의 행위를 견제하는 역할은 거의 하지 못했고, 오히려 최고지배자가 자기의 비열한 목적을 달성하기 위해 태평을 가장하거나 자기와 다른 이견을 배제하는 데 이용되었다. 대개 정치가 부패해질수록 상서에 대한 보고는 더욱 많아졌다. 송·명 두 시대의 사상가가 "손호孫皓는 포악하였지만 상서는 더욱 많았다(왕정상의 말)"라고 한 것이나, 오吳나라를 말아먹은 손호는 매우 많은 상서를 낱낱이 수집하여 보고하였기 때문에 "오대五代에는 상서가 많았다(二程의 말)"라고 한 것 등은 그 점을 지적한 것이다. 오대는 중국 역사상 군웅이 할거하고 뒤섞여 싸운 암흑시대였지만 상서는 보다 빈번하게 나타났다. 이것은 천인감응론의 철저한 실패를 설명해 주는 것이다. 아이러니컬하게도 천인감응론의 권위자인 동중서 자신도 바로 천인감응론을 빌려 당시의 정치를 비판하다가 때문에 목숨을 잃을 뻔하였다. 사건의 전말은 다음과 같았다. 어느 해에 '재이'가 발생하였는데, 동중서는 이것이 지배자에게 정치 개혁을 이루도록 조언할 기회라고 생각하고 황제에게 올릴 상서上書를 준비하고 있었다. 그런데 뜻밖에 주보언主父偃이라는 대신이 그 내용을 몰래 입수하여 황제에게 먼저 상서를 올려 버렸다. 황제는 대신들을 소집하여 그 문제를 토론하게 하였는데, 막강한 권력을 쥐고 있던 동중서의 제자 여보서呂步舒는 그것이 자기 스승인 동중서의 견해임을 알지 못하고 그것을 '매우 어리석다'고 단언하였다. 그러자 주보언은 일이 심상치 않게 돌아가는 것을 보고 그것이 동중서의 견해라고 재빠르게 변명하면서 자기와는 무관하다고 하였다. 이 때문에 동중서는 자칫하면 사형에 처해질 뻔하다 그 이후로는 감히 더 이상 '재이'를 주장하지 못하였다. 이 사건은 봉건 전제정권이 지배하던 중국 고대에 하늘의 권위를 빌려 지배자를 비판하는 것은 여전히 매우 위험한 것이었음을 말해 준다. 천인감응론을 통해 군주를 견제한다는 것은 연약하고 또 근본적으로 실행될 수도 없는 환상일 뿐이다.

다른 한 측면에서 볼 때 몇몇 군주들은 천인감응론을 통해 인민에 대한 자기들의 지배가 신성함을 증명하였으며, 또 천인감응론을 교묘하게 이용하여 정치적 개혁을 단행하기 위한 근거로 삼기도 하였다. 예를 들면 강희康熙 황제는 지진이 일어난 것을 계기로 6개 항의 정치 및 경제적 개혁 조치를 추진하였다. "모든 정사가 천심에 부합되지 않았기 때문에" 지진이 발생한 것이라고 하면서 반드시 정사를 개혁하여 하늘의 뜻에 따라야 한다고 주장하였다.

이 밖에 역사적으로 몇 차례의 농민봉기도 천인감응 이론을 빌려 여론을 조장하였다. 이점에 대해서는 구체적으로 검토되어야 할 것이다.

4장 _ 천명과 인력

『열자列子』는 우화寓話적 방법을 잘 이용하여 철리哲理를 천명한 고대의 문헌이다.[1] 『열자』라는 책에는 『역명편』이라는 기묘한 글이 있다. 그것은 '역力'과 '명命'이라는 이름을 가진 두 사람의 논쟁으로 구성되어 있는데 그 요지는 다음과 같다.[2]

역: 너는 나보다 나은 능력이 하나라도 있느냐?

명: 네가 무슨 능력을 가지고 있기에 감히 나와 비교를 하느냐?

역: 장수와 요절, 전혀 이름이 알려지지 않는 것과 온 세상에 이름을 날리는 것, 존귀함과 비천함, 빈곤과 부유함 등은 모두 나 역에 의해 결정된다.

명: 팽조彭祖의 재능과 지혜는 결코 요순堯舜과 비교될 수 없을 만큼 초라했지만, 그는 800년을 살았다. 안연顏淵의 재능과 학식은 여타의 공자 제자들보다 비교할 수 없을 만큼 탁월했지만, 그는 18세로 요절하였다. 공자의 도덕은 각국의 제후들보다 뛰어났지만 그는 진陳나라와 채蔡나라 접경지역에서 곤욕을 치렀다. 은나라 주紂왕의 품행은 당시의 유명한 세 현인(箕子, 微子, 比干)보다 못했지만, 그는 오히려 군왕의 지위에 올랐다. 계찰季札은 현인이었지만 오나라에서 작은 벼슬자리 하나도 얻지 못했다. 그러나 제齊나라를 찬탈한 전항田恒은 자자손손 제나라

---

1) 전통적 견해에 따르면 그것이 쓰여진 연대는 선진시대이다. 그러나 현대의 학자들은 이것이 동진인東晉人에 의한 위작일 것이라고 한다.

2) 역자 주 : 아래의 문장은 저자가 『열자』 『역명편』의 원문을 비교적 간결하게 요약한 것이다. 관련 원문은 다음과 같다. "力謂命曰, 若之功奚若我哉. 命曰, 汝奚功於物而欲比朕. 力曰, 壽夭窮達貴賤貧富, 我力之所能也. 命曰, 彭祖之智不出堯舜之上, 而壽八百. 顏淵之才不出衆人之下, 而壽十八. 仲尼之德不出諸侯之上, 而困於陳蔡. 殷紂之行不出三仁之上, 而居君位. 季札無爵於吳, 田恒專有齊國. 夷齊餓於首陽, 季氏富於展禽. 若是汝力之所能, 奈何壽彼而夭此, 窮聖而達逆, 賤賢而貴愚, 貧善而富惡邪. 力曰, 若如若言, 我固無功於物, 而物若此邪, 此則若之所制邪."

를 독점하도록 하였다. 백이伯夷와 숙제叔齊는 선인善人이었지만 수양산에서 굶어 죽었다. 노魯나라의 무례한 계씨季氏는 그 나라의 현자인 전금展禽보다 훨씬 부유하였다. 과연 이러한 것들을 역인 네가 결정한다면 이것들을 어떻게 설명할 것인가?

역 : 그렇다면 나는 근본적으로 사물을 결정지을 수 없고 모든 것이 너에 의해 결정된다는 말이냐?"

위의 문장의 '역'과 '명'은 바로 '인력人力'과 '천명天命'이라는 두 철학 개념을 의인화한 것이다. '천명'과 '인력'의 관계에 대한 문제는 천인감응의 문제처럼 오랜 역사를 가지고 있으며, 또 장기간에 걸쳐 논쟁되었다. 이에 대하여 서로 다른 많은 견해가 있었다.

1. 명정론

중국 역사에는 "천명은 원래부터 존재하는 것이며 (인간은)그것을 보태거나 덜어낼 수 없다(固有天命, 不可損益)"는 천명결정론天命決定論을 주장한 학파가 매우 많았다. 각 학파의 차이는 '명'에 대한 해석이 완전히 서로 다른 데서 연유한다. 위에서 말한 『열자』 『역명편』의 '명선생命先生'의 관점은 한 학파의 관점에 지나지 않는다. 천명결정론은 적어도 다음과 같은 세 종류의 기본형식으로 개괄될 수 있다.

(1) 종교적 천명결정론

'천명'이라는 용어는 서주시대의 문헌에서 처음 나타나는데, 예를 들어

『서경』『대고편大誥篇』의 "천명을 헤아려 알 수 있다"[3], "천명은 잘못됨이 없다"[4] 등의 말이 그것이다. 이 당시의 천명은 최고신의 명령을 가리키는 것으로서 상왕조 시대의 '하느님의 명령(帝令)'으로부터 전화된 것이다. 서주시대의 문헌에서 '천명'이라는 말 외에도 '하느님의 명령(上帝之命)'이라는 말이 있었는데, 『서경』『대고편』에서 "저는 '하느님의 명령(上帝命)'을 함부로 저버리지 못하겠습니다"[5]라고 한 예가 그것이다. '천명'과 '하느님의 명령'은 완전히 같은 의미이다. 이러한 신의 명령은 귀복龜卜의 형식을 통해 알려지며, 서주의 지배계급은 하느님(上帝)의 명령은 거역할 수 없는 것이라고 선전하였다. 이른바 "천명은 잘못됨이 없다(天命不僭)"는 것은 천명은 인간이 바꿀 수 없으며, 따라서 반드시 성실하고 어김없이 집행되어야 한다는 것을 의미한다.

예를 들어 귀복의 결과가 어떤 나라를 토벌하라고 나왔다면 그것은 하느님의 명령으로 인식되었기 때문에 그 점괘를 실행하는 데 어떠한 어려움이 따르더라도 반드시 견결하게 집행해야 하며 구실을 대는 것은 불가능했다. 그리고 그에 따른 정벌은 승리할 수 있을 것이라고 생각되었다. 왜냐하면 그것은 하느님의 명령을 받들어 치르는 행사이기 때문이었다. 이러한 관념이 바로 중국 역사에서 나타나는 천명결정론의 최초 형태이다.

그러나 서주 초기의 종교적 천명결정론은 전형적·극단적인 명정론은 아니었다. 비록 서주의 '천명'에서부터 항거할 수 없는 운명이라는 의미를 갖기 시작하였지만, 그것이 명확한 형태로 나타난 것은 아니었다. 보다 중요한 것은 서주 초기의 지배자들의 의식은 상당히 깨어 있었

---

3) 『書經』『大誥篇』: 其有能格知天命.
4) 같은 곳 : 天命不僭.
5) 같은 곳 : 予惟小子, 不敢替上帝命.

으며 또 그들은 풍부한 이성을 가지고 있었다는 점이다. 그들은 단순히 천명을 맹신하거나 인력이 가진 잠재력을 경시하지 않았다(이점에 대해서는 이미 앞의 제1장에서 검토하였다). 그들은 한편으로는 대중과 기타 씨족에 대하여 "천명은 바뀌지 않는다(天命不易)"라고 하여 자신들의 지배의 합리성과 그에 저항해서는 안 된다는 점을 선전하면서, 다른 한편 지배계급 내부에서는 "하늘은 믿을 수 없다(天不可信)"라든지, "천명은 영구불변하는 것이 아니다(天命靡常)"라고 훈계하여 인사人事를 잘 처리해야만 하늘의 임명을 계속 유지할 수 있다고 강조하였다.

춘추시대에 이르면 새롭고 보다 극단적인 종교적 천명결정론이 나타나는데, 그 당시에 가장 유행한 것은 점성술적 관점이다.

점성술적 명정론은 주나라의 장홍萇弘, 노魯나라의 재신梓愼, 진晉나라의 사약士弱, 정鄭나라의 비조裨竈 등의 술사術士에 의해 대표된다. 그들의 사적은 주로 『춘추좌씨전』과 『국어』 두 책에 보인다. 그들의 공통점은 '천사항상天事恒象', 즉 천체 현상의 운동변화가 인간의 길흉을 결정한다는 것이다. 그들은 십이성차十二星次 이론6)에 근거하여 세계를 아홉 개의 구역으로 나누고 별의 상태나 구름 등 기상의 변화를 관찰하였으며, 오행상극五行相克과 기타의 신비로운 술수術數를 통해 인간의 길흉을 추론하고 예언하였다. 그들에 따르면 한 국가의 흥망과 존폐는 모두 천상의 별의 명암이나 모양의 변화와 별자리의 변화에 의해 조성된 것이다. 따라서 그들은 어떤 국가가 몇 년 동안 존속할 수 있으며 어떤 나라는 몇 날 몇 시에 어떤 재난이 닥친다는 것 등을 정확하게 예측할 수 있다고 장담

---

6) 역자 주 : 중국 고대에는 목성이 12년 주기로 운동한다고 생각하여 천체를 12등분하고 각각 순서를 정하였다. 초기에는 적도赤道를 기준으로 하여 12등분하였지만 당대 唐代 이후로는 황도黃道가 기준이 되었다. 참고로 그것들의 순서와 이름은 다음과 같다. 성기星紀, 현효玄枵, 추자娵訾, 항루降婁, 대량大梁, 실침實沈, 학수鶉首, 학화鶉火, 학미鶉尾, 수성壽星, 대화大火, 석목析木.

하였다.

　많은 연구자들이 춘추시대의 점성술과 천인감응론을 혼동하고 있는데, 이것은 매우 부정확한 견해이다. 점성술에서도 자연 현상과 인간 사회를 연관시키고 있지만 그 연관은 '감응'을 통해서가 아니라 일방적이며 불가역적 결정에 의한 것이다. 천인감응론에서는 어떤 특이한 자연 현상의 출현은 인간의 특정 행위로부터 기인한 것이라고 생각하였지만 점성술에서는 이러한 견해를 인정하지 않았다. 점성술에서는 특히 인간이 자신의 행위를 변화시킴으로써 재난을 없앨 수 있다는 천인감응론자들의 이른바 '변복설變復說'을 믿지 않았다. 점성술사들의 주장에 따르면 한 국가의 '기수氣數(운명)'는 별의 이동에 의해 예정된 것이기 때문에 바꿀 수 없으며, 그 나라의 지배자가 어떤 정치적 조치를 취하든 관계없이 별에 의해 멸망할 것이라고 예고된 해가 되면 그 국가의 멸망은 피할 수 없다. 이것이 바로 천명이며, 그것은 돌이킬 수 없고 인간의 의지나 행위에 의해 바꿀 수도 없다. 다만 어떤 작은 재난은 '희생과 옥백'이라는 '양재禳災' 등의 순수한 종교적 활동을 통해 완화할 수 있다. 따라서 점성술은 감응을 부정하면서 천인감응론과는 다른 길로 나아갔다고 할 수 있다. 전국시대 이후로 몇몇 점성술사는 천인감응론과 타협·융화하였는데, 이점에 대해서는 따로 논의되어야 할 것이다.

　점성술가들은 별의 상태에 대한 변화를 대대적으로 기록하였으며 아울러 별이 변화하는 규칙에 주목하면서 그것을 연구하였다. 그들도 별의 변화와 인간 사회에서 일어나는 사건의 변화와의 관계에 주의를 기울였기 때문에 다양한 천문학적·역사적 자료를 정밀하게 기록하였다. 이 때문에 점성술가들은 객관적으로 중국 천문학과 역사학에 커다란 공헌을 하였다. 현존하는 가장 오래된 천문학 저작의 하나로 꼽히고 있는 『감석성경(甘石星經)과 마왕퇴(馬王堆)에서 출토된 『오성점(五星占)』 등은 모두 점성술가의 저작으로서 그 과학적 가치는 매우 크다. 그러나 철학사상의 측면에서 볼 때 그것은 소극적인 숙명론적 관점을 견지하고 있었으며, 인간을 별의 운행에 복종하는 노예로 간주함으로써 전혀 주체적 정신이 없는 존재로 규정하였다.

중국 고대에 매우 유행한 '기수(氣數)'·'시운(時運)'의 이론과 점성술은 혈연관계를 가지고 있는데, 각각의 왕조는 일정한 기수를 가지고 있다는 것이 많은 사람들에 의해 굳게 믿어졌다. 춘추시대에 '문정(問鼎)'이라는 유명한 고사가 있는데, 그것은 천명결정론의 견해를 보여주고 있다. 당시에 주왕조는 이미 쇠퇴하였으며 초(楚)나라의 세력은 날로 증대되어 갔다. 초나라 왕은 이러한 상황 하에서 주왕조 지배를 상징하는 '구리솥(銅鼎)'이라는 국보의 크기와 무게가 얼마인지 물어 봄으로써 주나라를 대신할 야심을 은근히 내비쳤다. 그러나 주왕실의 사관은 그에게 "주나라의 덕이 비록 쇠퇴하였지만 (주나라에 내린)천명은 아직 변하지 않았다"라고 말하였다. 하늘이 주왕조에게 내린 '역수(歷數)'가 아직 종결되지 않았기 때문에 "솥(鼎)의 무게는 물어 볼 수 없다"는 것이다.[7] 역사소설인 『삼국연의』에는 '기수'에 관한 이론이 매우 잘 나타나 있다. 『주공근적벽진병편』에서 제갈량(諸葛亮)은 "제가 밤에 하늘의 형상을 살펴보니 조조(曹操)는 죽을 때가 되지 않았습니다"[8]라고 하였다. 이 때문에 일부러 관우(關羽)를 화용도(華容道)에 보내 지키게 함으로써 인정을 베풀었다.

춘추시대에는 그 이전부터 존재하던 종교적 천명관이 추상적으로 발전되었지만,[9] 여전히 전통적 천명결정론에서 벗어나지는 못하였다.

---

7) 역자 주 : 이에 대한 구체적인 내용은 『춘추좌씨전』 『선공』 3년조를 참조하라.
8) 『三國演義』 『周公瑾赤壁鏖兵篇』: 亮夜觀乾象, 曹操未合身亡.
9) 이점에 대해서는 제2장에서 이미 검토하였다.

(2) 도가의 명정론

도가의 창시자인 노자老子는 중국철학사에서 가장 완벽한 철학체계를 세웠다. 그가 세운 체계에서 '도'는 최고의 범주에 속하는데, 그 이전부터 존재하던 최고신의 지위는 이 때문에 폄하貶下되었다.

> 도라는 것은 텅 비어 있기 때문에 아무 형체도 없지만 그것의 작용은 끝이 없다. 그것은 끝없는 깊이를 가진 만물의 근원이다. 그것은 만물의 예리함을 꺾고 혼란스러운 것을 해결하고 눈부신 것을 누그러뜨리고 티끌과 섞여 있다. 그것은 이처럼 없는 듯이 존재한다. 나는 그것이 어디서 생겨났는지 알지 못하지만, 하느님보다는 앞선 것 같다.[10]

도는 시간적으로 하느님에 앞서서 존재하며, 그리고 그것은 만물의 최종적 근원일 것이다. 노자가 비록 완곡한 표현을 사용하여 공개적으로 '하느님'의 존재를 부정하지는 않았지만, 그의 세계관 체계에서 실제로 '하느님(帝)'이 설 자리는 없다.

그러나 노자의 체계에서 하느님(天帝)의 약화는 결코 인간의 해방이나 인간의 지위 상승을 의미하지는 않는다. 인간의 행위는 더 이상 하느님의 절대적 명령에 의해 제약되지 않지만, 인간은 새로운 명령의 제약을 받게 되었으며, 그 제약의 엄격성은 늘어났을지언정 줄어들지는 않았다. 이 새로운 지고무상至高無上의 명령은 바로 도에서 비롯된 것이다. 노자는 만물과 인간의 활동은 모두 도의 규정성에 의해 진행되는 것이며, 인력은 근본적으로 객관적·필연적인 도와 상충된다고 생각하였다. 그리하여 그는 "하늘의 그물은 넓고 넓으며 성글지만 아무도 그것을 빠져나가지 못한다"[11]라고 하였다. '도'는 형체가 없기 때문에 볼 수도 없

---

10) 『道德經』 제4장 : 道沖而用之, 或不盈. 淵兮似萬物之宗. 挫其銳, 解其紛, 和其光, 同其塵. 湛兮似或存. 吾不知誰之子, 象帝之先.

고 들을 수도 없으며 매우 포근한 것처럼 보이지만, 이 자연의 질서道를 조금이라도 위배하면 반드시 징벌을 받는다는 것이다. 따라서 성인의 태도는 '지상知常', 즉 도가 일정한 규칙성을 가지고 있으며, 그것을 거부할 수 없다는 사실을 깨닫고 도에 저촉되는 어떤 행위도 하지 않는 것이라고 한다. 이것이 바로 노자와 도가학파의 대표적 인물들이 깊은 관심을 가지고 주목하는 '무위無爲', '불감위不敢爲'의 의미이다. 이것은 노자가 비록 전통적인 종교적 명정론을 부정하였지만 도리어 소극적 무위와 도에 복종하는 새로운 명정론에 빠졌음을 알려주는 것이다.

노자의 계승자이며 전국시대 도가의 대표적 인물인 장자莊子는 노자의 명정론을 발전시켜 천명과 인위의 관계를 보다 체계적이고 명확하게, 그리고 새롭게 설명하였다.

앞에서 '하늘'과 '인간'에 관한 장자의 유명한 정의를 인용했었다. 장자는 '하늘'은 자연·본연이고 '인간'은 인위·인력이라고 생각하였다. 순자는 장자에 대하여 "하늘에 가려 인간을 보지 못하였다"라고 비판하였는데(『순자』『해폐편』), 그의 이러한 비판은 매우 정확한 것이다.

장자는 의식과 목적을 가진 인간의 활동 역시 '인위', 혹은 '인력'으로 규정하였으며, 그것은 자연, 혹은 본연과 모순·대립한다고 생각하였다. 『장자』에서 대체로 대립적인 관점에서 하늘과 인간의 관계를 검토할 때는 항상 하늘로써 인간을 압도하고 있는데, 이것은 인간은 마땅히 하늘에 순종하여야 한다고 생각하였기 때문이다. "인간(인위적인 것)으로써 하늘(천부적인 것)을 훼손하지 않아야 하며 고의로써 명을 손상시키지 말아야 한다"[12]는 것은 장자의 강령이었다. 구체적으로 말하자면 장자의 천인관계론 속에도 천명과 인력, 천성과 인위, '하늘이 인간을 지

---

11) 같은 책, 제73장 : 天網恢恢, 疏而不失.
12) 『莊子』『秋水篇』: 無以人滅天, 無以故滅命.

배한다(天勝人)' 등 세 가지는 서로 연관되어 있다. 이 장에서는 첫 번째 측면, 즉 천명과 인력의 관계에 대해서만 검토할 것이다.

장자가 주장하는 '명'의 기초 역시 노자처럼 도의 이론과 관계가 있다. 그는 인간을 포함한 '사물(物)'은 내면적으로 도의 지배를 받으며, 그것들의 모든 행위는 자기 스스로의 결정에 의한 것이 아니라 도의 부림을 받는 것이라고 생각하였다. 즉 그것들은 도 스스로가 '끝나면 다시 시작된다(終而復始)'는 불변의 법칙을 표현하기 위해 사용된 도구일 뿐이라는 것이다. 장자에 따르면 만물과 인간은 모두 '천균天均'이라는 큰 회전판 위에서 쏜살같이 회전하면서 삶에서 죽음으로, 완성에서 파괴로 끝없이 순환하고 있다. 사람들은 자신이 마치 확실한 주관과 능동성 및 자유를 지고 행동하고 논쟁하는 것처럼 생각하지만 실제로는 모두 도에 의해 자신의 기능을 표현하고 있을 따름이며, 그 자신은 아무런 자유도 없이 피동적으로 부림을 받을 뿐이다. 장자는 이점에 대하여 다음과 같이 설명하였다.

한번 육체를 받아 태어난 뒤로는 죽을 때까지 자기 자신에 대하여 한 번도 잊어버리지 않는다. 육체는 세상의 사물과 대립하고 순응하는데, 그 동작은 말이 달리듯 빠르며 누구도 그것을 멈추게 할 수 없다. 슬프지 아니한가. 평생 고생하고 애쓰면서도 성공을 보지 못하고, 피곤하고 지쳐 있으면서 자신이 어디로 가고 있는지도 모르고 있으니 서글프지 아니한가.13)

장자가 명을 설명할 때 가장 관심을 가진 것은 빈부나 궁달이 아니

---

13) 같은 책, 『齊物論篇』: 一受其成形, 不亡以待盡. 與物相刃相靡, 其行如馳, 而莫之能止. 不亦悲乎. 終身役役, 而不見其成功. 苶然疲役, 而不知其所歸. 可不哀邪.

122 동양의 자연과 인간 이해

라 '삶(生)'과 '죽음(死)'에 관한 문제였다. 장자는 일반인들이 모두 삶을 바라고 죽음을 두려워하기 때문에 죽음이 가까워지면 그것으로부터 벗어나기 위해 발버둥치고, 친지의 죽음에 대하여 슬퍼하고 곡哭을 하면서 가슴을 치고 발을 구르는데, 그들의 이러한 행위는 모두 어리석다고 하였으며, 아울러 그러한 행위는 하늘이나 '명'을 알지 못한 데서 연유한다고 지적하였다. 왜냐하면 사람은 한번 태어나면 반드시 죽게 되어 있기 때문이다. 장자의 "죽고 사는 것은 명이다. 그것이 밤이나 낮의 변화와 같이 일정함이 있는 것은 하늘에 의한 것이다"[14]라는 설명은 이점을 말해 주는 것이다. 죽음과 삶의 관계는 어두운 밤이 지나면 반드시 밝은 아침이 오는 것과 같기 때문에 인간이 그것을 고통스러워하거나 슬퍼한다고 해서 바뀔 수 있는 것은 아니라는 것이다. '천균天鈞'이라는 회전판은 영원히 돌아가며 인간이 발버둥 친다고 해서 멈출 수 있는 것이 아니다. 장자는 죽음에 대한 공포와 슬픔을 '둔천지형遁天之刑', 즉 하늘로부터 벗어나려고 함으로써 받는 형벌이라고 불렀는데, 그의 주장에 따르면 하늘은 근본적으로 피할 수 없는 것이다. 매우 풍부한 상상력을 가진 장자는 『대종사편』에서 다음과 같은 비유를 들고 있다. 즉 자기 재산을 도둑맞는 것을 두려워한 어떤 사람이 배를 산골짜기에 숨겨 두고 그 산을 다시 호수 속에 감추어 두었다. 그처럼 매우 잘 숨겨 두었기 때문에 쉽게 잃어버릴 수 없게 된 것만은 틀림없었다. 그러나 한밤중에 어떤 힘 센 장사가 배와 산을 들고 도망가 버렸다. 이 힘 센 장사는 누구일까? 그것은 음양陰陽이다. 이 우화는 어떤 사물이 비록 기타 사물의 위협과 손해로부터 도피할 수는 있지만, 음양의 작용이나 신진대사의 법칙을 벗어날 수는 없다는 것을 비유한 것이다. 현재의 배나 현재의 산은 우리가 볼 때 어

---

14) 같은 책, 『大宗師篇』 : 死生命也. 其有夜旦之常, 天也.

제의 배나 어제의 산과 다름이 없지만 그 내부의 음양 구조는 이미 어느 새 변화되어 있다. 이 때문에 그것은 더 이상 어제의 배나 산이 아니다.

그렇다면 장자가 이상적으로 생각한 성인은 생사나 기타 인생의 문제에 대하여 어떤 자세로 대처하는가? 이 문제는 『덕충부편』과 『대종사편』에서 집중적으로 논의되었다.

(사람과 사물의) 소멸과 생성, 존속과 멸망, 궁핍과 영화, 가난과 부귀, 어리석음과 현명함, 비난과 영예, 배고픔과 목마름, 추위와 더위 등 모든 것은 사물과 상황의 변화에 기인한 것이고 이것은 또 운명의 작용이다. 그것들은 밤낮 우리 눈앞에서 전개되지만 우리의 지식으로써는 그 원인을 알 수 없는 것들이다.[15] 그러므로 그러한 것들은 마음의 평정을 잃게 할 만한 것들이 못되니, 그러한 것들을 영부靈府(마음)에 들어가게 해서는 안 된다.[16]

그리고 인간이 생명을 얻는 것은 우연히 시기를 만난 것이고 그 생명을 잃는 것은 (얻으면 반드시 잃는다는)법칙에 따른 것이다. 현재의 상황에 만족하고 변화를 따르면 슬픔이나 즐거움 등의 감정적 동요가 일어나지 않게 된다. 이것이 바로 옛사람들이 말하는 현해懸解[17]이다. 그것을 스스로 풀 수 없는 이유는 외부의 사물이 묶고 있기 때문이다.[18]

---

15) 인간의 지혜로써는 그 원인과 법칙을 알 수 없다는 의미이다.
16) 같은 책, 『德充符篇』: 死生存亡, 窮達貧富, 賢與不肖, 毀譽, 飢渴, 寒暑, 是事之變命之行也. 日夜相代乎前, 而知不能規乎其始者也. 故不足以滑和, 不可入於靈府.
17) 현해(懸解)는 거꾸로 매달린 것과 같은 고통으로부터 풀려나는 것이다. 장자는 일반적 의미의 생명의 획득을 거꾸로 매달린 고통이라고 전제하면서 죽음은 이러한 고통으로부터의 해탈이라고 생각하였다.
18) 같은 책, 『大宗師篇』: 且夫得者時也, 夫子順也. 安時而處順, 哀樂不能入也. 此古之所謂懸解也, 而不能自解者, 物有結之.

한마디로 성인의 태도는 운명에 의해 정해진 바에 따르는 것이며, 따라서 죽고 사는 것, 얻는 것이나 잃는 것, 부유함이나 존귀함 등 인생의 문제에 대하여 아무런 주체적 노력이나 투쟁을 하지 않는 것이다. 삶, 얻음, 부유함 등에 대해서 즐거워하지 않고 죽음, 잃음, 가난함 등에 대해서도 슬퍼하지 않으며, 오로지 영구불변하는 '도'에만 마음을 두고, 그러한 것들(死生, 存亡, 貧富, 窮達 등)은 순식간에도 천변만화하여 일정한 상태로 계속 유지될 수 없다는 깨달음을 잃지 않는 것이 성인의 태도라는 것이다.

『장자』에서는 삶과 죽음의 문제를 도외시하는 성인들의 초월적 태도를 생동감 있는 상징적 언어로써 묘사하고 있다. 장자는 자기의 친구가 죽었을 때 "마음속으로 섭섭해 하지 않았으며, 상을 치를 때도 슬퍼하지 않았다" 그는 심지어 "음악을 짓기도 하고 가야금을 타기도 하면서 멋있게 노래를 불렀다" 장자는 자기의 처가 죽었을 때도 "물동이를 두드리면서 노래를 불러" 경축하였다. 장자는 자신이 세상을 떠나면 관을 짜지 말고 "위로는 새나 매의 먹이가 되도록 하고 아래로는 땅강아지나 개미의 먹이가 되도록 하라"고 유언을 남겨 죽음에 대한 자신의 극히 활달한 심경을 보여주었다.

장자의 삶과 죽음에 관한 문제, '천명'과 '인력'에 관한 논설에는 객관적 법칙의 필연성에 대한 매우 분명하고 냉철한 인식이 포함되어 있는데, 그 속에 합리적 요소가 없는 것은 아니다. 그러나 장자의 인식에는 매우 소극적이고 비관적인 색채가 깔려 있다. 예를 들어 위에서 말한 죽음을 해탈로 간주하는 것 등은 이미 종교적 숙명론에 접근하고 있다. 인간은 누구나 한 번의 죽음을 피할 수 없다는 전제로부터 인생의 모든 것은 전혀 의미가 없다는 결론을 이끌어 낸 것은 분명한 오류이다.

장자의 철학체계는 하나의 특징, 즉 다양한 단계성을 가지고 있다는 점을 지적하지 않으면 안 된다. 위에서 말한 "현재의 상황에 만족하고 변화를 따르라"는 숙명론적 사상은 인생의 문제에 관한 장자의 탐구에서 낮은 단계에 속할 뿐이며, "현재의 상황에 만족하고 변화를 따름으로써 슬픔이나 즐거움 등의 감정적 동요가 일어나지 않게" 되는 사람은 저급한 단계의 성인일 뿐이다. 『장자』에서 상정한 이상적 인물은 진인眞人·지인至人·천인天人·신인神人 등으로 불리는데, 이러한 인물들은 죽음이 도래할 때까지 소극적으로 기다리는 것이 아니라 삶과 죽음을 초월한 새로운 경지에 도달한 자들로서 세상의 어떠한 물리적 힘도 그들에게 전혀 손상을 입힐 수 없다.

> 사물이 그(神人)를 상처나게 할 수 없고 큰 홍수가 나서 하늘을 가리더라도 그를 빠지게 할 수 없으며 큰 가뭄이 들어 쇠나 돌을 녹이고 흙과 산을 태우더라도 그를 뜨겁게 할 수 없다.[19]

> 지인은 신비스럽다. 큰 늪을 태울지언정 그를 뜨겁게 할 수 없고, 황하나 한수漢水를 얼릴지언정 그를 춥게 할 수 없으며, 산을 깨뜨리는 격렬한 천둥이나 바다를 뒤흔드는 태풍도 그를 두려워하게 할 수 없다.[20]

> (진인은) 물에 들어가더라도 젖지 않으며 불에 들어가더라도 타지 않는다.[21]

'진인'·'지인'·'신인'은 어떻게 그와 같이 신기한 능력을 가질

---

[19] 같은 책, 『逍遙遊篇』: (神人)物莫之傷, 大浸稽天而不溺, 大旱金石流土山焦而不熱.
[20] 같은 책, 『齊物論篇』: 至人神矣. 大澤焚而不能熱, 河漢?而不能寒, 疾雷破山, 飄風震海而不能驚.
[21] 같은 책, 『大宗師篇』: (眞人)入水不濡, 入火不熱.

수 있을까? 그것은 그들이 세간의 생활로부터 초월해 있으며, 심지어는 시간과 공간을 초월하여 허무하고 까마득한 '무하유지향無何有之鄕'에서 시공을 초월하여 소요하고 있기 때문이다. 덧붙여 말하자면 그들은 실제로 영구불변하는 도와 이미 하나가 되어 있기 때문이다. 장자적 용어로 "도에 도달"하였기 때문에 자연스럽게 도와 같이 시공을 초월하여 만물의 근원자·결정자가 된다. 그들은 삶과 죽음, 완성과 파멸의 순환인 '천균'으로부터 벗어나서 극히 큰 자유를 가진다. 그리하여 그들은 "천지의 참모습正을 타고, 육기六氣의 변화를 몰아 끝없는 데서"22) 소요할 수 있으며, "해와 달을 곁에 두고 우주를 허리에 끼고, ……만세의 변화와 함께 하더라도 한결같이 순수함을 이룰"23) 수 있고, "죽지도 않고 태어나지도 않는 경지에 들어갈"24) 수 있으며, "하늘에 올라 안개 속에서 노닐며 무극을 찾을 수"25) 있고, "조물주와 친구가 되어 천지의 일기—氣 속에서 노닐며, ……때 묻은 세상으로부터 까마득히 멀리 떨어진 곳에서 아무런 작위도 하지 않으면서 소요할 수"26) 있다.

결론적으로 이러한 이상적 인물은 어떠한 제약도 받지 않고 자기가 하고 싶은 대로 하면서 죽지도 않고 태어나지도 않을 수 있다는 것이다.

형식적으로 볼 때 장자 철학에서 천명과 인력의 관계에 대한 가장 높은 이론적 단계는 필연과 자유의 관계에 대한 문제와 유사한 점을 가지고 있다. 인간은 필연으로서의 도의 지배를 받는데, 그것은 '천명'이기 때문에 인간에게는 아무런 자유도 없다. 그러나 일단 이 필연적 도와 일

---

22) 같은 책, 『逍遙遊篇』: 乘夫天地之正, 而御六氣之變, 以游無窮.
23) 같은 책, 『齊物論篇』: 旁日月, 挾宇宙, ……參萬歲而一成純.
24) 같은 책, 『大宗師篇』: 入於不死不生.
25) 같은 곳 : 登天游霧, 撓挑無極.
26) 같은 곳 : 與造物者爲人, 而游乎天地之一氣……茫然彷徨乎塵垢之外, 逍遙乎無爲之業.

치될 경우에는 매우 큰 자유를 누릴 수 있다는 것이다. 그러나 현실 세계에서 자유는 필연에 대한 인식과 실천을 통해 획득되는 것이다. 장자의 자유는 바로 정상적인 실천과 인식의 부정을 통해, 시공 및 모든 객관적 사물이나 객관적 조건 등을 초월하여 신비적인 도와 합일되는 경지에 이르러야 비로소 획득되는 것이라고 설명되기 때문에 실제로 그것은 정신적 환상의 세계일 뿐이다.

그러나 '무하유지향' 이 비록 허구이기는 하지만 그것은 그 나름대로의 현실적 기초를 가지고 있다. 천명과 인력에 대한 장자의 이론은 전국시대라는 특정한 사회적 환경에 근원을 두고 있다. 당시의 사회는 전란이 빈번하였으며 장자가 살았던 송宋나라는 몇몇 강대국에 의해 둘러싸인, "전략적으로 반드시 차지하려고 하는 땅" 이라고 할 수 있었기 때문에 전쟁으로 인해 받는 고통이 특히 심하였는데, "죽은 사람은 많고 산 사람이 적은" 상황에까지 이를 정도였다. 이러한 상황 하에서는 흔히 인간의 삶과 죽음, 얻는 것이나 잃는 것 등이 갑자기 나타나는, 예측하기 어려운 것으로 생각되기 마련이다. 이 때문에 장자는 동란기動亂期의 지식인으로서 자기의 운명을 주재하는 데 무력감을 느끼고는 "현재의 상황에 만족하고 변화에 따를 것(安時處順)", 즉 하늘과 명에 따르라고 주장할 뿐이었다. 다른 한편으로 그는 신비주의적 방법을 통해 고도의 자유와 영원한 해탈에 도달할 수 있기를 희망하면서 공상적인 '무하유지향'을 만들어냈다. 그러나 이러한 공상적 세계는 현실적 인생의 고통에 대한 진통제일 뿐 결코 실현될 수 있는 것은 아니었다.

위진남북조魏晉南北朝시대의 '신도가新道家', 즉 현학玄學을 대표하는 곽상과 『열자』는 천명과 인력의 관계에 대한 연구에 있어서 기본적으로 선진의 노장사상을 계승하였다. 그러나 그들의 관심은 삶과 죽음의 문제에서 부귀·빈천·궁달窮達 등에 관한 문제로 바뀌었으며, 아울러 그들은 확실히 사회적인 빈부나 귀천의 현저한 차이를 천명을 통해 변호하려고 하였다. 앞에서 인용한 『열자』『역명편』에서는 천명을 자연·필연적 추세로 규정하면서 사람들이 운명에 의해 정해진 바에 따라야 하고 인력을 사용하여 투쟁하지 말아야 한다는 주장으로 결론을 맺고 있다. 『열자』에서는 또 자기의 지위나 생활에 대하여 매우 불만스럽게 생각해 오던 북궁자北宮子라는 사람이 이러한 사상적 교훈에 의해 갑자기 큰 깨달음을 얻고 나서 자신의 빈천을 더 이상 근심스럽다거나 고통스러운 것이라고 생각하지 않게 되었다는 예를 들고 있다.

> 짧은 갈포 옷을 입고서도 고급 가죽옷을 입은 것처럼 따듯하게 생각하였으며, 피나 콩으로 지은 밥을 갖다 주어도 기름진 음식처럼 맛있게 먹었으며, 쑥대로 지은 집에 살면서도 넓고 큰 저택에 사는 것처럼 아늑하게 생각하였고, 땔나무를 운반하는 수레를 타더라도 호화로운 고급 수레를 탄 것처럼 안락함을 느꼈다.27)

이것은 분명히 하층 인민이 고통을 즐거움으로 받아들여야 한다는 것을 가르치고 있다. 곽상은 보다 노골적으로 사회적인 지배질서도 천명이라고 설명하였다.

> 그러므로 군신과 상하(의 계급질서), 손이나 발, 내적인 것과 외적인 것 등은 모두 천리에 의해 저절로 그러한 것임을 알 수 있다. 그런 것들이 어떻게 정말로 사람에 의해 만들어진 것이겠는가?28)

---

27) 『列子』『力命篇』: 衣其短褐, 有狐貊之溫. 進其?菽, 有稻粱之味. 庇其蓬室, 若廣廈之蔭. 乘其篳輅, 若文軒之飾.

28) 郭象, 『莊子注』『齊物論注』: 故知君臣上下, 手足外內, 乃天理自然. 豈眞人之所爲哉.

그의 해석에 따르면 사회적인 질서와 분업 등은 천명의 체현 아님이 없으며, 본분에 안주하고 그것을 뛰어넘으려는 마음이 없도록 하는 것이 정확한 태도가 된다.

(3) 왕충의 자연적 명정론

앞의 제1장에서 우리는 왕충이 천인감응론에 대하여 매우 정밀하게, 그리고 총체적으로 비판하였음을 설명하였다. 그러나 왕충 역시 하늘과 인간의 관계를 정확하게 이해하지 못하고 있었다. 그는 천인감응론을 탁월하게 비판하면서도 동시에 천명결정론에 깊이 빠져들었다.

왕충은 국가의 흥망과 존폐뿐만 아니라 개인의 장수(壽)나 요절(夭), 실패(窮)와 출세(達) 등이 모두 천명에 의해 결정된다고 생각하였다.

왕충은 개인의 운명에는 두 가지 종류, 혹은 두 가지 측면이 있다고 생각하였다. 하나는 '녹명祿命'으로서 그것은 개인의 부귀나 빈천을 결정한다. 다른 하나는 '수명壽命'으로서 그것은 개인 수명의 장수나 단명을 결정한다. 이 두 가지는 『논형論衡』의 『명록편命祿篇』과 『기수편氣壽篇』에 각각 상세하게 기록되어 있다. 그 가운데 비교적 중요한 것은 앞의 것이다.

『명록편』의 관점은 하나의 큰 단락에 집중적으로 표현되어 있는데, 그것을 오늘날의 말로 옮겨 보면 다음과 같다.

왕공대인王公大人과 같은 귀족에서부터 평범한 백성에 이르기까지, 성인이나 현자에서부터 가장 어리석은 사람, 심지어는 머리와 눈이 있고 몸에 피가 흐르는 모든 동물에 이르기까지 천명의 지배를 받지 않는 것은 하나도 없다. 빈천한 운명을 타고난 사람은 인위적으로 부귀하게 만들어 주더라도 뜻하지 않은 갑작스러운 재난이 닥쳐 다시 빈천한 상태에 빠진다. 부귀한 운명을 타고난 사람은 인위적으로 빈천한 상태에 빠뜨려도 그들은 다시 좋은 운세를 만나 비약적으로 출세하게 된다. 존귀한 운명을 타고난 사람은 출신이 미천하더라도 자연히 지위가 상승하여 존귀하게 되지만, 미천한 운명을 타고난 사람은 부유하고 존귀한 가문에서 태어났더라도 매우 빠른 속도로 퇴락하여 미천하게 된다. 어떤 사람은 빈천한 사람이었는데 마치 신선이 돕는 것처럼 순조롭게 부귀를 누리게 된다. 어떤 사람은 부귀한 사람이었는데 마치 마귀가 붙은 것처럼 (하는 일마다 실패하여)빈천하게 된다. 존귀한 운명을 타고난 사람은 다른 사람과 같은 곳, 같은 조건에서 공부를 하더라도 그 사람만이 관직에 오를 수 있으며, 때로는 다른 사람과 같은 조건에서 관직에 등용되더라도 오직 그 사람 혼자만이 단번에 높은 지위에 오를 수 있다. 재산을 모을 운명을 타고 태어난 사람은 다른 사람과 똑같이 어떤 것을 추구하더라도 오직 그 사람만이 뜻한 것을 달성할 수 있으며, 다른 사람과 같은 일을 하더라도 오직 그 사람 혼자만이 성공할 수 있다. 빈곤하고 미천한 운명을 타고 태어난 사람은 다른 사람과는 정반대로 관직에 오르기 어려우며 승진을 하거나 재물을 얻거나 성공하는 것 등이 어렵다. 그들에게는 과오와 죄책만이 기다리고 있을 뿐이다. 가까스로 승진의 기회를 얻더라도 큰 병이 나며, 재산을 조금 모아 놓으면 도둑이 들어 훔쳐가 버린다. 이 때문에 재능과 학식이 뛰어나고 품행이 훌륭하다고 해서 반드시 부귀해지는 것이 아니며, 어리석고 부도덕하다고 해서 반드시 빈천해지는 것이 아니다. 재능과 학식이 뛰어나고 품행이 훌륭한 사람이라 하더라도 나쁜 운명 때문에 무엇을 할 엄두도 내지 못할 수 있으며, 어리석고 덕이 없는 무리들이라 하더라도 좋은 운명 때문에 뜻을 이룰 수 있다. 따라서 지혜와 어리석음, 행실의 좋고 나쁨 등은 본성과 재질의 범위에 속하는 것이며,

관직이나 재물을 얻고 못 얻고 하는 것 등은 운명과 시운에 속하는 것이다. 그것들은 운명에 따르는 것이지 노력을 통해 바뀔 수 있는 것이 아니며, 시운에 따르는 것이지 인위적으로 조정될 수 있는 것이 아니다. 이러한 이치를 알고 있는 사람은 모든 것을 천명이 결정하는 것으로 귀결시키기 때문에 그들은 자연히 무위하면서 운명에 의해 정해진 바를 따른다. ……어떤 사람은 생애의 절반을 사형수로서 감옥에서 보내다가 나머지 절반의 생애를 왕후장상으로 보내기도 하는데, 이것은 인간의 노력에 의해 도달될 수 있는 것이 아니라 해가 뜨고 지는 것과 같이 자연에 의해 정해진 것이다.

위의 문장은 인생에 대한 숙명론자의 견해로 가득 차 있다. 왕충은 다음과 같은 이야기를 예로 들기도 하였다. 춘추시대 월越나라의 한 태자는 자신이 왕위를 계승하지 않고 다른 사람에게 왕좌를 내주려고 하였다. 이 때문에 그는 깊은 산으로 도망가 동굴 속에 숨어서 지냈다. 그러나 월나라 사람들은 온갖 노력 끝에 그가 숨어 있는 곳을 찾아내서 산에 불을 질러 연기를 피웠다. 연기 때문에 밖으로 나온 태자는 강제로 그 나라의 군주로 세워졌다. 이점에 대하여 왕충은 "천명이 그렇게 정해져 있으면 그것을 피하고자 하더라도 결국 그것으로부터 벗어날 수 없다"라고 결론지었다.

한 사람의 운명은 천명에 의해 미리 정해진 것이지 인위적 노력에 의해 변화될 수 있는 것은 아니라는 것이다. 왕충은 국가의 흥망과 존폐 역시 완전히 천명에 의해 결정되는 것이라고 하였다. 그는 『치기편』에서 이점에 대하여 자세하게 설명하였다.

어떤 나라든지 번영하면 반드시 쇠퇴하게 되어 있고 흥성하면 반드시 멸망하게 되어 있다. 번영과 흥성은 덕에 의해 이룩할 수 있는 것이 아니고 쇠퇴와 멸망도 덕에 의해 그렇게 될 수 있는 것이 아니다. 번영과 쇠퇴, 흥성과 멸망은 모두 천시天時에 달려 있다. ……그러므로 세상이 잘 다스려지는 것은 현자나 성인의 공이 아니며, 쇠퇴와 혼란은 천도天道에 의한 것이 아니다. 어떤 나라가 쇠퇴와 혼란의 때를 만나면 현자나 성인이라도 그 나라를 번창하게 할 수 없고, 잘 다스려지는 때를 만나면 악인이라도 그 나라를 혼란하게 할 수 없다. 세상이 잘 다스려지는 것과 혼란에 빠지는 것은 때天時에 달려 있는 것이지 정치에 달려 있는 것은 아니다. 나라의 안정과 위기는 운수에 달린 것이지 (성인의)가르침에 달린 것은 아니다. 군주의 현명함이나 현명하지 못함, 정치의 올바름이나 올바르지 못함은 나라의 운명에 아무런 영향을 끼칠 수 없다.[29]

한마디로 인류사회의 질서와 무질서, 안정과 위기, 번영과 쇠퇴 등은 사회 자체나 인간의 활동과는 아무런 관계도 없다는 것이다. 즉 인간의 역량은 그런 것들에 대하여 완전히 무기력하고 아무런 작용도 할 수 없으며, 모든 것은 하늘에 의해 결정된다는 것이다. 이것은 매우 절대화된 천명결정론이라고 할 수 있다.

깊은 철학적 사색을 거친 사상가 왕충은 하늘이 어떻게 인간을 제약하는가에 대한 해석을 시도하였다. 이점은 『논형』 『명의편』에서 자세하게 검토되었다.

국가의 운명은 뭇별들에 달려 있다. 뭇별들이 길한가 흉한가에 따라 국가에 재앙이 있을 것인가 복록福祿이 깃들 것인가가 결정된다. 별들의 움직

---

29) 王充, 『論衡』 『治期篇』: 昌必有衰, 興必有廢. 興昌非德所能成, 然則衰廢非德所能敗也. 昌衰興廢, 皆天時也. ……故世治非賢聖之功, 衰亂非天道之致. 國當衰亂, 賢聖不能盛. 時當治, 惡人不能亂. 世之治亂, 在時不在政. 國之安危, 在數不在教. 賢不賢之君, 明不明之政, 無能損益.

임에 따라 인간의 삶이 번창하기도 하고 망하기도 한다. 인간의 삶이 길할 것인가 흉할 것인가는 한 해가 풍년이 들것인가 흉년이 될 것인가 하는 문제와 같다. 운명에는 쇠운衰運과 성운盛運이 있으며 사물에는 고귀함과 미천함이 있다. 한 해 안에서도 귀중한 때가 있는가 하면 하찮은 때도 있으며, 한 생명의 일생에도 쇠퇴할 때가 있고 번창할 때가 있다. 사물의 귀천은 풍년이나 흉년에 의해 결정되는 것이 아니며, 인간의 번영과 쇠퇴는 현명함이나 어리석음에 의해 결정되는 것이 아니다. ……뭇별들은 하늘에 있고 하늘(天)에는 그 나름대로의 운수가 있다. (사람은 하늘로부터) 부귀할 운수를 얻으면 부귀해지고 빈천할 운수를 얻으면 빈천해진다. 그러므로 하늘에 있다고 한 것이다. 하늘에 어떻게 있다는 것인가? 하늘에는 백관이 있으며 뭇별들이 있다. 하늘은 기氣를 뿌리고 뭇별들은 정기를 뿌린다. 하늘이 기를 뿌릴 때 뭇별들의 정기는 그 속에 있다. 인간은 기를 받아 태어나고 기를 머금고 자라는데, 귀한 기를 얻으면 귀하게 되고 천한 기를 얻으면 천해진다. 귀한 데도 높고 낮음이 있고 부유함에도 많고 적음이 있는데, 이러한 차이는 모두 기를 부여하고 있는 별의 위치가 높은가 낮은가, 그것이 큰가 작은가에 따른 것이다.30)

위의 인용문은 왕충의 숙명론을 충분히 반영하고 있다. 국가의 흥망성쇠는 천공의 별자리가 이동해 가는 위치에 의해 결정되며, 여러 별들이 방출하는 정기는 또한 개인의 길흉과 귀천을 결정한다. 어떤 사람이 어떤 별의 기운을 받고 태어났는가는 완전히 우연적인 것이며 인간의 행위와는 아무런 관련이 없다.

왕충의 천명결정론은 중국 역사를 통틀어 가장 체계적인 숙명론이다. 그는 '명'의 근원과 작용을 설명하였고 아울러 인위적 노력의 무의

---

30) 같은 책,『命義篇』:國命系於衆星. 列宿吉凶, 國有禍福. 衆星推移, 人有盛衰. 人之有吉凶, 猶歲之有豊耗. 命有衰盛, 物有貴賤. 一歲之中, 一貴一賤. 一壽之間, 一衰一盛. 物之貴賤, 不在豊耗. 人之盛衰, 不在賢愚. ……衆星在天, 天有其象. 得富貴象則富貴, 得貧賤象則貧賤. 故曰在天. 在天如何. 天有百官, 有衆星. 天施氣而衆星布精, 天所施氣, 衆星之精在其中矣. 人稟氣而生, 含氣而長, 得貴則貴, 得賤則賤. 貴或秩有高下, 富或資有多少, 皆星位尊卑小大之所授也.

미함에 대하여 논증하였다. 그는 내용적인 면에서 선진의 점성술과 도가의 무위론을 흡수하였다. 왕충과 같은 위대한 철학자가 무엇 때문에 그처럼 확고하게 운명을 믿었는가 하는 데 대한 인식론적 근원을 다음에서 본격적으로 검토할 것이다.

2. 유가의 천명과 인력의 조화론

유교의 창시자인 공자를 비롯하여 유가학파에서는 천명과 인력의 관계에 대하여 매우 깊은 관심을 가지고 검토하였다. 천명은 항상 유가학파의 중요한 개념이었다. 유가학파를 대표하는 각 시대의 인물들은 천명과 인위의 관계에 대한 논의에서 각기 특색을 가지고 있었다. 그러나 유가학파의 주류는 상대적으로 고정된 기본 모형, 혹은 구조를 가지고 있었는데, 그것은 공자에 의해 확정된 것이다. 매우 많은 사람들은 공자를 명정론자로 생각하고 있으며, 일찍이 선진시대의 묵가학파는 유가학파가 "천명은 원래부터 존재하는 것이며 (인간은)그것을 보태거나 덜어낼 수 없다"는 관점을 가지고 있다고 결론지었다. 그러나 이러한 견해는 매우 부당하다.

『논어』에서 숙명론에 가까운 표현들은 적지 않게 발견된다.

도가 시행되는 것도 명이고 도가 시행되지 않는 것도 명이다. 공백료公伯寮(공자를 반대한 인물), 그자가 명을 어떻게 할 것인가? [31]

---

31) 『論語』『憲問篇』: 道之將行也與, 命也. 道之將廢也與, 命也. 公伯寮其如命何.

공자는 도가 행해지거나 행해지지 않는 것은 운명에 의해 결정되는 것이지 인간의 의지에 의해 바뀔 수 있는 것은 아니라고 생각하였다. 그러나 공자는 당시의 숙명론자(예를 들어 점성술가)들처럼 소극적으로 천명에 따를 것을 주장하지는 않은 것 같다. 그와는 반대로 그는 적극적으로 인간의 일을 실천해야 함을 강조하면서 천명에 따르기 위해 인위를 버려서는 안 된다고 하였다. 이 때문에 '천명'과 인력의 관계에 대한 유가의 견해는 "인간의 할 일을 다하고 나서 천명을 기다린다(盡人事而待天命)"라는 경구로 개괄할 수 있을 것이다.

이러한 태도는 오늘날에도 유행하는 하나의 격언, 즉 "일을 꾸미는 것은 인간에 달려 있고 그것을 이루는 것은 하늘에 달려 있다(謀事在人, 成事在天)"는, 천명이 인사를 결정한다는 것을 인정하면서도 인사를 무시하지 않는 이 격언과 비슷하다. 그 점에서는 양자가 서로 비슷하다. 그러나 각각이 강조하고 있는 바는 서로 다르다. 유가의 태도는 인사를 강조한 것으로서 비록 천명이 있다고는 하지만 우리는 도덕적 수양이나 사업의 성취를 위해 노력해야 한다는 것이다. 그러나 "일을 꾸미는 것은 인간에 달려 있고 그것을 이루는 것은 하늘에 달려 있다"는 말은 천명이 최후로 결정을 내린다는 뜻으로서 항상 책임을 전가하기 위한 구실로 사용된다.

『논어』에는 "죽고 사는 것은 운명에 달려 있고 부귀는 하늘에 달려 있다"[32]라는 유명한 구절이 있다. 이 구절은 뒤에 곧바로 숙명론자의 구두선이 되었는데, 왕충은 이 구절을 매우 깊이 음미하였다. 그러나 이 구절이 가지고 있는 원래의 의미는 결코 절대적 숙명론이 아니다. 이 구절에 대하여 다음과 같은 두 가지 바로잡아야 할 점이 있다.

첫째, 이 구절은 흔히 공자의 말로 받아들여지고 있지만 원래의 책

---

32) 같은 책, 『顔淵篇』: 死生有命, 富貴在天.

에는 누가 한 말인지 명확하게 기록되어 있지 않다는 점이다. 그것은 공자의 제자 자하子夏가 "나는, ……라고 들은 적이 있다"라고 하여 인용한 말인데, 자하가 그 말을 공자에게서 들었는지 아닌지는 알 수 없다. 그러나 『논어』에 기록되어 있는 이상 적어도 그것은 공자를 대표로 하는 초기 유가의 사상이라고 볼 수 있다.

둘째, 보다 중요한 것은 위아래 문맥을 통해 이 구절이 가지고 있는 원래의 의미를 연구해야 한다는 점이다. 이 말이 나오게 된 배경은 다음과 같다. 공자의 제자 중 한사람인 사마우司馬牛가 다른 사람들은 형제들과 함께 혈육의 정을 나누고 있는데, 자기만 외롭게 혼자라는 것 때문에 매우 상심해 있었다. 이 때 자하가 위의 구절을 인용하면서 실제로 사마우의 태도를 비판하였다. 자하가 말한 전체의 이야기는 다음과 같다.

> 나는 "죽고 사는 것은 운명에 달려 있고 부귀는 하늘에 달려 있다"고 들은 적이 있다. 군자로서 경건한 자세를 견지하면서 법도를 잃지 않으며, 다른 사람과 공손하게 지내면서 예를 지키면 온 세상의 사람들이 모두 형제가 된다.33)

위아래 문맥을 통해 볼 때 초기유가에서는 인간의 탄생, 수명의 길고 짧음, 부귀와 빈천 등은 모두 인간의 능력 밖에 있는 것으로서 하늘에 의해 정해진 운수라고 생각하였음을 알 수 있다. 어떤 사람에게 형제가 없는 것은 천명에 의한 강제의 영역에 속하며, 인간에 의한 선택의 여지 없이 결정되어진 것이다. 그러나 운명과 천수天數(하늘에 의해 결정된 운명)가 그렇게 결정되었다 하더라도 군자는 자신들이 알고 있는 정확한

---

33) 같은 곳 : 商聞之, 死生有命, 富貴在天. 君子敬而無失, 與人恭而有禮, 四海之內, 皆兄弟也.

방식에 따라 남을 위해 일을 하면 역경을 만나지 않을 것이며, 때를 만나지 못하더라도 자기의 도덕수양을 게을리 하지 말아야 하고, "경건한 자세를 견지하면서 법도를 잃지 않아야" 하고, '다른 사람과 공손하게 지내면서 예를 지켜야' 한다. 만약 이러한 요구에 따라 일을 처리한다면 좋은 결과를 얻을 것이며, 심지어는 운명에 의해 결정된, 선천적으로 부족한 부분을 보충할 수 있을 것이다. 예를 들면, 원래는 형제가 없었다 하더라도 다른 사람들을 각별히 공경하면 모든 사람의 존경과 사랑을 받게 되어 결국 세계의 모든 사람들이 형제가 된다는 것이다.

공자 자신은 바로 이러한 태도를 견지하였다. 그는 인간의 노력을 매우 강조하였으며, 어떤 운명을 타고 태어났는가에 관계없이 자기의 신앙과 주장을 결코 포기하지 않았다. 그는 시행될 수 없다는 것을 알면서도 자신의 이상을 추구하기 위해 노력하였는데, 이른바 "안 되는 줄 알면서도 하는" 바로 그런 사람이었다. 이 때문에 그는 관점이 비슷한 도가의 몇몇 은자隱者로부터 비웃음을 받았다. 운명에 대한 그의 태도는 확실히 도가와는 매우 달랐다. 도가에서는 도의 최고성이나 저항할 수 없는 성질 등을 온 힘을 다해 선전하였다. 그러나 공자는 "인간은 도를 넓힐 수 있지만 도는 인간을 넓힐 수 없다"34)고 주장하였다. 도는 그것의 실현을 위한 인간의 노력에 의존한다는 뜻이다.

한마디로 공자의 천명과 인력의 관계에 대한 이론은 절충적 성격을 띠고 있으며, 이점은 그의 '중용' 철학과 관련을 가지고 있다. 지나치게 천명을 강조하거나 그에 의존하면 인위적 노력을 도외시하게 되는데, 이러한 방법으로는 공자 자신이 추구하던 사회적 이상이나 '예치禮治'의 회복, 전란의 종결 등은 실현될 수 없다. 그리고 천명을 전혀 인정하지 않

---

34) 같은 책, 『衛靈公篇』: 人能弘道, 非道弘人.

으면 사람들이 제 하고 싶은 것만 하게 되어 인간의 행위는 아무런 제약을 받지 않게 되는데, 이것은 "군주는 군주다워야 하고, 신하는 신하다워야 하며, 아비는 아비다워야 하고, 자식은 자식다워야 한다"[35]고 표현되는 사회적 안정 상태를 파괴할 우려가 있다. 간단하게 말하면 철저한 숙명론과 비명론非命論은 모두 이단에 속하며, '중中'의 입장을 지켜, 지나침도 모자람도 없이 인간의 할 일을 다하고 나서 천명을 기다리는 것이 올바른 견해라는 것이다.

공자는 "명을 알지 못하면 군자라고 할 수 없다"라고 하였다. 여기서 '명을 안다(知命)'는 것은 운명을 인정한다는 것으로 이해되어서는 안 된다. 그것은 총체적으로, 즉 명에 대하여 정확한 태도를 취해야 한다는 것으로 이해되어야 한다.

유가의 아성亞聖 맹자는 공자의 위와 같은 모델에 따라 유가의 천명과 인력의 관계에 대한 이론을 한층 더 발전시켰다.

제2장에서 하늘과 '명'에 대한 맹자의 다음과 같은 정의를 설명하였다. "사람이 애써 하지 않아도 저절로 되는 것은 하늘의 일이고, 오라고 부르지 않아도 저절로 오는 것은 운명이다."[36] 『맹자』에서는 바로 이 정의에 따라 인력으로 바꿀 수 없는, 즉 "아무도 막을 수 없는(莫之能禦)" 필연적인 것을 하늘, 혹은 '명'이라고 불렀다.

먼저 맹자가 여러 나라를 돌아다닐 때 노나라 임금을 만나려고 하였지만 뜻을 이루지 못하였다. 어떤 사람이 맹자에게 그것은 장씨臧氏의 아들이 중간에서 방해하여 노나라 임금에게 맹자와 회견하기로 한 약속을 취소하도록 했다고 알려주었다. 그러나 맹자는 그렇지 않을 것이라고 하면서 다음과 같이 말하였다.

---

35) 같은 책, 『顔淵篇』: 君君, 臣臣, 父父, 子子.
36) 『孟子』『萬章上篇』: 莫之爲而爲者, 天也, 莫之致而至者, 命也.

내가 노나라 임금을 만나지 못한 것은 하늘에 의한 것이다. 장씨의 아들이 어떻게 내가 노나라 임금을 만나지 못하도록 할 수 있겠는가?[37]

그가 볼 때 인간의 능력으로는 도달할 수 없는 부분이 있는데, '천명'이라는 것은 우리가 알지 못하는 곳에서 모든 것을 결정한다. 그러나 공자와 같이 맹자도 인위를 외면한 채 운명에 호소하려 하지 않았다.

맹자는 '인정仁政'을 주장한 것으로 유명하다. 그런데 전화戰火가 끊이지 않는 약육강식의 전국시대에 공리를 생각하지 않고 오직 '인정'을 시행하기만 한다면 참으로 천하의 민심을 얻을 수 있고, 전 중국의 왕자王者가 될 수 있을까? 적어도 맹자의 주장을 들은 지배자들은 이러한 의심을 품고 있었는데, 맹자는 그들에게 다음과 같이 대답하였다.

만약 선을 행한다면, 후세의 자손은 반드시 (천하의)왕자가 될 것이다. 군자가 창업수통創業垂統하는 것은 후손이 계승할 수 있기를 바라기 때문이다. 성공할 것인지의 여부는 하늘이 결정하는 것이다.[38]

이것은, 인의仁義의 도를 추진한다고 해서 반드시 천하의 왕자가 된다고 맹자 자신이 보증할 수는 없지만, 좋은 일을 하면 반드시 좋은 보답을 받을 수 있으며, 한 지배자가 당연히 고려해야 할 것은 행위의 동기이지 그 결과가 어떠할 것인가는 천명의 결정에 따라야 한다는 것이다. 이것은 매우 전형적인 '진인사대천명盡人事待天命' 사상이다. 맹자는 비록 하늘이 최종적으로 결정한다는 사실을 인정하기는 하였지만, 그는 인위적 노력을 특히 강조하였다. 예를 들어 사람의 수명의 길고 짧음은 본래

---

37) 같은 책, 『梁惠王下篇』 : 吾之不遇魯侯, 天也. 臧氏之子焉能使予不遇哉.
38) 같은 곳 : 苟爲善, 後世子孫必有王者矣. 君子創業垂統, 爲可繼也. 若夫成功, 則天也.

천명에 의해 결정되는 것이지만, 이러한 이유 때문에 나쁜 짓을 일삼고 성명性命을 가볍게 생각하면 도리어 정해진 때까지 이르지 못하고 무언가에 시달려 제 명대로 살지 못하게 되는데, 이러한 태도는 완전히 잘못된 것이라고 한다. "명을 아는 자는 높은 담장 아래 서 있지 않는다"는 말에서도 드러나듯이 운명을 참으로 잘 알고 있는 사람의 행위는 그것과 정반대라는 것이다. 그들은 매우 신중하며, 심지어는 잠재적 위험을 안고 있는 높은 담장 아래도 서 있지 않음으로써 갑작스러운 붕괴로 인해 생명이 입을 수 있는 위해를 피한다. 비록 모든 것이 명에 의해 최종적으로 결정되지만 운명을 받아들임에 있어서는 그에 따르는가, 따르지 않는가의 구별이 있다. 오직 삼가고 신중한 것만이 그에 따르는 것이고, 하늘의 '바른' 명을 받아들이는 것이다. 이 밖에 맹자는 '불가능(不能)'을 핑계로 '하지 않는(不爲)' 사람에 대해 반대하였으며, 좌절하여 '하늘을 원망하고 남을 탓하는' 사람에 대해서도 반대하였다. 그는 '자기 자신에게서 (원인을)찾는 것(自求)', 즉 자기의 행위에 과실이 없는가 살펴보는 것이 가장 중요하다고 생각하였다. 이 밖에 맹자는 다음과 같은 하나의 중요한 명제를 제기하였다.

> 천시天時는 지리地理보다 중요하지 않고, 지리는 인화人和보다 중요하지 않다. 39)

위의 명제는 원문의 위아래 문맥을 통해 볼 때 매우 적절한 것이었다. '천시'는 당시에 매우 유행하던 '병음양가兵陰陽家'(兵家의 한 분파)의 개념이다. '병음양가'에서는 군대가 이동하고 포진하는 시일과 음양

---

39) 같은 책, 『公孫丑上篇』: 天時不如地理, 地理不如人和.

의 향배에 의해 전쟁의 승패가 결정될 수 있다고 생각하였다. 포진하는 시간이 하늘의 상서로운 방위와 일치할 경우 그것은 천시를 차지한 것이 되며, 이때는 반드시 승리할 수 있다는 것이다. 그런데 맹자는 전쟁에서 가장 중요한 요소는 '천시'나 '지리'가 아니라 인간의 단결과 협력이며, 더 나아가 전쟁의 승패는 정의가 어느 편에 있는가에 의해 결정된다고 생각하였다. 맹자는 "의로운 군대에는 적이 없다"고 하여 정의는 반드시 사악함을 이긴다고 하였다. 맹자는 '인간'을 중시하는 사상으로써 '병음양가'의 천박한 미신과 숙명론에 반대하였다.

선진 사상계의 태두泰斗 순자는 『천론편天論篇』으로 유명하다. 순자는 『천론편』에서 하늘과 인간은 감응하는가, 도덕은 하늘로부터 부여된 것인가 등의 문제에 대하여 매우 탁월하고 참신한 견해를 제기함으로써 공자 등 초기유가의 울타리를 크게 벗어났다. 그러나 천명과 인력의 관계에 대한 문제에서 순자도 그것을 극복하기는 하였지만 공자가 제시한 모델에서 깊은 영향을 받았다.

유명한 『천론편』에서 순자는 다음과 같이 주장하였다.

인간의 운명은 하늘에 달려 있고 국가의 운명은 예禮에 달려 있다.[40]

이 구절을 어떻게 이해할 것인가에 대해서는 여러 가지 학설이 분분하다. 어떤 학자들은 이 구절의 앞부분을 "인간의 명은 자연과 올바르게 대응함에 있다"라고 해석하고 있는데, 이러한 해석은 견강부회에 가깝다. 또 어떤 사람은 이 구절이 '전통적인 천명관'과 일치하는 혐의가 있기 때문에 위대한 유물론자인 순자의 견해가 아닐 것이라고 하면서 이

---

40) 『荀子』 『天論篇』: 人之命在天, 國之命在禮.

구절은 다른 사람에 의해 '덧붙여진 글(衍文)'이며, 따라서 『순자』에서
삭제해 버려야 한다고 주장한다. 이러한 주장은 일면적이며 독단적이다.
왜냐하면 이 구절은 『순자』에 여러 번 나타나며, 또 『천론편』에서는 위의
구절에 대하여 다음과 같이 구체적으로 설명하고 있기 때문이다.

> 초나라 임금이 1000대의 수레를 몰고 다니는 것은 그가 남보다 지혜가
> 뛰어나기 때문이 아니며, 군자가 콩을 먹고 물이나 마시는 것은 그가 어
> 리석기 때문이 아니다. 그것은 시운에 의해 결정되는 것이다. 정신적으
> 로 수양한다든지 덕행을 쌓는다든지 총명하게 사고하는 습관을 기른다
> 든지 오늘날을 살아가면서도 옛날의 법도를 지향한다든지 하는 것 등은
> 모두 그 자신에게 달려 있다. 그러므로 군자는 자기 자신이 가지고 있는
> 것을 존중하고 하늘에 있는 것을 부러워하지 않으며, 소인은 자기 자신이
> 가지고 있는 것을 외면하고 하늘에 있는 것을 탐낸다. 군자는 자기 자신
> 이 가지고 있는 것을 존중하고 하늘에 있는 것을 부러워하지 않기 때문
> 에 날마다 진보하고, 소인은 자기 자신이 가지고 있는 것을 외면하고 하
> 늘에 있는 것을 부러워하기 때문에 날마다 후퇴한다.[41]

여기서 "인간의 운명은 하늘에 달려 있다"의 하늘 역시 운명·시운
등임을 알 수 있다. 순자는 결코 '운명'이란 의미의 하늘이나 '명'을 부
정하지 않았다. 그는 다음과 같이 지적하였다.

> 현명하고 어리석은 것은 타고난 재능에 의한 것이고, 무언가를 하고 안
> 하고는 인간 자신에 의한 것이며, 때를 만나고 못 만나고는 시운에 달린

---

41) 같은 곳 : 楚王後車千乘, 非知也, 君子?菽飮水, 非愚也, 是節然也. 若夫志意修, 德行
厚, 知慮明, 生於今而志乎古, 則是其在我者也. 故君子敬其在己者, 而不慕其在天者,
小人錯其在己者, 而慕其在天者. 君子敬其在己者, 而不慕其在天者, 是以日進也, 小
人錯其在己者, 而慕其在天者, 是以日退也.

것이고, 죽고 사는 것은 운명에 달린 것이다. 만약 어떤 사람이 적절한 시운을 만나지 못하였다면, 그가 비록 현명하다 하더라도 자신의 재능을 발휘할 수 있겠는가? 만약 어떤 사람이 적절한 시운을 만났다면 그가 자신의 재능을 발휘하는 데 무슨 어려움이 있겠는가? 그러므로 군자는 많이 배우고 깊이 생각하며 자신을 수양하고 행동을 단정히 하여 시운이 오기를 기다린다.[42]

이것은 『논어』의 "죽고 사는 것은 운명에 달려 있고 부귀는 하늘에 달려 있다. 군자로서 경건한 자세를 견지하면서 법도를 잃지 않으며, 다른 사람과 공손하게 지내면서 예를 지키면, ……"라는 구절과 매우 비슷하다. 학파로 볼 때 순자는 유가에 속하기 때문에 공자 등 초기유가의 '진인사대천명' 사상을 계승하였다는 것은 매우 자연스럽다. 순자의 천인관계론을 '천명'을 철저하게 부정한 이론이라고 보는 것은 역사적 사실에 부합되지 않는다. 순자가 이룩한 천인관계론의 탁월한 성과 때문에 그가 한편으로 '천명'을 인정했다는 사실에 대하여 언급하길 꺼릴 수는 없다.

그러나 순자의 '천명'에 대한 견해는 여전히 참신하고 적극적인 요소를 포함하고 있다는 점은 반드시 지적되어야 할 것이다. 우선 그는 '천명'의 범위를 한정하고 개인의 빈부나 귀천, 수요壽天 등은 운명의 제약을 받지만, 한 국가의 흥망은 천명에 그 책임을 전가할 수 없다고 하였다. 그와는 반대로 국가의 전도는 '예'를 관철할 수 있는가 없는가에 의해 결정된다는 것이다. 이것은 공자나 맹자와 원칙적으로 구별되는 점이다. 왜냐하면 공자나 맹자는 일정 정도 하늘을 덕행의 보호자로 간주하였고,

---

42) 같은 책, 『宥坐篇』: 夫賢不肖者, 材也, 爲不爲者, 人也, 遇不遇者, 時也, 死生者, 命也. 今有其人不遇其時, 雖賢, 其能行乎. 苟遇其時, 何難之有. 故君子博學深謀修身端行以俟其時.

국가의 운명은 최종적으로 하늘에 의해 결정된다고 생각하였기 때문이다. 순자는 어떤 국가가 전면적으로 '예'에 따라 일을 처리할 수만 있다면 그 나라는 반드시 번영하고 발전할 수 있으며 곧바로 천하를 통일하는 데까지 이르게 되지만, 만약 어떤 국가가 '예'를 한 쪽으로 제쳐 두면 그 나라는 매우 빨리 멸망할 것이라고 생각하였다. 이처럼 순자는 '천명'의 역할을 매우 작은 범위로 축소시켰다. 다음으로 순자는 "천명을 제어하여 그것을 이용한다(制天命而用之)"라는 훌륭한 명제를 제기하였다. 여기서 '천명'의 의미는 비교적 넓지만, 대체로 객관적 조건을 가리킨다. 순자는 인간의 주관적 노력은 결정적인 것이며, 객관적 조건이나 요소를 제재함으로써 인간의 목적을 달성시키고 그것을 인간을 위해 복무하도록 할 수 있다고 생각하였다.

순자가 비록 바꿀 수 없는 '천명'을 인정하기는 했지만, 그의 철학 체계 속에는 빛나는 반숙명론적 요소가 많이 포함되어 있다.

한대 유가의 대표적 인물 가운데 한 사람인 양웅揚雄은 천명과 인력의 관계를 비교적 체계적으로 검토하였다. 그러나 그의 관점도 '진인사대천명'에 기초한 것이다. 『법언』『문명편』에서는 무엇이 천명이고 무엇이 인력인가에 대하여 다음과 같이 명확하게 정의하고 있다.

어떤 사람이 명에 대하여 물었다. 나는 "명이란 하늘의 명령이지 인위가 아니다. 인위는 명이 아니다"라고 대답하였다. "인위란 무엇입니까?"라는 물음에 대해서 나는 "가지고 있을 수도 있고 잃어버릴 수도 있는 것인데, 그것은 명이 아니다. 명은 피할 수 없다"라고 대답하였다.43)

---

43) 揚雄, 『法言』『問明篇』: 或問命. 曰, 命者天之命也, 非人爲也. 人爲不爲命. 請問人爲. 曰, 可以存亡, 可以死生, 非命也. 命不可避也.

양웅은 이처럼 어떤 상황은 인력에 의해 결정되고, 다른 어떤 상황은 천명에 의한 제약을 받는다고 생각하였다. 그는 천명으로부터 벗어날 수 없기 때문에 인위를 포기할 수 없다고 생각하였다. 그렇지만 반대로 군자는 "언행을 신중히" 해야 한다고 생각하였다.

송명시대 신유학의 주류인 정주程朱 리학理學에서는 천명과 인력의 관계에 대한 문제를 보다 깊이 탐구하였는데, 그들의 관점은 주로 다음과 같은 몇 가지 의미를 가지고 있다. 첫째, 정주는 빈부나 귀천 등은 운명에 의해 결정되지만, 그것들의 근원을 탐구해 보면 그것 역시 인간이 각각 서로 다른 기를 타고 태어난 데 그 원인이 있다고 생각하였다. 이점에 대하여 주희朱熹는 다음과 같이 설명하였다.

> 부귀나 사생, 화복, 귀천 등은 모두 부여받은 원기에 의해 결정되는 것으로서 인간의 힘으로 바꿀 수 없는 것들이다.[44]

> 맑고 높은 기를 타고 태어나면 높은 신분을 갖게 되고, 풍부한 기를 타고 태어나면 부유하게 되며, 장구한 기를 타고 태어나면 장수하게 된다.[45]

여기서 알 수 있는 것은 주자가 왕충의 사상을 받아들였다는 점이다. 그러나 정주는 결코 숙명론을 주장하지 않았다. 그들은, 유가에서는 비록 천명을 인정하기는 하지만, "명에 대해서는 거의 말하지 않는다"고 생각하였다. 왜냐하면 명을 지나치게 주장하면 작위할 것이 없다고 하는 숙명론에 빠질 수 있기 때문이었다. 따라서 그들은 오직 어쩔 수 없을 때만 '명'을 주장하였다.

---

44) 朱熹, 『朱子語類』: 富貴死生禍福貴賤, 皆稟元氣而不可移易者.
45) 같은 책: 稟得淸高者, 便貴. 稟得豊厚者, 便富. 稟得長久者, 便壽.

유자들은 오직 인사와 관련지어 말할 뿐, 운수라는 것이 존재한다고 말하지 않는다. 오직 부득이한 문제에 부딪쳤을 때만 그 원인을 명으로 돌릴 뿐이다. 46)

만약 (공자가)명에 대하여 자세하게 설명해 주었다면 아마도 사람들은 명에만 의존하고 인사를 도외시하게 되었을 것이다. 이 때문에 그는 (명에 대하여)거의 말하지 않았던 것이다. 47)

마지막으로 정주는 군자의 정확한 태도는 의리義理를 추구하는 데 전념하는 것이지, 개인적 부귀나 빈천을 염두에 두지 않는 것이며, 수양을 중시하는 것이지 물질적 측면의 득실을 중시하는 것이 아니라고 생각하였다. 리학의 다른 한 중요한 대표자 장재張載도 이 문제에 있어서 정주와 비슷한 견해를 가지고 있었다.

부귀나 복록은 나의 삶을 살찌울 것이며, 빈천과 근심걱정은 나를 훌륭한 그릇으로 만들기 위한 시련일 뿐이다. 살아서 나는 순리에 따랐으니 죽어서는 편안할 것이로다. 48)

부귀나 빈천, 사생 등은 모두 군자의 도덕적 추구를 동요시키지 못하고 수양에 대한 격려로서만 간주해야 한다는 것이다.

이 밖에 리학자들은 자주 '성性'이라는 의미로 천명을 설명하였는데, 이점에 대해서는 제6장에서 자세하게 다룰 것이다.

---

46) 程顥·程頤, 『二程遺書』: 儒者只合言人事, 不得言有數. 直到不得已處, 然後歸之於命可也.
47) 朱熹, 『朱子語類』: 若盡言命, 恐人皆委之命, 而人事廢矣, 所以罕言.
48) 張載, 『正蒙』 『乾稱篇』: 富貴福澤, 將厚吾之生也. 貧賤憂戚, 庸玉女於成也. 存吾順事, 沒吾寧也.

3. 천명과 중국의 사학 이론

중국은 세계에서 유례를 찾아볼 수 없는 역사학의 전통을 가지고 있다. 선진시대에 이미 『춘추春秋』·『춘추좌씨전春秋左氏傳』·『국어國語』 등 역사학의 명작이 쓰여졌으며, 한대의 역사학자 사마천司馬遷의 불후의 명작인 『사기史記』의 출판은 중국 역사학의 발전이 전성기에 도달하였음을 의미한다. 최고의 역사학자들은 자신들이 역사학자이면서 동시에 사상가임을 긍정한다. 왜냐하면 그들은 역사 사실의 기록에 만족하지 못하고 항상 역사적 현상과 발전으로부터 그것의 원인과 능력, 법칙을 탐구하였기 때문이다. 다른 한편 많은 중국철학자들도 역사학자들이었는데, 그들은 역사적 현상을 철학적 이론으로 연구하는 것을 매우 중요시하였다. 역사학자와 철학자의 연구에서 '천명'과 '인력'의 관계에 대한 문제는 항상 가장 중요한 테마의 하나였다. 『춘추』라는 책이 유교경전이라는 낙인이 깊이 찍혀 있기 때문에 유가 사상은 후대의 역사학계에서 지배적인 지위를 차지하였으며, 천명과 인력을 절충한 유가사상 또한 역사 이론의 기본 모델이 되었다.

사마천은 『사기』를 쓰면서 세 가지의 큰 포부를 가지고 있었는데, '천인관계를 연구하는 것'이 그중 하나였다. 그가 말한 '천인관계를 연구하는 것'이란 주로 역사발전 속에서 천명과 인력의 관계를 연구하는 것이었다. 인구에 회자되는 『항우본기項羽本紀』에서 사마천은 한 시대의 서초패왕西楚霸王이었던 항우가 오강烏江으로 패주한 뒤 칼을 뽑아 자결하기 직전에 한 말을 다음과 같이 기록하였다.

내가 군사를 일으킨 지 8년 만에 몸소 70여 차례의 전투에 참여하였다.

나에게 대적하는 군사는 모두 나에게 패배하였으며 나의 공격을 받은 자들은 모두 나에게 굴복하였다. 나는 한 번도 패배한 적이 없이 마침내 천하의 패권을 차지하였다. 그러나 오늘 여기서 궁지에 몰렸다. 이것은 하늘이 나를 패망시키려 한 데서 기인한 것이지 내가 전투를 잘못했기 때문은 아니다.[49]

하늘이 나를 패망시키려 하는데, 내가 강을 건넌들 무슨 소용이 있겠는가?[50]

사마천은 항우의 관점에 대하여 다음과 같이 크게 비판하였다.

(항우는)자만심에 가득 차 제 자랑을 일삼고 자기의 지혜를 내세워 옛것을 본받지 않았으며, 패왕의 사업이라고 하면서도 무력으로 천하를 정벌하여 경영하려고 하였다. 결국 5년 만에 나라를 잃고 동성東城에서 자결하면서도 그러한 것들을 깨닫지 못하고 자책할 줄 몰랐으니 이것이 그의 잘못이다. 또 죽음에 임하여 '하늘이 나를 망하게 하였다. 군사를 잘못 부렸기 때문이 아니다'라고 하였으니 어찌 잘못이 아닌가?[51]

사마천은 항우의 명정론적 관점에 반대하였다. 그러나 항우가 '옛것을 본받고(師古)' 인의仁義를 실행했더라면 반드시 성공할 수 있었을까? 역사 현상에서 선한 행위가 반드시 좋은 결과를 얻었던 것은 아니다. 이점에 대하여 사마천은 『백이열전伯夷列傳』에서 다음과 같이 의문을 제기하였다.

---

49) 司馬遷,『史記』『項羽本紀』: 吾起兵至今八歲矣, 身七十餘戰, 所當者破, 所擊者服, 未嘗敗北, 遂覇有天下. 然今卒困於此, 此天之亡我, 非戰之罪也.
50) 같은 곳 : 天之亡我, 我何渡爲.
51) 같은 곳 : 自矜功伐, 奮起私智而不師古, 謂覇王之業, 欲以力征經營天下, 五年卒亡其國, 身死東城, 尙不覺寤而不自責, 過矣. 乃引天亡我, 非用兵之罪也, 豈不謬哉.

"천도는 고정적으로 어떤 사람을 편애하는 것이 아니라 항상 선행을 하는 사람을 보살펴 준다"는 말이 있다. 그런데 백이·숙제 같은 사람은 선행을 한 사람이 아니던가? 그들은 어진 일을 많이 하고 청렴하게 행동하였지만 끝내 굶어 죽었다. 또 제자 70여명 가운데서 공자는 안연이 가장 학문을 좋아한다고 칭찬하였다. 그러나 안연도 먹을 것이 자주 떨어졌고 지게미나 쌀겨로 만든 음식을 싫어하지 않았지만, 결국 요절하고 말았다. 하늘이 선행을 하는 사람에게 보답을 해 준다는 말은 무슨 뜻인가? ……오늘날에도 도리에 어긋나게 살아가고 도맡아 기강을 파괴하는 사람이 오히려 죽을 때까지 편안함과 쾌락을 누리고 자신의 부를 자자손손 대물림한다. 그러나 그와는 반대로 어떤 사람들은 정당한 곳만 골라서 가고, 적절한 때를 골라 (조심스럽게)말하고, 정도가 아닌 길은 가지 않고, 공정한 일이 아니면 분발하지 않는데도 재앙을 당한 자가 너무 많아서 이루 다 헤아릴 수 없을 정도이다. 나는 이런 점들을 매우 이상하게 생각한다. 이른바 천도라는 것이 옳은 것인가, 그른 것인가? 52)

사마천은 천명결정론에 동의하지 않았으며, 천도가 선한 자에게 복을 주고 악한 자에게 재앙을 내린다는 감응론에 대해서도 전적으로 동의하지는 않았다. 그렇다면 역사발전을 결정하는 힘은 무엇일까? 원대한 포부를 가진 사마천은 『사기』에서 시종일관 만족할 만한 대답을 제시하지 않고 끝없는 의문만 남겨 두었다. 『천관서天官書』에서 그는 점성술사의 천명론과 감응론의 결합을 시도하여, 역사에 나타난 천체 현상의 특이한 변화와 인간 사회의 중요한 변화를 연관시켜 설명하였다. 다음과 같은 것들이 그러한 예에 속한다.

---

52) 같은 책, 『伯夷列傳』: 或曰, 天道無親, 常與善人. 若伯夷叔齊, 可謂善人者非邪. 積仁
潔行如此而餓死. 且七十子之徒, 仲尼獨薦顏淵爲好學. 然回也屢空, 糟糠不厭, 而卒
蚤夭. 天之報施善人, 其何如哉. ……若至近世, 操行不軌, 專犯忌諱, 而終身逸樂, 富
厚累世不絶. 或擇地而蹈之, 時然後出言, 行不由徑, 非公正不發憤, 而遇禍災者, 不可
勝數也. 余甚惑焉, 儻所謂天道, 是邪非邪.

진시황 때 15년 동안 혜성이 네 번이나 출현하였으며, 어떤 때는 18일 동안 계속되기도 하였는데, 그 길이가 하늘 끝까지 닿는 것이 있었다. 그 뒤 진나라는 무력으로 6대 강국을 멸망시키고 중국을 통일하였다. ······53)

항우가 거록鉅鹿을 도와줄 때 왕시성枉矢星(별 이름)이 서쪽으로 흘렀다. ······54)

한漢나라가 일어날 때는 오성五星(금성 · 목성 · 수성 · 화성 · 토성)이 동정東井(당시 진나라 땅)이라는 곳에 모여들었다. 평성平城이 포위될 때는 달무리가 참성參星과 필성畢星을 7일 동안 둘러쌌다. 여呂씨들(한 고조의 황후 일족)이 난을 일으킬 때는 일식이 들어 대낮에도 캄캄했다. 오吳나라 초楚나라 등 일곱 나라가 반역할 때는 여러 자丈나 되는 혜성이 나타났고 천구성天狗星이 양梁나라의 들을 지나갔다. ······55)

그는 "이러한 점들을 통해 볼 때 항상 먼저 어떤 조짐이 보이고 그에 따라 사건이 일어났다"라고 결론지었다. 별의 상태가 인간 사회의 변동을 미리 알려준다는 것이다. 그러나 사마천은 또 별이 예고하는 대로 인간이 아무런 손도 써보지 못하고 끌려가기만 할 것이 아니라 적절하고 올바른 수단을 강구해야 한다고 생각하였다.

해(日)가 변하면 (군주는)덕을 닦아야 하고, 달(月)이 변하면 형벌을 줄여야 하고, 별(星)이 변하면 화목하게 결속을 다져야 한다. ······가장 훌륭한 임금은 자신의 부덕을 고치고 그 다음가는 임금은 정치를 바로 잡고,

---

53) 같은 책, 『天官書』: 秦始皇之時, 十五年彗星四見, 久者八十日, 長或竟天. 其後秦遂以兵滅六王, 并中國. ······
54) 같은 곳 : 項羽救鉅鹿, 枉矢西流. ······
55) 같은 곳 : 漢之興, 五星聚於東井. 平城之圍, 月暈參, 畢七重. 諸呂作亂, 日蝕, 晝晦. 吳楚七國叛逆, 彗星數丈, 天狗過梁野. ······

그 다음가는 임금은 재난에 빠진 인민을 구제하고, 그 다음가는 임금은 귀신에게 제사지내고, 가장 어리석은 임금은 아무런 반응도 보이지 않는다.[56]

여기서 사마천이 인력을 강조하였다는 점에서 점성술사와는 다르다는 것을 알 수 있지만, 그는 도리어 천인감응이라는 수렁에 빠지고 말았음도 알 수 있다. 전반적으로 볼 때 사마천의 역사관은 신비주의의 울타리를 벗어나지 못하였다.

진시황秦始皇이 진나라에서 정권을 잡은 때부터 한왕조가 건립될 때까지 중국은 매우 혼란스러운, 사람들의 주목을 끈 50년간의 특별한 시기를 경험하였다. 그 50년 동안 중대한 역사적 사건이 끊임없이 발생하였는데, 진나라는 육강六強[57]을 물리치고 천하를 통일하였다. 그러나 그로부터 겨우 26년 만에 진나라는 멸망하고 말았다. 이어서 서초西楚가 강대국임을 자처하였지만 5년도 채 못가서 한나라에 의해 멸망당했다. 이것은 사람들로 하여금 정신 못 차리게 하는 변화였다. 그러한 것들은 결국 천명에 의한 것인가, 인력에 의한 것인가? 많은 역사학자와 철학자들은 이 문제의 연구에 참여하였다.

양웅은 『법언法言』『중려편重黎篇』에서 이 특이한 시기의 역사적 현상을 깊이 있게 분석하였다. 그는 그러한 역사적 변화 속에는 '천명' 적 요소도 있고 '인력' 적 요소도 있다고 생각하였다. 우선 끊임없이 발생하는 사회적 혼란은 뛰어난 역사적 인물들로 하여금 자신들의 큰 뜻과 포부를 펼 수 있도록 하였다. 즉 그들이 천하의 패권을 차지하여 중국을 통

---

56) 같은 곳 : 日變修德, 月變省刑, 星變結和. ……太上修德, 其次修政, 其次修救, 其次修禳, 正下之知.
57) 역자 주 : 전국칠웅에서 진나라를 제외한 여섯 개의 강대국.

일할 수 있도록 하였다. 또 왕조의 신속한 교체는 역사적 제약을 받았으며, 그것은 인간의 힘으로 결정할 수 있는 것이 아니었다. 양웅은 만약 진시황과 초패왕, 그리고 한고조漢高祖 등이 정치적으로 안정된 서주 초기에 태어났더라면 희성姬姓이 지배하던 주나라를 무너뜨리고 새로운 나라를 세우는 것은 불가능하였을 것이라고 가정하면서, 이 때문에 '천명'이라는 것이 있다고 생각하였다. 그러나 다른 한편에서 볼 때 그가 모든 것을 '천명'이라고 생각하였다고 할 수도 없다. 왜냐하면 양웅도 사마천과 같이 항우의 천명론을 비난하였기 때문이다. 즉 항우의 실패는 전적으로 사람을 잘못 고용했다든지, 정책이 잘못되었다든지 하는 데서 기인한 것이지 '천명'과는 아무런 관계가 없다고 비판적으로 평가하였다.

　동한東漢 말기의 중장통仲長統은 역사 영역 내의 천인관계 문제에 대하여 독창적으로 깊이 있게 분석하였다. 그는 먼저 점성술사들의 주장을 매섭게 비판하였다.

　　그러므로 천도는 알면서도 인간의 의지를 무시하는 자는 무당이나 의원·점쟁이의 무리이거나 어리석고 못난 사람들이다. 천도는 믿고 따르면서도 인사를 거스르는 사람들은 혼란을 조장하고 미혹에 빠진 군주이거나 나라와 가문을 망치는 신하들이다.[58]

　그는 인사는 모든 것을 결정한다고 생각하여, "인사가 근본이다"라고 하였다. 보다 중요한 것은 중장통仲長統이 사회 자체에서 치란治亂의 주기적 순환 원인을 찾으려고 했다는 점이다. 중국 봉건사회에서 치란의 주기적 순환은 매우 뚜렷했다. 한 왕조가 처음 세워질 때는 흔히 왕성하

---

58) 『群書治要』: 故知天道而無人略者, 是巫醫卜祝之伍, 下愚不齒之民也. 信天道而背人事者, 是昏亂迷惑之主, 覆國亡家之臣也.

게 발전하지만, 발전이 어느 단계에 이르면 어쩔 수 없이 쇠퇴해 가서 다른 왕조에 의해 교체되고는 하였다. 한 국가가 상승기에 있을 때는 잘못된 정책이라 하더라도 결코 그 나라를 멸망하게 할 수 없지만, 하강기에 이르렀을 때는 사람들의 어떠한 노력도 멸망해 가는 대세를 막을 수 없었다. 이와 같은 순환을 잘 이해하지 못하였기 때문에 왕충 등은 천명결정론에 빠지고 말았다는 것이다. 중장통은 주기적인 순환은 모두 인간이 만들어 낸 것이지, 결코 '천명' 이 아니라고 생각하였다. 그는 하나의 주기를 다음과 같이 세 가지 단계로 나누었다. 첫째는 '창업' 의 시기로서 천하가 매우 혼란하고 많은 영웅이 나타나 모두 왕이 되겠다고 생각하며, 너나없이 천명을 받았다고 주장한다. 그러나 실제로 그 '천명' 은 투쟁의 도구로 제시된 것일 뿐, 결국 가장 지혜롭고 가장 힘센 사람이 천하를 차지한다. 이와 같이 목숨을 건 투쟁에서는 당연히 '인력' 이 결정적 작용을 하게 된다. 두 번째는 '계승' 의 시기로서 국가가 바야흐로 기틀을 다져 가기 때문에반대파들은 크게 좌절하여 반항할 힘을 상실한다. 이때부터 평화와 발전의 단계에 속한다. 이시기의 황제는 가장 편안하다. 즉 어리석은 사람이 왕위에 가만히 앉아서 즐기기만 하더라도 반항하는 사람이 아무도 없다. 그것은 '천명' 때문인가? 아니다. 그것은 위의 첫 번째 단계의 경쟁에서 승리한 과실을 누리는 것이며, 첫 번째 단계에서 말한 '인력' 에 의해 결정된 것이다. 세 번째는 '후예' 의 시기로서 평화적인 전성기를 지나 지배자는 스스로 '천명'의 보호를 받는다고 생각하고, 욕심을 부리기 시작하여 모든 정사를 황폐하게 한다. 이 시기에 반대파들은 이미 축적된 힘으로 끊임없이 내란을 일으키게 되고, 사회체제는 걷잡을 수 없이 무너져 마치 이 왕조의 '기수氣數' 가 쇠진한 것처럼 보인다. 그러나 그것은 실제로 지배자의 어리석은 행위에 의해 조성된 것,

즉 인력에 의해 결정된 것이다.

중장통의 이러한 분석은 매우 치밀하다. 그러나 그는 역사발전의 진정한 동력이 무엇인지를 알아내지 못하였고, 또 그러한 문제를 해결할 방법을 찾지도 못하였다. 평온한 발전은 어쩔 수 없이 어리석은 지배자를 만들어 내고 안정과 혼란治亂의 주기는 갈수록 짧아지며, 혼란의 정도가 갈수록 격렬해져 가고 있으니, 미래 세계에는 얼마나 처참한 국면이 전개될 것인가? 중장통도 결국 '천수天數'를 원망하지 않을 수 없었다.

아아, 후세의 성인이 이 문제를 해결할 방법을 알아낼 수 있을는지 모르지만 무슨 의미가 있겠는가? 또한 하늘이 끝까지 이러한 천수를 밀고 나간다면 어떤 상태까지 이르게 할 것인지 알지 못하겠다.[59]

위에서 인용한 역사에 대한 몇 가지 관점들은 모두 심오한 사상을 가진 역사학자에서부터 천박한 역사학자에 이르기까지 고루 발견되는데, 그것은 역사를 '천명'의 지배에 의한 왕조의 교체라고 생각한 데서 나온 것들이다. 그들은 이른바 '살아 있는 용으로서의 천자'에 관한 여러 가지 기이한 면을 크게 과장하였다. 또 하늘의 '부명符命'을 어떻게 접수할 것인가 하는 문제에 관한 그들의 견해는 민중에게 큰 영향을 끼쳤다.

근대에 이르러서도 천명론은 역사의 영역에서 매우 큰 시장성을 가진 이론이었다. 중국 자본주의 사학의 태두 가운데 한 사람이었던 양계초梁啓超는 역사적 과정을 분석할 때 '천운天運(하늘의 氣運이나 氣數를 뜻함)'을 주된 범주로 사용하였다. 그리하여 그는 "국가의 흥망은 천운과 관계가 있다(『春秋載記』)"고 주장하였다.

---

59) 仲長統, 『理亂』(『後漢書』 본전에서 인용): 嗟乎, 不知來世聖人救此之道, 將何用也. 又不知天若窮此之數, 欲何至邪.

역사학계의 다른 한 거봉이라고 할 수 있는 장태염章太炎은 역사상의 천명론을 비교적 철저하게 청산하였는데, 그는 "인사에 대한 대부분의 주장에서 (하늘이 인간의 행위에 따라) 복록을 주거나 주지 않는다고 한 것은 매우 옳지 못하다"[60]라고 지적하였다. 장태염 역시 역사 발전의 진정한 동력이 무엇인지는 발견하지 못하였다.

4. 반천명결정론

도가는 명정론을 주장하였고, 유가 주류파는 천명과 인력의 조화를 주장하면서 동시에 한편에서는 천명결정론에 반대하는 주장을 제기하기도 하였다. 그리고 일부분의 사상가들은 천명결정론에 반대하는 주장을 제기하기도 하였다. 그 가운데 가장 중요한 사람은 묵가학파와 유가학파의 몇몇 비주류파 사상가들이었다.

(1) 묵가의 비명론

중국철학사에서 천명결정론을 가장 일찍이 그리고 가장 강력하게 비판한 것은 묵적을 대표로 하는 묵가학파였다. 묵가학파에서는 숙명론을 비판하였는데, 그러한 견해는 『묵자』의 『비명편非命篇』(상·중·하 세 편)에 집중적으로 표현되어 있다.

『비명편』을 다음과 같이 몇 가지 측면으로 나누어 검토해 보자.

① 묵자는 어떤 주장을 펼 때 반드시 검증 기준이 있어야 한다는 것을 지적하였다. 그렇지 않으면 돌고 있는 회전판 위에서 방위를 결정하는

---

60) 章太炎, 『訄書』 『訂孔篇』 : 凡說人事, 固不當以祿?應塞.

것과 같이 정확한 결론을 이끌어 낼 수 없다는 것이다. 이 때문에 그는 유명한 '삼표법三表法'을 제시하였는데, '삼표三表'는 세 가지 표준을 의미한다. 첫 번째는 역사적 표준으로서 자기의 주장이 역사적 경험과 부합되는가를 검토하는 것이다. 두 번째는 현실적 표준으로서 자기의 주장이 대중이 보고 듣는 사실과 일치하는가를 검토하는 것이다. 세 번째는 실천적 표준으로서 이러한 표준이 실천적으로 가능한가를 검토하는 것이다.

② 역사적 경험에 따르면 탕무湯武(湯王과 武王)는 정치적으로 뛰어났기 때문에 탕무시대에는 천하가 태평하였다. 걸주桀紂(桀王과 紂王)는 정치적으로 부패하였기 때문에 걸주시대에는 천하가 혼란스러웠고 불안하였다. 이 때문에 평화나 안정은 인간의 '힘(力)'에 의해 결정되는 것임을 알 수 있다. 여기서 묵자는 명확하게 '천명'과 '인력'이라는 두 범주를 대립적으로 파악하였으며, 운명을 부정하고 인력을 긍정하였다.

③ 현실적인 측면에서 볼 때 어떤 사람도 '명'이라는 것을 직접 본 적이 없고, 또 어떤 사람도 그 '명'이라는 것을 직접 들은 적도 없다. 따라서 명이라는 것이 근본적으로 존재하지 않는 다는 것을 알 수 있다.[61] 뿐만 아니라 품행이 좋거나 공로가 있는 사람은 반드시 '왕공대인王公大人'(왕족이나 귀족)이라는 보상을 받고, 품행이 나쁘거나 포악한 사람은 반드시 징벌을 받는다. 이것은 역사적 경험과 일치하며, 재앙이나 복록은 모두 인력에 따라 결정되는 것이지 천명에 의해 결정되는 것이 아니라는 점을 설명해 준다.

④ 천명결정론을 주장하는 자들은 어떤 사람인가? 묵자는 그런 사람들은 반드시 '포악'하거나 '어리석은' 사람일 것이라고 생각하였으며, 그들은 자기들이 저지른 불의 때문에 징벌을 받을 때 자기의 행실을 반성하지 않고 '천명'에 의해 그렇게 결정된 것이라고 책임을 전가한다.

---

61) 묵자의 이 분석에는 문제가 있다. 모든 추상적 개념은 감각기관을 통해 직접 느낄 수 없기 때문이다.

그것은 예를 들어 다음과 같은 것이다. 즉 놀기를 좋아하고 일하기를 싫어하는 사람이 배고픔과 추위를 만나면 자기의 나태함이나 체력이 튼튼하지 못함을 책망하지 않고 자기의 운명은 이미 추위와 배고픔을 겪도록 결정되어 있다고 믿는 것과 같다. 이러한 사람은 분명히 어리석거나 완고하기 짝이 없는 자들이다.

⑤ 역사상의 문헌에서는 이미 천명결정론에 대하여 비판을 개진하였는데, 묵자는 그것과 관련된 많은 자료를 인용하였다. 즉 그는 우禹임금의 『총덕總德』, 상商나라의 『중훼지고仲虺之誥』, 주周나라의 『태서泰誓』 등을 예로 들면서 그것들은 모두 천명을 믿은 나머지 인력을 무시한 그 이전 왕조의 과오를 비판하였다고 생각하였다.

⑥ 실천적 관점에서 볼 때, 예를 들어 천명결정론을 천하의 백성들에게 적용해 보면 그 결과는 반드시 재난이 있을 뿐이다. 그는 구체적으로 "왕공대인이 재판과 정사를 게을리 하고, 경대부가 관부의 일을 게을리 하면 천하는 반드시 혼란에 빠질 것이다. 농부가 농사일을 게을리 하고 아녀자가 길쌈 일을 게을리 하면 천하는 반드시 옷과 음식 같은 물자의 부족을 겪게 될 것이다"[62]라고 지적하였다.

⑦ 결론적으로 묵자는 "천명은 원래부터 존재하는 것이며 (인간은)그것을 보태거나 덜어낼 수 없다"는 천명결정론은 실제로 "남을 존중하더라도 이로울 것이 없고 포악하게 행동하더라도 해로울 것이 없다(敬無益, 暴無傷)"는 사악한 철학을 선전하는 것일 뿐이라고 생각하였다. 이것은 또 포악하고 의롭지 못한 사람이 큰소리 칠 수 있도록 하는 것이며, 천하의 사람들을 깊은 물속에 빠뜨리는 것과 같고 뜨거운 불 속으로 밀어 넣는 것과 같다는 것이다. 따라서 모든 지식인은 천명결정론을 총공격하여 더 이상 그것이 계승되거나 유포되지 않도록 해야 한다고 그는 주장하였다.

---

62) 『墨子』 『非命下篇』: 王公大人怠乎聽獄治政, 卿大夫怠乎治官府, 則我以爲天下必亂矣. 農夫怠乎耕稼樹芸, 婦人怠乎紡績織絍, 則我以爲天下衣食之財將必不足矣.

천명결정론에 대한 묵자의 비판은 매우 설득력이 있었으며, '힘(力)'에 대한 그의 예찬도 매우 뛰어난 것이었다. 그러나 묵자의 '비명'은 주로 천명결정론이 사회적으로 좋지 못한 결과를 초래한다는 점을 지적하였을 뿐 이론 분석의 측면에서는 부족하다. 특히 그는 천명결정론의 인식 근원에 대해서는 깊이 있게 분석하지 못하였다. 또 그는 천명결정론을 반대하면서 천인감응론에 빠지고 말았다. 이점에 대해서는 위의 제3장에서 이미 검토하였다. 묵자는 천인관계론에서 하늘과 인간의 관계를 성공적으로 해석하지 못하였다. 이론적 측면의 잘못은 접어두고 실천적인 측면만 볼 때, 사회 현실은 묵자가 "남을 존중하면 이로움이 있을 것이며 포악하게 행동하면 손해를 입을 것이다(敬有益, 暴有傷)"라고 단언한 것과는 매우 달랐다. 이점에 대해서는 다음에서 자세하게 검토할 것이다.

(2) 유종원과 유우석의 반명정론

당대의 유종원柳宗元과 유우석劉禹錫은 천인감응론에 반대하였을 뿐만 아니라 천명결정론에 대해서도 반대하였다. 그들은 하늘에 의지가 있다는 것을 인정하지 않았고, 또 인간의 힘으로 바꿀 수 없는 '천명'이란 것이 있다는 것도 믿지 않았다.

유종원은 "재앙을 복록으로 바꿀 수 있으며, 굽은 것을 곧은 것으로 바꿀 수 있다. 그것들은 천명에 달린 것이라기보다 우리 인간의 힘에 달린 것이다"[63]라고 주장하였다. 그는 재앙을 복록으로 바꿀 수 있고 굽은 것을 곧은 것으로 바꿀 수 있으며, 전통적으로 바꿀 수 없는 천명이라고 생각되는 것들도 모두 인간의 힘에 의해 바뀔 수 있다고 주장하였다.

---

63) 柳宗元, 『愈膏肓疾賦』: 變禍爲福, 易曲成直, 寧關天命, 在我人力.

천명결정론에 대한 유우석의 비판은 매우 정밀하다. 그의 관점은 선진시대 묵가의 비명설을 분명히 초월하였다.

유우석은 사회현상에 대하여 다음과 같이 지적하였다. 국가가 안정되어 있을 때는 바람직한 행위가 표창을 받을 수 있고 나쁜 행위는 징벌을 받을 수 있는데, 이 때 사람들은 자기 행위의 결과를 예측할 수 있으며 따라서 어떤 사람도 재앙이나 복록이 천명에 의해 결정되는 것이라고 생각하지 않고, 오히려 모든 사람이 인간의 행위 자체를 가지고 재앙이나 복록을 해석한다. 그러나 사회가 어지러울 때는 선악이나 시비是非의 표준이 파괴되고 전도되어 바람직한 행위는 도리어 징벌을 받고 나쁜 행위는 표창을 받기 때문에 사람들은 예측할 수 없는 앞날을 걱정하면서 부귀富貴·빈천貧賤·화복禍福·수요壽夭 등이 모두 하늘에 의해 예정된 것이라 생각하고 인간과는 관계가 없다고 믿게 된다. 유우석은 그것이 마치 배를 모는 것과 같다고 하면서 다음과 같은 예를 들었다. 배가 물살이 약한 작은 하천을 지나갈 때는 목적지에 편안하게 도착하는가, 도중에 배가 전복되는가는 전적으로 뱃사공의 조작이 정확한가 아닌가에 달려 있다는 것을 환히 알 수 있기 때문에 아무도 그 항해의 성공이나 실패가 천명에 달려 있다고 믿지 않는다. 그러나 매우 큰 강이나 드넓은 바다를 항해할 경우에는 결과가 어떻든 사람들은 그것을 모두 천명으로 돌린다. 왜냐하면 이러한 조건에서의 성공과 실패의 원인은 쉽게 파악되지 않기 때문이라는 것이다.

유우석은 '리理'·'수數'·'세勢' 등 세 가지 범주를 제기하였는데, '리'는 사물의 발전 법칙이고, '수'는 사물들 간의 양적 관계이며, '세'는 사물 발전의 객관적 추세趨勢라는 것이다. 사회적이거나 자연적인 모든 사물의 발전은 이 세 가지의 제약을 받는다. 그러나 어떤 경우에는 법칙이 분명하고 관계가 간단하며 발전이 완만하다. 예를 들면 작은 하천에서 배를 몰 때나 사회적으로 안정된 조건에서 생활할 때 사람들은 위에서 든 세 가지를 쉽게 파악할 수 있다. 그러나 그와는 달리 법칙이 불분명하고 관계가 매우 복잡하며 발전변화가 신속하고 그 추세가 명확하지 않을 때는 사람들은 위의 세 가지를 파악하는 데 실패할 수 있다. 그 때문에 사람들은 '천명'이라는 모호한 것을 믿고 그것에 의존하게 된다. 그러나 실제로 작용을 일으키는 것은 '객관적 법칙(理)' · '양적 관계(數)' · '추세(勢)' 등이며, '천명'이란 근본적으로 존재하지 않는다는 것이다.

이와 같이 유우석은 천명론의 인식론적 근원이 갖는 한 측면을 지적하였으며, 아울러 기본적이긴 하지만 그것의 사회적 근원에 대하여 언급하기도 하였다. 이것은 매우 귀중한 것이다.

(3) 명대에서 근대에 이르기까지의 조명설

명대 이후로 천명과 인력의 관계에 대한 토론은 보다 심화되었으며, 그러한 과정 속에서 새로운 이론, 즉 '조명설造命說'이 나타났는데, 그것은 인간이 운명을 창조할 수 있다는 이론이다.

명대 태주학파泰州學派의 대표적 인물인 왕간王艮(1483~1541)은, "대인大人(聖人이나 君子)은 운명을 창조할 수 있다"는 학설을 제기하였다. 그는 운명을 기다리는 보통 사람들의 태도는 운명의 지배를 따르는 것이지만, '대인'은 오히려 역경 속에서도 굳세게 일어나며, 인위적 노력을 통하여 운명을 바꾸고 새로운 운명을 창조한다고 생각하였다.

순임금이 고수瞽瞍의 아들로 태어난 것은 운명이었다. 순임금은 정성을 다해 자기의 아버지 고수를 모셨다. 그리하여 고수는 마침내 기뻐하였다. 이 때문에 군자는 그것을 운명이라고 하지 않는다. 공자가 적절한 관직을 얻지 못한 것은 운명이었다. 그러나 도를 실천하면서 공자를 존경하는 사람들은 그것을 운명이라고 말하지 않는다. 일반 사람들은 운명을 따를 뿐이지만 대인은 운명을 창조한다.64)

왕간의 이러한 견해는 실제로 선진유가先秦儒家의 학설에 근거한 것이다. 그러나 그는 인간이 투쟁을 통해 자기의 운명을 변화시킬 수 있다는 점을 특히 강조하였다. 이것이 '조명' 의 의의이다.

명말청초明末淸初의 위대한 철학자이자 리학理學의 완성자인 왕부지王夫之는 보다 체계적인 '조명설' 을 제창하였다. 그는 대인이 운명을 창조할 수 있을 뿐만 아니라 보통 사람들도 자신들의 운명을 창조할 수 있다고 생각하였다.

"군주나 재상은 운명을 창조할 수 있다"는 업후鄴侯(李泌, 唐 德宗 때 사람)의 말은 훌륭하다. 군주나 재상의 자리에 올라 하늘과 더불어 권력을 다툰다는 것은 운명을 기다려야 한다는 옛말과는 다르다. 운명을 창조한 뒤에야 그 운명을 기다릴 수 있으며, 운명을 받아들인 뒤에야 운명을 창조할 수 있는 것이다. 이와 같은 식으로 끝까지 추론해 보면 어찌 군주나 재상만 그렇다고 할 수 있겠는가? 하늘의 운명이란 이치는 있지만 마음은 없는 것이다. 어떤 사람은 장수하고 어떤 사람은 요절하는데, 앞의 사람의 경우 하늘이 왜 그 사람만 오래도록 장수하게 할 것이며, 또 뒤의 사람의 경우 하늘은 무엇을 두려워해서 그의 삶을 방해하여 요절하게 하겠는가? 장수할 것인지 요절할 것인지 알 수 없는 것이 이른바 운명이다.

---

64) 王艮, 『心齋語錄』: 舜於瞽瞍命也. 舜盡性而瞽瞍底豫, 是故君子不謂命也. 孔子不遇命也, 而明道以淑斯人, 不謂命也. 若天民則聽命矣, 大人造命.

그러나 하늘이 반드시 장수하게 하거나 요절하게 하는 것은 아니다. 지극히 고매하고 매우 명석한 참주재자가 자질구레한 인간 세상의 일에 간섭한다고 생각하는 것은 매미가 봄이나 가을이라는 계절을 알지 못하는 이치와 같다. 태어나는 데는 태어나는 이치가 있고 죽는 데는 죽는 이치가 있으며, 사회의 안정에는 안정의 이치가 있고 혼란에는 혼란의 이치가 있으며, 존속하는 데는 존속하는 이치가 있고 망하는 데는 망하는 이치가 있다. 하늘이란 바로 이 이치이다. 그것의 명령(命)이란 바로 이치가 구체적으로 적용되는 것이다. 사람은 추워도 병에 걸리고 더워도 병에 걸리며, 굶주려도 병에 걸리고 과식해도 병에 걸린다. 삶의 이치를 위반하면 사소한 경우에는 병에 걸리지만 위반의 정도가 크면 죽는다. 인간은 스스로 그것을 알지는 못하지만 그것을 택하고 그것을 음미한다. 보아도 알 수 없고 손을 뻗어도 만져지지 않기 때문에 가만히 기다리면서 "그것은 천명이다"고 말하는데, 이것이 바로 천명이다. 이치는 거스를 수 없다. 하늘의 본성을 위반하면서까지 그것을 바꿀 수 없음은 당연하다. 하늘이 무슨 마음이 있겠는가? 국가의 안정과 혼란, 존립과 멸망도 이와 같을 뿐이다. 군주나 재상이 커다란 권력을 가지고 있기 때문에 안정과 혼란, 가지는 것과 잃는 것의 운수 역시 크다. 그런데 실은 사서인土庶人의 운명이나 생사生死 등과 비교해보면 그 양이 우연히 이 정도에서 그친다는 점에서는 한 가지다. 모든 사람들은 그 원인을 하늘의 탓으로 돌리는데, 그것은 마치 하늘이 사적인 감정을 가지고 있다고 생각하는 것과 같으며, 하늘이 쩨쩨하게 매미와 봄·가을에 대하여 이러쿵저러쿵 다툰다고 생각하는 것과 같다. 아, 왜 사람들은 자기 자신을 헤아려 보지 못하고 하늘이 자기에게 어떤 감정을 가지고 있을 것이라고 말하기만 하는 것일까? 그러므로 업후의 말은 대단한 것이 아니며, 하늘과 더불어 권력을 다툴 만한 것도 아니다. 그는 자기 자신이 왜소하기 때문에 하늘이 품을 수 있는 희로의 감정을 당해 내기에 부족하다고 생각하였지만, 하늘은 원래부터 희로의 감정이 없다. 그러므로 이치에 따라 하늘을 두려워하기만 하면 운명은 자기에게 있는 것이다. 그러나 그 말에도 잘못이 있다. 오직 군주나 재상만이 운명을 창조할 수 있다면 군주나 재상이 아니면 운명과 관련이 없다는 것인가? 자신을 수양하여 운명을 기다리고 행동을 삼가서 운명을 길이 보존한다면 일개 선비라도 운명을 창조하지 못할 것이 없다.[65)]

위의 긴 인용문에서 왕부지는 '천리'를 자연·필연의 이법이라고 해석하였고, '천명'을 자연의 이법이 유행하여 드러난 것이라고 해석하였다. 그는 천명은 결코 신비로운 것도 아니고 의지를 가진 주재자도 아니며, 또 그것은 전혀 '알 수 없다'거나 '파악할 수 없는' 것이 아니라고 하였다. 오히려 하늘의 법칙에 부합하면 길하고, 하늘의 법칙을 위반하면 흉하기 때문에 실제로 운명은 각 개인 자신에 의해 창조되는 것이라고 하였다. 이러한 견해는 형식적으로는 여전히 '천명'·'수명受命'(운명을 받아들임)·'사명俟命'(운명을 기다림) 등 일련의 전통적인 개념을 버리지 않고 있지만 실제로는 이미 질적인 변화가 발생하였음을 알 수 있다. 즉 그것은 의미 변화의 형식을 통해 숙명론을 부정한 것이다. 왕부지가 설명한 것은 인위와 법칙의 관계이다.

왕부지보다 약간 늦게 활동한 실학파 사상가 안원顔元은 '천명'과

---

65) 王夫之, 『讀通鑑論』: 君子可以造命, 鄴侯之言大矣. 進君相而與天爭權, 異乎古之言俟命者矣. 乃惟能造命者而後可以俟命, 能受命者而後可以造命. 推致其極, 又豈徒君相爲然哉. 天之命, 有理而無心者也. 有人於此而壽矣, 有人於此而夭矣, 天何所須其人之久存而壽之. 何所患其人之妨己而夭之. 其或壽或夭, 不可知者, 所謂命也. 而非天必欲壽之, 必欲夭之, 屑屑然以至高大明之眞宰與人事蟪蛄之春秋也. 生有生之理, 死有死之理, 治有治之理, 亂有亂之理, 存有存之理, 亡有亡之理. 天者理也. 其命, 理之流行者也. 寒而病, 署而病, 飢而病, 飽而病, 違生之理, 淺者以病, 深者以死. 人不自知, 而自取之, 而自昧之. 見爲不可知, 信爲莫之致, 而束手以待之曰, 天之命也, 是誠天之命也. 理不可違, 與天之生相背, 自然其不可移矣, 天何心哉. 夫國家之治亂存亡, 亦如此而已矣. 而君相之權藉大, 故治亂存亡之數亦大, 實則與士庶之窮通生死, 其量適止於是者, 一也. 舉而委之於天, 若天之有私焉, 若天之纖細而爲蟪蛄爭春秋焉. 嗚呼. 何其不自揣度, 而謂天之有意於己也. 故鄴侯之言非大也, 非與天爭權, 自知藐然不足以當天之喜怒, 而天固無喜怒, 惟循理以畏天, 則命在己矣. 雖然, 其言有病. 唯君相可以造命, 豈非君相而無於命乎. 修身以俟命, 愼動以永命, 一介之士, 莫不有造焉.

'인력'의 관계에 대한 이론에서 왕부지의 그것에 매우 접근해 있다. 그는 "기의 운행을 주재"할 수 있다는 '조명회천설造命回天說'을 제창하였다.

> 같은 땅에서 싹이 나지만 어떤 것은 다섯 말의 열매를 맺을 수 있고 어떤 것은 한 섬의 열매를 맺을 수 있는데, 그것은 우리 인간의 운명과 같다. 거름을 주고 흙을 북돋아 주며 비와 이슬이 그것을 적셔 주면 다섯 말짜리도 한 섬이 될 수 있다. 만약 그것을 북돋아 주지도 않고 적셔 주지도 않는 데다가 해충이 갉아먹게 내버려두고 부러뜨리거나 동물을 놓아먹이면 한 섬짜리가 다섯 말이 되면 다행이고 심할 때는 한 톨도 얻지 못하기도 한다. 생명에 무슨 정해진 것이 있겠는가? 이른바 운명이 정해졌다는 것은 악하지도 선하지도 않은 중간 정도의 사람으로서 죽을 때까지 운수에 따라 사는 사람에게만 해당될 뿐이다. 절대적으로 선하거나 절대적으로 악한 사람은 운명이 간섭할 수 없다. 그것은 인간에게 달려 있을 뿐이다.[66]

안원의 견해에 따르면 인간에는 세 종류가 있다. 첫 번째 종류의 사람은 '조명회천造命回天' 하는 자로서 그들은 자연법칙에 순종하며 선을 실천한다. 따라서 그들은 운명이 좋은 방향으로 바뀌도록 할 수 있다. 두 번째 종류의 사람은 몹시 악한 자로서 자연의 법칙을 완전히 위반하면서 죄악을 저지른다. 이 때문에 그들의 운명은 나쁜 방향으로 바뀔 수밖에 없다. 세 번째 종류의 사람은 중간 상태에 머물러 있는 사람으로서 선행도 하지 않고 악행도 저지르지 않으며 하늘로부터 받은 명을 실천할 뿐이다. 결국 운명은 인간 자신에 의해 결정된다는 것이다.

---

66) 顔元,『顔習齋先生言行錄』: 地中生苗, 或可五斗, 或可一石, 是猶人生之命也. 從糞壤培之, 雨露潤之, 五斗者亦可一石. 若不惟無所培潤, 又從而蝱賊之, 摧折牧放之, 一石者幸而五斗, 甚則一粒莫獲矣. 生命亦何定之有. 夫所謂命一定者, 不惡不善之中人順氣數而終身者耳. 大善大惡固非命之可圍也. 在乎人耳.

근대 초기의 사상가 위원魏源도 '조명설' 을 주장하였다. 그는 "조화는 나로부터 시작된다. 운명을 창조하는 군자가 어떻게 하늘의 제약을 받겠는가"[67]라고 하였다.

주목해야 할 것은 위원이 "기운氣運을 거스른다"는 주장을 제기하였다는 점이다. 그는 일치일란一治一亂(안정과 혼란이 한 번씩 반복되는 것), 일성일쇠一成一衰(성장과 쇠퇴가 한 번씩 반복되는 것) 등이 천지나 인간 사회의 공통 법칙이라 하더라도 인간은 소극적으로 그 '기운' 을 따라가서는 안 되며, 그와는 반대의 태도를 취해야 한다고 생각하였다. 즉 그러한 "기운을 거슬러서" 행동해야 한다는 것이다. 위원은 그렇게 하는 것만이 참된 '순종' 이라고 하였다. 왜냐하면 그렇게 해야 비로소 천지의 일에 동참한다든지 천지와 대등한 위치에 설 수 있는 인간의 특징이 발휘될 수 있다는 이유에서이다.

한번 음이 되고 한번 양이 되는 것이 하늘의 도이지만, 성인은 항상 양을 추켜세우고 음을 억제한다. 한번 안정되고 한번 혼란스러운 것이 하늘의 도이지만, 성인은 반드시 혼란을 평정하여 정상으로 회복시킨다. 성인은 어떤 식으로 천도를 거스르는가? 하늘은 왼쪽으로 돌고 해와 달과 별은 오른쪽으로 돌며 경經과 위緯를 거듭하면서 완성된다. 그러므로 인간의 눈은 오른쪽이 밝고 손은 왼쪽이 강하며, 인간의 머리털이나 거미줄, 소라의 무늬, 오이의 덩굴 등은 모두 오른쪽으로 돌면서 완성된다. 이것들은 모두 하늘의 그것에 따르지 않기 때문에 오히려 온전하게 따를 수 있다. ……자기의 할 일을 내버려두고 하늘을 따르는 자는 교만한 자를 따

---

67) 魏源, 『默觚上』『學篇八』: 造化自我, 此造命之君子, 豈天所拘者乎.
68) 같은 책, 『學篇四』: 一陰一陽者天之道, 而聖人常扶陽以抑陰. 一治一亂天之道, 而聖人必撥亂以反正, 何其與天道相左哉. 天左旋, 日月星右轉, 一經一緯而成文, 故人之目右明, 手右强, 人之發與蛛之網螺之紋瓜之蔓, 無不右旋而成章, 惟不順天, 乃所以爲大順也. ……彼以縱任爲順天者, 隨其?而助其虐也. 奚參贊裁成之有.

르면서 그의 난폭함을 돕는 것과 같다. 그러므로 그들이 어떻게 천지의
작용에 참여하여 자기의 일을 이룰 수 있겠는가? [68]

위원에 의하면 하늘의 결정에 소극적으로 따르는 것은 나쁜 사람
이 나쁜 짓을 하도록 도와주는 것과 같다. '서로 반대되면서 서로 보완한
다相反相成'는 원칙에 따르면 진정한 성인은 반드시 하늘을 거스른다. 위
원은 "제왕은 '기운'을 거스름으로써 혼란을 평정하여 정상으로 회복한
다. (기운을)거스르면 살고 따르면 일찍 죽는다. 거스르면 성인이 되고
따르면 미치광이가 된다"[69]라고 지적하였다. 위원의 논거에는 어느 정
도 비과학적 측면이 있기는 하지만 그 이전에는 생각하지 못했던 적극적
인 정신이 잘 드러나 있다.

한마디로 조명설은 인간의 주관능동성의 역할을 강조하면서 운명
은 바꿀 수 없다는 주장을 부정하였으며, 아울러 운명을 자연의 법칙으
로 해석하였다. 이러한 학설은 중국 봉건사회가 막 해체되어 갈 무렵에
발생한 것으로서 우연한 것이 아니었다. 그것은 걷잡을 수 없이 무너지
는 전환기의 사상가들에게 중국을 개조할 수 있는 용기를 주었으며, 그
뒤에는 또 중국 근대의 지식인들에게 망해 가는 나라를 구하여 부강한
나라로 끌어올릴 수 있다는 믿음을 주었다.

5. 감응론과 명정론의 관계 및 영향

묵가와 왕충의 학설에 대한 고찰을 통해 다음과 같은 공통적 경향이 있

---

69) 같은 책, 『治篇二』: 帝王逆氣運以拔亂反治. 逆則生, 順則夭矣. 逆則聖, 順則狂矣.

음을 알 수 있다. 중국 고대사에서 숙명론을 확실하게 반대한 사람의 일부분은 바로 천인감응론을 주장한 대표적 인물들이었고 천인감응론을 확실하게 반대한 사람들은 흔히 명정론에 빠졌다.

숙명론에 반대한 사람들은 천인감응론의 대표적 인물이 되었는데, 묵가 외에 동중서를 그 예로 들 수 있다. 동중서는 중국 역사상 최고의 천인감응론자라고 할 수 있는데, 제3장에서 이점에 대하여 충분히 검토하고 연구하였다. 그러나 동중서의 이론에는 유가에서 흔히 발견되는 천명결정론적 요소가 없음을 알 수 있다. 반대로 그는 묵자의 '천지天志'에 관한 이론을 계승하여 인간의 화복禍福은 전적으로 그 행위의 선악에 의해 결정된다고 생각하였다. 그가 묵자처럼 공개적으로 천명결정론을 비판하지는 않았지만, 실제로 그는 인간의 힘으로 바꿀 수 없다는 '천명'을 부정하였다. 동중서도 천명이라는 말을 사용하였고 천명을 최고신의 명령으로 이해하였으며, 이러한 명령은 인간의 행위가 선한가 악한가를 충분히 고찰한 뒤에 하달되는 것이라고 생각하였다. 한대에는 일반적으로 많은 사상가들이 '천명'에서 '운명'의 의미를 제거해 버렸다. 『염철론』이라는 유명한 책에서 '문학지사文學之士'는 다음과 같은 견해를 제시하였다.

> 인간이 본래부터 수명을 타고난 것이 아니라 그 사람이 무엇을 좋아하고 무엇을 싫어하는가에 따라 운명이라는 이름이 붙을 뿐이다. 예羿(활을 잘 쏘았다는 전설상의 인물)나 오烏(육지에서 배를 밀고 다닐 만큼 힘이 세었다는 전설상의 인물)는 자신의 능력을 지나치게 믿었기 때문에 제 명대로 살지 못하였고, 지백知伯은 탐욕 때문에 제 몸을 망쳤다. 하늘에 의한 재앙이나 복록은 각자의 행위에 따라 받게 되는 보답인데, 그 행위와 같은 종류의 보답이 주어진다. 같은 종류의 보답이 주어지기 때문에 선

행을 좋아하는 사람에게는 하늘이 복록으로 그를 도와준다. 상서로운 조짐이 바로 그것이다. ……악행을 좋아하는 사람에게는 하늘이 재앙으로 보답을 해 주는데, 요절과 자연재해가 바로 그것이다.[70]

위의 견해에 따르면 화복禍福·수요壽夭 등은 미리 정해져서 더 이상 변하지 않는 운명과 같은 것이 아니다. 선한 행위를 하기만 하면 인간은 장수할 수 있고 복록을 누릴 수 있다. 그러나 악한 행위를 하면 인간은 요절과 재앙을 피할 수 없다.

천인감응론을 반대하다가 도리어 숙명론에 빠진 사람으로는 왕충이 비교적 전형적인 예에 속한다. 왕충은 하늘과 인간 사이에는 아무런 감응도 존재하지 않는다고 생각하여 종교적 목적론에 대해 유력한 비판을 제기하였지만, 그 자신은 명정론에 빠지고 말았다. 왕충 사상의 이러한 측면에 대해서는 위의 제1절에서 이미 상세하게 검토하였다. 왕충과 비슷한 저명한 무신론자로는 범진范縝(450년경~510년경)을 들 수 있다. 범진은 불교의 신불멸론神不滅論을 반대하였고, 또 불교의 선악인과응보론善惡因果應報論에 대해서도 반대하였다. 그러나 그도 왕충과 같이 한편으로 이 세상의 모든 사물의 발전과 변화는 우연적이며 아무런 인과관계도 존재하지 않는다고 하면서, 다른 한편으로는 뛰어난 인물들은 존귀한 운명을 타고 태어났으며, 일생 동안 생김새나 생리 구조가 일반 사람과는 다르다고 설명하였다.

이러한 현상은 매우 뿌리 깊은 인식론적 근거를 가지고 있다. 천인감응론은 인과관계의 필연성을 강조한 결정론으로서 어떤 일에는 반드

---

70) 『鹽鐵論』 『論災篇』 : 人無夭壽, 名以其好惡爲命. 羿羿以功力不得其死, 知伯以貪狼亡其身. 天災之證, 禎祥之應, 猶施與之望報, 各以其類及. 以其類及, 故好行善者, 天助以福, 符瑞是也. ……好行惡者, 天報以禍, 妖災是也.

시 어떤 보답이 따른다고 믿는 것이다. 옛사람들이 사용한 비유를 들어 설명하면 하늘과 인간의 감응에는 "그림자가 사물을 따르고 메아리가 목소리를 따르는 것"과 같이 조금도 차질이 없다고 생각하는 것이다. 따라서 천인감응론자들은 자연스럽게 우연성을 부정하였으며 인간의 활동을 지배하는 알 수 없는 운명을 인정하지 않았다.

천명결정론은 겉으로 볼 때 매우 극단적인 결정론이다. 그러나 중국의 천명결정론자들은 대부분 파악할 수 없고, 인식할 수 없고, 어떻게 할 수도 없는 그 무엇이 인간 사회의 발전을 지배한다고 주장하였다. 그들은 인과관계를 경시하거나 심지어는 부정하기도 하였다. 한 사람의 화복이나 한 국가의 흥망에는 다른 원인이 있는 것이 아니라 운명이 그와 같을 뿐이라는 것이다. 왕충과 같은 사람이 가지고 있는 가장 극단적인 명정론적 견해는 바로 반천인감응론적 견해와 연관되어 있다. 한대의 종교화된 유가에서 주장한 천인감응론은 허구적 인과관계를 기초로 하여 성립된 것이다. 그러나 왕충은 올바른 방향으로 그것을 좀 더 진전시켰다. 그는 허구적 인과관계를 부정하였을 뿐만 아니라 모든 인과관계를 부정하였다. 그는 모든 것은 우연적이고 "길흉도 우연히 나타나는" 것이라고 생각하였는데, 이 때문에 자연히 인력을 과소평가하게 되었으며 신비주의적 명정론에 빠졌다. 왜냐하면 우연적인 것을 지나치게 긍정하는 것은 전혀 파악할 수 없는 필연, 즉 '천명'을 승인하는 것과 같기 때문이다.

이러한 역사적 현상에서 얻을 수 있는 사상적 교훈은 다음과 같은 것이다. 만약 인과관계를 정확하게 이해하지 못하고 우연과 필연의 관계에 대한 문제를 정확하게 해결하지 못한다면 종교적 목적론이나 천명론이 우리에게 손짓할 것이며, 우리는 붉은 귀신과 파란 귀신 중에서 어느 하나를 선택할 수밖에 없을 것이다.

천명결정론과 천인감응론의 발생에는 인식론적 근원 이외에 깊은 계급적·사회적 근원을 가지고 있다. 이러한 근원은 인식론적 근원보다 더 중요하며, 더 직접적이다.

천인감응론의 가장 중요한 내용은 선한 행위는 반드시 하늘로부터 상을 받게 될 것이며, 악한 행위는 반드시 천벌을 받는다는 것이다. 여기서 '선'과 '악'은 분명한 계급적 내용을 가지고 있다. 이른바 '선'은 지배계급이 근거하고 있는 도덕원칙, 즉 인의仁義, 충신忠信, 군신君臣, 부자父子 등에 부합되는 것을 가리킨다. 또 '악'이란 그러한 원칙에 위배되는 것을 의미한다. 이러한 이론은 매우 명백하게 지배계급을 이롭게 하였다. 즉 그것은 '악을 막고 선을 권장(隱惡揚善)'하여 지배자의 권력을 강화시켜 주는 작용을 하였다. 따라서 그것은 지배계급으로부터 지지를 받을 수 있었다. 예를 들면 한대에 천인감응론이 성행하게 된 것은 지배계급의 대대적인 선전과 불가분의 관계를 가지고 있었다.

다른 한편에서 천명결정론도 봉건사회의 지배질서를 공고하게 하는 데 도움을 주었다. 왜냐하면 그것은 사람들에게 부귀나 빈천 등이 운명적으로 결정되어 있는 것이라고 믿게 할 수 있었기 때문이다. 이 때문에 사람들은 분수에 맞지 않는 것을 생각해서는 안 되었으며, 빈곤하고 미천한 지위에 있는 사람이라 하더라도 부귀와 영화를 누리고 있는 사람을 원망해서는 안 되었다. 자기가 빈곤하고 미천한 것은 자기의 타고난 운명이 좋지 않았기 때문이지 피압박과 피착취의 결과는 아니라고 생각하였기 때문이다. 명정론은 사람들에게 자신의 고통스런 처지를 참고 받아들이도록 하였고, 즐거운 마음으로 노예노동과 학대를 받아들이게 하였으며, 반항해서는 안 된다고 가르쳤다. 만약 진승陳勝이나 오광吳廣 등이 천명결정론을 받아들였더라면 "왕후장상에 씨가 따로 있느냐?"라는 분노 섞인 탄식을 하지 못하였을 것이다. 이 때문에 천명결정론도 필연적으로 봉건 지배계급의 지지를 받게 되었다.

　　이 두 가지는 모두 지배계급에 유리한 이론이었지만 철학적 관점에서는 서로 모순된다. 앞의 이론에 따르면 사람은 선을 실천하기만 하면 하늘로부터 상을 받는다. 그러나 뒤의 이론에 따르면 한 사람의 행위가 선하든 악하든 그것은 그의 빈부貧富나 화복禍福 등과 아무런 연관이 없다. 왜냐하면 그것은 '운명(命)'에 의해 이미 결정된 것이기 때문이다. 따라서 이 두 가지 이론은 극단적으로 말하면 얼음과 숯불처럼 공존할 수 없다. 철저한 천인감응론은 자연히 천명결정론을 부정하게 되며, 철저한 천명결정론 역시 자연히 천인감응론을 부정할 수밖에 없다.

　　실천적 측면에서 볼 때 봉건사회에서 지배계급의 정치나 법률은 봉건적 행위준칙에 따라 결정된다. 따라서 '선', 즉 봉건 지배계급에 유리한 행위에 대해서 상을 주고, '악', 즉 봉건 지배계급에 해로운 행위를 징벌하는 것은 당연하다. 그러나 현실적인 사회현상은 매우 복잡하다. 봉건도덕을 엄격하게 지키면서 살아가는 사람이나 '성현聖賢'이라고 불리는 사람들이라고 해서 반드시 비약적인 출세를 하였거나 갑자기 높은 지위를 얻지 않았기 때문이다. 예를 들면 일생 동안 '극기복례克己復禮'를 실천한 공자는 "광匡이라는 지역에서 포위"되었으며, "진陳나라와 채蔡나라 접경 지역에서 수난을 당하여" "마치 상갓집 개와 같이" 초라한 꼴이 되었고, 그의 70제자 중 가장 배우기 좋아하고 학문이 가장 뛰어났던 안회顏回는 단명하여 일찍 죽었다. 그와는 반대로 지배계급에 속한 일부 사람들은 봉건도덕 원칙에 부합되지 않게 행동하더라도 그가 가진 기득권과 지위 때문에 하늘로부터 아무런 징벌도 받지 않고 여전히 고위관직을 차지하고 많은 봉록俸祿을 받았다. 사마천과 한유가 "(현명하지 못한 자는)장수한다", "(현명하지 못한 자는) 어깨를 으쓱대면서 청색 자색의 관복을 걸치고 다닌다"라고 한 것은 바로 이점을 지적한 것이다. 각 왕조의 최고지배자를 낱낱이 헤아려 보면 참으로 탁월한 재능과 큰 포부를 가진 자가 몇 명이나 되며, 참으로 "현자를 예우하고 선비를 존중한" 자가 몇 명이나 되는가? 그러나 그들은 인간이 누릴 수 있는 부귀영화를 모두 누렸는데, 이러한 현상을 어떻게 해석해야 할까?

천인감응론에 의하면 자연재해는 지배자의 실정失政에 대한 하늘의 경고이다. 이러한 해석은 어떤 경우에는 설득력을 가진다. 예를 들면 한대 말기의 여러 가지 재이災異가 그것이다. 그러나 어떤 경우에는 매우 납득하기 어렵다. 예를 들면 영특하고 성스러운 군주인 상탕商湯(상왕조의 탕왕) 등도 홍수나 가뭄의 피해를 매우 심하게 당했는데, 역사서에 기록된 이러한 사실들을 감응론자들은 도저히 해석할 수 없었다. 그들은 그러한 사실에 대하여 회피할 뿐이다.

따라서 천인감응론과 천명결정론은 모두 각기 사회의 일부 현상을 설명할 뿐 사회의 모든 현상을 설명할 수는 없었다.

유가에서는 처음부터 위와 같은 모순을 의식하였기 때문에 공자는 '진인사대천명盡人事待天命'이라는 모델을 확정하였다. 동시에 하늘이 의식을 가지고 '복선화음福善禍淫'(착한 자에게 복을 주고 악한 자에게 벌을 줌) 할 수 있다는 점을 매우 명확하게 긍정하면서 감응론과 명정론의 모순을 절충 · 조화시키고자 하였다. 그러나 유가는 위에서 설명한 두 이론의 대립을 근본적으로 해결할 수는 없었다. 이처럼 유가의 하늘과 인간의 관계에 대한 이론은 출발에서부터 모순적 색채를 띠고 있었다. 하늘은 한편에서는 인仁과 선善의 보호자이지만, 다른 한편에서 그것은 인仁 ·

의義·충忠·신信을 내용으로 하는 도덕 범주의 궁극적인 근원이다. 그러
나 동시에 이 하늘은 온 힘을 다해 인·의·충·신을 선전한 맹자 자신에
게 실패를 맛보도록 하였다. 즉 하늘은 각국의 군주로 하여금 그의 '인정
仁政'에 관한 주장을 들을 수 없도록 하였으며, 심지어는 그를 문 밖에서
거절하도록 하였다. 결국 맹자는 천명을 "애써 하지 않아도" 저절로 되
고 "오라고 부르지 않아도" 저절로 오는 것(제2장 참조), 즉 인간의 행위
와 일치하지 않는 것이라고 하여 그것의 인식불가능성을 인정할 수밖에
없었다. 그러면서도 그는 "하늘이 어떤 사람에게 큰 임무를 맡길 때는 반
드시 먼저 그의 몸과 마음을 수고롭게 한다"라는 자기 위안적 이론으로
써 자기와 하늘 사이의 단절을 메우려고 하였다.

후대의 유가에서, 오직 천인감응만을 선전하기에 급급했던 동중서
일파를 제외하면, 주류파는 감응론과 명정론을 조화시키는 데 힘썼다.
그러한 조화는 한대 말기의 순열荀悅에서 절정을 이루었다. 그는 다음과
같이 이른바 '삼세설三勢說'을 주장하였다.

재앙이나 상서로운 조짐은 인간의 일과 부합되기도 하고 그렇지 않기도
한다. 그러므로 『홍범편』에서는 '나쁜 징조(咎徵)'를 들고 있지만 요임
금과 탕임금은 ('나쁜 징조'에 해당되는)홍수나 가뭄의 재난을 당하였으
며, 재이를 없애기 위해 정성껏 제사를 드렸던 주周나라 선왕宣王은 『운한
雲漢』(『시경』 대아의 편명)이라는 시를 지어 "(하늘은)내 말을 들어주지
않네"라고 탄식하였다. 『주역』에서 "선행을 쌓으면 경사가 있다"라고 하
였지만 안연顔淵은 요절하였고 염유冉有는 질병에 걸렸다. 선악의 결과와
사물의 종류는 수만 가지로 변화하여 일률적이지 않다. 이 때문에 그런
것들을 바라보는 사람이 갈피를 잡지 못하는 것이다.[71]

71) 荀悅, 『漢紀』: 災祥之報, 或應或否, 故稱洪範咎徵, 則有堯湯水旱之災. 稱消災復異,
則有周宣雲漢, 寧莫我聽. 稱易積善有慶, 則有顔閔妖疾之凶. 善惡之效, 死物之類, 變
化萬端, 不可齊一, 是以視者惑焉.

자연의 운수를 부여받고 생명의 이치를 헤아리며, 옛 성현의 경전을 참조하고 그것을 고금의 예와 비교해 보며, 세 가지 상황을 타서 그 정수에 통하며, 양극단의 끝을 잡아 중용을 취하며, 여러 가지 상황들을 한데 모아 놓고 갖가지 경우를 예상해 보면서 하나의 결론을 끌어낸다면 재앙은 거의 피할 수 있을 것이다. 대체로 사물의 본성에는 저절로 이루어지는 것이 있고, 인간의 손길이 닿아야 이루어지는 것이 있으며, 인간의 손길이 닿지 않으면 이루어지지 않는 것이 있고, 인간이 손을 쓴다 하더라도 끝내 이루어질 수 없는 것이 있다. 이것을 세 가지 상황이라고 한다. 대체로 이 세 가지 상황 중 하나에 들지 않는 것은 없다. ……72)

그러므로 요임금과 탕임금이 홍수와 가뭄의 재난을 당한 것은 하늘에 의해 결정된 운수(天數)이다. 홍범에서 말한 '나쁜 징조'는 인간이 해결할 수 있는 일(人事)이다. 노나라 희공僖公 때 시기 적절하게 내린 단비는 재난을 피할 수 있도록 하였다. 주나라 선왕 때의 가뭄은 변화시키기 어려운 상황이었다. 안연과 염구가 당한 흉사는 생명의 본질에 해당되는 것이었다.73)

위의 글에서 순열은 실제로 다음과 같은 네 가지 상황을 제기하였다.

① 천수, 혹은 '자연히 이루어지는 것'으로서 '생명의 근본'을 포괄함
② 인간이 해결할 수 있는 일(人事)
③ 재난을 피할 수 있도록 하는 것
④ 변화시키기 어려운 상황

---

72) 같은 책 : 若乃稟自然之數, 揭性命之理, 稽之經典, 校之古今, 乘其三勢, 以通其精, 撮其兩端, 以御其中, 參伍之變, 錯綜其紀, 則可以髣髴其咎矣. 夫事物之性, 有自然而成者. 有待人事而成者, 有失人事不成者. 有雖加人事終不可成者. 是謂三勢. 凡此三勢, 物無不然. ……

73) 같은 책 : 故堯湯水旱, 天數也. 洪範咎徵, 人事也. 魯僖澍雨, 乃可救之應也. 周宣旱應, 難變之勢也. 顏冉之凶, 性命之本也.

순열이 위의 것들을 '세 가지 상황(三勢)'이라고 한 이유는 ②번과 ③번을 묶어서 하나로 생각하였기 때문일 것이다. 실제로 위의 것들을 두 가지 모델로 단순화할 수 있다. 순열에 따르면 자연재해의 일부는 인간의 행위에 의해 발생하는 것으로서 천인감응이라 할 수 있으며, 일부는 저절로 발생하는 것으로서 '천수天數'라고 할 수는 있지만 인간의 행위에 의해 발생하는 것은 아니며 또 인간의 능력으로 그것을 없앨 수 있는 것도 아니다.

순열은 이러한 체계로 여러 가지 사회현상을 해석할 수 있었을 것이다. 그러나 그 실천적 효과는 그다지 이상적인 것은 아니었다. 어떤 사람이 재난을 당하면 마땅히 스스로 깊이 반성하면서 재앙을 복록으로 바꾸도록 노력해야 할 것인가, 아니면 그대로 따르기만 할 것인가? 이에 대하여 확실한 대답을 찾을 수 없다. 이처럼 고도의 명민함과 불확정성은 인민으로부터 '악을 막고 선을 권장(隱惡揚善)'하고자 하는 지배계급에 불리하였다. 따라서 그의 이론은 그다지 유행되지 못하였다. 한대 전체를 통틀어 천명론과 천인감응론의 모순은 원만한 결합을 보지 못하였다.

당대 중기의 한유·유종원·유우석 등의 천인관계에 대한 논쟁도 천명론과 천인감응론의 이론적 모순의 해결에 기여하였다. 한유는 하늘의 선악 표준을 바꿈으로써 현실 사회에서 선한 사람이 더 고통 받는다는 사실에 대하여 설명하고자 하였다. 유종원과 유우석은 감응론과 명정론을 동시에 부정함으로써 이론상의 합일점에 도달하였다. 그러나 한유의 천인상반론天人相反論이든 유종원이나 유우석의 무신론이든 모두 봉건 지배자들의 요구를 만족시켜 줄 수는 없었으며, 따라서 정부로부터 지지받는 유행 사조로 성립될 수 없었음은 명백하다.

한유·유종원·유우석 등과 거의 같은 시대의 불교사상가 종밀宗密

은 중국 전통사상 속의 천명론과 천인감응론의 모순을 간파하였다. 그는 불교적 입장에서 중국 전통사상을 비판하였다. 그는 유명한『원인론』에서 다음과 같이 말하였다.

> 또 (유가나 도가에서는)빈부와 귀천, 현우賢愚와 선악, 길흉과 화복 등은 모두 천명에 의한 것이라고 말한다. 그런데 그러한 것들이 하늘의 명령에 의한 것이라면 어째서 가난한 자는 많고 부유한 자는 적으며, 미천한 자는 많고 고귀한 자는 적으며, 재앙은 많고 복록은 적은가? 만약 많고 적은 것이 하늘에 의해 결정된다면 하늘은 어째서 그토록 불평등한가? 더군다나 (도덕적 선을)실천하지 않는데도 존귀한 자가 있는가 하면 그것을 실천하는데도 미천한 자가 있으며, 덕망이 없는데도 부유한 자가 있는가 하면 덕망이 높은데도 빈곤한 자가 있으며, 반역을 하였는데도 길한가 하면 정의로운데도 흉하며, 인자한 자가 요절하는가 하면 포악한 자가 장수하기도 한다. 도를 지키는 사람은 망하는가 하면 도를 지키지 않는 자가 흥하기도 한다. 그러한 것들이 하늘에 의한 것이라고 하지만 (실제로) 하늘은 무도한 사람을 흥하게 하고 도덕적인 사람을 망하게 하니, 어떻게 (하늘이)선한 사람에게 복을 주고 겸손한 사람을 도와준다 하겠으며, 악한 사람에게 재앙을 내리고 오만한 사람을 해롭게 한다고 하겠는가? 또 화란과 반역은 모두 천명에 의한 것이라고 하면서도 성인은 사람을 탓하도록 교육하면서 하늘을 책망하지는 않고 사물을 비난하면서도 운명을 비난하지 않는데 이것은 부당하다.[74]

종밀은 직접적으로 중국의 전통적 천명론과 감응론이 조화될 수

---

74) 宗密,『原人論』: 又言貧富貴賤, 賢愚善惡, 吉凶禍福, 皆由天命者, 則天之賦命, 奚有 貧多富少, 賤多貴少, 乃至禍多福少. 苟多少之分在天, 天何不平乎. 況有無行而貴, 守 行而賤, 無德而富, 有德而貧, 逆吉義凶, 仁夭暴壽, 乃至有道者喪, 無道者興. 旣皆由 天, 天乃興不道而喪有道, 何有福善益謙之賞, 禍淫害盈之罰焉. 又旣禍亂反逆皆由天 命, 則聖人設敎責人不責天, 罪物不罪命, 是不當也.

없음을 폭로하였다. 그에 따르면 유가나 도가 등은 모두 그러한 모순을 해결하거나 두 가지 난관을 극복할 능력이 없으며, 오직 불교만이 정확한 방향을 제시할 수 있다. 사실 바로 종밀이 말한 것처럼 중국 봉건사회에 오랜 동안 유행하고 또 인민대중에게 가장 광범위한 영향을 끼친 이론은 불교의 인과응보론을 근간으로 하면서 아울러 천명론과 감응론을 흡수한 사상·의식이었는데, 그것의 영향은 위진남북조魏晉南北朝시대에까지 미쳤다.

인도에서 전래된 불교 사상체계에는 인과응보론因果應報論, 육도윤회설六道輪廻說 등이 포함되어 있다. 그것은 불교에서도 비교적 단순한 학설에 속할 뿐 불교의 중심적 견해는 결코 아니다. 그러나 그것은 중국사상에 매우 깊은 영향을 끼쳤다.

불교 이론에 따르면 세계는 무수한 인과의 사슬로 구성되어 있으며, 인간의 모든 행동은 장래에 나타날 결과의 씨앗인데, 불교의 용어로 그것은 '조업造業'이라고 불린다. 하나하나의 '업業'은 모두 '과보果報'를 얻게 되며, '선'에는 선한 과보가 악에는 악의 과보가 따른다(불교에는 자기 나름대로의 선악 표준이 있으며, 그것은 중국전통의 그것과는 다르다). 불교에서는 세상의 생물을 여섯 등급으로 나누어 그것을 '육도六道'라고 불렀는데, 위에서부터 아래로 구분해 보면 다음과 같다.

① 하늘(神)
② 인간
③ 아수라(악마의 신)
④ 축생畜生
⑤ 귀신
⑥ 지옥

불교에서 주장하는 '육도윤회'는 간단하게 말하면 다음과 같다. 만약 어떤 사람이 좋은 일을 하면 그는 선행의 과보로 내세에는 '육도'에서 승진하여 바로 '하늘'에까지 오르게 될 것이다. 만약 나쁜 일을 하면 내세에는 등급이 내려가서 축생畜生, 혹은 아귀餓鬼, 심지어는 18층 지옥에 떨어져 영원히 빠져 나오지 못할 수도 있다. 생명을 가진 모든 존재는 이 여섯 개의 등급을 오르내린다는 것이다. 그런데 불교에서는 '하늘' (Deva)을 최고의 이상으로 생각하지 않는다. '하늘'이 비록 인간보다는 존귀하지만, 육도의 하나에 속하기 때문에 윤회의 고통을 벗어나지 못하고 아울러 해탈할 수 없다고 한다. 불교의 최고 이상은 깨달음을 통해 열반涅槃의 세계에 도달하는 것, 즉 "정과正果를 이루어" 생사의 고해苦海에서 벗어나는 것이다. 따라서 인도불교 체계에서 중심적 위치를 차지하는 것은 육도윤회 이론이 아니라 열반 및 그것과 연관되어 있는 '반야般若' (불교적 대지혜) 등이다.

그러나 중국 대중에 끼친 불교의 가장 큰 영향은 바로 보응윤회론報應輪廻論이다. 보응報應(결과)은 '내세'에 나타나고 '업業(원인)'은 '전생'에서 이미 만들어진 것이라고 하는 데 그 이론의 오묘함이 있다. 그러한 견해는 중국 전통사상의 부족한 점을 메꾸어 주었으며 천명결정론과 천인감응론의 충돌을 해결하였다.

동진東晉의 승려 혜원慧遠(334~416)은 이점에 대하여 가장 체계적으로 설명하였다. 그는 『삼보론』이라는 논문에서 다음과 같이 말하였다.

불경에서는 업에 따른 보응을 세 가지로 설명한다. 첫째는 현보現報이고 둘째는 생보生報이며 셋째는 후보後報이다. 현보라는 것은 선악의 원인이 현재의 나에게 있고 또 그에 따른 보응을 현재의 내가 받는 것을 의미한다. 생보라는 것은 다음의 생에서 그 보응을 받는 것이고 후보라는 것은

2생이나 3생 혹은 백생이나 천생이 지난 뒤에 그 보응을 받는 것을 의미
한다.75)

혜원은 흔히 선한 일을 한 사람이 재앙을 당한다든지 나쁜 짓을 한
사람에게 경사스러운 일이 생긴다든지 하는 등의 이해하기 어려운 문제
가 있다는 이유에서 사람들이 보응을 의심한다는 점을 지적하였다. 그의
이론은 실제로 표면적으로 상식에 어긋나는 현상을 잘 설명해 준다. 왜
냐하면 현재 겪고 있는 화복은 전생에 의해 결정된 것이고 현재 실천하
고 있는 선은 내세에서 받을 수 있는 가능성이 있으며, 심지어는 몇 천 년
뒤에야 받을 수 있기 때문이다.

중국 불교도들이 만든 보응윤회론에 따르면 어떤 개인이 차지하고
있는 지위는 그가 전생에서 만든 업에 의해 결정된 것이다. 현세의 빈곤
은 전생에서 죄악을 행한 대가이기 때문에 피할 수 없다. 이와 같이 생각
할 경우 천명론과 감응론의 모순은 더 이상 존재하지 않는다. 어떤 때 어
떤 사람의 행위는 신속하게 하늘의 상이나 벌을 받는데, 그것은 '현보' 라
고 해석될 수 있다. 그리고 어떤 때는 선한 행위든 악한 행위든 보응을 받
지 못하는 것처럼 보이기도 하는데, 그것은 전생에서 쌓은 업의 영향을
받기 때문이며 '천명' 과 같이 피할 수 없는 것이다. 비록 "물 한 모금 마
시고 밥 한 술 먹는 것도 전생에 의해 결정되지 않는 것이 없기는 하지
만", 사람들은 운명을 의식하기 때문에 오히려 하고 싶은 것을 하지 못한
다. 왜냐하면 자신의 현재 행위는 또 내세에 그 보응을 받기 때문이다.

보응윤회론에 따르면 사회의 여러 가지 현상은 모두 원만하게 해
결되며, 또 실제로 봉건지배에 매우 유리하였다. 그것은 또 사람들이 사

---

75) 慧遠, 『三報論』: 經說業有三報. 一曰現報, 二曰生報, 三曰後報. 現報者, 善惡始於此
   身, 卽此身受. 生報者, 來生便受. 後報者, 或經二生三生, 百生千生, 然後乃受.

회적 불평등에 만족하도록 하며, 악업을 만들지 않기 위하여 선의 원칙에 따라 행위하지 않을 수 없도록 하였다. 이 때문에 보응윤회론은 사람들이 본분에 맞지 않는 생각을 하지 못하도록 한 천명결정론의 역할을 담당할 수 있었고, 동시에 사람들에게 선을 행하고 악을 제거하도록 한 천인감응론의 역할도 담당할 수 있었기 때문에 유가의 피동적 조화보다 훨씬 더 뛰어났다. 이 때문에 보응윤회론은 후대의 봉건사회에서 줄곧 가장 유행하는 이론이 되었다. 신구문화 교체기에 태어난 공자진龔自珍은 이와 같은 관점을 매우 숭배하였는데, 그는 다음과 같이 말하였다.

> 『시경』이 쓰여진 시대나 사마천이 살던 시대에는 인도의 불교가 들어오지 않았었다. 운명을 바로잡는다든지, 운명을 어떻게 할 수 없는 데는 각기 근본적인 이유가 있다. 그것은 인因이나 연緣, 숙생宿生(전생의 인연에 따라 사는 것) 때문이다. 『시경』의 작자나 사마천이 이러한 이치를 듣지 못한 것은 애석한 일이다.76)

그의 견해에 따르면 불교가 중국에 일찍 전래되었더라면 사마천이 백이 · 숙제의 비참한 운명에 대하여 불만스러운 탄식과 곤혹을 겪지 않아도 되었을 것이다.

봉건사회에서 천명론과 감응론은 불교의 인과응보론과 결합되어 중국 민중의 가장 전형적인 의식형태의 하나로 성립되었다. 구체적으로 말하면 하층 민중은 깊은 물 속이나 뜨거운 불 속에 빠진 것과 같은 고통 속에서 생활하면서도 위와 같은 의식에 묶여 감히 본분에 벗어난 생각을 하지 못하였다. 그들은 자기 자신의 운명이 그렇게 결정되었다고 믿으면서 분에 넘치는 욕망을 갖지 않았다. 착취자의 학대에 대하여 그들은 가

---

76) 龔自珍,『尊命二』: 三百篇之世魃遷之世, 天竺法未東, 命之正, 命之無如何, 又各有其本, 因是已, 緣是已, 宿生是已, 詩人, 司馬遷, 惜乎其皆未聞之.

슴 가득 원한을 품고 있었지만 거의 직접적인 반항을 하지 않았다. 그러면서도 그들은 의롭지 못한 자는 자멸할 것이며, 부도덕하고 인민을 마음대로 학대하고 죽이는 사람은 내세에 지옥에 떨어질 것이라고 생각하였다. 그들은 자기에게 주어진 모든 일을 조심해서 처리하고 삼가면서 봉건적 강상을 벗어나려 하지 않았는데, 그렇게 해야만 음덕陰德을 쌓을 수 있고 또 그렇게 하는 것만이 내세를 위하여 복을 축적하는 길이라고 생각하였기 때문이다. 그들은 선에는 선한 보응이 따르고 악에는 악한 보응이 따른다고 생각하였으며, 깊고깊은 곳에서 영적인 존재가 인간 세계의 일을 결정짓는다고 믿었다. 이러한 영적인 존재는 '상천上天'이기도 하고 '옥황대제玉皇大帝'이기도 하며, 또 '보리菩提'이기도 하였다. 그들은 신의 보우를 받기를 희망하였을 뿐 감히 자기의 노력을 통해 현상을 바꾸려는 상상을 하지 못하였다.

6. 역사적 평가와 현실적 분석

천명과 인력의 관계에 대한 연구는 대체로 중국 역사에서 천인관계와 관련된 여러 가지 측면의 연구 가운데서 가장 큰 비중을 차지한다. 묵자로부터 시작된 다양한 명정론 비판은 의심할 바 없이 진리의 광채를 번득이고 있으며, 근로·용감·지혜를 실천한 중국 고대 인민들은 기꺼이 작위하지 않음이 없었다. 그리고 자기의 두 손을 통해 바람직한 전망을 가진 고귀한 정신을 쟁취하였다. 그것은 당연히 우리들이 계승하고 발전시켜야 할 것들이다. 그러나 '천명'을 긍정한 여러 가지 견해 속에는 우리가 받아들이고 본받을 만한 요소가 없는가? 이점은 연구해 볼 만한 가치가 있다.

　앞에서 이미 지적하였듯이 중국 역사에서 가장 큰 영향을 끼친 유가와 도가의 주류는 모두 주재적 성격을 가진 '천명'을 인정하였고, 이 두 학파의 견해 속에는 우리가 받아들이고 본받아야 할 점이 있다.

　도가의 천명결정론은 '무위無爲'·'지족知足'을 표준으로 하고 있으며 그 속에서 소극적인 면을 쉽게 발견할 수 있는데, 그것은 역사적으로 인민의 창조력을 속박하는 작용을 하였다. 그러나 '무위'의 이론도 진리의 요소를 포함하고 있다. 그중 가장 중요한 것은 객관적 법칙―'도'를 따라야 한다고 한 점이다. 도가에서는 모든 사물의 발전에는 객관적 법칙이 있다고 생각하였는데, 이 객관적 법칙은 인간의 의지에 따라 바뀌는 것이 아니며, 그러한 '불변성(常)'에 항거하는 것은 자기의 멸망을 재촉하는 것과 같다고 하였다. 이른바 "도를 따르지 않으면 곧 멸망한다(『도덕경』제30장)"라는 말은 그런 의미이다. '무위'는 자연의 법칙에 위배되는 행위를 반대하는 것이다. 이러한 의미에서 말할 경우에는 합리성이 있다. 그러나 도가에서 인간의 활동, 특히 인간의 창조적인 실천 활동과 객관적 법칙을 완전히 대립시켰다는 데에 문제가 있다. 도가에 따르면 인간이 취할 수 있는 정확한 태도는 '정관靜觀'77) 즉 자연의 과정을 간섭하지 않는 것이다. 그러나 인류사회의 진보와 사회변혁이라는 객관적이고 역사적인 추세는 인간의 창조적인 활동이 없었다면 아예 상상도 못하였을 것이다. 인간은 관찰자이기도 하지만, 참여자이기도 하다는 사실이 더 중요하다. 이런 의미에서 볼 때 명대에서 근대에 이르는 동안의 '조명설'은 바로 도가의 숙명론이 가진 오류를 바로잡아 주는 것이다. 왕부지나 위원 등의 사상가에 따르면 사물의 발전은 인간의 간섭이나 참

---

77) 역자 주 : 정관靜觀은 아무런 심리적 동요 없이 관망하는 것을 말한다.

여와 분리될 수 없다. 정확한 참여는 결코 자연법칙을 위배하는 것이 아니라 바로 자연법칙과 일치되는 것이다. 인간은 바로 이러한 점에서 기타의 다른 생물보다 고등하다. 인간은 자연의 과정에 "참가하고 (자연의 과정을) 도와주고 제약하며 촉진할" 수 있다. 이러한 견해는 엥겔스의 다음과 같은 주장에 접근하고 있다.

> 자연계에 대한 우리의 전반적 지배는 우리가 다른 모든 동물보다 강하고 자연의 법칙을 인식할 수 있으며 그것을 정확하게 이용할 수 있다는 점에 있다.[78]

유가 주류파의 '천명'에 대한 긍정은 도가의 견해와 매우 다르다. "인간의 할 일을 다하고 나서 천명을 기다린다"는 그들의 주장은 주로 윤리나 인생철학적 의미에서 천명과 인력의 문제를 받아들인 것임을 보여준다. 유가에서는 행위의 동기를 강조하였다. 인간은 반드시 엄격한 도덕적 표준과 도덕적 요구를 가지고 있어야 하며, 아울러 이것을 위해 평생 동안 분발해야 하고, 성실한 노력을 통해 그러한 것들을 달성해야 한다고 생각하였다. 이러한 행위의 실제 효과(도덕적 실천자 개인의 지위·재산·수명 등)는 고려하지 않을 수도 있었다. 지위의 비천함이나 생활의 빈곤, 수명의 짧음 등은 지식인의 도덕적 추구를 방해할 수 없었다. "군자는 빈곤을 편안하게 받아들이며 달인達人은 운명을 알고 있다." 왜냐하면 어떤 사람이 도덕적으로 고상한가 아닌가는 전적으로 자기의 노력 여하에 달려 있지만, 지위나 재산, 장수 등에 대한 소유는 인간에 의해 결정되는 것이 아니라 하늘에 의해 정해지는 것이라고 생각하였기 때문

---

78) F.엥겔스, 『원숭이의 인간으로의 진화에서 노동의 역할』

이다. 유가에서는 바로 이 '지명知命' 이론에 의해 사람들에게 '낙천' 적으로 살 것을 요구하였다. 즉 물질 생활이 어떻든 간에 모든 사람은 낙관적이고 적극적인 태도를 가져야 한다고 하였는데, 유가에서는 풍부한 정신적 생활을 누리고 있었기 때문이다. 유가에서는 이처럼 정의를 위하여 개인의 득실을 염두에 두지 않았고 부귀를 뜬구름처럼 생각하였는데, 이러한 정신은 오늘날에도 계승할 만한 가치가 있는 부분이다. 역사적으로 위대한 인물은 민족과 사업을 위하여 자기를 희생하였다. "부귀로도 유혹할 수 없고 빈천으로도 마음을 동요시킬 수 없으며 무력으로도 굴복시킬 수 없다"[79]고 하는 말처럼 역사적으로 위대한 인물은 명예나 재물의 유혹을 받아들이지 않음으로써 (예를 들어 명대의 文天祥 등과 같이)절개를 잃지 않았다. 이러한 태도는 유가 천인관계론의 긍정적 영향과 전혀 관계없다고 할 수 없다. 그리고 이러한 정신은 확실히 중화민족의 우수한 전통의 하나이다.

그런데, 유가 이론의 부정적 영향도 쉽게 발견된다. 도덕과 공리를 대립시켰으며 동기와 효과를 분리하였고, 아울러 공리와 효과를 완전히 인간의 능력 밖의 것으로 생각한 것이 그것이다. 이러한 철학 이론의 지배하에 놓였던 중국 봉건사회의 민중, 특히 중국 지식분자들의 시야는 엄격하게 제한되어, 도덕수양이나 도덕실천이라는 영역을 벗어날 수 없었다. 공리에 관심을 가지는 자는 "명을 알지 못하는 자"이고, 도덕적으로 고상하지 못한 자이며 '이단' 이었다. 유가의 도덕적 공상과 도가의 '무위' · '지족'은 중국 봉건사회의 생산력과 인민의 창조력 및 자연과학의 발전 등을 저해하였다. 명말청초의 몇몇 진보적 사상가가 지적하였듯이 유가 정통파는 사람들에게 중국민족이 위기에 빠져 있을 때나 왕조가 무

---

79) 『孟子』 『藤文公下篇』 : 富貴不能淫, 貧賤不能移, 威武不能屈.

너지려는 때 죽음으로써 순절殉節하도록 가르쳤을 뿐, 인민의 힘을 통해 망해 가는 나라를 되살리도록 할 수는 없었다. 이러한 희생은 고상하다고 하지 않을 수는 없지만 그것은 몹시 연약한 방법일 뿐이다. 우리는 제7장에서 유가의 비공리주의적 성격에 대하여 좀 더 검토할 것이다.

천명과 인력에 관한 장기간의 투쟁에 관하여 검토할 때는 반드시 다음과 같은 사실에 주목하여야 할 것이다. 즉 일찍이 선진시대에 묵자가 목청을 높여 '비명非命'을 주장하였고, 그 뒤에는 많은 사상가들이 보다 체계적이고 깊이 있게 명정론命定論에 반대하는 이론을 제기하였지만, 천명결정론은 도리어 오랜 동안 유행하여 사라질 줄 몰랐고, 오늘날에도 일정 정도 시장성을 가지고 있다는 점이다. 전체적으로 볼 때 오늘날의 중국 인민은 더 이상 국가의 흥망이 하늘 위의 별의 상태에 의해 결정된다고 믿지는 않는다. 그러나 적지 않은 사람이 개인의 앞날은 대체로 자기의 노력이 아니라 운명에 달려 있다고 믿고 있다. 어떤 젊은이들은 『논어』를 읽지 않고서도 "죽고 사는 것은 명에 달려 있고 부귀는 하늘에 달려 있다"는 것을 깊이 믿어 의심치 않는다. 중국의 어떤 지방의 사원(불교 사원이든 도교 사원이든 가릴 것 없이)에서는 향불이 왕성하게 타오르고 있는데, 향을 사르는 사람들 가운데는 진심으로 성의를 다해 "사대四大(땅·물·불·바람, 또는 그것으로 이루어진 인간의 육체)는 모두 헛껍데기일 뿐이다"라는 불법을 믿고 있는 사람이 적지 않을 것이다. 그러면서도 그들은 보살菩薩, 혹은 삼청대제三淸大帝에게 자기들 생전에 운명이 바뀌어, 부자가 되고 오래 살며, 모든 일이 뜻대로 되도록 도와 달라고 기원한다. 멀리 떨어진 외딴 지역에서는 점쟁이가 성업 중이며, 대도시에서도 점쟁이의 조잡한 광고 흔적을 볼 수 있다. 또 적지 않은 사람들이 카드점을 사용하고 있으며, 심지어는 컴퓨터점이라는 이상한 것도 등장하였다. 물론 점의 결과에 대하여 진지하게 기대를 거는 사람은 거의 없다. 그러나 그들의 그러한 행위에는 운명에 대한 무의식적 믿음이 개재되어 있음은 부인할 수 없다. 이러한 현상은 숙명론에 대한 비판이 우리의 장기간의 의무라는 것과, 숙명론의 발생과 유행의 근본 원인에 대하여 보다 깊이 있게 분석하고 연구해야 한다는 것 등을 말해 준다. 숙명론의 사회적 근원(현대 사회에서의 근원도 포함하여)을 분석하는 것은 매우 중요하며, 이론적 측면에서 중국 고대의 천명과 인력의 관계를 총체적으로 개괄하고 '운명'이라는 수수께끼로부터 해방되는 것도 불가결한 작업이다.

'명', 혹은 '천명'이란 무엇인가? 비록 맹자가 "명이 아닌 것이 없다"라고 주장하였지만, 개인의 앞날을 놓고 볼 때 중국 고대인들이 말한 '명'이란 주로 사생·빈부·궁달 등을 가리키는 것이었으며, 이것들은 현대인들도 똑같이 관심을 가지고 있는 문제이기도 하다. 이 문제에서 사람들을 가장 쉽게 믿게 하는 것은 인간의 힘으로 바꾸어 놓을 수 없는 '천명'이 존재한다는 것이다. 예를 들어 어떤 두 사람이 처음에는 별로 차이가 없었는데, 언뜻 보기에 매우 우연한 원인에 의해 서로 다른 길을 걸어서 한 사람은 부자가 되었지만 다른 한 사람은 가난한 사람이 되었고, 한 사람은 성공하였지만 다른 한 사람은 실패하였고, 한 사람은 장수하였지만 다른 한 사람은 요절하였다고 하자. 옛사람들은 그것을 '제우際遇'라 하였고 현대의 많은 사람들은 그것을 '기우機遇'라고 한다.[80] 위에서 든 예는 사람의 힘으로 바꾸어 놓을 수 없는 신비로운 필연(그것은 '천명'에 대한 신앙을 매개로 하며, 필연의 대립면, 즉 우연일 뿐이다)이

---

80) 역자 주 : '기우際遇'나 '제우機遇'는 모두 '좋은 기회를 만나다, 혹은 행운을 만나다'는 뜻이다. 현대 중국어에서는 발음이 비슷하고 거의 같은 의미로 사용되지만, 약간의 뉘앙스 차이는 있는 것 같다. 우리말에는 이 두 가지를 분명하게 구별할 만한 적절한 번역어가 없다. 따라서 두 가지를 모두 '좋은 기회를 만남'으로 번역한다.

존재한다는 착각에 빠지게 한다. 중국 고대 언어에서 '만나다(遇)'와 '우연(偶)'은 본래 서로 통용하는(즉 바꿔 쓸 수 있는) 글자였다. 사람들은 '(우연히) 좋은 기회를 만남'에 대하여 명확하게 부정적 태도를 취할 수 없었다. 왜냐하면 우연성이란 사물의 발전 과정에서 피할 수 없는 요소이기 때문이다. 당대의 유우석은 사물의 발전을 결정하는 것은 리理·수數·세勢라고 생각하여 사람들이 사물의 법칙이나 양적 규정성, 그리고 추세 등을 이해하기만 하면 '천명'을 믿지 않을 것이라고 하였다. 그러나 사람들은 발전 정도나 속도 면에서 매우 격렬한 '리'·'수'·'세'를 정확하게 파악할 수 없었기 때문에 신비로운 곳에서 하늘이 인간의 운명을 결정한다는 믿음이 그들의 의식 속에 싹텄다는 것이 유우석의 설명이다. 이러한 그의 견해는 매우 탁월하다. 그는 천명의 문제를 사물들 사이의 관계(리·수·세 등은 말하자면 모두 사물들 사이의 관계를 의미한다)에 대한 인간의 인식과 연결시켰는데, 이것은 매우 중요하다. 그러나 유우석의 철학에는 다음과 같은 중요한 견해가 포함되어 있다. 즉 모든 발전은 필연적이고, 우연은 필연에 대한 무지에서 기인하는 것일 뿐이며 우연이라는 것이 객관적으로 존재하지 않는다는 것이다. 이러한 그의 견해는 정확하다고 할 수 없다. 객관세계에서 필연성과 우연성은 서로 연관되고 상호 보완하면서 그것들은 모두 객관적으로 존재한다. 규모나 속도가 다른 필연성으로써 필연성과 우연성을 대체해 버릴 수 없다. 그것은 필연성과 우연성이 서로 연관되어 있고 서로 의존하고 있기 때문이며, 사물이 보편적으로 연관되어 있고, 어떤 사건의 발생에는 일정 정도 결정적인 주요 원인이 있을 뿐만 아니라 또 비결정적인 부차적 원인이 있기 때문이다. 발전에는 주요 원인이 있다. 따라서 사물의 발전에는 필연성·확정성 등이 있다. 그러나 비결정적인 부차적 원인도 사물의 발전과 변화에 영향을 끼친다는 이유에서 우연성이나 개연성이 있을 수 있다는 점을 인정해야 한다. 사물의 보편적 연관과 모든 세계는 유기적 통일체라는 점 등으로 말미암아 어떤 사물의 발전에 영향을 끼칠 수 있는 것은 주요 원인 이외에 무수한 비결정적 원인이 있는 것이다. 이러한 연관이 매우 간접적일 수 있기는 하지만 그것의 존재를 인정하지 않을 수는 없다. 여러 가지 상황 하에서 사람들은 통계학적 언어로써 사물의 발생 가능성을 예견할 수 있지만, 아주 정확한 예측은 불가능하다. 그것은 전적으로 인간의 인식능력이 불완전하기 때문이라고 탓할 수만은 없다. 그것은 바로 객관적으로 반영된 세계의 참모습이 그렇기 때문이다. 중국 고대의 몇몇 철학자들은 그러한 간접적 상호 연관을 충분히 자각하고 기계론적 인과론이나 결정론을 반대하였다. 그들이 흔히 들고 있는 예로 "노나라의 술맛이 떨어지자 한단이 포위되었다(『장자』『거협편』)"라는 말이 있다. 노魯나라에서 초楚나라에 헌상한 술의 품질이 나빴기 때문에 초나라 왕은 군사를 일으켜 노나라를 공격하였다. 그런데 조趙나라를 공격하려고 생각하고 있던 위魏나라 왕은 조나라에 대한 초나라의 원조가 두려웠기 때문에 착수하지 못하고 있다가 초나라가 노나라를 공격하는 틈을 타서 조나라의 수도(邯鄲)를 포위해 버렸다. 이와 같이 두 사건은 본래 관련이 없는 것처럼 보이지만 실제로는 서로 연관되어 있다.

따라서 중국 고대 숙명론 속에는 사물 발전의 필연성에 대한 인식이 포함되어 있음을 알 수 있다. 사회에서 어떤 개인이 좋은 기회를 만날 수 있을 것인가 아닌가는 정확하게 예측하기 어렵다. 그것은 개인의 앞날을 결정하는 요소가 매우 복잡하며, 그것은 전적으로 개인의 주관적 노력에만 달려 있는 것이 아니라 복잡한 사회적 관계에 의해 결정되기 때문이다. 심지어는 인간과 자연 사이의 보편적 연관에 의해 결정되기도 하기 때문이다. 예를 들면 큰 포부를 가지고 충분히 노력한 사람이라 하더라도 반드시 그가 자신의 이상을 실현한다고 말할 수 없는 것과 같다. 그것은 현대사회에서도 마찬가지이다. 질병이나 교통사고는 갑작스럽게 한 사람의 생명을 제한하는데, 이런 현상은 일상생활 속에서 흔히 발견되는 것들이다. 그러나 이처럼 복잡한 연관 때문에 숙명론자는 다른 한 극단으로 치닫는다. 즉 그는 모든 발전은 인식할 수도, 예측할 수도 없으며 원인도 없다고 생각한다. 이처럼 숙명론자들은 우연을 강조한 나머지 신비적 필연성을 믿으며, 아울러 이 때문에 모든 인위적 노력을 도외시한다. 따라서 숙명론을 비판하면서 기계론이나 강화된 결정론 등의 극단으로 빠져서는 안 되며, 우연과 필연, 가능과 현실, 자유와 필연 등에 대한 변증법적 관계를 정확하게 이해하여야 비로소 '좋은 기회를 만남', 즉 객관적 현상에 대한 신비감으로부터 벗어날 수 있다. 이것은 중국 고대의 천명과 인력의 관계에 대한 꾸준한 검토를 통해 시사 받을 수 있다.

5장 _ 천도와 인도

'천도天道'(하늘의 이법)와 '인도人道'(인간이 지켜야 할 도리, 혹은 사회적 법칙)의 관계에 대한 문제 역시 중국철학에서 장기간에 걸쳐 토론되던 문제의 하나이다. 이 범주에 포함되는 내용은 매우 풍부하며, 특히 '천도'에 대해서는 많은 다양한 견해들이 있다. 그러나 역사상 천도와 인도의 관계에 대한 다양한 견해들은 다음과 같은 두 가지 기본적 견해로 귀결된다. 첫째는 '법천설法天說'로서 '천도'는 '인도'가 마땅히 본받아야 할 모델이며, '인도'는 '천도'에 대한 모방을 통하여 결정되는 것이라고 생각하는 것이다. 둘째는 '분리설分離說'로서 '천도'와 '인도'는 서로 관계가 없다는 주장이다. 다음에서 두 가지 전형적인 견해를 검토해 보자.

1. 법천론

점성술가들이 "하늘은 항상 인간에게 어떤 상징을 보여준다"라고 주장한 명정론에서 '천도'를 인간의 길흉을 예견할 수 있는 천체의 운동으로 이해하고 있던 바로 그때, 다른 부류의 사상가들도 '천도'에 대하여 설명하였다. 그들이 주장한 '천도'의 기본 의미도 일월성신日月星辰 등 천체의 운동을 가리켰다. 그러나 그들은 결코 '천도'를 인간의 길흉화복의 조짐이라고 이해하지는 않았다. 그들은 '천도'를 '인도'가 마땅히 본받아야 할 대상이며, 천도를 본받음에 의해 사회적 규칙과 정책을 정확하게 제정할 수 있다고 생각하였다.

그러한 부류의 사상가로서 월越나라의 유명한 정치가 범려范蠡는 춘추시대를 대표하는 인물이다.

천도는 매우 밝기 때문에 해와 달로써 상징된다. 해와 달이 밝을 때는 그것을 본받고 해와 달이 어두울 때는 (은둔을)실천해야 한다. 양이 극에 이르면 음이 되고 음이 극에 이르면 양이 된다. 해가 서쪽 끝에 이르면 동쪽으로 되돌아오고 달이 가득 차면 이지러진다. 용병에 뛰어난 옛날 전략가들은 천지의 일정한 법칙에 따라 그대로 실천하였다.[1]

위의 인용문을 통해 범려 등이 주장하는 '천도' 는 일월日月 · 사시四時 등 자연 현상으로부터 추상해 낸 보편성을 지닌 법칙이라는 것을 알 수 있으며, 이러한 '천도' 에 대한 인간의 태도는 그것을 본받고(法 혹은 則) 복종(因)해야 한다고 이해하였음을 알 수 있다. 그리고 천체의 운동 · 변화에 근거한 계발에 의해 정확한 계획과 정책을 수립하여야 한다고 생각하였다는 것도 알 수 있다.

그런데 천상의 운동 · 변화로부터 무엇을 계발 받는다는 것인가? 범려 등의 견해에 따르면 가장 근본적인 계발은 왕복往復, 즉 사물의 발전은 직선적인 것이 아니라 원운동과 같은 형태를 띠고 있는데, 발전이 일정한 한계에 도달하면 반대 방향으로 전환하며 사물이 극에 도달하면 반드시 되돌아온다는 것이다. 이것은 마치 태양이 산꼭대기에 걸렸다가 산 밑으로 진다든지, 달이 찼다가 이지러지고, 이지러졌다가는 다시 둥글게 차오르는 것과 같다는 것이다. 철학적 두뇌가 고도로 발달된 춘추시대의 한 여성, 즉 초나라의 등만鄧曼은 그것을 "가득 차면 헐리는 것이 하늘의 이법이다"[2]라고 결론지었고, 춘추시대 말기의 저명한 군사전략가 자서子胥도 "가득 차면 반드시 줄어드는 것이 하늘의 이법이다"[3]라고 하였는데, 이것들은 모두 그와 같은 의미이다.

---

1)『國語』『越語』: 天道皇皇, 日月以爲常, 明者以爲法, 微者則是行. 陽至而陰, 陰至而陽. 日困而還, 月盈而匡. 古之善用兵者, 因天地之常, 與之俱行.

2)『春秋左氏傳』『莊公』 4년조 : 盈而蕩, 天之道也.

3) 같은 책,『哀公』 11년조 : 盈必毁, 天之道也.

천도가 '왕복(반복)'한다는 계시에 근거하여 인간은 일을 처리할 때도 반드시 사물의 발전 속의 비직선성을 고려하여 승리를 획득할 수 있는 가장 유리한 시기를 놓치지 말아야 한다는 것이다. 이것은 춘추시대의 군사·정치 투쟁에서 중요한 의미를 가지고 있었다. 범려는 바로 이러한 원칙을 이용하여 약소국인 월나라가 천하를 횡행하던 오吳나라를 단번에 무너뜨리도록 지도하였다. 그 이전에 월나라가 오나라의 침략을 받고 패배한 뒤 월왕 구천句踐은 와신상담하고 있었지만, (백성들에게)휴식을 취하게 함으로써 월나라의 국력이 회복되도록 하였다. 이 때 구천은 서둘러 원수를 갚으려고 하였는데, 범려는 그것을 말렸다. 왜냐하면 발전의 추세를 볼 때 오나라는 아직 전성기여서 대적할 수 없었기 때문이었다. 일정 기간 동안의 발전을 거듭한 뒤 모든 것은 극에 도달하면 반드시 되돌아온다는 원칙에 따라 오나라의 내부모순이 심해지고 게다가 자연재해가 겹쳐, 오나라는 드디어 내리막길로 내달릴 조짐을 보이기 시작하였다. 이 때 범려는 기회를 놓치지 않고 단숨에 오나라 군사를 섬멸하였다.

천도로부터 받을 수 있는 중요한 계시의 하나는 바로 항상성恒常性이다. 춘추시대의 대사상가이자 뛰어난 정치가인 관중管仲의 언행을 기록한 『관자管子』에는 다음과 같은 구절이 있다.[4]

하늘은 자신의 본래의 법칙을 바꾸지 않고 땅은 그것을 따르는 일을 그만두지 않는다.[5]

하늘 위의 일월성신의 운동에는 일정한 주기와 궤도가 있고, 지상

---

4) 『管子』『形勢篇』의 성립연대는 아직도 논란이 있다.
5) 『管子』『形勢篇』: 天不變其常, 地不易其則.

의 만물의 성장에도 일정한 법칙이 있다. 예를 들면 봄에는 싹이 나고 여름에는 자라고 가을에는 결실을 맺고 겨울에는 쉬는 것 등이 그것이다. 이러한 항상성과 안정성은 인도에 대하여 중요한 시사를 던져 준다. 인간 사회의 법률과 제도 역시 항상성과 안정성을 가지고 있어야 한다. 만약 법령이 안정되지 못하고 아침저녁으로 바뀐다면 그 법률은 권위를 가질 수 없고 지배자 역시 인민들의 신임을 얻을 수 없다.

천도가 인도에게 줄 수 있는 이 같은 두 가지 측면의 계시는 춘추시대에 있어서 비교적 크게 유행한 견해였다. 같은 시기에 보다 철저한 법천관념을 제기하면서 인간 사회의 여러 가지 예법제도는 전적으로 '천도'를 본떠서 제정된 것이라고 생각한 사람도 있었다. 『춘추좌씨전』의 다음과 같은 문장은 이러한 관념이 가장 전형적으로 표현된 것이다.

예禮는 하늘의 이법이고 땅의 규범이며 인민의 행동준칙이다. 즉 그것은 천지의 이법이기 때문에 인민들이 본받을 수 있다. 그것은 하늘의 밝음을 본받고 땅의 본성에 따르며 하늘의 육기六氣(음, 양, 바람, 비, 어둠, 밝음)를 받아 태어나고 땅의 오행을 이용한다. 기氣라는 것은 오미五味(신맛, 짠맛, 매운맛, 쓴맛, 단맛)로 나타나기도 하고 오색五色(푸른색, 노란색, 붉은색, 흰색, 검은색)으로 나타나기도 하고 오성五聲(궁, 상, 각, 치, 우)으로 나타나기도 하는데, 그러한 것들에 지나치게 탐닉하면 혼란이 오고 인민은 타고난 본성을 상실하게 된다. 이 때문에 예를 제정하여 그들에게 지키도록 한 것이다. '여섯 가지 가축(六畜: 말, 소, 양, 닭, 개, 돼지)'과 '다섯 가지 희생(五牲: 소, 양, 돼지, 개, 닭)'과 '세 가지 희생(三犧: 소, 양, 돼지)'을 설정한 뒤 오미를 기준으로 삼도록 하였으며, '아홉 가지 무늬(九文)'와 '여섯 가지 색채(六采)'와 '다섯 가지 모양(五章)'을 설정한 뒤 오색을 기준으로 삼도록 하였으며, '아홉 곡의 노래(九歌)'와 '여덟 가지 악기(八風)'와 '일곱 가지 음색(七音)'과 '여섯 가지 박자(六

律)'를 설정한 뒤에 오성을 표준으로 삼도록 하였다. 군주와 신하 등 상하 관계를 설정하여 땅의 규범을 본받도록 하였고, 부부는 각각 밖의 일과 안의 일을 하고 음양의 법칙에 따르도록 하였고, 아비와 아들, 형과 아우, 부계와 모계, 친척과 인척을 구분하여 하늘의 밝음을 따르도록 하였고, 정사政事와 직분에 따른 업무를 제정하여 네 계절에 부합되도록 하였고, 천둥과 번개가 사물을 죽이는 것을 본떠서 형벌과 재판제도를 제정함으로써 백성이 두려워하도록 하였고, 하늘이 만물을 낳아 기르는 것을 본떠서 사랑과 동정을 베풀도록 하였다. 인간에게는 좋아함, 싫어함, 기쁨, 성냄, 슬픔, 즐거움 등의 감정이 있는데, 이것들은 모두 육기로부터 발생한 것이다. 이 때문에 육기의 운동법칙을 헤아려서 각각의 감정에 적절한 선을 정함으로써 여섯 가지 감정을 다스려야 한다. 사람은 슬플 때는 곡을 하고 흐느끼며, 즐거울 때는 노래를 부르고 춤을 추며, 기쁠 때는 남에게 베풀고 양보하며, 화가 날 때는 다투고 싸우기 마련이다. 기쁨은 좋아하는 감정에서 생기고 화는 싫어하는 감정에서 생긴다. 이 때문에 그들의 행위를 헤아려서 그들이 절도를 유지할 수 있도록 법령을 제정하고 재앙과 복, 상과 벌로써 그들의 삶과 죽음을 제약해야 한다. 인간은 사는 것을 좋아하고 죽는 것을 싫어한다. 또 좋아하는 것을 즐기고 싫은 일을 당하면 슬퍼한다. 슬픔과 즐거움이 적절한 선(禮)을 잃지 않아야 천지의 본성과 일치될 수 있으며 그래야만 오래 살 수 있다.[6]

원문에 기록된 바에 따르면 위의 문장은 정나라의 자태숙子大叔이 "그의 부친인 자산子産에게서 들은 것"이다. 그러나 "인민의 행동준칙이

---

6)『春秋左氏傳』『昭公』25년조 : 夫禮天之經也, 地之義也, 民之行也. 天地之經, 而民實則之, 則天之明, 因地之性, 生其六氣, 用其五行, 氣爲五味, 發爲五色, 章爲五聲. 淫則昏亂, 民失其性, 是故爲禮以奉之. 爲六畜五牲三犧以奉五味. 爲九文六采五章以奉五色. 爲九歌八風七音六律以奉五聲. 爲君臣上下, 以則地義. 爲夫婦外內, 以經二物. 爲父子兄弟姑姊甥舅昏媾姻亞, 以象天明. 爲政事庸力行務, 以從四時. 爲刑罰威獄, 使之畏忌, 以類其震曜殺戮. 爲溫慈惠和, 以效天之生殖長育. 民有好惡喜怒哀樂, 生於六氣. 是故審則宣類, 以制六志. 哀有哭泣, 樂有歌舞, 喜有施舍, 怒有戰鬪. 喜生於好, 怒生於惡. 是故審行信令, 禍福賞罰, 以制死生. 生好物也. 死惡物也. 好物樂也. 惡物哀也. 哀樂不失, 乃能協於天地之性, 是以長久.

196 동양의 자연과 인간 이해

다" 이후는 자태숙이 한 말이라고 주장하는 사람도 있다. 이 구절은 당연히 춘추시대의 뛰어난 사상가 자산의 말일 것이다. 자산의 사상은 매우 복잡하다. 그는 점성술가들이 정치에 간섭하는 것을 확실하게 반대하였고, "천도는 멀고 인도는 가깝다"는 유명한 명제를 제기하였다(제2장 참조). 자산의 이 명제에 근거하여 그가 천인분리天人分離를 주장한 것이라고 하는 사람도 있다. 그러나 실제로 자산은 점성술에서 말하는 '천도'를 반대하면서 동시에 춘추시대를 통틀어 가장 체계적이고 가장 철저한 법천사상法天思想을 제기하였던 것이다.

자산의 위의 말 가운데는 명확하지 않은 구절도 있다. 그러나 그의 기본 사상은 매우 명확하다. 그는 예禮는 천지를 꿰뚫고 있으며 인간에게 있어서는 최고의 원칙이라고 생각하였는데, 이것은 천도와 인도가 일치점을 가지고 있음을 긍정한 것이다. 위의 문장에서 자산은 본래 인간 사회에 속해 있는 예를 모든 것을 초월한 보편적 원칙이라고 설명하였다. 더욱이 그는 인간의 여러 가지 구체적 예절은 모두 천지의 영원한 법칙(經)을 본떠서 제정된 것이라고 생각하였다. 즉 군신과 상하의 예는 땅이 아래 있고 하늘이 위에 있는 자연적 구분을 본뜬 것이고, 부부의 예는 자연계의 하늘과 땅, 음과 양이 구별되는 것을 본뜬 것이며, 인간의 사랑(仁惠)이라는 도덕은 만물을 길러 주는 하늘을 본뜬 것이고, 법률의 엄격함과 공정함은 자연계의 천둥과 번개 현상을 본뜬 것이며, 심지어 인간의 복장, 장식, 음악 등도 자연을 모방한 것이라고 하였다. 자산에 따르면 한마디로 인간 사회의 모든 현상은 자연 현상을 본뜬 것이며, 자연을 본떠야 비로소 '예'에 부합될 수 있고 또 정치를 영원히 안정시킬 수 있다.

자산의 이러한 사상은 후대의 철학·정치·윤리 등에 거대한 영향을 끼쳤으며, 심지어 중국철학의 중요한 한 특징, 혹은 한 측면의 기초를 마련하였다고 할 수 있다. 그런데 안타깝게도 이점에 대하여 언급한 사람은 거의 찾아볼 수 없다. 그 이유는 오랫동안 유가가 지배적 위치를 차지하고 있으면서 공자를 신격화한 결과, 사람들은 공자를 중국철학의 출발점으로 잡아 백양보伯陽父·자산 등 공자 이전의 위대한 사상가가 남긴 거대한 공헌을 대개 망각하였기 때문일 것이다. 유가의 창시자로서 공자가 중국철학이나 중국문화에 끼친 영향은 결코 낮게 평가될 수 없다. 그러나 자산의 철학사상이나 윤리사상의 깊이와 풍부함은 결코 공자에 뒤지지 않는다.

이 밖에 자산과 거의 같은 시대에 활동한 몇몇 사상가들도 자산과 비슷한 견해를 가지고 있었다. 태자진太子晉은 '하늘을 본받음(象天)'·'땅을 본받음(儀地)' 등의 문제를 제기하였고(『국어』「주어」), 범무우范無宇는 "땅에는 높고 낮음이 있고, 하늘에는 어둡고 밝음이 있고, 사람에게는 임금과 신하가 있고, 나라에는 도시와 촌락이 있다"[7]라고 주장하였다. 그러나 그들의 사상은 자산의 체계에 크게 못 미친다.

춘추전국 교체기의 양대 철학자, 즉 도가의 창시자 노자와 유가의 창시자 공자 등은 모두 법천을 주장하였다.

> 인간은 땅을 본받고 땅은 하늘을 본받고 하늘은 도를 본받으며 도는 저절로 그러함을 본받는다.[8]

노자의 체계에서 '하늘'은 최고의 범주가 아니다. 전통사상 속에서 최고의 지위를 가진 '하늘'은 '도'에 의해 대체되었는데, 도는 바로 '천도天道'·'지도地道'·'인도人道'에서 추상된 것이다. 노자는 천체가

---

7)『國語』『楚語』: 地有高下, 天有晦明, 民有君臣, 國有都鄙.
8)『道德經』제25장: 人法地, 地法天, 天法道, 道法自然.

"극에 도달하면 되돌아오고, 전성기에 이르면 시들어 간다(至則反, 盛則衰)"는 법칙에 따라 운동하며, 자연계의 다른 현상과 인간 사회 역시 동일한 법칙에 따라 발전·변화한다는 것을 의식하였다. 그런데 그는 인간은 천도(하늘의 운동법칙)를 따라야 한다기보다는, 하늘·땅·사람·만사·만물은 통일적 법칙, 즉 도를 통해 운동·변화해 가는 것이고 또 그래야 한다고 말하였다. 이 때문에 결정적 의미를 가진 것은 도이지 하늘이 아니라고 한 것이다.

그러나 『도덕경道德經』에서 하늘과 땅과 사람은 서로 다른 등급으로 분류된다. 비록 하늘이 최고성을 상실하기는 하였지만, 여전히 그것은 도에 가장 근접해 있으며, 천도는 최고의 도의 직접적인 표현이다. 노자는 바로 이러한 의미에서 천도라는 개념을 계속 사용하였다. 그에 따르면 천도·인도 등은 모두 이론적으로 도와 일치된다. 그러나 실천 과정에서 인도는 대개 천도와 대립되며 도와 일치될 수 없다. 노자는 그러한 예로 다음과 같이 설명하였다.

> 천도는 활시위를 끌어당기는 것과 같다. 높은 곳은 눌러주고 낮은 데는 올려주며, 남는 곳은 덜어주고 모자란 데는 보태준다. 천도는 남는 데서 덜어다가 모자란 데를 보태준다. 인도는 그렇지 않다. 부족한 자에게서 덜어다가 남는 자를 받든다.9)

따라서 도와 일치되기 위해서 인도는 천도를 본받음으로써 '도'에 어긋나는 부분을 바로잡아야 한다는 것이다. 노자는 바로 이러한 의미에서 법천을 주장하였다.

---

9) 같은 책, 제77장 : 天之道, 其猶張弓與. 高者抑之, 下者擧之, 有餘者損之, 不足者補之. 天之道損有餘而補不足, 人之道則不然, 損不足以奉有餘.

공자는 "하늘이 가장 큰데, 오직 요임금만이 그것을 본받았다"[10]
라고 하였다. 이것은 이상적 지배자라고 생각되는 요가 '하늘'의 광대함
을 본떠서 자기의 마음을 관대하고 인자하게 훈련하였으며 사심을 갖지
않도록 노력하였다는 것을 뜻하는 말이다. 그러나 여기서 '하늘'은 자연
으로서의 하늘을 가리키는 것이 아님은 명백하다. 공자 자신도 하늘을
본받고 싶다고 하면서 다음과 같이 말하기도 하였다.

> 공자가 "나는 아무 말도 하지 않으련다"라고 말하자 자공이 "선생님께서
> 아무 말씀도 하지 않으시면 우리 제자들은 나중에 (선생님에 대하여)무
> 엇을 기록하겠습니까?"라고 하였다. 공자는 "하늘이 무슨 말을 하더냐?
> 그래도 네 계절은 계속 순환하여 온갖 것들이 자라나지 않느냐? 하늘이
> 무슨 말을 하더냐?"라고 설명하였다.[11]

여기서 공자는 사람들이 아무 말을 하지 않아도 믿고 따르는 '하
늘'을 본받아 많은 말을 하지 않도록 하여야 하며, 그러한 태도를 실제 행
동에 적용하여 은근히 사물에 영향을 끼칠 수 있도록 하여야 한다고 주
장하였다. 노자와 공자가 모두 법천을 주장하기는 하였지만, 그것이 그
들의 사상체계에서 그다지 중요한 자리를 차지하는 것은 아니었다.

전국시대에 이르러 법천은 전례 없이 유행하였다. 그것은 거의 모
든 학파에서 받아들여져 매우 유행하는, 주도적 위치를 차지한 사상이
되었다.

묵자는 "하늘을 본받는 것보다 더 좋은 것은 없다. 하늘의 작용은

---

10) 『論語』『泰伯篇』: 唯天爲大, 唯堯則之.
11) 같은 책, 『陽貨篇』: 子曰, 予欲無言. 子貢曰, 子如不言, 則小子何述焉. 子曰, 天何言
   哉. 四時行焉, 百物生焉. 天何言哉

넓지만 사심이 없다. 그것의 영향은 크지만 자기 스스로 자랑하지 않고 그것의 밝음은 영원하여 시들지 않는다. 그래서 성인은 그것을 본받는다"[12]라고 주장하였다. 보다 확실히 묵자 자신의 사상이라고 생각되는 『천지하편』에서는 "하늘의 뜻(天志)을 (우리의)표준으로 삼는다"[13]라고 주장하였는데, 이러한 것들을 통해 묵가학파에서도 법천설을 주장하였음을 알 수 있다.

『관자』는 누구를, 혹은 어느 학파를 대표하는 사상인가? 그것은 아직도 논쟁되고 있는 문제이다. 그런데 최근의 많은 학자들은 이 책은 '제나라를 중심으로 한 문화'에 기초하여 성립된 독립적인 학파, 즉 관중학파管仲學派를 대표하고, 『관자』는 관중의 언행을 기록한 책이며, 그것은 또 전국시대 제나라의 학술사상의 주류를 반영하고 있다고 주장한다. 『관자』에서 법천은 기본 관념의 하나이다. 제1편에 해당되는 『목민편』에서는 "땅이나 하늘처럼 행동하라, 무엇을 편애할 것인가?"[14]라고 하여 천지와 같이 사적인 감정에 치우치지 않아야 한다고 주장하였다. 『판법편』에서는 이점에 대하여 좀 더 명확하게 설명하였다.[15]

하늘을 본받아 타고난 본성과 일치되고 땅을 본받아 편애하지 않으면 해와 달의 작용에 참여하고 네 계절의 작용에 참여할 수 있다. 인민들은 공평하게 나누어주는 것을 좋아하는데, 인민들에게 공평하게 나누어주기 위해서는 사적인 감정이 없어야 한다.[16]

---

12) 『墨子』『法儀篇』: 莫若法天. 天之行廣而無私, 其施厚而不德, 其明久而不衰, 故聖人法之.

13) 같은 책, 『天志下篇』: 以天之志爲法.

14) 『管子』『牧民篇』: 如地如天, 何私何親.

15) 역자 주 : 이 부분은 특히 착간이 심하여 학자나 판본에 따라 의견이 엇갈린다. 우리말로 옮기면서 곽말약의 『管子集校上』, 人民出版社, 1984, pp.184~186을 참조하였다.

16) 『管子』『版法篇』: 法天合德, 像地無親, 參於日月, 佐於四時, 悅在施有, 衆在廢私.

대중의 마음을 끌려면 반드시 천지를 본받아 공평무사하게 일을 처리해야 한다는 것이다. 『백심편白心篇』에서 "천지의 기강을 본받는다"라고 한 것이나, 『심술상편心術上篇』에서 "천지의 허정虛靜함을 본받는다"라고 한 것 등은 정신적인 면에서 천지의 허정무위를 본받아야 한다고 주장한 것이다. 『치미편侈靡篇』에서는 '전략을 수립할' 때는 천지를 본받아야 한다고 하였는데, 이것은 범려의 견해와 완전히 일치한다.

도가의 '황제학파黃帝學派'[17]는 법천을 자기 주장의 주요 내용의 하나로 삼았다. "군주는 하늘을 본받아야 하고 그를 보좌하는 대신들은 땅을 본받아야 하며, 그 밑의 신하들은 네 계절을 본받아야 하고 인민들은 만물을 본받아야 한다"[18]라고 한 것이나, "하늘에는 죽음과 삶의 때가 있으며 나라에는 죽음과 삶의 법도가 있다"[19]라고 한 것 등은 모두 인도에 있어서의 삶과 죽음은 봄에 만물을 소생시키고 가을에 만물을 시들게 하는 천도를 본뜬 것이라고 생각하였음을 보여주는 것이다. 다른 한편 『경법』에서는 "극에 도달하면 되돌아오고 차면 이지러지는 것이 천지의 이법이며 인간의 도리이다"[20]라고 설명하였다. 『십육경 十六經』이라는 책에서도 천지를 본받아야 한다는 사상을 대대적으로 설명하고 있는데, 거기서는 특히 인도는 당연히 천도의 음양陰陽 · 성허盛虛(가득 차면 다시 이지러진다는 이치)의 변화를 본받아 시기를 파악하고 '암컷과 수컷이 지켜야 할 법도(雌雄之節)'를 지켜야 한다고 주장하였다. 그리고 『칭』이라는 책에서는 다음과 같이 설명하였다.

모든 논의에서는 반드시 음양으로써 (세계 만물의)대의를 밝혀야 한다.

---

17) 마왕퇴(馬王堆)에서 출토된 고일서(古逸書)가 대표하는 학파.
18) 『九主』: 主法天, 佐法地, 輔臣法四時, 民法萬物.
19) 『經法』「君正篇」: 天有死生之時, 國有死生之正.
20) 같은 책, 「度篇」: 極而反, 盛而衰, 天地之道也, 人之李(理)也.

하늘은 양이고 땅은 음이다. 여름은 양이고 겨울은 음이다. 낮은 양이고 밤은 음이다. 큰 나라는 양이고 작은 나라는 음이다. 중요한 나라는 양이고 중요하지 않은 나라는 음이다. ……군주는 양이고 신하는 음이다. 위는 양이고 아래는 음이다. 남자는 양이고 여자는 음이다. 아버지는 양이고 자식은 음이다. 형은 양이고 동생은 음이다. 높은 사람은 양이고 미천한 사람은 음이다. 성공하는 것은 양이고 실패하는 것은 음이다. ……모든 양은 하늘을 본받고, ……모든 음은 땅을 본받는다.[21]

위의 견해는 자산의 견해에 비교적 가깝게 접근해 있다.

도가 속에서도 장자학파莊子學派는 노자철학을 보다 발전시켜 하늘과 천도를 자기 철학의 중심에 두지 않고 그 자리를 보다 추상적인 '도'에게 내주었다. 그러나 『장자莊子』에는 법천의 요소가 적지 않게 보인다. 예를 들면 『천도편』에서 "하늘은 높고 땅이 낮은 것은 신명神明이 정한 위치이다"[22]라고 한 것이 그것이다. 정신 수양의 측면에서 인간은 당연히 천지의 허정·무위를 본받아야 한다고 한 것은 『관자』「백심편」 등에서 인용한 문장의 예와 비슷하다.

법가도 법천을 주장하였다. 법가의 집대성자 한비韓非는 "하늘과 땅을 본받을 수 있는 사람을 성인이라고 한다"[23]라고 주장하였다.

잡가雜家의 대표적 저작인 『여씨춘추呂氏春秋』에서도 전체적으로 법천사상이 매우 풍부하게 발견된다. 예를 들면 "자신을 수양하여 천하의 일에 참여한 옛사람들은 반드시 천지를 본받았다"[24]라든지, "하늘을 표준으

---

21) 『稱』: 凡論者必以陰陽[明]大義. 天陽地陰. 春陽秋陰. 夏陽冬陰. 晝陽夜陰. 大國陽, 小國陰. 重國陽, 輕國陰. ……主陽臣陰. 上陽下陰. 男陽[女陰]. [父]陽子[陰]. 兄陽弟陰. 長陽少陰. 貴[陽]賤陰. 達陽窮陰. ……諸陽者法天, ……諸陰者法地.
22) 『莊子』「天道篇」: 天尊地卑, 神明之位也.
23) 『韓非子』「氣權篇」: 能象天地, 謂之聖人.
24) 『呂氏春秋』「情欲篇」: 古之治身與天下者, 必法天地.

로 삼고 덕을 행동 지침으로 삼는다"25)라고 한 것 등이 그것이다.

이 밖에 병가兵家, 심지어는 아무런 철학적 문제도 논의하지 않았던 종횡가縱橫家 등의 학파에서도 법천사상이 발견되지만 여기서는 낱낱이 예를 들지 않겠다.

마지막으로 공자 이후 유가의 법천사상의 발전 과정을 다시 한 번 검토해 보자. 유가의 아성亞聖 맹자는 인仁·의義·충忠·신信 등의 도덕 원칙으로써 천지를 관통하는 철학체계를 세웠다. 그에 따르면 천도와 인도는 완전히 일치한다. 이러한 의미에서 그는 다음과 같이 말하였다.

참된 것은 하늘의 도이고, 참되려고 생각하는 것은 인간의 도이다.26)

이 말은 사맹학파思孟學派의 다른 저작인 『중용中庸』에도 나오지만 약간 다르다.

참된 것은 하늘의 도이고, 참되려고 하는 것은 인간의 도이다.27)

이러한 사상은 자산이 '예禮'를 통해 하늘과 인간을 설명했던 것과 유사하다. 그러나 맹자가 말한 하늘은 의리義理로서의 추상적 하늘을 가리킨다. 따라서 그것은 인도는 자연으로서의 하늘을 본받아야 한다는, 전국시대에 유행한 사상과 크게 구분된다.

유가의 체계에서 법천을 가장 체계적으로 설명한 것은 역전易傳이다. 역전에서도 철학적으로 가장 중요한 것은 「계사전繫辭傳」·「단전 象

---

25) 같은 책, 『下賢篇』 : 以天爲法, 以德爲行.
26) 『孟子』 『離婁上篇』 : 誠者天之道也, 思誠者人之道也.
27) 『中庸』 제20장 : 誠者天之道也, 思之者人之道也.

傳」·「문언전文言傳」 등 세 편이다.

「계사전」에서는 『역易』이 천지와 일치되며, 천지의 도를 완전히 포괄하고 있다고 생각하였다. 따라서 사람들은 『역』을 통하여 길흉을 점쳐 행동지침으로 삼을 수 있다고 믿었다. 그런데 『역』은 무엇 때문에 그와 같이 위대한 작용을 가지고 있는가? 『역』은 바로 성인이 천지의 변화를 본떠서 제작한 것이기 때문에 그처럼 위대한 작용을 가지고 있다는 것이 「계사전」의 설명이다.

천지의 변화를 성인이 본받는다.[28]

하늘은 어떤 현상을 보여주고 길흉을 보여주며, 성인은 그것을 본받는다.[29]

이처럼 『역』은 모든 변화를 포용하는 신비한 힘을 가지고 있다는 것이다.

「단전」에서는 천도의 내용에 대하여 많은 연구를 하였다. 그 연구 결과는 범려나 도가의 천도 관념에 비교적 접근해 있다. 「단전」에서는 다음과 같이 지적하였다.

끝나면 다시 시작되는 것이 하늘의 운동법칙이다.[30]

'되돌아오는 것(復)'은 천지의 마음을 나타낸 것이다.[31]

---

28) 『周易』『繫辭傳』: 天地變化, 聖人象之.
29) 같은 곳 : 天垂象, 見吉凶, 聖人象之.
30) 같은 책, 『蠱卦』: 終則有始, 天行也.
31) 같은 책, 『復卦』: 復, 其見天地之心乎.

천지의 '법칙(道)'은 영원하여 끝나지 않는다.[32]

하늘과 땅은 서로 어긋나지만 그들이 하는 일은 동일하고, 남자와 여자는 서로 반대되지만 그들의 뜻은 일치하며, 만물은 각기 본성을 달리 하지만 그들의 역할은 서로 비슷하다.[33]

천지가 새롭게 바뀌기 때문에 네 계절이 성립된다. 탕왕과 무왕의 혁명은 하늘의 뜻을 따른 것이고 인민들의 요구를 들어준 것이다.[34]

「단전」에 따르면 '천도'의 근본적인 내용은 다음과 같다.

① 반복성—끝나면 다시 시작된다.
② 항상성—끝없다.
③ 상호 보완성—서로 괴리되면서도 같은 일을 수행한다.
④ 개혁—풍부한 변화. 점진적 변화와 점진적 중단.

「단전」에서는 인간은 당연히 천도를 본떠서 일을 처리해야 한다고 생각하였는데, '탕왕과 무왕의 혁명'은 바로 천도에의 순응을 표현한 것이라고 하였다. 이것은 노장과는 달리 「단전」이 적극적인 정신을 가지고 있었음을 말해 주는 것이다.

「문언전」은 매우 짧다. 그러나 「문언전」에서는 다음과 같은 매우 중요한 사상을 제기하였다.

---

32) 같은 책, 『恒卦』: 天地之道, 恒久而不已也.
33) 같은 책, 『睽卦』: 天地睽, 而其事同也. 男女睽, 而其志通也. 萬物睽, 而其事類也.
34) 같은 책, 『革卦』: 天地革而四時成. 湯武革命, 順乎天而應乎人.

대인이란, 그의 덕행은 천지와 짝이 되고 총명함은 해나 달과 짝이 되고 그의 질서 정연한 정령政令은 네 계절과 짝이 되고 그의 상벌로 인한 길흉은 귀신과 짝이 되는 자이다. 그의 행동이 하늘보다 앞서더라도 하늘이 그를 거스르지 않고 그의 행동이 하늘보다 뒤지더라도 그는 천시天時를 존중한다.35)

위의 인용문에 따르면 성인은 천지와 완전히 일치되며, 그들은 자연에서 변화가 발생하기 전에 변화의 추세를 예측할 수 있으며, 또 그 뒤의 실천은 언제나 그들의 예측이 전혀 빗나가지 않았음을 증명하는 것이다. 그리고 자연의 변화가 일어난 뒤에는 또 자연의 변화에 순종할 뿐 그것과 배치되는 일을 하지 않는다는 것이다.

「역전」의 다른 부분에서도 법천을 주장하였는데, 예를 들면 「상전象傳」의 다음과 같은 구절은 후대 유가에서 매우 중시되었다.

하늘의 작용은 강건하다. 군자는 그것을 본받아 꿋꿋하며 그치지 않는다.36)

위의 구절은 하늘의 행동이 강건하며, 따라서 군자도 그것을 본받아 꿋꿋하고 굽힘 없는 정신을 갖추어야 한다는 것을 말한 것이다.

한마디로 법천은 「역전」의 기본 사상이다.

전국 말과 진한 교체기의 유가사상을 반영한 『예기』에서도 법천은 가장 중요한 개념의 하나로 받아들여졌다. 예를 들면 「악기편」에서는

---

35) 같은 책, 『乾卦』: 大人者, 與天地合其德, 與日月合其明, 與四時合其序, 與鬼神合其吉凶. 先天而天不違, 後天而奉天時.
36) 같은 곳 : 天行健, 君子以自彊不息.

'예악禮樂'의 기원을 설명하면서 다음과 같이 말하고 있다.

하늘은 높고 땅은 낮으며 그 가운데 만물은 흩어져 본성을 달리 하고 있는데, 그것을 본떠서 예禮가 제정된 것이다. 천지만물은 끝없이 운동하고 또 서로 결합되어 여러 가지로 변화되는데, 그것을 본떠서 악樂이 제정된 것이다. 봄에 싹이 나게 하고 여름에 자라게 하는 것은 인仁을 상징하고, 가을에 거두어들이고 겨울에 쉬게 하는 것은 의義를 상징한다. 인은 악에 뿌리를 두고 있으며 의는 예에 뿌리를 두고 있다. 악이란 조화를 존중하는 것으로서 성인의 신비스러움을 따르기 때문에 하늘을 본받으며, 예란 능력에 따라 적절하게 차별을 두는 것으로서 현자의 신비스러움을 지키기 때문에 땅을 본받는다. 그러므로 성인이 악을 제정하여 하늘의 뜻에 부응하였고, 예를 제정하여 땅의 뜻에 부응하였다. 예와 악이 확실하게 이루어지면 천지는 제 기능을 완벽하게 수행할 수 있다. 하늘의 높음과 땅의 낮음을 본받아 군주와 신하의 관계가 정립되었고, 높고 낮은 관계를 확대하여 그 밖의 여러 가지 귀천의 지위가 확정되었다.[37]

위의 주장에 따르면 유가의 인의와 예악은 모두 천지의 도를 본떠서 제정된 것이다.

한대의 유가사상에서도 법천관념은 매우 유행하였다.

한대의 종교화된 유가의 최고의 대표자 동중서董仲舒는 천인감응론을 주장함과 동시에 법천설을 주장하기도 하였다. 그는 "도라는 큰 원칙은 하늘로부터 나왔다道之大原出於天"라는 기본적인 명제를 제기하여 인류 사회의 모든 도덕이나 예법은 하늘로부터 나온 것, 즉 천도를 본뜬 것이라고 주장하였다. 그는 '대책對策'에서 다음과 같이 지적하였다.

---

37) 『禮記』『樂記篇』: 天高地下, 萬物散殊, 而禮制行矣. 流而不息, 合而同化, 而樂興焉. 春作夏長, 仁也. 秋斂冬藏, 義也. 仁根於樂, 義根於禮. 樂者敦和, 率神而從天. 禮者別宜, 居鬼而從地. 故聖人作樂而應天, 制禮而配地. 禮樂明備, 而天地官矣. 天尊地卑, 君臣定矣. 卑高已陳, 貴賤位矣.

저는 하늘이 만물의 원천이라고 알고 있습니다. 그러므로 그것은 모든 것을 포용하고 있으며 어떤 것을 특별히 구분하지 않습니다. 그것은 해와 달과 바람과 비를 만들어 만물을 자라게 하고, 음양과 추위와 더위를 통해 만물을 성숙시킵니다. 그러므로 성인은 하늘을 본받아 도리를 만들고, 모든 사람을 똑같이 사랑하면서 편애하지 않으며, 덕과 인을 베풀어 감싸주고, 의와 예를 제정하여 그들을 바른 길로 인도합니다. 봄은 하늘이 만물을 소생시키는 바탕이고 인은 군주가 만민을 사랑하는 바탕입니다. 여름은 하늘이 만물을 자라게 하는 바탕이고 덕은 군주가 만민을 먹여 살리는 바탕입니다. 서리는 하늘이 만물을 죽이는 바탕이고 형벌은 군주가 만민을 처벌하는 바탕입니다. 이런 점들에 근거하면 하늘과 인간이 서로 호응한다는 것은 만고불변의 이법이라고 할 수 있습니다.[38]

동중서의 이러한 견해는 인의나 형벌이 모두 천도를 본받았다는 고루한 견해를 다시 한 번 긍정한 것이며, 아울러 그것을 체계적으로 밝힌 것이다.

한대 유가의 또 다른 중요 인물 양웅揚雄은 "'현玄'이라는 것은 '하늘의 이치(天道)'이고 '땅의 이치(地道)'이며 '인간의 도리(人道)'이다. 이 세 가지 이치를 합하여 하늘이라고 부르는데, 그것은 구체적으로 군신·부자·부부의 도리이다"[39]라고 지적하였다. 여기서 양웅이 자기 철학의 기본 범주인 '현玄'을 매우 난삽하게 표현하기는 하였지만, 그 속에는 인도는 천도를 본받아야 한다는 사상과 천인상동天人相同(하늘과 인간은 같음)의 관념이 포함되어 있음을 명확하게 알 수 있다.

---

38) 『漢書』『董仲舒傳』: 臣聞天者群物之祖也, 故遍覆包函而無所殊, 建日月風雨而和之, 經陰陽寒暑以成之. 故聖人法天而立道, 亦溥愛而亡私, 布德施仁以厚之, 設誼立禮以導之. 春者天之所以生也. 仁者君之所以愛也. 夏者天之所以長也. 德者君之所以養也. 霜者天之所以殺也. 刑者君之所以罰也. 由此言之, 天人之徵, 古今之道也.

39) 揚雄, 『太玄經』『玄圖篇』: 夫玄也者, 天道也, 地道也, 人道也. 兼三道而天名之, 君臣父子夫婦之道.

서한西漢 말기에는 동중서의 종교적 이론을 추동력으로 삼아 종교적 색채가 보다 더 짙은 유학—참위설讖緯說이 출현하였다. 이 일파의 사상에서도 법천설은 매우 특이한 내용을 가지고 있다. 예를 들면 『춘추원명포春秋元命苞』[40]에서는 다음과 같이 설명한다.

하늘과 인간은 도수度數를 같이 하면서 정확한 규격을 서로 주고받는다. 하늘이 어떤 현상을 나타내면 인간은 그것을 실천하는데, 그것을 교화라고 한다. 교화라는 말은 본받는다는 의미이다. 즉 위에서 하는 것을 아래서 본받는다는 의미인데, (인간의)도리는 그것으로부터 비롯된 것이다.[41]

여기서 작자는 한대에 유행하였던 '음훈법音訓法', 즉 어떤 글자의 의미를 그 글자와 소리가 비슷한 다른 글자로써 해석하는 방법을 이용하고 있다. 즉 '교教'(가르침, 교육, 교화)자와 '효效'(본받음, 모방)자가 소리가 비슷하기 때문에 '효' 자의 의미를 가지고 '교' 자를 해석하였다. 위에서 인용한 위서의 견해에 따르면 인도에서의 교화는 바로 천도를 본받는 것이다.

작자는 어떻게 '하늘과 인간이 같은 도수'를 가지고 있는가에 대하여 동중서와 같이 억측을 부려 가면서 다음과 같이 논증하였다.

머리는 인간(의 정신)이 사는 곳이다. 위쪽이 둥근 것은 하늘을 본뜬 것으로서 그것은 기氣의 창고이다. 한 해는 반드시 열두 달로 이루어져 있

---

[40] 위 서의 제목은 대부분 이처럼 황당무계하다.
[41] 『春秋元命苞』: 天人同度, 正法相受. 天垂文象, 人行其事, 謂之教. 教之爲言效也, 上爲下效, 道之始也.

기 때문에 사람의 머리의 길이는 한 자(尺) 두 치(寸)이다. 하늘에 문창성
文昌星이 있는 것처럼 인간에게는 이마가 있는데, 그것은 사람에게 있어
서 태일太一을 의미한다. 이마라는 말은 기氣의 경계를 뜻한다. 양陽은 5
의 수로써 성립되기 때문에 이마의 넓이는 다섯 치이다. 하늘에 섭제성攝
提星이 있듯이 인간에게는 두 눈썹이 있는데, 그것은 인간의 속마음을 알
려주는 징표가 된다. 음은 2의 수로써 성립되기 때문에 눈썹의 길이는 두
치이다. 혀라는 말은 '소통한다(達)'는 뜻이다. 양은 3의 수로써 성립되
기 때문에 혀는 입 속에 있으면서도 길이가 세 치이고 두형성斗衡星(북두
칠성의 다섯 번째 별, 玉衡이라고도 함)을 본뜬 것이다. 음을 합하면 4가
되기 때문에 혀가 목구멍 안쪽으로 들어간 부분까지의 길이는 네 치이
다.42)

위의 이론에 따르면 사람의 머리 각 부위의 명칭과 길이는 모두 천
체를 본뜬 것이다. 이 이론이 황당하고 유치하다는 것은 금방 알 수 있다.
모든 사람의 머리가 표준적으로 '한 자 두 치'인가?

『효경수신계』라는 위서에서는 다음과 같이 설명하기도 하였다.

인간의 머리가 둥근 것은 하늘을 본뜬 것이고 발이 네모난 것은 땅을 본
뜬 것이고 오장은 오행을 본뜬 것이고 팔다리는 네 계절을 본뜬 것이고

---

42) 같은 책 : 頭者人所居, 上圓象天, 氣之府也. 歲必十二, 故人頭長一尺二寸. 在天爲文
昌, 在人爲顔顙, 太一之謂也. 顔之言氣畔也. 陽立於五, 故顔博五寸. 天有攝提, 人有
兩眉, 爲人衷候. 陰立於二, 故眉長二寸. 舌之爲言達也. 陽立於三, 故舌在口中, 長三
寸, 象斗衡. 陰合有四, 故舌淪入嗌內者, 長四寸. …… * 역자 주 : 중국어 원서에 인용
된 원문은 오자가 많아 해석에 어려움이 있었고, 특히 뒷부분은 한 구절에 무려 세
글자가 잘못 되어 있다. 아마도 조판 과정에서 오탈자가 발생한 것으로 보인다. 어
쨌든 1993년 처음 이 책을 번역할 당시에는 『춘추원명포』라는 책 자체를 국내에서
참조할 수 없었기 때문에 결국 마지막 한 문장을 번역하지 못한 채로 두었다. 아래의
『효경수신계』에서 인용한 글 역시 빠진 글자와 잘못된 글자가 많아 뒷부분은 괄호
로 묶어놓고 번역하지 못하였다. 그러나 이 개정판에서는 두 곳 모두 원본을 확인하
여 바로잡고 그에 따라 우리말로 번역한다.

아홉 개의 구멍은 구분九分(하늘을 중앙과 8방 등 아홉 개의 방향으로 나눈 것)을 본뜬 것이고 눈은 해와 달을 본뜬 것이다. 간은 인仁에 해당하고, 폐는 의義에 해당하고, 신장은 지智에 해당하고, 심장은 예禮에 해당하고, 쓸개는 판단력에 해당하고, 비장은 신信에 해당하고, 방광은 문제 해결 능력에 해당한다. 머리카락은 별을 본뜬 것이고, 뼈마디는 날과 해를 본뜬 것이고, 창자(腸)는 경위經緯를 본뜬 것이다.[43]

위의 예문은 내장의 기능과 천체 현상과 도덕을 연계하여 설명한 것이다. 이처럼 극도로 황당무계하고 견강부회한 법천설은 법천을 막다른 골목으로 밀어 넣었고, '사물은 극에 도달하면 반드시 되돌아온다' 는 철학은 사변적이고 치밀하기로 정평이 나 있는 위진현학에 의해 부정되었다.

송대에 이르러 법천사상은 다시 살아났다. 그러나 내용이나 형식적인 면에서 새롭게 변화되었다. 즉 그것은 구체로부터 추상으로 발전하면서 견강부회적 억측을 제거하였다.

예는 바로 천지의 본성이다. ……천지의 예는 자연적으로 존재하는 것이다. 어떻게 인간에게서 빌려 갔겠는가? 천지가 사물을 만들 때 높은 데 있는 것과 낮은 데 있는 것, 큰 것과 작은 것이 함께 존재하도록 하였다. 인간은 그것을 따를 뿐이다. 이것이 예의 근원이다.[44]

천지의 도는 항상 인간에게 어떤 현상을 보여준다. 그러므로 (그것을) '가만히 바라본다(靜觀)' 라고 한 것이다.[45]

---

43) 『孝經授神契』: 人頭圓象天, 足方法地, 五臟象五行, 四肢法四時, 九竅法九分, 目法日月, 肝仁, 肺義, 腎智, 心禮, 膽斷, 脾信. 膀胱決難, 髮法星辰, 節法日歲, 腸法鈴.
44) 張載, 『經學理窟』 「禮樂篇」: 禮卽天地之德也. ……天地之禮自然以有, 何假於人. 天地生物便有尊卑大小之常, 人順之而已. 此所以爲禮也.
45) 程顥・程頤, 『二程遺書』: 天地之道, 常垂象以示人, 故曰靜觀.

이법에는 하늘의 이법과 인간의 이법이 따로 존재하는 것이 아니다. 하늘에서는 천도가 되고 땅에서는 지도가 되며 인간에게서는 인도가 된다.[46]

하늘에는 봄·여름·가을·겨울이 있고 땅에는 금·목·수·화·토가 있으며 인간에게는 인·의·예·지 등이 있다.[47]

하늘에 있어서는 오행이 되고 인간에 있어서는 오사五事(표정, 언어, 보는 것, 듣는 것, 생각하는 것)가 된다. 천도로 말하면 그것은 원元·형亨·이利·정貞이 되고 네 계절로 말하자면 그것은 봄·여름·가을·겨울이 되고 인간으로 말하자면 그것은 인·의·예·지가 된다.[48]

위와 같은 견해들은 그 이전의 법천설과 큰 차이가 없다. 원·형·이·정의 덕은 겉으로 드러난 표면만을 모방한 것이 아니다. 어떤 제자가 주희에게 "(『주역』에서) '군자는 종일 부지런히 노력한다'고 했는데 이것은 하늘을 본받는다는 것을 의미하지 않습니까?"라고 질문하자, 주희는 다음과 같이 대답하였다.

하늘을 본받는다고만 말한다면 그것은 바로 하나의 (다른)요소를 첨가하는 결과가 된다. 군자는 하루 종일 부지런히 노력할 뿐이지만 하늘의 운동은 강건하여 그침이 없다. 그러므로 흔히 이런 점에서만 일치할 뿐이다.[49]

---

46) 같은 곳 : 道未始有天人之別, 但在天則爲天道, 在地則爲地道, 在人則爲人道.
47) 朱熹, 『朱子語類』 : 天有春夏秋冬, 地有金木水火, 人有仁義禮智.
48) 같은 곳 : 在天則爲五行, 在人則爲五事. 以天道言之, 爲元亨利貞. 以四時言之, 爲春夏秋冬. 以人言之, 爲仁義禮智.
49) 같은 곳 : 才說法天, 便添着一件事. 君子只是終日乾乾, 天之行健不息, 往往亦只如此.

다른 제자가 그와 같은 주희의 사상을 다음과 같이 기록하였다.

그것은 하늘의 운동이 그침이 없다는 것을 의미하는 것이 아니라 스스로
그것을 따르고 또 그침 없는 하늘의 속성을 배워야 한다는 것을 말한 것이
다. 이러한 마음을 항상 보존하고 있으면 천리가 항상 작용하고 널리
적용되어 그침이 없게 될 것이다.[50]

이 밖에 장재張載는, 인도는 천도를 본받는 것이라고 주장하면서 또
그 두 가지의 차이를 지적하기도 하였다. 그는 천도는 원래 '무심無心'한
것이지만 성인의 도는 도리어 '유심有心'하다고 생각하였다. 장재의 이
러한 사상은 왕부지에 의해 발전되었다.

도는 하나다. 그것은 하늘에 있어서는 천도이고 인간에 있어서는 인도이
다. 인간들이 말하는 도는 인도이다. 인도는 천도를 거스르지 않는다. 그
러나 텅 비고 말없는 하늘에서 억지로 무엇을 구하다 보면 결코 아무것
도 얻지 못하기 때문에 결국에는 도가 없다고 결론 내릴 것이다.[51]

왕부지는 천도와 인도가 비록 공통점을 가지고 있지만, 인도는 기
계적으로 본을 뜨듯이 천도를 그대로 옮겨 놓은 것이 아니라고 생각하였
다. 왜냐하면 천도는 무위하고 인도는 유위하기 때문이라는 것이다. 만
약 인간이 기계적으로 하늘의 허정虛靜을 모방하려고 한다면 그것은 근
본적으로 도에 어긋나는 행동이 된다. 이처럼 하늘에 대한 인간의 모방
은 선택적이라는 것이다.

---

50) 같은 곳 : 非是說天運不息, 自家去趨逐, 也要學他如此不息. 只是常存得此心, 則天理
常行, 而周流不息矣.
51) 王夫之, 『正蒙注』: 道一也, 在天則爲天道, 在人則爲人道. 人之所謂道, 人道也. 人道
不違於天, 然强求同於天之虛靜, 則必不可得, 而終歸於無道.

이 때문에 군자는 선한 것을 선택하며 하늘을 본받는다. 하늘을 본받는 바른길은 고귀하고 밝은 이치를 완전하게 실천하는 자세와 꿋꿋하고 성실한 자세에 있다. 하늘의 오묘함을 본받아서는 안 된다. 오묘함은 하늘의 참모습이 아니다.[52]

왕부지의 법천설은 도가를 비판한 것이다. 도가에서는 정신 수양을 할 때 하늘의 오묘하고 텅 빈 상태를 본받아야 한다고 주장하였는데, 왕부지는 이것을 잘못된 견해라고 비판하였다. 그러나 왕부지도 결국 법천을 긍정하였다. 다른 리학자理學者들과 같이 왕부지도 '원·형·이·정'의 이치를 하늘과 인간에 두루 통하는 공통의 원칙으로 삼았다.

중국철학사에 나타나는 법천사상을 개괄해 보면 이른바 법천의 관념 속에는 다음과 같은 두 가지 기본적 태도, 혹은 경향이 있음을 알 수 있다. 첫째는 범려 등에 의해 제창되어 도가와 '역전' 등에 의해 발전된 주장으로서 천지의 법칙을 본받으려는 태도이다. 그들이 제기한 가장 중요한 관념은 '왕복往復' (반복운동)이다. 다른 하나는 자산 등에 의해 제창되어 주로 유가에 의해 발전된 것으로서, 인간의 예법은 천지를 본떠서 만들어진 것이라는 태도가 그것이다. 예를 들면 하늘은 높고 땅은 낮다는 것으로써 군신이나 상하 관계의 합리성을 논증하려고 한 것 등이 여기에 속한다.

이 두 종류의 법천관념은 서로 영향을 끼치면서 중국 민중의 기본 의식형태의 하나로 성립되었다.

---

52) 王夫之, 『尚書引義』: 是故君子擇善而法天, 法天之正, 極高明也, 强不息也. 不法天之玄, 玄非天之正也.

2. 천도와 인도의 분리설

법천설과는 반대로 분리설의 기본 내용은 천도와 인도는 근본적으로 구분되며 혼동될 수 없다고 생각하는 것이다.

앞의 제1절에서도 인용하였지만, "천도는 멀고 인도는 가깝다. 이 두 가지는 서로 영향을 끼칠 수 없다"[53]라는 자산의 명제는 일반적으로 천도와 인도의 분리설과 관련된 최초의 언급이라고 생각된다. 그러나 이 명제는 특수한 측면을 가지고 있다. 따라서 그것은 자산 사상의 전체적인 내용을 반영한 것이라고 볼 수 없다. 자산은 법천사상의 선구자 중 한 사람일 뿐이다.

비교적 체계적으로 천도와 인도가 분리된다고 생각한 최초의 철학자는 전국시대의 순자이다.

> 하늘과 땅이 합해져서 만물이 발생하고, 음과 양이 만나서 모든 변화가 일어나며, 본성과 인위가 합해져서 천하가 다스려진다. 하늘은 만물이 발생하게 할 수는 있지만 만물을 변하게 할 수 없다. 땅은 사람을 받쳐 줄 수는 있지만 인간 사회를 다스릴 수 없다. 우주 속의 모든 존재는 성인에 의해서만 기능적으로 구별된다.[54]

순자는 '다스림(治)'·'기능적 구별(分)'의 공로가 인위에 있는 것이라고 명확하게 설명하였는데, 이것은 당시로서는 매우 정확한 것이었다. 왜냐하면 그 당시에는 천지를 본받아야 한다고 주장하면서 인간 사회의

---

53) 『春秋左氏傳』『昭公』 18년조 : 天道遠, 人道邇, 不相及也.
54) 『荀子』『禮論篇』 : 天地合而萬物生, 陰陽接而變化起, 性僞合而天下治. 天能生物, 不能變物也. 地能載人, 不能治人也. 宇中萬物之屬, 待聖人而後分也.

정치·법률·도덕 등은 천지의 산물이라는 신비주의적 관점이 매우 유행하였기 때문이다. 그러한 관점들은 실제로 인간의 도덕이 천지라는 자연에 의한 것이라고 가정한 다음 반대로 그 도덕은 결코 인간의 주관적 허구가 아니라 천지를 본떠서 만들어진 것이라고 설명한다.

순자는 그러한 견해에 반대하였다. 그는 사회의 정치제도 및 윤리 도덕 등은 모두 성인이 인간 사회의 필요에 따라 창조한 것이지 '하늘' 과는 아무런 관련이 없다고 생각하였다. 하늘에는 하늘의 작용이 있고 인간에게는 인간의 작용이 있으며, 천도와 인도는 다른 것이고, 따라서 이 두 가지를 혼동해서는 안 된다는 것이다. 이것은 "하늘과 인간에는 구분이 있음을 잘 알아야 한다(明於天人之分)"는 사상의 중요한 측면이다.

『순자』에서도 '천도' 라는 개념이 사용된다. 그러나 그것은 자연계의 순수한 법칙을 가리킬 뿐 거기에는 도덕이나 윤리적 의미가 전혀 없다. 즉 그것은 자연계의 범주를 벗어나지 않는다. 순자는 인간의 도를 성인이 만든 것이라고 생각하였다. 따라서 그는 도를 '천도', 혹은 '천지의 도(天地之道)' 라고 하는 데 반대하였다. 특히 그는 『유효편』에서 다음과 같이 지적하였다.

> 도란 하늘의 이법도 아니고 땅의 이법도 아니며 인간이 실천해야 하는 도리이다. 즉 군자가 실천하는 도리이다. 55)

이것은 인간이 지켜야 할 도덕이나 예법은 하늘로부터 부여받았다거나 하늘을 본떠서 만든 것이 아니라 전적으로 군자가 제정한 것이라는 점을 설명한 것이다. 순자는 또 예가 발생된 과정을 다음과 같이 구체적

---

55) 같은 책, 『儒效篇』: 道者, 非天之道, 非地之道, 人之所以道也, 君子之所道也.

으로 분석하였다. 인간은 일생 동안 욕망을 가지고 살아가는데, 그는 외적 대상을 통해 그 욕망을 충족시키고자 한다. 인간의 욕구는 한계가 없기 때문에 필연적으로 다툼이 발생하며, 치열한 다툼은 결국 사회적 분쟁을 초래하게 된다. 또 사회적 분쟁은 인류의 생활 자료를 고갈시킨다. 고대의 성인, 즉 '선왕先王'은 이러한 재난을 막기 위하여 '예'와 '의'를 제정하였으며, 그것으로써 인간관계를 확정하였고 개인의 욕망을 적절한 범위로 제한하였다. 이렇게 함으로써 쟁탈과 분쟁의 발생을 막을 수 있었다. 한마디로 순자는 인류사회 내부의 모순·발전으로부터 '예'의 발생을 규명하려고 시도하였다. 이러한 견해는 '예'를 자연법칙이라고 설명하는 것보다 훨씬 탁월하다.

　　그러나 순자의 사상도 결코 철저하거나 절대적이지는 않다. 순자도 법천에 대하여 조금 설명하기도 하였다. 첫째, 그는 음악의 기원에 대하여 설명할 때 음악은 자연을 모방한 것이라고 생각하였다. 이러한 이론은 오늘날에도 음악 기원론의 하나로 받아들여지는 것으로 인간 사회의 도덕이 자연을 모방한 것이라는 관점과는 본질적으로 구별된다. 둘째, 순자는 "하늘이 있고 땅이 있듯이 위와 아래는 차이가 있다"[56]라고 설명하였는데, 이것은 하늘과 땅의 차이를 통해 인간의 불평등을 변호한 것이다. 이는 자산 등의 사상과 궤를 같이 한다.

　　중국 고대 철학사에서 인도는 천도를 본받아야 한다는 주장에 대하여 명확하게 반대한 철학자는 매우 드물다. 선진先秦에서 순자를 제외하면 위료자尉繚子(전국시대 말기의 학자) 한 사람만 있을 뿐이다. 그는 다음과 같이 말하였다.

---

56) 같은 책, 『王制篇』: 有天有地而上下有差.

푸르디푸른 하늘은 그 끝을 알 수 없다. 성왕은 이미 옛사람이 되었으니 누구를 본받겠는가? 지나간 세상은 돌이킬 수 없고 다가올 세상은 기다릴 수 없다. 자기 스스로에게서 구하도록 해야 한다.[57)

위료자는 성스럽고 총명한 군주가 법령을 제정하였다고 생각하였다. 따라서 그것을 하늘에서 찾지 말고, 그것을 옛사람에게서도 찾지 말 것이며, 오직 현실적 상황에 근거하고 자기 자신의 능력과 지혜에 따라 일을 처리해야 한다고 주장하였다. 이러한 사상은 자기의 능력을 적극적으로 믿는 신흥 지주계급의 정신을 반영한 것이다.

진대晉代에는 생졸년과 사적이 불분명한 포경언鮑敬言이라는 사상가가 있었다. 그의 주장은 『포박자』『힐포편』에 반박 자료로써 기록되어 있다. 포경언은 확실히 이단적인 사상가였다. 그는 유명한 '무군론無君論'을 제창하여 봉건적 군신관계를 반대하면서 이른바 군신·상하 관계는 자연적 질서에 따라 만들어졌다는 주장의 허구성을 다음과 같이 폭로하였다.

대체로 천지와 음양이 만물을 만들어 낸다. 양을 좋아하는 것은 구름처럼 날아오르고, 음을 좋아하는 것은 개울처럼 아래로 내려간다. 만물은 부드러운 음의 성질과 굳센 양의 성질을 물려받아 본성을 형성하고 네 계절과 여덟 절기를 따라 발생하여 각기 적절한 곳에 붙어 있다. 그러므로 본래부터 높고 낮음이 없었음을 알 수 있다.[58)

---

57) 『尉繚子』『武義篇』: 蒼蒼之天, 莫知其極, 帝王之君, 誰爲法則. 往世不可及, 來世不可待, 求己者也.

58) 『抱朴子』『詰鮑篇』: 夫天地之位, 二氣範物. 樂陽則雲飛, 好陰則川處, 承柔剛以率性, 隨四八而化生, 各附所安, 本無尊卑也.

이것은 만물의 출현은 모두 자연적인 것이며, 상하·강유 등에는 고귀함과 미천함의 구분이 없다는 것이다. 그렇다면 군신·상하의 등급 관계는 어디에서 온 것인가? 이점에 대하여 포경언은 다음과 같이 폭로하였다.

유자들은 "하늘이 많은 인민들을 낳았고 또 임금을 세웠다"라고 말하지만, 저 하늘이 어떻게 낱낱이 그런 말을 하였겠는가? 그것은 정권을 잡고 싶어 하는 사람들이 만든 말이다. 대체로 힘이 센 자가 힘이 약한 자를 위협하면 약한 자는 그에게 복종하기 마련이다. 또 지혜로운 자가 어리석은 자를 속이면 어리석은 자는 그를 섬기기 마련이다. 약한 자가 강한 자에게 복종하기 때문에 군주와 신하의 관계가 성립되고, 어리석은 자가 지혜로운 자를 섬기기 때문에 힘없는 인민이 통제를 받는다. 그러므로 예속과 지배는 강함과 약함의 차이, 지혜로움과 어리석음의 차이에서 연유한 것이지 저 푸른 하늘과는 아무런 관련이 없다.[59]

위의 견해에 따르면 군신의 관계는 자연에 의해 결정된 것이 아니라 강자가 약자를 억압하고 지혜로운 자가 어리석은 자를 속이는 데서 발생한 것이다. 포경언은 법천에 대하여 매우 철저하게 비판하였다. 이것은 그가 봉건적 사회 관계의 울타리를 벗어나서 이 문제를 생각하였기 때문에 가능한 것이었다.

당대唐代의 유우석劉禹錫과 유종원柳宗元 등도 인도는 천도를 본받아야 한다는 주장에 반대하였는데, 유우석의 설명이 보다 체계적이다. 유우석은 천도와 인도는 내용적 측면에서 근본적으로 구별된다고 지적하였다.

---

59) 같은 곳 : 儒者曰, 天生烝民而樹之君. 豈其皇天諄諄言, 亦將欲之者爲辭哉. 夫强者凌弱, 則弱者服之矣. 智者詐愚, 則愚者事之矣. 服之故君臣之道起焉. 事之故力寡之民制焉. 然則隸屬役御由乎爭强弱而校愚智, 彼蒼天果無事也.

하늘의 이법은 생식에 있고 그것의 작용은 강약에 있다. 인간의 도리는 법제에 있고 그것의 작용은 시비판단에 있다.[60]

유우석은 예의와 상벌은 인간만이 가지고 있는 능력이라고 생각하였는데, 이러한 그의 견해는 "의로써 폭력을 제재하는 것, 예로써 어른과 아이의 도리를 구분하는 것, 현명한 자와 능력 있는 자를 존중하고 도덕적 표준을 세워 사악한 행위를 금지시키는 것 등은 인간의 능력에 의한 것들이다"[61]라는 설명에서 확인된다. 이것은 하늘로서도 할 수 없는 것이다. 따라서 그는 인간의 도덕은 천지의 도를 본뜬 것이라는 전통적인 관념을 부정하였다. 그는 천인분리론의 관점에 근거하여, 좋은 정치를 하려면 인사에 대해서만 논의하고 천도에 대해서 언급하지 말아야 한다고 추론하였다. 그가 쓴 명작 『천론』은 다음과 같은 요지의 말로써 끝을 맺는다.[62]

현명한 임금 요순堯舜이 물려준 글들은 모두 '천도를 연구한다'는 말로 시작되지 않고 '역사를 연구한다'는 말로 시작된다. 그런데 주나라의 유왕幽王이나 여왕厲王 등과 같은 어리석은 군주 시대에 지어진 시가詩歌에서는 도리어 '황천상제皇天上帝'라는 말로 시작되며 인사는 한쪽 구석으로 밀려난다. 순임금이 다스릴 때 '여덟 사람의 훌륭한 인물과 여덟 사람의 덕망 있는 인물(八元八愷)'을 선발하여 관리로 임명한 일에 대해서 "하늘이 그들을 주었다"라고 말하지 않고 "순임금이 그들을 임명하였다"고 하였다. 그러나 은殷나라 중종中宗(사실은 高宗) 때는 계속되는 혼

---

60) 劉禹錫, 『天論』: 天之道在生植, 其用在强弱. 人之道在法制, 其用在是非.

61) 같은 곳 : 義制强訐, 禮分長幼, 右賢尚功, 建極閑邪, 人之能也.

62) 역자 주 : 저자는 아래의 내용에 대한 원문을 인용하고 그것을 현대 구어체로 다시 풀어서 설명하고 있다. 따라서 내용의 중복을 피하기 위해 유우석의 원문을 각주에 밝히기만 하고 우리말로 다시 번역하지 않는다.

란기였기 때문에 부열傅說이 현자라는 것을 쉽게 알 수 있었다. 그러나 그는 "내가 부열을 임명하였다"라고 말하지 않고 "하느님께서 부열을 우리에게 보내 주셨다"라고 말할 뿐이었다. 순임금이 지배한 인민은 요임금의 유민이었다. 그들은 '천신天神'을 기만한다거나 우롱할 수는 없었지만 상왕조商王朝시대의 사회 기강은 이미 썩어 있었기 때문에 지배자는 '하늘'의 권위를 빌려야 인민을 다스릴 수 있었다. 하늘은 정말로 인간 세계를 간섭하는가? 결코 그렇지 않다.[63)]

유우석은 인간과 하늘을 억지로 연관 짓는 것을 반대하였으며, 아울러 그는 지배자가 '하늘'의 기치를 들고서 인민들을 속이고 있다는 사실을 폭로하였다. 그의 천인분리적 사상은 명확성이나 이론적 깊이에서 순자의 그것을 초월하였다.

중국 근대의 몇몇 사상가들은 서양의 자연과학 지식을 이용하여 천도와 인도가 일치된다는 전통적인 법천관념을 부정하였다. 예를 들면 강유위康有爲는 군신·부자의 '도리(理)'는 인간이 지어낸 것이지 하늘이 그렇게 만든 것은 아니라고 지적하면서 리학理學으로 대표되는 법천사상을 청산하였다.

인간의 육체가 있고 나서야 지혜가 있으며 지혜가 있고 나서야 도리도 있다. 따라서 도리라는 것은 인간이 만든 것이다. 가의賈誼가 군신 등 상하의 기강을 세워야 한다고 주장한 것은 하늘이 할 수 있는 일이 아니다. 그것은 인간이 만든 것이다. 그러므로 도리란 인간의 도리이다.[64)]

---

63) 劉禹錫, 『天論』: 堯舜之書, 首曰稽古, 不曰稽天. 幽?之詩, 首曰上帝, 不言人事. 在舜之廷, 元凱擧焉, 曰舜用之, 不曰天授. 在殷中宗, 襲亂而興, 心知說賢, 乃曰帝賚. 堯民之余, 難以神詬. 商俗已訛, 引天而驅. 由是言之, 天預人乎.

64) 康有爲, 『內外篇』 『理氣篇』: 有人形而後有智, 有智而後有理. 理者人之所立. 賈誼謂立君臣等上下, 此非天之所爲, 乃人之所設. 故理者, 人理也.

강유위는 '하늘'에도 법칙이 있지만 그 법칙은 자연 현상에 관한 법칙에 지나지 않으며, 사회 제도와는 무관하다고 생각하였다.

천지라는 것은 빛·전기·열 등이 계속 서로 부딪치고 서로 영향을 끼치면서 나타나는 현상일 뿐이다. 그 속에 도리理라는 것은 없다.[65]

강유위 등 중국 근대의 사상가들이 봉건시대의 법천설의 오류를 비판하였지만, 중국 자본주의 사상가들 역시 자연법칙과 사회법칙을 정확하게 구분할 수는 없었다. 즉 생존경쟁과 적자생존이라는 생물학적 법칙은 자연과 인간 사회의 공통된 '진화법칙'이라고 한 것이 그 명확한 예이다.

3. 천도관념과 변증법적 사유의 발전

순자·유우석 등 무신론적, 소박한 유물론적 사상가들은 천인분리의 입장에 서서 자연 현상과 인간 사회의 정치·도덕을 유비類比시키는 법천론의 허구성을 반대하였다. 그들의 이러한 견해는 전체적인 면에서는 의심할 바 없이 정확하다. 그러나 법천관념 속에도 합리적인 요소가 포함되어 있다. 그것은 주로 "극에 도달하면 되돌아오고, 전성기에 이르면 시들어 간다(極則反, 盛則衰)"는 관념이다. 이러한 관념은 중국 고대 변증법 사상의 주요 원천 중 하나이다.

중국 고대 변증법 사상은 선진시대에 매우 깊고 상당히 풍부한 경

---

65) 같은 곳 : 若天地, 則光電熱重相摩相化而已, 何所謂理哉.

지에 도달하였다. 일반적으로 선진시대의 변증법 사상은 두 가지 큰 체계 속에 포함되어 있다고 인정된다. 하나는 『주역』이고 다른 하나는 『도덕경』이다. 많은 사람들이 『주역』의 변증법을 중국에서 가장 오래된 변증법 사상이라고 생각한다. 여기서 『주역』에 대하여 고증해 볼 필요가 있다.

『주역』은 '경經'과 '전傳'이라는 두 부분으로 나눌 수 있는데, '경'은 괘상卦象·괘명卦名·괘사卦辭·효사爻辭 등으로 구성되어 있다. 이 분야 전문가들의 고증에 따르면 이 책은 서주시대 초기쯤에 만들어졌다. 만약 '경' 속에 변증법적 사상체계가 있다면 그것은 확실히 중국 변증법사에서 가장 오래된 문헌이라 할 수 있을 것이다. 많은 사람들이 그렇게 생각하고 있는데, 그들은 '경'의 가장 기본적 요소가 '━' 효(陽爻)와 '━ ━' 효(陰爻)라는 점에 근거하여 '경'에는 음양의 대립과 통일의 관념이 존재하며, 그것은 모든 사물의 구성에 적용된 관념이라고 생각하였다. 그러나 『역경易經』(『주역』에서 '경'에 속하는 부분)은 서주시대 초기에는 점을 치기 위한 책자였을 따름이다. '━'는 기수奇數를 대표하고 '━ ━'는 우수偶數를 대표하는데, 효사와 괘사에 따르면 이 두 효는 '양'과 '음'으로 해석될 수 없다. 이 때문에 『역경』자체에는 음양 대립적 사상이 존재하지 않았으며, 또 음양이 만물을 구성한다는 세계관을 가지고 있었다고 말할 수 없다. 그런데 『역경』의 괘사와 효사에서는 변증법적 사유의 맹아가 발견된다. 그러나 거기서 보이는 변증법적 사유는 맹아 형태일 뿐이라는 점과 그것이 우연히 적용되었을 뿐 체계를 구성하지 않았다는 점 등은 반드시 지적되어야 할 것이다. 『역경』에는 "가서 다시 돌아오지 않는 것은 없다(无往不復)"라는 말이 있다. 이것 때문에 『역경』에는 '왕복'이라는 변증법적 관념이 있다고 생각하는 사람이 있는데, 이것은 자세하게 검토해 볼 만한 가치가 있다. 『역경』의 원 뜻에 따르면 "가서 다시 돌아오지 않는 것은 없다"는 말은 보편적 원칙으로 쓰인 것이 아니라 어떤 특수한 상황을 가리키고 있다. 예를 들어 만약 점을 쳐 이런 괘가 나왔다면 방심하고 길을 떠날 수 있고, 아무리 큰 위험이 닥치더라도 안전하게 되돌아올 수 있다는 것이다.

'역전易傳'(『주역』에서 '전'에 속하는 부분)은 「단전象傳」·「상전象傳」·「문언전文言傳」·「계사전繫辭傳」·「설괘전說卦傳」·「서괘전序卦傳」·「잡괘전雜卦傳」 등 일곱 개 부분으로 구성되어 있다. 그 중에서 「단전」·「상전」·「계사전」은 상하 편으로 나누어져 있다. 따라서 '역전'은 '십익+翼'이라고도 불린다. 형식적인 면에서 볼 때 '역전'은 『역경』을 해석한 것이다. 그러나 그것이 담고 있는 내용, 즉 사상에서 볼 때 근본적인 변화가 일어났다. 『역경』은 점치는 책자로서 주된 사상은 미신이며 약간의 변증법적 요소만을 포함하고 있을 뿐이다. '역전'도 미신적·점복적 요소를 조금 띠고 있기는 하지만 주된 사상은 철학이며, 이미 하나의 철학 체계를 구성하고 있다. '역전'의 성립 연대는 오늘날에 이르기까지 아직 정론이 없다. 각각의 부분은 한 시대나 한 사람에 의한 저작이 아니며, 대체로 전국시대의 작품이라는 것이 일반적 견해이다. 춘추시대에서 전국시대에 이르는 기간은 중국문화사에서 '곡해曲解'의 시대라고 할 수 있을 것이다. 수많은 경전과 개념이 새롭게 해석되었기 때문이다. 예를 들면 원래 애정을 노래한 시가(『시경』의 '풍'에 해당되는 시들)에 정치적 의미가 부여된 것이나, 최고신인 '하늘'이 앞에서 이미 여러 번 설명하였듯이 자연으로 해석된 것 등이 그것이다. 이 때문에 '역전'의 철학을 통해 『역경』 본래의 의미를 해석할 수 없다.

위에서 이미 '역전'의 풍부한 변증법적 사상을 검토하였는데, 그 가운데서 가장 중요한 것은 '왕복'을 특징으로 하는 발전·변화의 사상이다. 이 사상은 결코 『역경』에서 발전된 것이 아니라 춘추시대에 유행하기 시작한 "극에 도달하면 되돌아오고, 전성기에 이르면 시들어 간다"는 천도 관념의 영향을 받은 것이다. 바로 이러한 이유 때문에 '역전'의 작자는 "하늘은 어떤 현상을 보여주고 길흉을 보여주며, 성인은 그것을 본받는다"는 주장을 반복 · 강조하였다.

『도덕경』의 "되돌아오는 것은 도의 운동이다"는 정의 역시 춘추시대의 "가득 차면 반드시 허물어진다(盈則毁)"는 천도 관념을 보다 추상화한 것이다.

이러한 것들을 통해 춘추시대 법천사상이 가지고 있는 '천도' 관념은 중국 변증법사상 발전사에서 첫 번째 단계에 해당된다는 것을 인정할 수 있다.

그런데 이처럼 반복운동을 강조한, 혹은 "사물은 극에 도달하면 반드시 되돌아온다"는 점을 강조한 변증법 사상이 왜 처음에는 천도, 즉 천체의 운동법칙이라는 형식을 띠고 나타났을까? 이점에 대하여 레닌의 다음과 같은 분석은 매우 적절하다.

> (지구 위의)천체의 운동이나 기계적 운동, 혹은 동식물과 인간의 생명 등은 모두 운동의 관념뿐만 아니라 출발점으로 되돌아오는 운동, 즉 변증법적 운동의 관념을 인간의 두뇌 속에 심어 주었다.[66]

천체 현상 및 기상의 변화는 운동의 반복성, 즉 끊임없이 출발점으로 되돌아오는 변증법적 성질을 매우 선명하게 보여준다. 달의 차고 이지러짐, 별자리의 주기적 이동, 사계절의 교체 등은 변증법적 운동의 관

---

[66] V. I. 레닌, 『라살레의 '에페소스의 어두운 철학자 헤라클레이토스의 철학'에 대한 적요』

념을 끊임없이 중국 고대 인민의 머리 속에 주입시켰다.[67] 사람들은 먼저 천체의 운동에 대한 깨달음을 통해 반복 운동하는 '천도'를 발견하였다. 그 뒤 그들은 점점 자연계의 다른 부분, 예를 들면 초목이 시들었다가 다시 무성해진다든지 하는 것 등을 통해 그것들이 출발점으로 되돌아오는, 즉 반복운동의 특성이 있음을 발견하였다. 마지막으로 사람들은 사회에도 그와 비슷한 특성이 있음을 발견하였는데, 예를 들면 안정(治)과 혼란(亂)의 순환적 교체가 그것이다. 이 때문에 옛날의 철학자들은 그러한 것들을 "가득 차면 반드시 허물어진다", "극에 도달하면 되돌아오고, 전성기에 이르면 시들어 간다" 등의 관념으로 귀납시켰다. 그 뒤로 사람들은 하늘에 관한 전통적인 사상의 영향을 받아 이러한 관념들을 '천도'라고 불렀다. 그들은 또 천체 현상이 먼저 모델로 제공되고, 자연계의 기타 현상과 인간 사회는 그것을 따름으로써 이러한 추세가 나타나게 된 것이라고 생각하게 되었다. 그러나 실제로 이와 같은 선후의 구분은 인간의 인식 과정에 지나지 않는다. 이러한 견해들이 비과학적 성질을 띠고 있기는 하지만, '천도'는 사물 발전의 변증법적 추세에 대한 소박한 표현이다. 그것은 후대에 대부분의 중국 고대 사상가들에 의해 받아들여졌으며, 또 대중의 의식 속에 스며들어갔다. 그 결과 "사물은 극에 도달하면 되돌아온다"는 사상은 일반 중국인의 심리를 구성하는 중요한 요소가 되었다.

많은 격언과 문학작품 속에서 그것은 다음과 같은 의식형태로 나타난다. 즉 어떤 상황이 더 이상 전개될 수 없으면 반대 방향으로 전화한다는 것, 사물의 발전은 직선적이 아니라 순환적이라는 것 등이 그것인데, 구체적인 예를 들면 다음과 같다.

---

67) 고대 중국 문명의 중심지역은 온대대륙성 기후에 속했기 때문에 사계절의 변화가 매우 뚜렷하였으며, 또 정확한 규칙성을 가지고 있었다.

궁지에 몰린 적을 쫓지 말라(고대 병서兵書로부터 유래하는 속담).

천하의 모든 것은 오랫동안 합해져 있으면 반드시 다시 분리되고, 오랫동안 분리되어 있으면 반드시 다시 합쳐진다(『삼국연의』).

흩어지지 않는 잔치는 없다(『홍루몽』).
좋을 때 그만둔다(널리 유행하는 속어).

이런 말들 속에는 변증법적 지혜가 번득이고 있다. 그런데 "극에 도달하면 되돌아오고, 전성기에 이르면 시들어 간다"는 천도 관념은 또 순환론적 형이상학의 색채를 띠고 있다. 그것은 사물은 발전·변화하는 것이라고 생각하였다는 점이라든지, 또 끝 점에까지 발전하면 반대의 방향으로 전화해 간다는 변증법적 추세를 보여주고 있다는 점에서 매우 뛰어난 견해이다. 그러나 많은 중국 사상가들에 따르면 전화란 원래의 출발점으로 되돌아오는 것일 뿐이며, 발전은 순환일 뿐이다. 그리고 가장 근본적인 것은 변화의 배후에 있는 불변하는 '상常(일정함, 불변성)'이다. 따라서 중국 고대의 많은 사상가들은 법천과 '천도'를 설명할 때면 언제나 운동의 반복성과 항상성을 결합시켰다. 즉 한편으로는 "하늘의 도는 극에 도달하면 되돌아오고, 가득 차면 시들어 가는 것이다"라고 하면서 다른 한편으로는 "하늘은 자신의 일정함을 잃지 않으며, 땅은 자신의 법칙을 잃지 않는다"고 설명하였다. 이러한 상황의 형성 원인 중 하나로 당시의 과학적 수준의 제약을 들 수 있다. 사람들은 아직 해와 달 그리고 별들이 끝없이 순환하는 것을 소박하게 관찰할 수 있을 뿐이었다. 이 점에 대하여 엥겔스는 다음과 같이 지적하였다.

사람들은 자연계가 영원히 운동하고 있음을 알고 있다. 그러나 그 당시의 생각에 따르면 그러한 운동은 영원히 회전운동을 하고 있으며, 따라서 처음부터 끝까지 한 곳에 머물러 있기 때문에 결국 동일한 결과를 낳는다. 이러한 생각은 당시로서는 어쩔 수 없는 것이었다.[68]

엥겔스가 여기서 말하는 '당시' 란 19세기 서양 자연과학의 3대 발명이 이루어지기 이전의 상황을 가리킨다. 서양에서도 18세기에 이르기까지 순환론적 자연과학의 기초를 타파하지 못하였다는 점을 상기해 볼 때 중국 고대의 순환론에 대하여 지나치게 기대를 거는 것은 무리라고 생각된다.

그러나 냉정하게 생각해 보면 그와 같은 운동의 반복성과 항상성의 결합은 중국 전통 사유의 모델 속에 발전·변화의 관념을 풍부하게 해주기는 하였지만, 그 속에는 또 매우 보수적인 요소가 포함되어 있기도 하다. 발전은 순환일 뿐이고 전진이 아니며, 변화 속에는 '상(불변성)' 이 있기 때문에 그 '상' 을 파악하기만 하면 "변하지 않는 것을 통해 모든 변화에 대처할 수 있다" 는 것이다. 다른 측면에서 볼 때 중국 사상가들은 국부적이고 지엽적이며 표면적인 변화, 즉 이른바 '구체적 적용이나 비본질적인 것用' 과 '상황에 따른 방편(權)' 은 변화할 수 있다는 점을 인정하였지만, 이른바 '본질적인 것(體)' 이나 '근본적 원칙經' 은 절대로 변할 수 없다고 생각하였다. 바로 이러한 관념의 영향을 받아 대다수의 중국 사상가들은 역사가 전진한다고 생각하지 못하고 기껏해야 왕조의 교체나 안정과 혼란, 분리와 통일의 순환이라고 생각하였을 뿐이다. 동시에 그들은 고대 성현의 경전을 영원히 적용할 수 있는 불변의 가르침이라고

---

68) F. 엥겔스, 『포이에르바하와 독일 고전철학의 종말』

생각하였기 때문에 주관적 측면의 진보적 탐구 정신을 상실하였다. 다만 소수의 뛰어난 사상가들만이 이러한 순환론에 대하여 회의를 품었다.

4. 법천과 전통사상의 특징

위에서는 변증법 발전사의 측면에서 법천사상 속의 '천도' 관념을 고찰하였다. 이제 논리적인 측면에서 법천사상을 검토해 보자. "극에 도달하면 반드시 되돌아오는", 혹은 '왕복(반복)' 운동하는 '천도' 자체는 일종의 논리적 형식을 이루고 있는데, 그것은 소박한 변증법적 사유 형식이다. 여기서 법천의 다른 한 측면, 즉 자연 현상과 사회현상을 유비類比하는 사유 방법을 검토해 보자.

앞에서 법천에 대한 중국 고대 사상가들의 논의를 많이 인용하였는데, 이제 그들의 추론 방법을 중점적으로 분석해 보자. 법천관념은 인간 사회의 모든 도덕이나 예법들은 천체 현상 등의 자연 현상을 본뜨거나 모방하여 만든 것이라고 생각하는 것인데, 법천론자들은 심지어 인간까지 하늘의 복사판이라고 생각하기도 하였다(동중서 『春秋繁露』 『人副天數篇』 참조).

옛사람들이 이러한 추론을 진행할 때는 설명이 사리에 척척 들어맞고, 증거가 명확하고 확고부동한 것처럼 보였을 수 있다. 그러나 자세히 생각해 보면 인간과 하늘 사이의 '일치'는 대부분 숫자상의 일치이다. 예를 들면 하늘에 오행五行이 있는 것처럼 인간에게는 오상五常(仁義禮智信)이 있고 오장五臟이 있다는 것이나, 하늘에 육기六氣가 있는 것처럼 인간에게는 육정六情(여섯 가지의 감정)이 있다는 것 등이 그것이다.

고대인들은 '하늘'을 설명할 때 '상수常數'라는 말을 자주 썼는데, '상수'란 예를 들면 다음과 같은 것들이다.

태일太一 (太極)

이물二物 (陰, 陽)

삼광三光 (日, 月, 星)

사시四時 (春, 夏, 秋, 冬)

오행五行 (金, 木, 水, 火, 土)

육기六氣 (陰, 陽, 風, 雨, 晦, 明)

칠요七曜 (日 · 月과 金, 木, 水, 火, 土 등 五星)

팔절八節 (立春, 夏至, 立秋, 立冬, 春分, 夏至, 秋分, 冬至)

구야九野 (中央과 八方)

10 이내의 숫자를 하나도 빠뜨리지 않았는데, 10 이상의 숫자도 많이 찾아볼 수 있다. 예를 들면 12(월), 24(절기), 360(일수), ……등 일일이 다 들 수 없다.

따라서 사회현상에 10 이내의 어떤 숫자나 혹은 12, 24, 360 등을 끌어다가 붙여야만 아무런 어려움 없이 '하늘'과 연결될 수 있다. 사람들은 마음 내키는 대로 그러한 허구적 관계를 꾸며냈다. 예를 들면 4라는 숫자와 관계있는 것들을 끌어다가 사계절을 본뜬 것이라고 말할 수 있는데, 그에 따라 '인의예지仁義禮智' · '사농공상士農工商' · '황제왕패皇帝王霸' · '군신부자君臣父子' 등은 모두 하늘로부터 근거를 갖게 된다.

이러한 추론 방법은 질적인 차별성은 고려하지 않고 양적이고 표면적인 일치점만을 찾은 것이다. 실제로 이것은 비류류비非類類比(전혀 종류가 다른 것을 유비하는 것)로서 전적으로 주관적 허구와 관련된 것이며, 따라서 어떤 문제도 설명해 줄 수 없다.

이러한 견강부회적 유비가 동중서 등 저속한 종교적 관념론자들의 체계에 사용된 기본적인 방법이었을 뿐만 아니라, 정밀하다고 알려진 주희와 같은 철학자의 체계에서도 자주 사용된 방법이었다는 데 문제가 있다. 대부분의 중국 고대 사상가의 체계에서 정도는 다르지만 이와 같은 비류류비가 발견된다고 할 수 있다. 이러한 유비적 추리는 논리학적 측면에서 볼 때 대전제를 빠뜨리고 있다. 예를 들어 앞에서 인용한 춘추시대의 범무우范無宇의 추론을 살펴보자.

> 땅에는 높고 낮음이 있고, 하늘에는 어둡고 밝음이 있고, 사람에게는 임금과 신하가 있고, 나라에는 도시와 촌락이 있다.[69]

위의 추론을 삼단논법에 따라 다시 정리하면 다음과 같다.

대전제 : ?
소전제 : 땅에는 높고 낮음이 있고 하늘에는 어둡고 밝음이 있다.
결　론 : 사람에게는 임금과 신하가 있고, 나라에는 도시와 촌락이 있다.

누락된 대전제는 중국 고대의 많은 사상가의 체계에서 공통적인 논리적 공리였거나, 혹은 굳이 말하지 않아도 자명한 것, 즉 인도는 반드시 천도와의 일치를 유지한다는 것으로 해석될 수밖에 없다. 그러나 그

---

[69] 주 7) 참조.

러한 공리가 있었다고 하더라도 논리적으로는 여전히 문제가 남는다. 즉 '왜 일치하는가', '어떻게 일치를 유지하는가' 등의 문제가 남는다. 여기서 사용된 개념이 너무 모호하기 때문에 각양각색의 해석이 나올 수 있었다. 왜냐하면 천체 현상, 기상 등 자연 현상과 인간 사회 사이에는 서로 다른 본질과 특징이 있기 때문이다. 본래 서로 다른 사물을 억지로 일치시키려고 하였기 때문에 엄청난 견강부회가 동원되었던 것은 당연하다.

이러한 견강부회적 비류류비 방법 역시 중국 대중의 의식구조 속으로 스며들어갔다. 예를 들면 중국 봉건사회에서 유행한 "하늘에는 두 개의 태양이 있을 수 없고, 한 나라에는 두 명의 군주가 있을 수 없다(天無二日, 國無二君)"는 말이 그것이다. 이 말은 많은 사람들의 입에서 입으로 전해지면서 천경지의(天經地義), 즉 절대적 진리처럼 받아들여졌다. 그러나 그 두 가지 사이에는 아무런 논리적 연관이 없다. 즉 "하늘에는 두개의 태양이 있을 수 없다"는 것은 "한 나라에는 두 명의 군주가 있을 수 없다"는 필연성을 설명해 주지 못한다.

그와는 반대로 중국철학사에서 형식논리적 추론을 중시한 학파는 법천에 대하여 거의 언급하지 않았다. 구체적으로 형식논리에 가장 큰 공헌을 한 학파는 명가名家 중의 공손룡公孫龍 일파와 후기묵가後期墨家이다. 이 두 학파의 문헌에서는 법천에 관한 견해를 찾아볼 수 없다. 이 두 학파의 전통은 후대의 봉건사회에서 나란히 함께 사라지고 말았다. 후기묵가의 저작은 한쪽 구석으로 밀려 극소수 사람들에게만 관심의 대상이 되었으며, 공손룡의 저작은 궤변의 전형으로 인식되어 비웃음거리가 되었다. 즉 "흰말은 말이 아니다(白馬非馬, 공손룡의 대표적 명제)"와 같이 (궤변적 요소도 없지 않지만) 형식논리적 진리를 포함하고 있는 명제는 끊임없이 사람들의 배척을 받았다. 그러나 "하늘과 땅을 본받아야 한다"

와 같은 비류류비는 오랜 동안 어용철학으로 신봉되었으며 극히 소수의
사람들만이 그에 대하여 회의를 품었다는 것은 유감스러운 일이다.

6장 _ 천성과 인위

이 장에서 검토하려고 하는 것은 인성론적 의미에서의 천인관계에 대한 문제, 즉 '천성天性'(인간의 본성)과 '인위人爲'(인간의 후천적 활동)의 관계에 대한 문제이다. 인성에 대한 문제는 거의 모든 중국 고대 철학자들이 깊은 관심을 가진 중요한 문제였으며, 인성에 관한 토론의 범위는 매우 넓고 내용도 꽤 풍부하다. 이 책에서는 그 가운데 천인관계론과 직접적인 관계가 있는 인성론의 문제만을 다룰 것이다.

1. 선진시대의 전형적인 견해

인성의 문제에 대한 연구는 춘추시대에 비롯되었다. 『춘추좌씨전』 성공 13년조에는 다음과 같은 유강공劉康公의 말이 기록되어 있다.

> 인간은 천성으로서의 중화中和의 기를 받고 태어나는데, 그것을 명이라고 한다.[1]

여기서 '명命'의 의미는 '성性'과 같다. 전체의 의미는 천지로부터 발생한 '중화의 기(中和之氣)'가 인간의 본성을 결정한다는 것이다. 당시 사람들의 견해에 따르면 만물은 모두 천지의 기를 받고서 태어나는데, 인간은 그 가운데서도 가장 적절하고 잘 조화된 기의 일부를 받고 태어난다. 이와 같이 인간은 다른 생물에 비해 높은 품성을 가지고 있다. 그당시 사람들은 악한 사람의 행위는 '자연적 본성(天地之性)'을 잃어버렸기 때문에 발생하는 것이며, 선한 사람의 행위는 '자연적 본성'을 따랐기

---

[1] 『春秋左氏傳』 『成公』 13년조 : 民受天性之中以生, 所謂命也.

때문에 나타나는 것이라고 생각하였다. 한마디로 당시 사람들은 인성의 근원에 대하여 연구하였다.

전국시대에 이르러 인성에 대한 연구는 그것의 근원에 대한 계속적인 연구 이외에 인성의 본질, 천성과 인위의 관계 등을 연구하기 시작하여 각 학파 간에 서로 다른, 때로는 서로 모순되는 의견을 제기하였다. 몇 가지 중요하고 전형적인 견해들을 정리해 보면 다음과 같다.

(1) 맹자의 천작론

많은 사람들이 알고 있듯이 맹자의 인성론은 '성선性善'을 중심으로 한다. 여기서는 맹자孟子의 성선론에 대한 총체적 분석은 피하고, 다만 그의 인성론에서 '하늘'에 대한 관념과 직접적으로 관계 있는 부분만 검토하겠다.

맹자는 '천작天爵'(하늘이 내린 벼슬)이라는 중요한 개념을 제기하였다.

하늘이 내려 준 작위爵位가 있는가 하면 인간에 의한 작위가 있다. 선행을 즐겨 하면서 그것의 실천에 게으르지 않는 것이 바로 하늘의 작위이고, 공·경·대부와 같은 작위가 바로 인간의 작위이다. 옛사람들에 있어서는 하늘의 작위를 잘 실천하기만 하면 인간의 작위는 저절로 따라왔다. 오늘날의 사람들은 하늘의 작위를 실천함으로써 인간의 작위를 추구한다. 그리고 인간의 작위를 얻기만 하면 하늘의 작위는 내팽개쳐 버린다. 어리석기 짝이 없는 사람들이다. 마침내 모든 것을 잃고 말 것이다.[2]

---

2) 『孟子』『告子上篇』: 有天爵者, 有人爵者. 仁義忠信, 樂善不倦, 此天爵也. 公卿大夫, 此人爵也. 古之人脩其天爵, 而人爵從之. 今之人脩其天爵, 以要人爵. 旣得人爵, 而棄其天爵, 則或之甚者也, 終亦必亡而已矣.

이른바 '천작'이란 하늘이 인간에게 주는 '작위'를 가리키는데, 그 것은 실제로 '천부天賦'라는 의미를 나타내기도 한다. 맹자는 인仁·의 義·충忠·신信 등의 도덕은 하늘로부터 부여받아서 인간의 본성 속에 존 재하는 것이라고 생각하였다. 그러한 본성은 모든 사람이 가지고 있다. 그러나 일반 사람들은 도리어 그처럼 순수하고 선한 본성을 보존하고 있 지 못하다고 했는데, 그 이유는 '방심放心'(마음속의 '선'을 붙잡지 못하 고 도망가게 버려둠)하여 잃어버렸기 때문이라는 것이다. 같은 곳에서 그는 "풍년이 든 해에는 젊은이들이 매우 온순하지만 흉년이 든 해에는 젊은이들이 매우 포악해진다. 하늘이 그들의 본성을 그처럼 다르게 부여 해서 그런 것이 아니다. 그들이 그렇게 된 것은 그들 자신의 마음을 (무언 가에게)빼앗겨 버렸기 때문이다"³라고 설명하였다. 이것은, 순수하고 선 한 인간의 천성은 영원불변하지만, 서로 다른 환경에서 사람은 '자신의 마음을 빼앗겨' 버림으로써 선으로부터 여러 가지 형태의 악으로 변하게 된다는 점을 말한 것이다.

맹자는 무엇 때문에 인간의 본성이 모두 선하다고 하였는가? 모든 인간에게는 '남을 불쌍하게 생각하는 마음(惻隱之心)'·'불의를 부끄러 워하는 마음(羞惡之心)'·'남에게 양보하는 마음(辭讓之心)'·'잘잘못 을 가릴 줄 아는 마음(是非之心)' 등이 있기 때문이라는 것이 맹자의 지 적이다. 이와 같은 네 가지 심리는 후천적 배양이나 훈련을 필요로 하지 않고 저절로 가지고 있는, 말하자면 천부적인 것이라고 한다. 맹자는 어 린아이가 우물 속으로 재빠르게 기어들어 가려고 하는 것을 누군가 본 다면 그는 마음속에 연민의 감정(즉 惻隱之心)이 솟구쳐서 손을 내밀어 그 아이를 구출할 것이라는 예를 들어 설명하였다. 맹자는 인간의 이와

---

3) 같은 곳 : 富歲子弟多賴. 凶歲子弟多暴. 非天之降才爾殊也, 其所以陷溺其心者然也.

같은 네 가지 심리는 각각 인간이 인仁·의義·예禮·지智를 가지고 있다는 '증거(端緒)'라고 생각하였으며, 모든 사람이 사지四肢를 가지고 있는 것처럼 이 '사단四端'을 가지고 있다고 생각하였다. 맹자에 따르면 사람들은 확실히 '사단'을 가지고 있는데도 자기는 인·의·예·지를 실천할 수 없다고 생각하는데, 그것은 자기의 팔다리를 잃는 것을 좋아하는 것과 같이 어리석다는 것이다. 맹자는 체계적인 분석을 통하여 다음과 같은 유명한 공식을 도출하였다.

> 자기의 마음을 아는 자는 자기의 본성을 알 수 있으며, 자기의 본성을 알면 하늘을 알 수 있다.4)

맹자는 인간의 본성은 하늘로부터 부여받은 것이고, 따라서 자기의 심리를 충분히 계발한다면 자기의 천성을 알 수 있고, 자기의 천성에 대한 이해를 통해 하늘의 본질까지도 알 수 있다고 생각하였다. 그는 이러한 추론을 통하여 인간의 본성 속에는 인·의·충·신·예·지 등의 도덕이 있음을 인정하였다. 그렇다면 본성의 부여자인 하늘은 당연히 이러한 도덕의 근원이 된다. 그리고 최고의 본체인 '하늘'과 인간의 본성은 일치된다.

그렇다면 맹자는 천성과 인위의 관계를 어떻게 생각하였는가? 위에서 설명하였듯이 맹자의 인성론에서는 천성적 본질의 '선'함이 특히 강조되었다. 이러한 '선'은 인위적 배양을 필요로 하지 않고 이미 인성 속에 존재하는 것, 즉 "배우지 않아도 알고(不學而知)", "배우지 않아도 능숙한(不學而能)" 상태로 주어져 있다. 그러나 맹자는 천성과 인위를 뚜렷

---

4) 같은 책,『盡心上篇』: 盡其心者, 知其性也. 知其性, 則知天矣.

하게 대립시키지 않았다. 맹자에 따르면 일부 사람들의 후천적 활동은 천성과는 반대된다. 그것은 그가 감각적 욕망으로부터 출발하여 물질적인 것을 추구하기 때문인데, 그러한 추구는 그를 '소인小人'으로 만들 뿐이다. 또어떤 사람들의 후천적 활동은 필수적인 것이라 할 수 있는데, 그것은 '진심盡心', 즉 정신수양 활동이다. 맹자는 천성은 매우 중요하지만, '진심'의 작용 역시 무시할 수 없다고 생각하였다. 왜냐하면 많은 사람들이 '진심'을 기꺼워하지 않으며, 따라서 자기의 타고난 '선'한 본성이 발휘되지 못하도록 하고 또 반대로 '불선不善'에 빠지게 하기 때문이라는 것이다.

이렇게 볼 때 맹자의 체계에서 천성은 선의 근거이고, 정확한 인위는 선을 발휘하기 위한 조건이 된다. 이러한 인위는 명확한 한계성과 방향성을 가지고 있는데, 그것은 바로 내면적 추구, 즉 자기의 본성을 인식의 대상으로 삼는다는 점이다. 인위는 외재적인 것을 자기의 마음에 억지로 갖다 붙인 것이 아니다. 즉 "외부로부터 나에게 녹아들지 않도록 하는 것"이며, 내부에서 탐구하여 자기의 본성을 발굴하는 것이다.

(2) 장자의 무위론

맹자와 거의 같은 시대에 활동한 장자는 천성과 인위의 관계에 대하여 도가의 가장 전형적인 견해를 제기하였다. 그의 구호는 "인위로써 천성을 손상시키지 말라(無以人滅天)"는 것이었다.

장자는 '천(성)'과 '인(위)'의 관계에 대하여 다음과 같이 정의하였다.

소나 말이 네 개의 발을 가지고 있는 것을 천이라고 한다. 말의 머리를 얽어매고 소의 코를 뚫는 것을 인이라고 한다.[5]

---

5) 『莊子』『秋水篇』: 牛馬四足, 是謂天. 落馬首, 穿牛鼻, 是謂人.

위의 정의에서 장자는 형상적 방법을 사용하고 있는데, '천' 은 비인위적인 자연적 본성을, '인' 은 인간의 유목적적 작위를 각각 가리킨다.

　장자의 천성론과 맹자의 천성론은 비슷한 면이 있다. 즉 두 사람 모두 인간의 천성은 본래 순수하고 선하다고 생각하였다. 이 때문에 장자 역시 '성誠' 을 최고의 도덕으로 삼았다. 그러나 장자는 인간이 가지고 있는 천성의 내용은 결코 인·의 등 도덕이 아니라고 주장하였다. 장자에 따르면 유가에서 선전하는 도덕은 바로 인간의 천성을 해치는 것이고 천성에 위배되는 것이다. 그는 또 천성과 인위는 대립적이라고 생각하였는데, 이점은 맹자의 학설과 근본적으로 다르다.

> 그 당시의 모든 사람들에게는 일정한 본성이 있었다. (그중 하나는)스스로 옷을 짜서 입고 밭을 갈아먹는 것인데, 이를 '자연적 본성과의 일치(同德)' 라고 한다. (또 다른 하나의 본성은)모든 사람의 마음이 한결같아서 편을 가르지 않는 것인데, 이것을 '하늘로부터 부여받은 자유(天放)' 라고 한다. ……사람들은 걸음걸이가 느릿느릿하고, 시선이 또렷했다.6)

　장자는 인간의 이 같은 소박한 본성은 최고의 '도' 와 완전히 일치한다고 생각하였다. 왜냐하면 그는 도의 본질 역시 자연스러운 무위無爲라고 생각하였기 때문이다. 따라서 천성은 숭상할 가치가 있다고 그는 생각하였다. 그러나 인간은 항상 '외물外物'(외적 대상)을 추구하면서 의식적·유목적적·계획적 행위로 자연스러운 무위를 대체한다. 이것은 자기를 묶는 것, 즉 외적 대상으로써 자기의 본성을 속박하는 것이다. 장자에 따르면 인간은 본래 '창광망행猖狂妄行' , 즉 무계획적이고 무목적적으

---

6) 같은 책, 『胠篋篇』: 彼民有常性, 織而衣, 耕而食, 是謂同德. 一而不黨, 名曰天放. ……其行塡塡, 其視顚顚.

로 행동하도록 되어 있는 존재인데, 현실 속의 사람들은 하나하나의 행동을 할 때마다 예의법도에 들어맞게 하려고 애쓰며, 여러 가지 장식으로 몸을 꾸미기 때문에 선한 천성이 손상을 입고, 또 자신의 생명까지 위협을 받는다. 그는 이러한 행동이 매우 어리석다고 생각하면서 다음과 같은 예를 들었다. 노魯나라에 한 임금이 있었는데, 어느 날 그는 매우 희귀한 새 한 마리를 잡았다. 그는 그 새를 신명처럼 받들고, 또 그 새를 위해 매일 큰 연회를 열어 맛있는 음식을 먹게 하였으며, 그 새 앞에서 음악을 연주하게 하여 기쁘게 해 주었다. 그러나 그 새는 마침내 죽고 말았다. 왜냐하면 새의 본성은 벌레나 뱀을 잡아먹고 숲 속에서 마음대로 날아다니는 것인데, 노나라 임금의 새를 위해 한 행동은 완전히 새의 본성에 어긋났기 때문이었다.[7] 당시에 유행한 유가·묵가 등은 모두 인의仁義를 통해 인민을 교육하고 개조해야 한다고 주장하였는데, 장자는 그들의 주장에 대하여 생동감 넘치는 비유를 통해 비판하였다. 즉 그들의 주장은 학의 다리가 길다고 자르거나, 오리의 다리가 짧다고 이어주는 것과 같다는 것이다.

장자는 사람들이 '외물'을 추구함으로써 본성을 던져 버렸기 때문에 자연으로부터 이탈하고 가식에 물들게 되었으며, 인간의 의식적 작위 때문에 세상이 혼란스러워졌고, 인의를 추구하는 유가·묵가 때문에 사회의 안정이 파괴되었다고 생각하였다. 그는 격한 어조로 다음과 같이 지적하였다.

> 통나무를 다듬어 물건을 만든 것은 목수의 죄이고, 인간의 자연적 본성을 훼손하여 인의를 만들어 낸 것은 성인의 잘못이다.[8]

---

7) 같은 책, 『達生篇』 참조.
8) 같은 책, 『馬蹄篇』 : 夫殘樸以爲器, 工匠之罪也. 毀道德以爲仁義, 聖人之過也.

증참·사추·양주·묵적·사광·공수·이주9) 등은 모두 타고난 본성을 외면하고 천하의 사람들을 불 속에 밀어 넣고 물속에 빠뜨린 자들이다.10)

그렇다면 해결책은 무엇일까? 장자는 인위를 제거하고 그것으로부터 물든 것들을 말끔히 청소해야만 참된 본성을 회복할 수 있다고 하면서 "(모든 인위적인 것을)깎아내고 다듬어서 원래의 소박한 상태로 돌아가야 한다"11)라고 하였다. 그렇게 되면 천성과 인위의 대립은 더 이상 존재하지 않는다는 것이다. 그는 또 "육체가 온전하고 정신이 원래의 상태를 회복하면 하늘과 하나가 된다"12)라고 하였다. 장자에 따르면 인위를 제거한 사람만이 육체적으로 완전하고 정신적으로 원래의 상태를 회복한 사람이라 할 수 있으며, 그러한 사람은 하늘과 하나가 되어 대립하지 않는다. 이러한 생각에 따라 장자는 주체의 유의식적, 유목적적 활동을 제거하는 데 주목하게 되었다. '순純'·'수粹'·'허虛'·'백白'·'박朴'·'소素'·'심재心齋'(마음속의 모든 인위적 의식을 제거하는 것)·'좌망坐忘'(자기의 존재를 잊어버리는 것) 등은 그러한 목적을 달성하기 위해 제기된 것들이다. 이러한 일련의 신비로운 정신수양의 방법을 통해 인간은 천인합일天人合一을 다시 실현할 수 있다는 것이다.

장자의 이상 인물은 바로 그와 같이 인위를 완전히 없애 버린 사람, 이른바 '천인天人'이다. 그들은 물질 세계의 그 어떤 것도 바라지 않고 시간과 공간을 초월해 있다. '소요유逍遙遊'라는 것이 그것이다. '소

---

9) 역자 주 : 증참과 사추는 당시에 유가를 대표한 인물, 양주는 극단적 개인주의자, 묵자는 무차별평등론자, 사광은 귀가 밝은 저명한 음악가, 공수는 손재주가 뛰어난 저명한 목수, 이주는 눈이 밝은 저명한 화가였다고 전해지는 인물들이다.
10) 같은 책, 『胠篋篇』: 彼曾史楊墨師曠工倕朱, 皆外立其德而熒亂天下者也.
11) 같은 책, 『應帝王篇』: 旣雕旣琢, 復歸於朴.
12) 같은 책, 『達生篇』: 形全精復, 與天爲一.

요유'에 대해서는 천명과 인력의 관계에 대한 장자의 견해를 검토할 때 이미 설명하였다(제4장 참조). 장자에 따르면 '천인'은 진정한 의미의 '사람'은 아니다. 왜냐하면 그들은 "인간의 모습을 하고 있기는 하지만 인간의 감정이 없으며," "인간의 모습을 한 하늘"이기 때문이다. 즉 그들은 인간의 외모를 가지고 있지만 (그들의 행위나 의식에는)인위적 요소가 전혀 없다. 장자의 천성과 인위론의 최종 목표는 하늘로써 사람을 흡수해 버리는 것이다.

(3) 순자의 적위론

인성에 관한 순자의 이론은 여러 가지 면에서 맹자의 이론과 대립된다. 맹자는 성선을 주장하였지만, 순자는 끈질기게 성악을 주장하였다. 그는 천성과 인위의 관계에 대해서도 체계적으로 설명하였다.

순자 역시 '본성'은 천부적인 것이라고 생각하였다. 그는 "인간의 본성은 하늘에 의한 것이다. 그것은 배울 수도, 만들어 낼 수도 없다"[13] 라고 하였지만, 그가 이해한 '천성'과 맹자의 '천작'은 전혀 다르다. 순자는 천성은 인간의 자연적 본능이라고 생각하였는데,『순자荀子』『천론편 天論篇』에 따르면 하늘이 인간에게 부여한 본성은 다음과 같은 점들을 포함하고 있다.

① 자연적 감정(天情) : 좋아함, 싫어함, 기뻐함, 화냄, 슬퍼함, 즐거워함

② 자연적 감각기관(天官) : 귀, 눈, 코, 입, 육체의 오관

③ 자연적 통솔자 (天君) : 마음(心)

---

13)『荀子』『性惡篇』: 凡性者, 天之就也, 不可學, 不可事.

④ 자연적 양육(天養) : 인간이 "인간 밖에 있는 여러 가지 재화를 이용하여 인간을 양육"할 수 있는 본능. 예를 들면 타악기 · 현악기 · 관악기 등은 본래 인간의 귀와는 다른 성질을 가지고 있지만 인간은 그것들을 이용하여 귀의 욕구를 충족시킬 수 있는 것과 같다.

⑤ 자연적 다스림(天政) : '자연적 양육'과 밀접한 관련을 가지고 있다. 그것은 오관의 모든 욕망을 가리킨다. 따라서 욕망의 실현을 복이라고 할 수는 있을지언정, 그것을 재앙이라고 할 수 없음은 당연하다. 순자는 이것을 일종의 자연적 질서라고 생각하였기 때문에 '천정', 즉 자연의 다스림이라고 불렀다.

한마디로 순자는 '하늘'이 인간에게 부여한 것은 일련의 자연적 본능일 뿐, 어떠한 도덕적 요소도 그 속에는 포함되어 있지 않다고 생각하였다. 후천적인 학습과 실천을 통해서만 '예' · '의'를 알 수 있다는 것이다. 순자는 후천적 학습과 실천을 '적위積僞'라고 불렀는데, 이른바 '위僞'란 인위를 가리키며, 따라서 적위란 끊임없이 인위를 축적하는 것을 의미한다. 그는 오랫동안 인위를 축적해야 인간은 비로소 성인이 될 수 있다고 생각하였는데, 그것을 그는 '적위사화積僞俟化'[14]라고 불렀다.

여기서 순자는 "하늘과 인간에는 구분이 있음을 잘 알아야 한다(明於天人之分)"라고 하여, 인간의 본성을 본능, 즉 사람들의 타고난 천성(人之天)과 후천적 학습 · 실천 등인 인위(人)로 구별하였다. 그는 후천적으로 습득된 것까지 하늘에 의한 것으로 간주하는 주장에 반대하였다. 그에 따르면 천성은 저절로 그런 것이지 학습될 수 있는 것이 아니다. 인간은 나면서부터 오관을 가지고 있으며 사유능력을 가지고 있는데, 다른

---

14) 역자 주 : 인위를 축적하여 변화를 기대하는 것.

동물은 아무리 훈련을 시키더라도 사유능력을 가질 수 없다는 것이다. 다른 한편 인간에 속하는 것 역시 하늘에 의한 것이라고 할 수 없다. 예를 들면 '예의'는 날 때부터 가지고 있는 것이라고 할 수 없으며, 오직 성현의 책을 오랫동안 학습하고 직접 실천해야 비로소 획득할 수 있는 것과 같다. 예의는 외부로부터 인간의 두뇌 속으로 주입된 것이다. 따라서 순자는 "예의란 성인이 만든 것이다. 그것은 인간이 배워서 능숙해질 수 있고 실천을 통해 이룰 수 있다"[15]라고 하였다.

순자는 심지어 천성의 본질을 '악'이라고 생각하였다. 왜 그랬을까? 순자는 다음과 같이 그 이유를 설명하였다. 인간의 본성은 이로운 데로 달려가고 해로운 것을 피하며, 감각 기관에 따른 욕망을 만족시키려고 한다. 만약 인간의 자연스러운 감정을 그대로 따르고 그것들이 자연스럽게 발전하도록 내버려 두면 사람들은 분명히 서로 다투고 죽이게 될 것이다. 이것은 확실히 예의에 어긋난다. 따라서 반드시 인위와 예의로써 본성을 제약하여야 한다는 것이다. 순자는 인위를 강조하고 후천적 실천을 강조하면서, 반성적이고 선험적인 맹자의 관념론적 인식론에 반대하였다.

천성과 인위의 관계에 대한 순자의 학설은 하늘에 대한, 즉 세계의 근본에 대한 그의 견해와 긴밀한 연관을 가지고 있다. 그는 세계관적 측면에서의 소박한 유물론적 사상을 인식론과 인성론적 측면에까지 관철시키려고 시도하였다. 순자는 '하늘'을 자연이라고 생각하였는데, 이 때문에 그는 하늘이 사람에게 부여한 것 역시 자연적인 것, 즉 본능 밖에 없다는 합리적인 결론에 도달하였다. 그것과는 반대로 순자 역시 인간은 후천적 학습을 통하여야만 '예의'를 알 수 있다는 사실에 입각하여 인간

---

15) 같은 곳 : 禮義者 聖人之所生也. 人之所學而能, 所事而成也.

본성의 근원인 하늘은 자연일 뿐이고 또 그것은 도덕의식을 포함하고 있지 않다는 것을 증명하려고 하였다. 이런 점들은 순자와 맹자의 세계관 및 인식론이 여러 가지 측면에서 대립적 상태에 놓여 있었음을 말해 준다. 순자의 "하늘과 인간에는 구분이 있음을 잘 알아야 한다"는 관점은 천도와 인도가 동일하다는 맹자의 천인합일론에 대한 총체적 비판이었다. 그러나 윤리론적 측면에서 두 사람의 사상은 일치되는 면이 있기도 하다.

2. 한대 이후의 지배적 견해

천성과 인위의 관계에 대한 순자와 맹자의 이론은 중국철학사에서 첨예하게 대립되었다. 그러나 이 두 가지 이론은 모두 봉건적 윤리도덕을 옹호하고 선전한다는 공동의 목적을 위해 노력하였다. 또 그 두 가지 이론은 인위를 예의의 학습과 실천이라고 정의하였는데, 이점은 초속적超俗的인 장자철학과는 매우 다르다. 맹자는 봉건적 윤리도덕을 최고의 지위로 끌어올리기 위하여 도덕은 우주의 근원이며 동시에 그것은 인간의 본성이라고 설명하였다. 순자는 봉건적 도덕교육과 그것의 주입에 대한 중요성을 직설적으로 강조하였다. 봉건적 윤리도덕을 옹호한다는 효과의 측면에서 고찰해 볼 때 두 사람의 이론은 각기 장단점을 가지고 있다. 맹자의 이론이 비록 봉건적 도덕에 신성한 힘을 불어넣어 주기는 하였지만, 동시에 그는 사람들이 모두 똑같이 선한 '천성'을 가지고 있다고 생각하였기 때문에 그가 주장한 도덕적 수양은 오직 내면적 추구에 그칠 수밖에 없었다. 따라서 지배계급이 외부에서 봉건도덕을 인민들에게 주입시키려고 할 때 그의 이론은 충분히 긍정되거나 중시될 수 없었다. 동시에 그것은 지배자와 피지배자 사이에 존재하는 선천적인 차별을 설명할 수 없었고, 또 악의 기원에 대해서도 설명하기 어려웠다. 순자의 이론은 봉건도덕을 외부에서 주입시켜야 할 필요성을 선전하였다. 아울러 그의 이론이 전제하고 있는 것 가운데 하나는 인간에게는 교육자(성인, 군자)와 피교육자(보통의 민중)의 구분이 있다는 점이다. 또 그는 '악'의 근원은 예의에 대한 학습의 결핍이라는 것을 지적하였다. 이러한 것들은 지배계급의 요구와 크게 일치하였다. 그러나 그의 이론에서는 예의가 완전히 외재적인 것으로서 신비적 색채라고는 전혀 찾아볼 수 없는데, 이점은 봉건도덕을 고양시키는 데 확실히 불리하였으며, 대중들에게 이러한 것을 기꺼이 받아들이도록 하는 데 있어서도 역시 불리하였다. 왜냐하면 그것은 외재적이고 강제성을 띤 속박을 의미하기 때문이다.

위와 같은 분석을 통해 맹자와 순자의 이론은 거의 보완적 관계에 있다는 점을 알 수 있다. 그러나 이 두 이론이 철학적으로 서로 용납할 수 없는 형식을 띠고 있기 때문에 상호 보완적인 효과를 기대하기 어려웠다. 두 이론 사이의 충돌을 없애고, 각각이 가지고 있는 결점을 극복하여 두 이론의 장점을 살리는 작업은 바로 후대의 봉건 사상가, 특히 유가 사상가의 중요한 과제였다.

동중서董仲舒는 그 두 이론 사이의 충돌을 없애려고 시도한 최초의 사상가이며, 한대 전체를 통틀어 천성과 인위의 관계에 대한 이론을 가장 크게 발전시켜 놓은 사상가이기도 하다. 천성과 인위에 대한 동중서의 이론은 다음과 같이 요약된다.

첫째, 동중서는 '성삼품설性三品說'을 제기하였다. 즉 그는 인성을 세 등급으로 나누었는데, 최고의 등급은 '성인의 본성(聖人之性)'으로서 그것은 선하기만 하고 악이 없으며(純善無惡), 교육받을 필요도 없이 그 자체로 인의仁義와 일치한다. 두 번째 등급은 '보통 사람의 본성(中人之性)'으로서 그것은 선할 수도 악할 수도 있기 때문에 교육을 통해서만 인의와 일치될 수 있다. 가장 낮은 등급은 '소인배의 본성(斗筲之性)'으로서 그것은 일반 노동인민을 가리키는데, 교육을 통해서도 그들은 선한 사람이 될 수 없다는 것이 동중서의 주장이다. 이 이론은 순자가 군자와 소인을 구분한 것보다 더 분명하게 인간의 선천적 차별성을 긍정한 것이며, 사람들은 모두 동일한, 선한 본성을 가지고 있다는 맹자 주장의 결점을 바로잡았다.

둘째, 동중서는 '보통 사람'에게 있어 천성과 인위의 관계는 벼(禾)와 쌀(精)의 관계와 같다고 설명하였다. 천성 속에는 선의 요소가 포함되어 있기 때문에 선하게 될 수 있지만, 그 자체만으로는 결코 선이 아니다. 즉 재능을 가공하여야만 선한 사람이 될 수 있다. 이것은 마치 껍데기를 벗기는 도정搗精 과정을 거쳐야 벼가 쌀이 될 수 있는 것과 같다. 동중서는 이 이론에 따라 천성과 인위는 하나라도 없어서는 안 된다고 생각하였다. 즉 천성은 인위의 근거가 되지만 인위를 통해서만 그것이 드러난다는 것이다.

동중서의 이러한 이론은 매우 큰 영향을 끼쳤다. 후대의 양웅揚雄·한유韓愈 등도 이와 비슷한 견해를 발표하였다. 그러나 동중서 등의 이론 역시 봉건 지배에 불리한 면이 있었다. 그들의 이론은 비록 '성인' 지배의 합리성을 긍정하고 있기는 하지만, 일반 백성으로서 선한 사람이 될 수 있는 길을 완전히 차단해 버렸기 때문에 계급모순을 완화시키는 데 이용될 수 없었고, 대중들에게 '목사'처럼 설교하는 데도 이용될 수 없었다. 봉건사회의 발전에 따라 농민계급의 지주계급에 대한 경제적 측면에서의 의존은 증대되었지만, 경제 외적 측면에서의 의존 관계는 줄어들었다. 이러한 상황 하에서 동중서 등의 이론은 시간이 갈수록 많은 결점을 드러냈다.

송명시기의 리학자理學者들은 천성과 인위의 관계를 새롭게 해석하였다. 그 가운데 가장 큰 특징은 인성을 '천명지성天命之性(혹은 天地之性)'과 '기질지성氣質之性으로 나눈 것이다. 이 이론은 장재張載에 의해 제창되었고 이정二程(程顥, 程頤)이 발전시켰으며 후대의 주희朱熹에 의해 완성되었다.

이 이론에 따르면 한 사람이 태어나는 것은 우주의 본체인 '천리天理'와 '기氣'의 합작 결과이다. 이 때문에 '리理'와 '기'는 인성에 대하여 균등한 영향력을 행사한다. 리는 선하기만 한 것인데, 그것은 또 '인의' 등 봉건도덕이기도 하다. 모든 사람들이 동일한 천리를 받고 태어나기 때문에 사람들은 모두 천리라는 최고의 '천명지성'을 가지고 있다. 그러나 인간의 육체는 기로 구성되어 있다. 기에는 '맑은 것과 흐린 것(淸濁)', '두꺼운 것과 얇은 것(厚薄)'이 있는데, 사람이 태어날 때 부여받은 기는 사람마다 크게 다르다. 즉 성인의 기는 맑고 일반 사람이 받은 기는 흐리다. 이 때문에 성인은 저절로 천명지성을 인식할 수 있지만 일반 사람은 성인의 가르침을 받아야만 자기의 선한 본성을 이해할 수 있다. 일반 사람이 받은 것은 모두 선과 악이 섞여 있는 기이기 때문에 대부분의 사람들은 모두 '기질을 변화變化氣質'시키는 과정, 즉 성현의 저서를 읽는다든지 공부功夫(도덕적 수양) 등을 통하여 나쁜 기질을 버리고 성인이 될 수 있다. 이러한 과정은 반드시 '인위'를 필요로 한다.

송명리학宋明理學의 이러한 이론은 맹자의 성선론에 기초한 것이지만, 그것을 보충하고 수정한 것이다. 그것은 사람들의 심중에는 모두 선한 본성이 있음을 긍정하였고 또 일반 사람과 성인이 선천적으로 차별 지어진다는 것도 인정하였다. 그것은 또 후천적 교육과 수양의 중요성, 안과 밖이 서로 결합되고 천성과 인위가 서로 결합되어야 한다는 점 등을 강조하여 봉건 지배자의 필요에 부응할 수 있는 이론을 비교적 완벽하게 만들어 냈다. 이러한 이유 때문에 그것은 그 후 약 1000년 동안 계속 지배적 위치를 차지한 이론이 되었다.

송명시대에는 위와 같은 이론 외에 몇몇 다른 학파도 있었는데, 예를 들면 '심학心學' 중의 몇몇 사상가들은 맹자의 성선설을 거의 원래 형태 그대로 견지하였다. 그리고 어떤 사상가들은 '천명지성'과 '기질지성'을 명확하게 구분하는 것을 반대하기도 하였다. 그리고 오직 왕정상王廷相 한 사람만이 순자의 적위설을 명확하게 계승하였다. 왕정상은 인의仁義 등 도덕 관념을 포함한 인간의 모든 의식은 하늘로부터 부여받은 것이 아니라 후천적 학습과 실천을 통해 획득되는 것이라고 생각하였다. 그는 천성과 인위를 순자와 비슷하게 구별하였다.

어린아이가 태중에 있을 때는 스스로 먹고 마실 수 있으며, 태 밖으로 나오면 보고들을 수 있다. 이것은 천성의 앎으로서 (인간의 힘으로)그치게 할 수 없는 신비스러운 작용이다. 그 밖에 학습을 통해 알고, 깨달음을 통해 알고, 과실을 통해 알고, 의심을 통해 아는 것 등은 모두 인도를 통한 앎이다.16)

그는 어린아이와 부모가 서로 친애하는 것 역시 전통적인 견해에서 단정하듯이 천부적인 것이 아니라 후천적인 생활 속에서 점점 자라나

---

16) 王廷相, 『雅述上』: 嬰兒在胞中自能飲食, 出胞時便能視聽, 此天性之知, 神化之不容已者. 自餘因習而知, 因悟而知, 因過而知, 因疑而知, 皆人道之知也.

는 것이라고 설명하였다. 가령 어떤 사람이 일생 동안 다른 사람에 의해 양육되다가 나중에 우연히 자기의 친부모를 만났다면 일반 사람을 대할 때 느끼는 것과는 다른 감정을 갖는다는 것은 불가능하다는 것이다. 이 때문에 왕정상은 다음과 같은 결론을 내렸다.

> 일반적으로 모든 사물에 대한 지식은 학습·깨달음·과실·의심 등을 통해 획득된다. 따라서 그것은 인위적인 것이지 천부적인 것은 아니다.[17]

명청明淸시대의 철학자들은 여러 가지 측면에서 '본성' 문제를 탐구하였다. 그러나 이 책의 주제는 하늘과 인간의 관계를 연구하는 것이기 때문에 '하늘' 과 '인간' 의 문제와 직접적인 관련이 없는 논쟁은 생략하기로 한다.

3. 천성과 인위의 영향

앞에서 천성과 인위의 관계에 대한 여러 가지 이론이 대중에게 매우 깊은 사상적 영향을 끼쳤다고 설명하였다. 이러한 이론들은 이미 역사의 유적이 되어 버렸지만, 전통으로서의 그것이 대중에게 끼친 영향은 현대인의 의식 속에 아직까지 상당한 흔적으로 남아 있는데, 그 영향은 다음과 같이 몇 가지로 요약된다.

---

17) 같은 책 : 諸凡萬物萬事之知, 皆因習因悟因過因疑而然, 人也. 非天也.

(1) 인성의 선천성

맹자와 순자를 비롯하여 중국 고대 철학자들의 주장에 따르면 인성은 언제나 인간이 태어날 때 받은 것을 가리키며, 그것은 또 영원히 변하지 않는 것이다. 그리고 중국 고대 사상가들은 인성을 '천성', 즉 인간의 후천적 행위와 대립하는 것이라고 이해하였다. 이점은 중국철학의 중요한 특징이다. 인성을 선하다고 생각하든 악하다고 생각하든, 혹은 선악이 혼재되어 있는 것이라고 생각하든 관계없이 대부분의 중국 고대 사상가들은 인성이 선천적으로 결정된다는 데서 벗어나지 못하였다. 중국철학사에서 오직 한사람의 철학자만이 분명하게 다른 견해를 표명하였다. 그는 바로 명말청초明末淸初의 뛰어난 사상가 왕부지王夫之이다. 왕부지는 "인간의 본성은 날마다 생겨난다"라고 주장하였다. 그는 인성이란 인간이 태어날 때 부여받은 작은 부분만을 가리키는 것이 아니라고 생각하였다. 즉 '하늘'은 인간에게 시시각각 그것을 부여하고 있으며, 인간의 육체는 항상 새롭게 바뀌어 가고, 인성 역시 매일 형성되고 변화한다는 것이다. 이것은 매우 탁월한 견해이다. 그러나 그의 이론에 관심을 기울이는 자는 매우 적었으며, 남에게 알려지지도 않았고, 대중에게 아무런 영향도 끼치지 못하였기 때문에 인성을 천성으로 보는 견해가 여전히 지배적 지위를 차지하였다.

약 1000년 동안 지배적 지위를 차지한 것은 송명리학의 '천명지성'과 '기질지성'의 이분론二分論이었는데, 천명지성은 모든 사람들이 가지고 있고 모든 사람들이 같으며, 기질지성은 사람에 따라 다르다고 설명된다. 이점은 중국 민중의 의식구조에 매우 큰 영향을 끼쳐서 '천부적 재능(天才)', 혹은 '천부적 자질(天資)'에 대한 그릇된 믿음을 갖게 만들었다. 그 결과 많은 사람들이 지능이나 능력의 차이는 선천적으로 결정되는 것이라고 생각하게 되었으며, 누군가가 어떤 일에 성공하면 그것은 그 사람의 주체적 노력이나 환경의 영향에 의한 것이 아니라 그의 천부적 자질의 우수함 때문이라고 생각하게 되었다. 반대로 어리석고 무지한 사람은 노력이 부족해서 그렇게 된 것이 아니라 어리석고 못난 천성 때문이라고 생각하게 되었다. 이러한 견해는 오늘날에도 커다란 영향을 끼치고 있다. 이 선천론과 앞에서 설명한 천명론은 일치한다.

봉건사회에서 사람들은 지능이나 능력이 선천적으로 차별 지어진다는 점을 믿어 의심치 않았다. 이 때문에 인간의 지위에 차별이 있는 것도 선천적인 것이라는 주장을 합리적인 결론으로 받아들였다. 지배적 지위를 차지한 유학 역시 인위를 강조하였지만, 인위란 도덕수양의 평등성, 즉 모든 사람은 인의충신仁義忠信의 요구에 따라 자기를 수양해야 한다는 것을 의미할 뿐이다. 인간은 천명지성의 측면에서 모두 선한 사람이 될 수 있는 가능성이 있지만, 총명함과 우둔함은 변화시킬 수 없으며, 미련한 사람이 총명한 사람으로 될 수 없고, 미천한 사람이 인위적 노력을 통하여 고귀한 사람으로 될 수 없다고 생각하였다. 중국불교에서도 이러한 견해를 지지하였다. 즉 사람마다 '불성佛性'(부처가 될 수 있는 가능성)을 가지고 있지만 '근기根器'가 다르다고 생각하였다. 어떤 사람은 근기가 예리하고 어떤 사람은 근기가 둔탁하며, 어떤 사람은 아예 '혜근慧根'이 없기 때문에 깨달음에 도달하기가 매우 어렵다는 것이다. 오늘날에도 이러한 선천론적 영향을 발견할 수 있다. 예를 들면 음악가는 특수한 '음악세포'를 가지고 있고 예술가는 '예술세포'를 가지고 있다는 식의 우스갯소리가 그것이다. 이러한 농담 속에는 보통 사람은 예술가나 음악가가 될 수 없다거나, 많은 사람들이 자기는 '음치'로 태어났다는 등의 생각을 하고 있음을 암시해 준다. 실제로 타고난 능력의 차이를 완전히 부정할 수는 없지만, 그것보다 중요한 것은 후천적 환경과 교육이다. 성악가는 일반 사람들에게는 없는 '훌륭한 목청'을 가지고 있다고 생각하는 사람이 많다. 실제로 훈련, 즉 엄격한 과학적 훈련[18]이 더 중요하다.

　　유물론은 유전적 요소 등에 의해 만들어지는 선천적 차별성을 결코 부정하지 않는다. 그러나 이러한 차이는 환경의 영향과 후천적 학습에 의한 차이보다 결코 크지 않다고 주장한다. 천성의 차이에 대한 잘못된 믿음은 흔히 개인의 발전에 장애가 될 뿐만 아니라 사회적 발전에도 장애가 된다. 인위적 노력을 통하여 자기를 개조하고 현실을 개조하도록 강조하며, '천성'에 대한 잘못된 믿음을 청산하도록 강조하는 것은 우리의 중요한 임무이다.

(2) 천리와 양심

이성의 선천적 차별성은 '기질지성' 때문이라고 설명되는데, 기질지성과 대립적인 것이 '천명지성'이다. 약 1000년 동안 지배적인 지위를 차지하였고 또 주로 맹자의 천인합일론을 기초로 하여 발전된 송명리학에서는 '천리'는 우주의 본체·본원이고, 그것의 내용은 인의충신 등 봉건적 윤리도덕이며, '천리'에 근거하고 있는 '천지지성' 역시 당연히 같은 내용을 가지고 있다고 생각하였다. 모든 사람은 '천명지성'을 가지고 있으며, 이러한 천부의 도덕을 백성들은 흔히 '천리양심天理良心', 혹은 '천지양심天地良心'이라고 불렀다. 그것을 또 간단하게 '천량天良', 혹은 '양심良心'이라고 불렀다. 사람들은 모두 양심을 가지고 있다는 견해는 중국 민중의 의식구조 속에서 중요한 지위를 차지하였다. 나쁜 짓을 한 사람은 한편으로는 천리가 그것을 용납하지 않기 때문에 그는 조만간 주재적

---

18) 여기서는 주로 '아름다운 소리를 낼 수 있는 창법'을 가리킨다.

인 '하늘(리학자들은 '理'로 이해하였으며 일반 민중은 '하느님'으로 이해하였다)'의 징벌을 받게 될 것이라고 생각하였으며, 다른 한편으로는 자기의 양심에 걸릴 것이라고 생각하였다. 평소에 나쁜 짓을 하던 사람이 좋은 일을 한번 하면 사람들은 "양심이 죽지는 않았어"라고 말하였으며, 흉악하기 짝이 없는 사람에 대해서는 "양심이 썩었다"라고 말하였다. 사람들 사이에 다툼이 벌어졌을 때는 "너는 양심이 있느냐 없느냐"라고 질책하기도 하였다. 이런 말들은 오늘날에도 여전히 사용되고 있다.

봉건사회에서 민중들이 이해한 '양심'은 지배계급이 생각하고 있던 '천리'와는 전혀 다른 것이었다. 민중들은 지배자의 포악한 압박과 착취를 양심이 없기 때문이라고 생각하였지만, 지배자들은 이러한 압박을 영원불변의 절대적인 것이라고 생각하였다. 그러나 민중들이 오랜 동안 굳게 믿었던 '천리와 양심'의 관념은 연약하고 허구적인 것이다. 도덕은 결국 계급적 속성을 띠고 있다. 초계급적이고 초시대적인 천리와 양심에 대한 잘못된 믿음은 종종 지배계급에 의해 인민을 기만하고 인민의 반항을 와해시키기 위한 도구로 이용되었다. 왜냐하면 이러한 잘못된 믿음은 피압박자로 하여금 폭력과 투쟁을 포기하도록 하고, 지배자의 양심이 드러나기를 기대하도록 하며, '총명'하고 인정미 넘치게 지배하고 억압할 수 있는 '청백리', 혹은 '성군'이 나타나기를 갈망하도록 하기 때문이다. 이 때문에 이 이론은 지배자와 피지배자 간의 계급적 대립을 은폐하고 희석시켜 버린다.

중국 고대의 정통적 인성론인 유가의 천성론은 결코 추상적 인성론이 아니었다는 점이 당연히 지적되어야 할 것이다. 왜냐하면 이 이론의 주도적 학파에서는 인간이 공통적인 천리와 양심, 혹은 천명지성을 가지고 있다는 것을 인정함과 동시에 인간의 선천적 차별성을 강조하여 그것을 '세 가지 등급(三品)'으로 나누었는데, '세 가지 등급'이란 바로 현실 사회의 지배자, 중간 등급, 피지배자라는 기본적인 계급 구분으로 해석되었기 때문이다. 따라서 이 이론은 실제로 인간의 일생을 일정한 사회관계나 사회적 지위에 놓고 고찰한 것인데, 이것은 서양 근대의 몇몇 사상가들이 주장한 추상적·보편적 인성과는 분명히 다르다. 중국 고대의 사상가들에 따르면 인간이 다른 동물보다 고등한 것은 인간이 지혜를 가지고 있다는 점에서뿐만 아니라 보다 중요한 것은 인간이 '예'에 따라 군신·상하를 구분할 수 있기 때문이다. 동시에 '천명지성'이라는, 모든 인간이 공통적으로 가지고 있다는 인·의·충·신 등은 그 자체로 명확한 계급적 속성을 가지고 있다. 즉 '충'은 군주와 신하의 관계를 규정하는 것이다. 바로 이러한 이유 때문에 리학자들은 한편으로 '리理'를 설명하면서 다른 한편으로는 '분수分殊'를 설명하였다. 서로 다른 지위에 있는 사람이라도 '천리'를 가지고 있다는 점은 공통적이지만 그것의 현실적 적용에서는 구별된다. 낮은 지위에 있는 사람에게는 '충'이지만, 그것이 지배자 자신에게 적용될 때는 '혜(은혜)'이다. 한 마디로 중국 사상가들은 인간을 연구할 때 인간의 사회성과 인간의 사회적 관계, 사회적 지위 등에 대하여 주목하고 강조하였다. 이점에 대해서는 다음 장에서 자세하게 검토할 것이다.

천리天理와 인욕人欲의 관계에 대한 문제는 리학자理學者들이 제기한
데서 시작된 것이다. 그것은 송명宋明 이후의 사상계에서 연구된 가장 중
요한 문제의 하나였다. 이점에 대해서는 세 가지의 다른 견해가 있다.

1. 주자학파의 천리와 인욕설

리학자들이 주장한 '천리天理'는 『예기』의 다음과 같은 설명으로 소급
된다.

> 내부에서 우러나오는 호오의 감정을 조절하지 않으면, 인간의 지적 관심
> 은 외부로 향하여 자기 자신을 되돌아보지 못하기 때문에 (인간 내부에
> 본래부터 가지고 있던)천리가 사라져 버린다. 외적 대상은 인간에게 끝
> 없이 지각되는데, 인간이 호오의 감정을 조절하지 못한다면 그것이 인간
> 내부로 침투해 들어와 인간은 외적 대상의 지배를 받게 될 것이다. 인간
> 이 외적 대상의 지배를 받는다는 것은 바로 천리에서 벗어나 인욕人欲을
> 끝없이 추구하는 것을 의미한다. 이 때문에 반인륜적이고 기만적인 심리
> 가 생기는 것이고 음탕하고 포악한 사건이 발생하는 것이다.[1]

위의 주장에 따르면 천리는 인성 가운데서 하늘과 일치하는 본성
이고, 인욕은 물질적 측면에 대한 인간의 욕구를 가리킨다. 위 인용문의
저자(공자의 제자 증자라는 주장이 일반적이다)는 외적 대상을 추구하는
행위는 인심 속에 있는 천리를 사라지게 할 수 있으며, 아울러 그것은 여

---

1) 『禮記』『樂記篇』: 好惡無節於內, 知誘於外, 不能反躬, 天理滅矣. 夫物之感人無窮, 而
   人之好惡無節, 則是物至而人化物也. 人化物也者, 滅天理而窮人欲者也. 於是有悖逆
   詐僞之心, 有淫佚作亂之事.

러 가지 사악한 사건의 발생 원인이라고 생각하였다. 그런데 천리는 무엇을 가리키며, 그것은 어디서 근원한 것인가? 위 글의 저자는 명확하게 설명하지 않았다.

이정二程(程顥, 程頤)과 주희朱熹로 대표되는 송명리학宋明理學의 정통파—정주학파程朱學派에서는 『예기』 「악기편」의 관점을 체계적이고 명확하게 설명하였다. 그들의 설명에 따르면 천리는 우주의 최고 본체·근원이고, 인간의 본성에서는 하늘에서 근원한 '천명지성天命之性'이며, 그것의 내용은 인仁·의義·충忠·신信 등 봉건적 윤리도덕이다. 천리는 기본적으로 천명지성과 같지만, 인욕은 기질지성氣質之性과 같지 않다. 앞의 장에서 이미 설명하였지만, 기질지성은 선하기도 하고 악하기도 하기 때문에 전화시킬 수도 있고 바꿀 수도 있다. 그러나 인욕은 전적으로 악한 것이다. 그것은 물질에 대한 잘못된 추구를 의미한다. 따라서 이정의 말을 빌면 반드시 "인욕을 제거하고(去人欲)", "천리를 보존해야(存天理)" 한다. 주희의 견해에 따르면 천리와 인욕은 물과 불처럼 대립적인 것으로서 서로 조화시키거나 타협될 수 없다.

> 인간은 천리, 혹은 인욕만 가지고 있다. 천리가 지배적이면 인욕이 사라지고 인욕이 지배적이면 천리가 사라진다. 이 양자가 서로 중립을 유지하도록 하여 (어느 한 가지가)우세하지도 않고 사라지지도 않게 할 수 있는 방법은 없다.[2]

천리의 보존과 인욕의 제거를 선전한 정주 리학의 학설은 사회적 배경 및 근원과 밀접한 관계가 있다.

---

2) 朱熹, 『朱子語類』: 人只有個天理人欲, 此勝則彼退, 彼勝則此退, 無中立不進退之理.

당대 중기 이후로 중국 봉건사회의 생산관계는 한 차례의 변화가 있었다. 그 가운데 관심을 끄는 두 가지 점은 다음과 같다.

첫째, 봉건 착취 형식에 변화가 있었는데, '전조제佃租制'가 주도적 형식으로 굳어졌다. 이 제도 하에서 지주계급은 '주호主戶'라는 형식으로 등장하였고, 농민계급은 '객호客戶'라는 형식으로 나타났다. 객호는 토지와 그 밖의 생산도구를 완전히 상실하고 오직 자기의 노동력을 파는 주호의 고용인일 뿐이었다. 이것은 한편으로는 객호가 주호에 의해 경제적으로 보다 철저히 착취당했음을 의미하며, 다른 한편으로는 주호에 대한 객호의 경제외적 인신의존 관계가 약화되었음을 의미한다. 송대 이후의 법률에서 주호는 객호를 억압할 수 없도록 규정하였으며, 자기 토지에서의 노동이라 하더라도 객호의 가사에 관한 사항을 주호가 결정할 수 없도록 규정하였다. 객호는 새로운 주호를 선택하여 새로운 토지로 옮겨갈 수 있었다.

농민과 수공업자들은 생산도구를 빼앗겨 자유로운 노동자가 되었는데, 이것은 자본주의적 생산의 역사적 전제 가운데 하나이다. 따라서 전조제도는 봉건적 착취의 주도적 형식이 되었으며, 그것은 바로 봉건제도의 몰락과 새로운 생산양식의 맹아임을 알리는 중요한 신호였다.

둘째, 상공업이 그 이전에 비해 크게 발전하여 자본주의적 생산관계의 맹아가 나타나기 시작하였다. 송대부터 많은 관영 및 사영 수공업 작업장이 나타나기 시작하였으며, 남송南宋 일대 특히 소항지구蘇杭地區에서는 사영 작업장이 매우 발전하였다. 예를 들면 소주蘇州의 방직업은 "수공업 공장주가 출자하였고, 공원이 노동하였다." 직공이 수천 명에 이르렀고 규모 또한 매우 컸다.

자본주의적 생산관계의 맹아는 봉건적 자연경제에 비해 매우 미약

하였다. 그러나 그것은 봉건제도의 몰락과 새로운 생산관계의 출현을 예고하는 것이었다.

이상의 두 가지 측면의 변화는 중국 봉건사회가 해체기로 들어서기 시작하면서 자본주의적 생산관계로 나아가기 시작하는 과도기였음을 반영하고 있다.

이러한 생산관계상의 변화가 반영되어 중국 봉건사회의 계급투쟁에도 새로운 특징이 나타났다. 한편에서는 농민봉기의 전형적인 강령과 구호가 바뀌었다. 단순히 정치적 평등을 요구하고 특권을 반대하기만 하던 "왕후장상에 씨가 따로 있느냐?"(陳勝·吳廣)라는 그 이전의 구호에서 정치적 평등뿐만 아니라 경제상의 평등을 요구하고 지주계급의 토지소유 제도에 반대하는 "귀천의 구분을 없애고, 빈부 격차를 없애라"는 구호로 바뀌었다. 다른 한편에서는 상공업자와 시민계급이 출현하여 지주계급과 대립하였다. 상공업자와 시민계급은 보다 자유로운 발전을 요구하였고 여러 가지 측면에서 상공업을 속박하는 봉건제도를 반대하였다.

인욕을 제거하고 천리를 보존하자는 구호는 바로 이러한 상황 하에서 제기된 것이었다. 그것은 한편으로는 사람들이 봉건적 윤리 강상을 계속 지켜 줄 것과 국군國君에 계속 충성할 것을 요구하면서 중앙집권적 전제정치를 옹호하여 함부로 반항하거나 질서를 문란하게 하지 못하도록 하였다. 다른 한편으로는 새로운 시대의 특징을 반영하여 창끝을 인민의 물질적 욕망으로 향하도록 하였다. 즉 인민들에게 분수에 넘치는 욕망을 버릴 것을 요구하였다. 다시 말하면 농민들은 주호의 착취를 기꺼이 받아들여야 하며, 상공업자도 마땅히 분수를 지키고 그에 만족하여 더 이상의 발전을 추구하지 않음으로써 자연경제를 보호해야 한다고 가르쳤다. 리학자들은 일단 사람들이 천리를 보존하고 인욕을 제거해야 한다는 설교에 따르기만 한다면 봉건 지배체제는 안정될 것이라고 믿었다. 즉 그들은 "욕심이 일어나지 않게 할 수만 있다면 인민들은 도둑질하지 않을 것이다"라는 말을 믿었다.

정주학파가 선전한 "천리를 보존하라", "인욕을 제거하라"는 구호는 대지주계급의 이익을 대표하는 것으로서 봉건제도의 몰락을 지연시키기 위한 노력이었다는 점을 위의 것들을 통해 알 수 있다. 따라서 그것이 송대 이후로 봉건 지배자들의 절대적 지지를 받았던 것도 결코 우연이 아니었다.

송명시대 리학의 또 다른 중요한 학파, 즉 '육왕심학陸王心學'은 정주학파에서 천리와 인욕을 구별하는 데 이의를 제기하면서 발생하였다. 이 학파의 창시자인 육구연陸九淵(1139~1193)은 "천리와 인욕을 구분하는 것은 매우 큰 오류이다"[3]라고 주장하였다. 육구연에 따르면 인간의 심성은 하나일 뿐이고 욕망은 인성에서 나온다. 만약 심성이 올바르다면 그것이 움직이든(動) 정지된 상태로 있든(靜), 혹은 욕망이 없든(無欲) 욕망이 있든(有欲) 상관 없이 거론할 바가 못 된다. 그러나 만약 심성이 잘못되었다면 그것이 움직이든 정지된 상태로 있든, 혹은 욕망이 없든 욕망이 있든 상관 없이 취할 바가 못 된다. 올바른 것과 잘못된 것의 기준을 욕망이 있는가(有欲: 動), 욕망이 없는가(無欲: 靜)에 두는 것은 잘못이다.

육구연의 체계는 심心을 기초로 한 천인합일의 원칙으로 일관된다. "우주는 나의 마음이고 나의 마음이 바로 우주이다"[4]라는 그의 설명이 이것을 뒷받침 해 준다. 그의 주장에 따르면 정주학파는 인성에서 기질지성을 분리하였고 또 인욕이 천리와 절대적으로 대립된다고 하였는데, 그것은 하늘과 인간 사이의 통일성을 파괴하는 것이다. 따라서 그는 다

---

3) 陸九淵, 『象山語錄』: 天理人欲之分, 論極有病.
4) 陸九淵, 『象山全集』: 宇宙便是吾心, 吾心便是宇宙.

음과 같이 비판하였다.

> 천리 인욕에 대한 정주의 주장 역시 그 자체로 완전한 이론이 될 수 없다.
> 만약 하늘은 이치(理)이고 인간은 욕망(欲)이라고 한다면, 그것은 하늘과
> 인간이 다르다는 점을 인정하는 것이 되기 때문이다.5)

육구연은 인심 밖에 따로 최고의 완전한 선善으로서의 근원자를 설
정하는 것에 반대하였고 또 하늘과 인간을 분리시키는 것을 반대하였다.
이것은 육구연과 정주와의 갈림이 철학적인 문제 때문이었음을 알려주
는 것이다. 육구연은 천리와 인욕의 구분이 인간의 일원성을 파괴할 수
있다는 점을 우려하였다. 그러나 육구연 자신도 자기의 철학체계가 완전
히 일관된다는 점을 보증할 수 없었다. 육구연은 인성이 선하기만 하다
고 생각하였지만, (현실적으로)인간에게는 악이 존재하는데, 그 악은 어
디로부터 근원한다는 것인가? 그리고 어떤 사람에 대해서는 "인심이
'병' 들었다"는 점을 인정하였으며, 도덕수양에 있어서도 '타고난 내 마
음을 보존하면, ……내 마음의 '해' 는 제거된다"고 설명하였는데, 그가
말한 '병' 이나 '해' 는 사실 이정과 주희가 말한 '인욕' 과 같은 것이고 설
명 방식만 다를 뿐이다.

따라서 심학의 집대성자 왕수인王守仁에 이르면 더 이상 정주의 견
해를 반대하지 않고 "천리를 보존하고 인욕을 제거하라"는 구호를 전반
적으로 받아들이게 된다.

---

5) 陸九淵, 『象山語錄』: 天理人欲之言, 亦自不是至論, 若天是理, 人是欲, 則是天人不同矣.

2. 천리는 인욕 속에 있다는 학설

천리와 인욕에 관한 정주학파의 논의는 '리理' 위주의 리기론적 기초 위에 세워진 것이다. 정주는 천리는 우주의 본체이지만 천리가 만물을 만들어 낼 때 반드시 기를 필수적인 재료로 삼으며, 이러한 이유 때문에 만물은 리의 영향뿐만 아니라 기의 영향도 받게 된다고 생각하였다. 그런데 기에는 선과 악이 있는데, 인욕은 바로 인성 속에 있는 악의 집중적 표현이라는 것이다.

송명시대의 몇몇 유물주의 사상가들은 리를 세계의 근원이라고 하는 주장에 반대하였다. 그들은 기야말로 세계의 근원이며 리는 기를 떠나서 독립적으로 존재할 수 없다고 생각하였다. 또 인간에게서도 리는 당연히 '욕망欲'을 떠나서 독립적으로 존재할 수 없다는 것이다. 이것과는 반대로 관념적인 리는 다만 물질적인 욕망 속에서만 존재할 수 있으며, 물질적인 측면에 대한 욕구·욕망을 통해서만 규정되고 표현될 수 있다고 생각하였다. 이와 같은 견해를 가진 사람으로는 명대 중기의 나흠순羅欽順·왕정상王廷相, 명말청초의 왕부지王夫之·안원顔元 그리고 청대의 대진戴震 등이 있다.

나흠순은 인간의 욕망을 악한 것이라고 하는 주장에 반대하였다. 그는 욕망도 하늘로부터 부여받은 것이라고 생각하였다.

> 인간이 가지고 있는 욕망은 원래 모두 하늘에서 나온 것이다. 대개 필연적이기 때문에 그만둘 수 없는 욕망이 있고, 당연하기 때문에 바꿀 수 없는 욕망이 있다.[6]

---

6) 羅欽順, 『困知記』: 夫人之有欲, 固同出於天, 蓋有必然而不容已, 且有當然而不可易者.

그는 욕망에는 선한 것이 있고 악한 것이 있기 때문에 일괄적으로 논의될 수는 없고 반드시 구체적으로 분석하여야 한다고 생각하였다.

그만둘 수 없는 것(즉 필연적인 욕망)이면서 당연한 법칙과 일치된다면 어떤 행위가 선하지 않겠는가? 오직 마음 내키는 대로 행동하면서 죽는 줄 모르는 것이 악일 따름이다. 옛 유자들이 '인욕을 제거하라', '인욕에 빠진다'라고 말한 것은 그와 같은 방탕한 행동을 예방하려고 하였기 때문에 엄격할 수밖에 없었지만, 말이 좀 한쪽으로 치우친 것 같다. 기쁨 · 성냄 · 슬픔 · 즐거움 등의 감정은 모두 인간의 본성이 가지고 있는 것인데, 그 기쁨 · 성냄 · 슬픔 · 즐거움 등의 감정을 (인간으로부터)제거할 수 있겠는가? [7]

왕정상의 관점은 나흠순과 매우 비슷하다.

음식과 남녀는 모든 인간이 공통적으로 욕망하는 것이고 빈천과 요절 및 질병은 모든 인간이 공통적으로 싫어하는 것임을 알 수 있다. 물욕에 가려서 그런 것이지 그것은 인간의 본성이 아니라고 말한다면 빈천과 요절 및 질병을 인간이 원한다는 것인가? [8]

나흠순과 왕정상은 대체로 인욕을 적절하게 변호하였다. 그들은 인욕을 절대적으로 나쁜 것이라는 견해를 부정하면서 절제된, 정당한 욕망은 천부적인 것이고 필연적인 것이라고 생각하였다. 그리고 왕부지는

---

7) 같은 책 : 於其所不容已者而皆合乎當然之則, 夫安往而非善乎. 惟其恣情縱欲而不知死, 斯爲惡耳. 先儒以去人欲, 遇人欲爲言, 蓋所以防其流者, 不得不嚴, 但語言似乎偏重. 夫欲以喜怒哀樂皆性之所有者, 喜怒哀樂又可去乎.

8) 王廷相, 『愼言』: 觀夫飮食男女, 人所同欲, 貧賤夭病, 人所同惡, 可知矣. 謂物欲蔽之, 非其本性, 然則貧賤夭病, 人所願乎哉.

천리와 인욕의 일치성을 보다 명확하게 제기하였다.

　　사사로운 욕망 속에 천리가 깃든다.[9]
　　이 말은 인욕 속에 천리가 들어 있다는 의미인데, 왕부지는 다음과
같이 그것을 논증하였다.

　　예禮는 오로지 천리의 절문節文이라고 하지만 그것은 반드시 인욕과 결합
　　되어야만 겉으로 드러난다. ……결코 욕망을 떠나서 리理가 따로 있을 수
　　없다. 오직 불교에서나 욕을 떠나 따로 리가 있다고 생각한다. 물욕을 혐
　　오하고 제거하는 것은 결국 인륜을 폐지하는 것이다.[10]

　　예는 당연히 천리에 속한다. 그러나 그것은 음식이나 남녀 등 물질
적 측면을 통하여 나타난다. 예를 들면 국군國君이 먹고 마실 때 사용되는
그릇은 대신들의 그릇과는 다르고 대신들이 사용하는 그릇은 또 보통 백
성들의 그릇과 다르다. 이와 같은 '다름' 속에 바로 군신·상하 관계가
드러나 있다. 왕부지의 견해에 따르면 인욕을 제거해야 한다는 학설은
불교와 같은 이단의 잘못된 주장이다.
　　안원과 그의 제자 이공李塨 (1659~1733)은 "리는 욕망 가운데 있다",
"리는 욕망 속에서 드러난다"라고 강조하였다. 그들은 공허하게 천리를
지껄여 대는 것을 반대하였으며, 리에 대한 리학자들의 여러 가지 심오한
주장을 "그림 속의 귀신", "물에 비친 달과 거울에 비친 꽃"이라고 배척하였
는데, 그것은 즉 인욕을 떠난 천리는 물질적 기초가 없으며 따라서 아무

---

9) 王夫之, 『讀四書大全說』: 私欲之中, 天理所寓.
10) 같은 곳 : 禮雖純爲天理之節文, 而必寓於人欲而見. ……終不離欲而別有理也. 離欲
　　而別爲理, 其唯釋氏爲然. 蓋厭棄物則, 而廢人之大倫矣.

런 가치도 없다는 뜻이다. 안원과 이공은 리와 욕망은 통일적인 것이고 통일의 기초는 바로 인간의 물질적 생활이라고 생각하였다. 인욕이 만족되어야 비로소 천리가 바르게 된다는 것이다. "먹고 마시는 등의 일상적인 활동 속에 도(천리)가 있다"[11]라는 안원의 주장은 그점을 말한 것이다.

안원은 남녀 간의 애정이 인간의 "참된 정이고 최고의 정이다"는 것을 충분히 긍정하면서 리학자들의 금욕주의를 반대하였다.

조류에는 자웅의 구별이 있고 야수에는 빈모牝牡의 구별이 있으며, 곤충이나 파리, 두꺼비 역시 암수의 구별이 있는데, 어떻게 만물의 영장인 사람만이 이성에 대한 감정이 없단 말인가? 남녀 간의 감정은 인간의 가장 큰 욕망이며, 또 그것은 인간에 있어 가장 진솔한 최고의 감정이다.[12]

리는 욕망 속에 있다는 나흠순·왕정상·왕부지 등의 주장은 주로 지주계급 중에서 머리가 깨인 사람들의 정통파에 대한 비판이었다. 이에 비해 인욕을 충분히 긍정하고 리학자들이 숭배한 천리를 비판한 안원의 사상 속에는 이미 초보적이나마 개인해방을 요구하는 민주·계몽사상의 요소가 들어 있음을 알 수 있다.

대진은 정주학파의 천리와 인욕에 관한 이론을 보다 매섭게 비판하였다. 그는 왕부지처럼 리는 욕망 속에 있는 것임을 강조하였다.[13] 인간은 욕망이 있기 때문에 작위할 수 있는 것이지 욕망 없이 작위할 수 있는 것은 아니라고 대진은 추론하였다. 인간은 작위를 통해서만 다른 것

---

11) 顔元, 『四存編』 : 行其日用飲食卽道之所在.
12) 같은 곳 : 禽有雌雄, 獸有牝牡, 昆蟲蠅?也有陰陽, 豈人爲萬物之靈, 而獨無情乎. 故男女者, 人之大欲也, 亦人之眞情至情也.
13) 戴震, 『孟子字義疏證』 : 理者, 存乎欲者也.

으로 대체될 수 없는 정확한 원칙을 점차로 개괄해 낼 수 있는데, 그것이 바로 리라는 것이다. 이것은 욕망이 없으면 리를 개괄해 낼 수 없다는 점을 말해 준다. 이 때문에 천리는 인욕에서 떨어질 수 없고 아울러 그것은 바로 인욕 때문에 밖으로 드러난다.

대진은 한 걸음 더 나아가 천리와 인욕의 관계는 자연과 필연의 관계라고 생각하였다.

> 욕망이란 혈기의 자연스러움이다. ……혈기의 자연스러움을 자세히 관찰해 보면 그 속에서 필연적인 것을 발견할 수 있는데, 이것을 리라고 한다.14)

인간의 욕망은 인간이 가지고 있는 혈기 때문에 발생하는 자연적이고 자발적인 행동이다. 인간의 이러한 자연적 행동을 반복적으로 고찰해 보면 그 속에서 필연적이면서 비우연적인 것을 개괄해 낼 수 있는데, 그것이 이른바 리라는 것이다.

한마디로 리와 욕망은 대진에 따르면 결코 대립적인 것이 아니다. 그 두 가지는 서로 보충해 주고 서로 완성시켜 주는 관계에 있다. 덧붙여 말한다면 천하를 다스리는 근본 역시 천리로써 인간을 속박한다거나 천리로써 인간의 욕망을 제거하는 것이 아니라 사람들이 욕망을 적절하게 충족시킬 수 있도록 해 주는 것이다. "천하를 다스리는 일은 인민들이 원하는 것을 얻을 수 있도록 해 주고 인민들의 감정을 충족시켜 주는 것일 뿐이다"15)라는 지적이 그것이다.

대진은 천리와 인욕을 분리하는 정주학파의 잘못을 이론적으로 비

---

14) 같은 곳 : 欲者血氣之自然. ……由血氣之自然而審察之, 以知其必然, 是之謂理矣.
15) 같은 곳 : 天下之事, 使欲之得遂, 情之得達, 斯已矣.

판하였을 뿐만 아니라 그 학설이 실천적으로도 위험하다는 점을 지적하면서 송대의 유자들은 "리를 가지고 사람을 죽였다(以理殺人)"고 폭로하였다. 송대 유자들의 학설에 따르면 사람들은 거듭되는 배고픔과 추위가 자신을 괴롭히더라도 물질적 측면에 대한 욕구를 충족시킬 방법을 고려해서는 안 된다. 그렇지 않으면 인욕이 발생하고 인욕이 발생하면 천리가 사라져 버릴 것이며, 그것은 죽은 것과 같기 때문이다. 그런 점에서 리학은 "사람을 죽이는 도구(殘殺之具)"가 되었다는 것이다.

대진은 천리는 사람을 죽이는 부드러운 칼이지만 법보다 잔인하다고 지적하였다. 왜냐하면 가령 어떤 사람이 법을 어겨 형벌의 제재를 받는다면 다른 사람으로부터 형벌이 너무 가혹하다는 동정이라도 받을 수 있지만, 리학의 천리라는 엄격한 속박 안에서 만약 천리를 위반한다면 자살할 수밖에 없기 때문이다. 예를 들면 어떤 여자가 정절을 지키지 못해 자결하였다면 모든 사람들은 그 여자가 잘 죽었다고 생각할 것이며, 리의 입장에서 보더라도 그녀의 죽음은 당연한 것이다. 심지어 희생자 자신도 자기의 죽음이 리에 따른 당연한 행동이라고 생각하고 아무런 원망도 하지 못할 것이다.

대진은 아직 정주리학이 지배적 지위를 차지하고 있던 청대에 과감하게 이러한 견해를 발표하였다. 그것은 매우 용감한 행동이었으며, 그의 학설에는 본받아야 할 점이 많이 있다.

3. 인심은 사심이라는 이지의 학설

정주학파의 "천리를 보존하고 인욕을 제거하라"는 학설이 천리와 인욕의 관계 문제에서 극단적 금욕주의라면, 명대 후기의 저명한 사상가 이지李贄(1527~1602)의 사상은 그것과 대립된 다른 하나의 극단이었다. 그의 사상은 위에서 설명한 안원·대진 등의 사상과 비교적 가깝지만 이단적 특성이 보다 두드러진다. 인욕을 긍정한 측면에서는 이지의 이론이 안원과 대진의 그것을 크게 뛰어넘는다. 그는 또 통일적 천리가 존재한다는 것을 철저하게 부정하였다. 이지는 '동심설童心說'을 제기하였다.

'동심童心'은 사람이 태어날 때부터 가지고 있는 의식, 즉 최초의 생각이다. 이지는 이러한 동심이 가장 고귀한 것이라고 생각하였다. 왜냐하면 그것은 인간의 가장 진실한 주관적 정신, 즉 '진심眞心'을 반영하고 있기 때문이라는 것이다.

그런데 이 진심이란 맹자나 왕수인 등이 주장한 타고난 '인의충신' 등의 '양지良知'·'양능良能'을 가리키는가? 그것과 정반대로 이지는 '인의충신' 등 봉건도덕의 교조적 주입은 인간들에게 '진심'을 잃어버리도록 한다고 생각하였으며, 독서를 많이 하고 '의리'를 많이 알게 될수록 인간의 진심은 더욱더 말끔히 그리고 더욱더 철저하게 사라진다고 생각하였다. 이지는 리학자들이 강조한 봉건윤리의 기본 원칙, 즉 천리를 '교조적 법령'이라고 생각하였으며, 그것은 마땅히 폐지되어야 한다고 주장하였다. 이지는 세계는 통일적인 근원을 가지고 있지 않으며, 모든 사물은 상대적으로 존재한다고 생각하였다. "두 가지 측면을 모두 말하되 한 가지 측면만 말하지는 않는 것(言二不言一)"은 그의 세계관의 기본 관점이었다. 그는 이와 마찬가지로 인간의 여러 가지 인식에도 통일적이고 객관적인 절대적 진리가 없다고 하였다. 이 때문에 모든 사람은 자기의 진심을 최고의 권위로 삼아야 하며 어떠한 '교조적 법령'의 속박도 받아들여서는 안 된다고 하였다. 또 공자나 맹자 등과 같은 성인의 행위를 기계적으로 모방할 필요 없이 동심에 따라 행동하기만 하면 정확할 것이라고 하였다.

그렇다면 동심·진심의 본질은 또 무엇인가? 그것은 바로 '사심私心'이다.

> 사심이라는 것은 인간의 마음이다. 인간은 반드시 사심을 가지고 있기 마련인데, 그것이 있어야만 본래의 마음이 드러난다. 만약 사심이 없다면 본래의 마음도 없어질 것이다.[16)]

덧붙여 말하자면 사심은 바로 리학자들이 매우 싫어하던 사욕私欲, 즉 '음식(식욕―역자)'·'남녀(성욕―역자)'와 같은 인간의 물질적 욕망, 물질적 욕구를 가리킨다. 이지는 욕망과 욕구는 가장 합리적인 것이고 가장 정당한 요구라고 생각하였다.

> 옷을 입고 밥을 먹는 것은 바로 '인간의 도리(人倫)'이고 '사물의 이치 (物理)'이다. 옷 입고 밥 먹는 것을 제외하면 인간의 도리도, 사물의 이치도 없다. 인간 세상의 온갖 것들은 결국 입고 먹는 종류의 것일 뿐이다. 그러므로 옷 입고 밥 먹는 것들을 실행하다 보면 인간 세상의 온갖 것들은 저절로 그 속에 포함된다. 옷 입고 밥 먹는 것 밖에 온갖 것들이라는 것이 완전히 백성과 동떨어져 따로 존재하는 것은 아니다.[17)]

---

16) 李贄, 『藏書』 『德業儒臣後論』: 夫私者, 人之心也. 人必有私, 而後其心乃見. 若無私則無心矣.

이처럼 이지는 리학자들이 세계의 근원이라고 생각한 천리를 부정하였으며, 인간의 물질적 욕구를 초월할 수 있는 어떤 것도 존재하지 않는다고 생각하였다.

이지는 이기심은 인간이 가지고 있는 본성이라는 점을 지적하면서 리학자들은 입으로는 그렇게 말하지만 속마음은 그렇지 않다고 폭로하였다. 리학자들이 비록 천리를 보존하고 인욕을 제거할 것을 고취하였지만 실제로는 (그들도)사심을 벗어날 수 없었으며, 사욕은 도리어 그들에게 있어 매우 중요한 것이었다. 점잖은 척 거드름을 피우는 리학자들은 "겉으로는 '도학道學'을 한다고 하면서도 뒷구멍으로는 부귀를 추구하고 있으며, 유복儒服을 단정히 입고 있으면서도 행실은 개돼지 같다"는 것이다. 이지에 따르면 그들이 주장하는 도학은 명예와 재물을 추구하는 수단에 불과하며, 입으로는 천리를 떠들어대지만 마음속으로는 사욕에서 벗어날 수 없고 행동 역시 사욕을 추구하는 데서 벗어나지 못한다. 이 때문에 리학자들은 사리를 추구하는 것을 결코 부끄럽게 생각하지 않는 '시정잡배' 보다 훨씬 못하다는 것이다. 왜냐하면 시정잡배는 "직접 하는 것도 그 일(사욕을 추구하는 일)이고 입으로도 그것에 대하여 말하기" 때문이라는 것, 즉 두 얼굴을 가지고 있지 않기 때문이라는 것이 그의 설명이다.[18]

이처럼 인욕을 충분히 긍정하고 천리를 부정한 이지의 이론은 물질적 이익을 추구하는 상공업자 · 시민계급의 입장과 봉건도덕의 속박에 고통 받는 신흥계층의 입장을 반영한 것이다. 이것은 서양 문예부흥 시기의 계몽적 요소를 가진 몇몇 사상가, 예를 들면 『데카메론』의 저자 복

---

17) 李贄, 『焚書』 『答鄧石陽書』: 穿衣吃飯, 卽是人倫物理, 除却穿衣吃飯, 無倫物矣. 世間種種皆衣與飯類耳. 故擧衣與飯, 而世間種種自然在其中. 非衣飯之外更有所謂種種絶與百姓不相同者也.
18) 같은 책, 『答耿司寇』 참조.

카치오Boccaccio(1313~1375) 등이 교회의 비리를 폭로하고 개인해방을 부르짖던 것과 비슷하다.

　　이지의 이러한 사상은 의심할 바 없이 중국철학사와 중국 역사에서 진보적 작용을 하였다. 그리고 그가 전통사상에 대하여 용감하게 도전한 점은 매우 긍정적으로 평가된다. 그러나 이러한 평가는 이지가 주장한 사욕지상론이 절대적 진리라는 것을 의미하지는 않는다. 이점에 대해서는 다음 절에서 자세하게 검토할 것이다.

4. 천리인욕설에 대한 근대철학의 비판

위에서 천리와 인욕에 대한 송명시대의 세 가지 주된 견해를 설명하였다. 근대에 이르러 중국의 진보적 사상가들은 서양 자본가계급의 자유 · 평등 · 박애의 주장을 받아들여 "천리를 보존하고 인욕을 제거하라"는 봉건적 금욕주의에 대하여 새롭게 비판하고 그것의 오류를 폭로하였는데, 그들의 사상은 (서양 자본가계급의 주장뿐만 아니라)대진 등 봉건시대 사상가들의 견해도 받아들인 것이다.

　　자본가계급 개량파의 대표적 인물인 강유위康有爲는 송명유학에 대한 비판을 매우 중요시하였다. 그는 "인도는 먹고사는 것보다 큰 것이 없다(人道莫大於養)"라고 지적하였고, 또 물질적 측면에 대한 인간의 욕구는 인간의 생활 속에서 가장 큰 부분이라고도 하였다. 따라서 인욕에 대하여 "그것을 제거할 수는 없지만 오직 그것에 따라 행동하게 할 수는 있다"[19]라고 주장하였다.

---

19) 康有爲, 『禮運注』: 不能禁而去之, 只有因而行之.

서양 사상을 체계적으로 중국에 소개한 엄복嚴復은 송명리학의 종
교적 성격을 다음과 같이 지적하였다.

중국에서든 외국에서든, 예나 지금이나를 막론하고 이치를 주장하는 자
들은 대체로 다음과 같은 두 파로 나뉜다. 하나는 종교에서 출발한 것이
고 다른 하나는 학문에서 출발한 것이다. 종교에서는 공리는 하늘에 속
하는 것이지만 사욕은 인간에 속하는 것이라고 생각한다. 학문에서는 인
간의 능력을 '하늘의 작용(天行)'에 의한 것이라 생각하고 덕을 '인간의
노력(人治)'에 의한 것이라고 생각한다. 학문적 형식으로 그것을 주장하
는 자들은 반드시 증거를 대야 하기 때문에 하늘에 대한 주장에서 '물질
적 요소(形氣)'를 무시하지 못한다. 종교적 형식으로 그것을 주장하는 사
람들은 그것을 반드시 인간 세상과 관련지어야 하기 때문에 이치를 설명
하면서 '창조주(化神)'를 제외시키지 못한다.[20]

엄복에 따르면 역사적으로 사상을 가진 학파는 종교와 철학 등 두
가지로 나눌 수 있는데, 이 두 가지는 '하늘'과 '인간'에 대한 견해가 근
본적으로 다르다. 종교는 '창조주'가 존재한다는 것을 고취하면서, 인간
세계의 공리는 신에 의해 제정된 천리이고 사욕은 인간이 만들어 낸 것
으로서 천리와 대립되는 것이라고 설명한다. 철학에서는 자연적인 것과
사회적인 것을 구분하여 그것들을 각각 하늘과 인간에 귀속시킨다. 종교
는 철학에서처럼 엄격한 실증을 거쳐 결론을 도출해 내지 않으며, 그것
의 목적은 지배자를 옹호하는 데 있다. 리학은 바로 종교의 영역에 속한
다. 왜냐하면 그것은 천리와 사욕을 대립시키는 가장 전형적인 것이기

---

20) 嚴復, 『天演論按語』：大抵中外古今, 言理者不出二家. 一出於教, 一出於學. 教則以公
理屬天, 私欲屬人. 學則以尙力爲天行, 尙德爲人治. 言學者期於證實, 故其言天不能
舍形氣. 言教者期於維世, 故其言理不能外化神.

때문이다.

개량파 가운데 가장 급진적인 사상가 담사동譚嗣同(1865~1898)은 "천리를 보존하고 인욕을 제거하라"는 리학자들의 주장을 가장 거세게 비난하였다. 그는 대진의 사상을 계승하여 리학이 리를 가지고 살인을 한다는 점을 지적하면서 많은 예를 들었다.

세속의 어리석은 유자들은 천리를 선하다고 하며 인욕을 악하다고 한다. 그들은 인욕이 없으면 천리도 없어진다는 점을 알지 못한다. 이 점 때문에 나는 세속에서 함부로 이 두 가지를 나누는 것을 안타깝게 생각한다.[21]

담사동은 여전히 '인仁'을 최고의 도덕이라고 생각하였다. 그러나 그가 말한 '인'은 봉건도덕을 구성하는 요소의 하나가 아니라 봉건도덕을 부정하는 것이었다. 왜냐하면 그것의 내용은 '평등'이었기 때문이다. 그것은 중국 자본가계급의 의식이라는 새로운 특징을 담고 있었다.

5. 천리와 인욕설의 영향

"천리를 보존하고 인욕을 제거하라"는 구호는 중국 봉건사회에 매우 큰 영향을 끼쳤다. 천리·인욕의 문제와 연관된 범주로는 두 가지가 있는데, 하나는 '정의(義)'와 '이욕(利)'이고 다른 하나는 왕도王道와 패도覇道이다. 천리·정의·왕도가 서로 비슷한 의미를 가지고 있고, 인욕·이욕·패도가 서로 비슷한 의미를 가지고 있다. 천리와 인욕은 주로 개인의 도덕

---

21) 譚嗣同, 『仁學』: 世俗小儒, 以天理爲善, 以人欲爲惡, 不知無人欲, 尙安得有天理. 吾故悲夫世之妄生分別也.

적 측면에 대한 말이고, 왕도와 패도는 주로 국가의 정치적 측면에 대한 말이며, 정의(義)와 이욕(利)은 가장 보편적 의미를 가지고 있다. 유가 주류파의 견해에 따르면 천리·정의·왕도는 당연히 숭상되어야 하며, 인욕·이욕·패도는 반드시 배척되어야 한다. 만약 어떤 사람이 '인욕을 제거'하고 '천리를 보존'할 수 있게 되었다면 그는 반드시 정의를 추구하고 이욕을 고려하지 않을 것이다. 만약 그가 지배자라면 그는 반드시 왕도를 실천할 것이다. 그와는 반대로 그가 인욕에 깊이 빠졌다면 그는 반드시 패도정치를 할 것이며 이욕의 추구에 몰두할 것이다.

'정의와 이욕을 구분(義利之分)'한 역사는 천리와 인욕을 구분한 역사보다 조금 더 오래 되었다. 유가의 창시자 공자는 정의를 중시하고 이욕을 경시하는 사상을 제기하였는데, 그는 "군자는 정의에 밝고 소인은 이익에 밝다"[22]라고 생각하였다. 맹자는 한 걸음 더 나아가 이욕을 부정하였다. 그는 "왜 꼭 이익만 거론하느냐? 인의仁義라는 것도 있다"[23]라고 말하였다. 동중서는 또 "정의를 바르게 실천하면서 이익을 생각하지 않고, 도를 밝히면서 공적을 생각하지 않는다"[24]라고 하였다.

송명리학은 정의를 중시하고 이욕을 경시하는 이러한 전통에 근거하여 천리와 인욕을 구분하였으며, 정의를 우주의 본체와 연관시켰다. 더욱이 그것은 이욕의 가치를 깎아 내렸으며, 이욕의 위험성을 크게 과장하였다. 천리와 인욕, 정의와 이욕, 왕도와 패도의 관계는 물과 불처럼 서로를 용납하지 않는 관계로 바뀌었다.

유가의 정의·이욕 구분과 천리·인욕의 구분이 연합작용을 하였기 때문에 길고 오랜 중국 봉건사회에서 물질적 측면에 대한 욕구는 빛

---

22) 『論語』 『里仁篇』 : 君子喩於義, 小人喩於利.
23) 『孟子』 『梁惠王上篇』 : (王)何必曰利, 亦有仁義而已矣.
24) 『漢書』 『董仲舒傳』 : 正其誼不謀其利, 明其道不計其功.

을 보지 못하였다. 이익의 추구에 대한 이야기는 단 한 마디라도 고상한 자리에서 꺼낼 수 없었다. 당당하고 떳떳하게 주장할 수 있는 유일한 것은 인의도덕뿐이었다. 이러한 사상은 현대 중국 사회에도 여전히 영향을 끼치고 있다.

고상한 도덕을 추구한 것은 결코 백해무익하기만 한 것은 아니었다. 중국이 오랜 동안 '예의의 나라' 라고 일컬어진 것은 위에서 설명한 정의를 중시하고 천리를 간직하려 했던 것과 분명히 관련이 있다. 도덕철학은 중국에서 오랜 동안의 전통이었으며 그 내용 또한 매우 풍부하다. 그것은 중국 고대의 찬란한 문화를 구성하는 중요한 요소의 하나이다. 그러나 인의도덕이라는 한 측면만 극단적으로 긍정하고, 물질적 욕구와 이익 추구에 대해서는 극단적으로 부정한 것[25]은 확실히 중국 사회를 극도로 열악한 상태로 몰아넣는 결과를 가져왔다. 그것은 직접적으로 생산력과 과학기술의 발전을 저해하였다. 그 이유는 다음과 같다. 정통 유가의 관점에 따르면 경제발전에 힘써야 한다고 주장하는 사람이나 부국강병富國强兵을 주장하는 사람은 공리를 추구하는 '소인' 이고, 그런 사람은 또 유가의 왕도와 대립되는 패도를 실행하려는 사람이다. 구체적 자연과학에 종사하는 사람들은 '구멍을 파는 벌레처럼 작은 재주(雕蟲小技)' 를 가지고 '부지런히 잇속을 채우는 무리(孶孶爲利之徒)' 로 비쳐졌을 뿐 그들의 성과는 중시되지 못하였다. 뛰어난 발명과 창조를 이루어 놓고서도 다른 사람으로부터 지지를 받지 못하고 널리 사용되지도 못하였기 때문에 전해지지 않는 것이 매우 많다. 과학기술에 대한 상대적 차별대우는 중국의 과거제도와 전통적 도서 분류 방법에서도 분명하게 드러난다. 중국 과거제도는 오랜 동안 유가의 경전을 기본 내용으로 하

---

25) 이러한 경향은 중국 봉건사회가 발전해 갈수록 더욱 극단적으로 되어갔다.

였으며, 정통적 견해를 표준 답안으로 채택하였다. '명산明算' 26)은 매우 작은 한 과科였으며 그 밖의 자연과학은 모두 배제되었다. 중국 도서는 '경經'(유교경전)·'사史'(역사)·'자子'(제자백가)·'집集'(문집) 등 네 가지로 크게 분류되었다. 그 속에서는 자연과학 저작이 독립적인 지위를 갖지 못하였다. 따라서 명대 송응성宋應星의 『천공개물 天工開物』이 매우 빠르게 유실된 것도 이상할 것이 없다(나중에 일본에서 발견됨). 이처럼 그것은 봉건 지식인들로 하여금 정주나 육왕이 제창한, 마음을 비우고 고요히 앉아 '성리性理'를 논하는 길로 나아가도록 촉진하였고, 실무를 알지 못하도록 하였으며, 실제적인 일에 둔감해지도록 하였다.

중국 고대의 총명한 인민들은 인류의 과학과 생산력 발전에 크게 공헌하였다. 예를 들면 전 세계에서 그 이름을 다 알고 있는 4대 발명 등이 그것이다. 그러나 정통유가의 견해에 따르면 이러한 발명은 '보잘것없는 잔재주'에 지나지 않는다. 따라서 그것은 널리 사용되지 못하였고 또 충분히 발전되지 못하였다.

중국 봉건사회에서 인민의 생활 수준도 오랜 동안 정체상태에 있었다. 오늘날에 이르기까지 몇몇 외딴 지역 사람들은 전국시대의 것과 거의 차이가 없는 마차와 맷돌을 사용하고 있다. 비록 철기가 일찍이 춘추시대에 보급되기 시작하였지만 명청시대의 일부 지역에서는 여전히 돌로 만든 무거운 도구와 나무로 만든 낙후된 도구를 사용하였다. 이러한 극히 비정상적인 현상을 사람들이 이상하게 생각하지 않고 과감하게 그것들을 바꾸려고 하지 않았던 것은 그렇게 할 경우 도저히 용서받을 길이 없는 인욕의 죄를 범할 우려가 있기 때문이었다.

그러나 인욕은 외면할 수 없는 것이다. 중국 봉건사회에서 지배계

---

26) 역자 주 : 명산明算은 당대唐代 과거의 한 과목으로서 계산에 밝은 자를 뽑았다.

급은 한편으로는 정주의 "천리를 보존하고 인욕을 제거하라"는 주장을 대대적으로 제창하여 사회경제적 불평등에 반항하는 노동자나 상공업의 발전을 요구하는 시민계급을 억압하면서, 다른 한편으로는 왕실의 사치 규모를 끝없이 늘려 나갔다. 춘추시대의 궁실은 민가의 거리 풍경을 직접 바라볼 수 있을 만큼 규모가 작았다. 그러나 명청시대에 이르러 세계 최고라는 명성에 걸맞는 삼엄하고 웅장한 자금성紫禁城이 나타났다. 많은 자재와 인력이 극소수 지배계급의 소비를 충족시키기 위해 사용되었다. 따라서 "천리를 보존하고 인욕을 제거하라"는 구호 아래서 인민들은 거듭되는 배고픔과 추위에 시달렸지만, 지배계급은 이욕의 추구에 철두철미하게 몰두하였다. 이것은 송대 유자들의 '천리와 인욕의 구분(天理人欲之辨)'이 빚어낸 비극이었다.

현대 중국에서 "천리를 보존하고 인욕을 제거하라"는 주장이나 "정의를 바르게 실천하면서 이익을 생각하지 않고, 도를 밝히면서 공적을 생각하지 않는다"는 주장의 영향이 아직도 존재하며, 아울러 그것은 극좌極左의 형식을 빌려 표현된다. 사회주의와 생산력의 발전을 대립시키고, 계급투쟁은 중시하면서 과학기술은 천시하는 견해가 한때 매우 유행하였다. 10년 동안 진행된 문화대혁명文化大革命이 최고조에 이르렀을 때, "사회주의적 느린 성장을 바랄지언정 자본주의적 고도성장을 바라지 않는다", "사회주의의 잎사귀가 되기를 바랄지언정 자본주의의 줄기가 되기를 바라지 않는다"는 등 일련의 황당하기 짝이 없는 구호와 "부유한 생활에 대한 욕구는 필연적으로 수정주의를 부를 것이다"라는 극단적이고 엉뚱한 견해가 제기되었다. 이러한 견해는 송명유학의 "천리를 보존하고 인욕을 제거하라"는 금욕주의의 복사판에 지나지 않는다. 그리고 이러한 견해를 제기했던 임표林彪·강청江淸 등은 바로 입만 열면 '천리'

를 들먹이던 과거의 지배자들처럼 극도로 사치스러운 생활을 하였다.

사인방四人幇이 무너지고 삼중전회三中全會가 열린 이후 혼란을 바로 잡고 정상을 회복하는 과정에서 사회주의적 정신문명과 물질문명의 관계, 사회주의와 생산력 발전의 관계 등 일련의 문제가 정확하게 해석되고 말끔히 해결되었다. 생산력을 발전시키고 과학을 연구하는 것이 더 이상 '혁명'과 대립하는 빛 잃은 행위로 간주되지 않았다. 그것은 바로 사회주의의 근본 목적에 직접적으로 기여하는 것이라고 생각되었다.

다른 한편 새로운 상황 아래서 이지 등이 주장한 것처럼 사욕을 긍정하고 사욕을 최고로 생각하는 사상도 나타났다. 예를 들면 '모든 것을 돈과 연결시켜 생각'하면서 국가나 인민의 이익은 돌보지 않으며 사회주의 도덕을 무시하고 오직 개인의 이익만 추구하는 것 등이 그것이다.

역사적 경험은 깊이 반성해 볼 만한 가치가 있는 것이다. "천리를 보존하고 인욕을 제거하라"는 주장을 부정하는 것은 사욕지상주의를 공개적으로 승인하고 권장하는 것을 의미하는가? 결코 그렇지 않다. 중국 역사에서 비록 이지 등 소수의 사상가들이 리학을 비판하면서 극단적인 방향으로 기울어지긴 하였지만, 왕부지·안원·대진 등 적지 않은 진보적 사상가들이 리학의 금욕주의를 비판하면서 동시에 인간의 물질적 욕망은 적절하게 충족되어야 한다는 것, 즉 객관적 조건과 일치하도록 조절되어야 한다는 것을 주장하였다. 그들의 사상 속에는 여전히 봉건주의적 요소가 남아 있긴 하지만 합리적 요소도 있다. 사회주의적 상황 아래서 국가·집단·개인의 이익에 관한 문제에 대답하고자 할 때 그들의 주장은 귀 기울여 볼 만한 가치가 있다.

8장 _ 하늘과 인간 중 어느 것이 지배적인가?

하늘과 인간 중 어느 것이 지배적인가? 인간이 하늘을 지배하는가, 하늘이 인간을 지배하는가? 이 문제 역시 중국 역사에서 많은 철학자들의 관심과 연구의 대상이 되었다. 엄밀하게 말해서 이것은 그 자체로 독립적인 문제가 아니다. 왜냐하면 철학자들이 하늘이 인간을 지배한다든지 인간이 하늘을 지배한다고 주장할 경우, 그것은 때로는 천명과 인력의 관계에 대한 주장일 수도 있고, 때로는 자연으로서의 하늘과 인간 사회의 관계에 대한 주장일 수도 있기 때문이다. 즉 상황에 따라 의미가 전혀 달라지기 때문이다. 그러나 그들이 모두 하늘과 인간 중 어느 한 쪽이 다른 한 쪽을 지배한다고 주장하였기 때문에 다음과 같은 세 가지의 주된 관점에서 집중적으로 연구해 볼 수 있다.

① 하늘이 인간을 지배한다.
② 하늘과 인간은 번갈아가며 지배한다(하늘과 인간 중 어느 것이 지배자가 되는가는 구체적 상황과 조건에 의해 결정된다).
③ 인간이 하늘을 지배한다.

1. 하늘이 인간을 지배한다는 주장

서주시대에 '하늘'은 최고의 인격신으로 생각되었으며, 자연계와 인간 사회의 모든 사물은 하늘의 지배를 받는다고 설명되었다. 하늘에 대한 인간의 태도는 '공경(敬之)'할 수밖에 없었다. 인위도 중시되기는 하였지만, 그것은 신을 기쁘게 하기 위한 방법에 한해서였다. 하늘이 최고의 권위를 가진다고 생각되던 상황에서는 어떤 사람도 하늘과 인간 중 어느 편이 지배적인가 하는 문제를 제기할 수 없었다. 왜냐하면 하늘의 초월성은 말하지 않더라도 자명한 것이기 때문이었다.

그러나 춘추시대 이후로 최고신의 지위가 점차 떨어지자, 하늘 역시 몇몇 사람들에 의해 자연계의 구성 요소의 하나인 '땅(地)'과 상대적인 것으로 생각되었다. 비록 당시의 대다수 사람들이 하늘을 여전히 숭배하였지만, 인간과 하늘의 관계라는 저울대 위에서 인간의 지위가 올라가는 방향으로 발전할 기미가 보이기 시작하였다. 인간의 능력, 즉 자연을 개조하고 사회를 다스리는 두 측면을 포함한 능력이 크게 제고되었으며, 자기의 능력에 대한 인식의 측면에서도 큰 발전이 있었다. 바로 이러한 상황에서 하늘과 인간 중 어느 편이 지배적인가 하는 문제가 제기될 수 있었다.

중국철학사에서 하늘과 인간 중 어느 편이 지배적인가 하는 문제에 대하여 가장 먼저 체계적으로 설명한 사람은 도가학파의 대가 장자莊子이다. 그러나 그의 사상은 당시에 인간의 능력과 지위가 제고된 것과는 정반대였다. 장자의 사상은 앞에서 설명한 그의 천명과 천성 이론에 기초하고 있는데, 그 이론에 따르면 인력人力이나 인위人爲는 자연이나 본성과는 크게 다르다. 인간의 활동은 해로운 것이며, 인간이 자연을 개조하면 자연뿐만 아니라 자기의 본성마저 바뀌어 버린다. 따라서 그것은 매우 어리석은 행동으로서 결국 실패하게 된다. 장자는 '도를 터득한 사람'의 입을 빌려 이러한 견해를 밝혔다. "(인간을 포함한)사물은 결코 하늘을 지배하지 못한다."[1]

장자는 매우 형상화된 언어를 사용하여 다음과 같이 한 폭의 그림을 그렸다. 넓고넓은, 끝없이 변화하는 자연계를 보고 있으면 인간의 능

---

[1] 『莊子』『大宗師篇』 : 物之不勝天久矣

력은 몹시 보잘 것 없이 생각되며 인간들의 활동은 매우 우습게 보인다. 예를 들면 인간들은 자기의 두 손을 사용하여 물을 퍼담아 밭에 뿌리고 있지만, 그것이 모든 식물의 뿌리와 줄기와 잎을 두루 촉촉이 적셔 주는 한바탕의 소나기와 어떻게 비교가 되겠는가? 인간은 불을 만들어 어둠을 밝히고 있지만, 그것이 어떻게 온 천지를 비추어 주는 해나 달에 비교가 되겠는가?

말하자면 인간은 자연계의 작은 한 부분에 지나지 않는데, 부분이 전체를 지배할 수 없다는 것이다. 이점에 대하여 장자는 다음과 같이 논증하였다.

인간이 존재하는 것도 하늘에 의한 것이고, 하늘이 존재하는 것 역시 하늘에 의한 것이다. 인간이 하늘을 가지지 못하는 것은 자신의 본성 때문이다.[2]

인류가 지구상에 발생한 이후로 몇 백만 년이라는 기나긴 시간 동안의 실천을 통해 많은 물질문명과 정신문명의 성과를 쌓아 오면서 인류는 눈에 띄게 진보하였다. 장자가 볼 때 이러한 성과는 해로운 것이다. 문명 속의 인간은 원시인에 비해 진보한 것이 아니라 퇴보하였다. 왜냐하면 인류의 도덕이 크게 실추되었기 때문이다.

장자는 상고시대가 바로 인류의 황금시대였다고 생각하면서 그것을 '지덕지세至德之世'라고 불렀다.

'가장 이상적인 세상(至德之世)'의 사람들은 걸음걸이가 느릿느릿하고

---

2) 같은 책, 『山木篇』: 有人天也, 有天亦天也. 人之不能有天, 性也.

시선이 또렷했다. 이때 산에는 작은 길도 없고 물에는 배나 다리도 없었다. 만물은 무리 지어 생겨나서 서로 뒤섞여 살았다. 새와 짐승은 떼를 이루고 초목은 마음껏 자랐다. 그러므로 짐승은 끈을 매서 함께 놀 수가 있었고 까치둥지에 올라가 그 속을 들여다볼 수가 있었다. 그와 같은 가장 이상적인 세상에서는 인간은 동물과 함께 생활하였고 만물과 함께 섞여 있어 구분이 없었으니, 어떻게 군자나 소인의 구별을 알았겠는가? 그들의 본성은 타고난 상태를 벗어나지 않았으며, 아무런 욕심이 없었다. 이것을 소박함이라고 한다. ……인민들은 가만히 있을 때는 무엇을 해야 하는지 몰랐고 어디를 다닐 때는 뚜렷이 어디로 가야 하는지를 몰랐다. 이 당시의 사람들은 음식을 입에 가득 물고 즐거워하면서 배를 두드리며 놀았다.3)

장자가 묘사한 바에 따르면 이러한 이상사회는 바로 인류의 가장 최초의 단계이다. 인간은 아직 자기를 동물과 구별하지 않았고, 아직 아무런 사회 조직도 만들지 않았으며, 계획적인 생산활동이라고는 아무것도 없었고, 또 아무런 도덕적 원칙이나 법률제도도 만들지 않았다.

무엇 때문에 장자는 이러한 시대가 바로 황금시대라고 하였는가? 그 이유는 다음과 같다. 인간의 도덕은 그 시대에 가장 고상하였다. 무위·무욕은 바로 도道의 품격과 일치한다. 이러한 상황 속에서 인간은 완전히 자연적이며, 자연으로부터 벗어난 흔적이라고는 전혀 찾아볼 수 없었다. 그 후 인간의 문명이 진화함에 따라 인간 사회의 도덕은 급격히 악화되기 시작하였다.

---

3) 같은 책, 『馬蹄篇』: 至德之世, 其行塡塡, 其視顚顚. 當是時也, 山無蹊隧, 澤無舟梁. 萬物群生, 連屬其鄕. 禽獸成群, 草木遂長. 故其禽獸可係羈而遊, 烏鵲之巢可攀援而闚. 夫至德之世, 同與禽獸居, 族與萬物竝. 惡乎知君子小人哉. 同乎無知, 其德不離, 同乎無欲, 是謂素樸. ……民居不知所爲, 行不知所之. 含哺而熙, 鼓腹而遊.

성인이 출현하여 애써 인仁을 만들고 억지로 의義를 실천하도록 하자 온 천하의 사람들이 남을 믿지 못하기 시작하였다. 또 가식적으로 음악을 만들고 복잡하게 예의를 제정하자 천하 사람들이 계급적으로 나누어지기 시작하였다.[4]

'애써' · '억지로' · '가식적으로' · '복잡하게' 등은 모두 이상하고 부자연스럽다는 의미이다. 성인이 억지로 만들어 낸 인의仁義 · 예악禮樂이 원시적인 질박한 영혼을 파괴하였다는 것이다. 『선성편』에서는 인간이 퇴보해 가는 과정을 보다 구체적으로 지적하였는데, 그러한 역사는 인간이 불을 사용하기 시작하면서부터 시작되었다고 하였다.

수인씨燧人氏나 복희씨伏羲氏가 천하를 다스리기 시작하자 사람들은 자연의 질서에 순응하기는 하지만 그것과 일치될 수는 없었다. 자연적 본성이 더욱 쇠퇴해지고 신농이나 황제가 천하를 다스리기 시작하자 사람들은 자연적 질서를 좋다고 여기지만 그에 순응할 수 없게 되었다. 자연적 본성의 상태가 더욱 쇠퇴하고 요나 순이 천하를 다스리기 시작하자 (이때부터)정치와 교화의 기풍이 시작되었고 순박함이 파괴되었으며, 자연적 질서를 이탈하여 인위적 행위를 일삼았고, 자연적 본성을 해치면서 의식적 행위를 일삼게 되었다. 그런 뒤로 사람들은 본성을 버리고 각기 후천적으로 형성된 마음을 따르게 되었으며, 서로의 마음속을 몰래 엿보아 천하를 안정시킬 수가 없었다. 그 후 화려한 언어와 풍부한 지식을 덧붙였으나 화려한 언어는 소박한 본성을 잃게 하고 풍부한 지식은 마음을 혼란에 빠지게 하였다. 그리하여 인간은 자기의 본성을 회복하거나 맨 처음의 모습으로 되돌아갈 수 없게 되었다.[5]

4) 같은 곳 : 及至聖人, 蹩躠爲仁, 踶跂爲義, 而天下始疑矣. 澶漫爲樂, 摘僻爲禮, 而天下始分矣.

이와 같은 전례 없는 재난은 인류를 타락시켰을 뿐만 아니라 그 재앙은 자연계의 다른 생물과 전체 자연환경에까지 파급되었다. 원래 "줄을 묶어 놀 수" 있던 동물들도 인간의 작위에 의해 허위와 교활함을 배웠다. 예를 들면 말은 인간에 의해 훈련을 받은 뒤로 "끌채 끝의 쐐기를 부러뜨리고 멍에를 부수고 수레의 포장을 찢고 재갈을 망가뜨리고 고삐를 물어뜯는" 등 일련의 교활함을 알게 되었다.[6] 또 다른 예를 들면 인간의 어로 기술과 수렵 기술이 발달함에 따라 물고기·새·짐승 등이 모두 교활해져서 인간의 손길을 피하는 방법을 알게 되었다.[7] 한 마디로 장자에 따르면 인류의 문명이 날로 발전한 결과, "위로는 해와 달의 밝음이 손상되었고, 아래로는 산천의 정기가 사라졌으며, 가운데로는 네 계절의 질서가 혼란에 빠졌다. 기어다니는 벌레나 날개 달린 새들에 이르기까지 자신의 본성을 잃지 않은 것이 하나도 없게 되었다. 지식을 좋아하는 자들에 의해 세상은 이처럼 심각한 혼란 속에 빠졌다."[8] 『응제왕편』에는 다음과 같은 우화가 있다.

남해의 제왕을 숙이라 하고 북해의 제왕을 홀이라 하며 중앙의 제왕을 혼돈이라고 한다. 숙과 홀이 가끔 혼돈이 사는 곳에서 만날 때면 혼돈은 두 제왕을 매우 극진하게 대접했다. 숙과 홀은 혼돈의 호의에 보답하려고 서로 상의했다. 그들은 "사람은 모두 일곱 개의 구멍이 있어서 보고, 듣고, 먹고, 숨 쉴 수가 있는데 혼돈만이 그런 것이 없다. 그에게 구멍을

---

5) 같은 책, 『繕性篇』: 及燧人伏羲始爲天下, 是故順而不一. 德又下衰, 及神農黃帝始爲天下, 是故安而不順. 德又下衰, 及唐虞始爲天下, 興治化之流, 澆淳散朴, 離道以善, 險德以行, 然後去性而從於心, 心與識知, 而不足以定天下. 然後附之以文, 益之以博, 文減質, 博溺心. 然後民始惑亂, 無以反其性情而復其初.
6) 같은 책, 『馬蹄篇』 참조.
7) 같은 책, 『胠篋篇』 참조.
8) 같은 곳: 上悖日月之明, 下爍山川之精, 中墮四時之施, 揣踂之蟲, 肖翹之物, 莫不失其性. 甚矣夫, 好知之亂天下也.

뚫어 주면 어떨까"라고 논의하고 하루에 구멍 한 개씩 뚫어 주었는데, 7일 만에 혼돈이 죽고 말았다.[9]

여기서 '혼돈'은 바로 자연을 암시하는데, 위 우화가 말하고자 하는 것은 다음과 같다. 대자연이 인간에게 많은 은혜를 베풀었는데, 인간은 자연을 개조하는 방식으로써 자연에 보답하려고 생각하였다. 그러나 결과는 자연의 파괴뿐이었다. 숙과 홀의 행위는 바로 자연을 개조한 인간의 어리석음을 대표한다.

인류와 자연계의 이러한 대 재난을 어떻게 바로잡을 수 있을까? 장자는 유일한 길은 인류가 이룩해 놓은 여러 가지 물질문명과 정신문명을 없애버리고 천성에 순종하고 천명에 따름으로써 자연 상태의 인간으로 되돌아가는 것이라고 생각하였다.

성인을 끊어 없애고 지식을 버려야만 큰 도둑이 그칠 것이다. 옥을 내다 버리고 진주를 부숴 버려야 작은 도둑이 일어나지 않을 것이다. 신임장을 불사르고 옥새를 깨뜨려 버려야 인민들은 소박한 생활을 할 것이다. 말(斗)을 쪼개 버리고 저울을 부러뜨려 버려야 인민들은 다투지 않게 될 것이다. 천하 사람들이 성스럽게 생각하는 법도를 없애 버려야만 인민들은 마음을 터놓고 의논할 것이다. 육률을 없애고 피리·거문고 등의 악기를 녹여 없애고 사광師曠의 귀를 틀어막아 버려야만 인민들의 귀가 밝게 트일 것이다. 화려한 꾸밈새를 없애고 찬란한 오색을 없애고 이주離朱의 눈을 못 뜨게 하여야만 인민들의 눈이 밝게 뜨일 것이다. 구鉤(곡선을 그리는 도구)·승繩(직선을 그리는 먹줄)을 없애고 규規(원을 그리는 도

---

9) 같은 책, 『應帝王篇』: 南海之帝爲儵, 北海之帝爲忽, 中央之帝爲渾沌. 儵與忽時相與遇於渾沌之地, 渾沌待之甚善. 儵與忽謀報渾沌之德曰, 人皆有七竅, 以視聽食息, 此獨無有, 嘗試鑿之. 日鑿一竅, 七日而渾沌死.

구)·구矩(직각을 그리는 도구)를 내다 버리고 공수工倕의 손가락을 부러 뜨려야만 천하 사람들이 제 기능을 맘껏 발휘할 것이다. ……증참曾參과 사추史鰌의 행위를 금지시키고 양주와 묵적의 입을 틀어막고 인의仁義를 던져 버려야만 천하 사람들의 타고난 본성이 완전히 일치하게 될 것이 다.10)

장자의 이론은 중국철학사에서 가장 극단적인 천승인론天勝人論11)이 라고 할 수 있다. 그 밖의 도가 이론들도 항상 이와 비슷한 경향을 띠고 있 었다. 예를 들면 도가에서 널리 인용되는 다음과 같은 우화가 있다.

송나라에는 그 나라 임금에게 옥으로 닥나무 잎을 조각해 주는 자가 있었 는데, 그는 3년에 걸쳐 그것을 완성하였다. 끝 부분의 자연스러운 곡선, 가는 줄기, 잎과 줄기에 난 솜털이나 가시 등이 살아 있는 것 같았기 때문 에 그것을 실제의 닥나무 잎 가운데 섞어 놓으면 구별할 수 없었다. 결국 그 사람은 송나라에서 그와 같은 교묘한 재주를 가지고 먹고살았다. 열자 는 이 이야기를 듣고, "천지의 생물들이 모두 3년 만에 잎사귀 하나씩만 만든다면 잎을 달고 있을 식물은 거의 없을 것이다"라고 하였다.12)

위의 우화에서 옥을 조각하는 기술자는 '하늘의 재주를 교묘히 훔 쳐 왔다'고 할 수 있다. 그러나 끝내 '하늘의 재주'를 대체하지는 못할 것

---

10) 같은 책, 『胠篋篇』: 絶聖棄智, 大盜乃止. 擿玉毀珠, 小盜不起. 焚符破璽, 而民朴鄙. 掊斗折衡, 而民不爭. 殫殘天下之聖法, 而民始可與議論. 擢亂六律, 鑠絶竽瑟, 塞瞽曠 之耳, 而天下始人含其聰矣. 滅文章, 散五彩, 膠離朱之目, 而天下始人含其明矣. 毀絶 鉤繩而棄規矩, 攦工倕之指, 而天下始人有其巧矣. ……削曾史之行, 鉗楊墨之口, 攘棄 仁義, 而天下之德始玄同矣.

11) 역자 주 : 하늘은 인간을 지배한다는 주장.

12) 『列子』『說符篇』: 宋人有爲其君以玉爲楮葉者, 三年而成. 鋒殺莖柯, 毫芒繁澤, 亂之 楮葉中而不可別也. 此人遂以巧食宋國. 子列子聞之日, 使天地之生物, 三年而成一葉, 則物之有葉者寡矣.

이다. 왜냐하면 자연 변화의 크기는 분명히 인간의 조작과는 비교할 수 없기 때문이다. 이 속에도 하늘은 인간을 지배한다는 의식이 숨어 있다.

묵가와 유가의 정통파들도 하늘을 존중하였다. 그러나 그들은 기본적으로 '지배한다'는 측면에서 천인관계를 고찰하지는 않았다.

2. 하늘과 인간은 서로를 지배한다는 주장

당대唐代의 유우석劉禹錫은 '하늘과 인간이 번갈아 서로를 지배한다(天人交相勝)'는 유명한 이론을 가장 먼저 제창하였다. 이 학설의 주장은 어떤 측면, 어떤 상황 속에서는 하늘이 인간을 지배하고, 다른 어떤 측면과 어떤 상황 속에서는 인간이 하늘을 지배한다는 것이다. 이러한 사상은 실제로 선진시대先秦時代에 이미 나타났다.

마왕퇴馬王堆에서 출토된 고일서古佚書 『경법經法』의 『국차國次』에서는 다음과 같이 설명하였다.

> 인간이 강력해져서 하늘을 지배할 때는 삼가고 피하면서 그것에 대적하지 말아야 하고, 반대로 하늘이 인간을 지배할 때는 그것에 따라 행동해야 한다.[13]

위의 인용문 속에는 인간이 하늘을 지배할 수 있으며, 하늘도 인간을 지배할 수 있다는 의미가 포함되어 있다. 그러나 앞뒤의 문장을 보면 이 사상이 적용될 수 있는 범위는 비교적 협소하다. 즉 그것은 오직 적과

---

13) 『經法』 『國次』 : 人强朕(勝)天, 愼辟(避)勿當. 天反朕(勝)人, 因與俱行.

싸울 때의 전략을 가리키고 있을 뿐이다. 적이 월등하게 강한 자기의 세력을 믿고 자연법칙을 완전히 무시한 채 맘 내키는 대로 행동할 때는 결코 그들과 싸우지 말고 자연법칙이 작용하도록 하여 자연이 사물의 발전법칙을 무시하는 사람을 징벌할 때, 즉 자연이 적을 징벌할 때 그 틈을 타서 적을 토벌하여야 한다는 것이다.

위의 인용문 속에는 비록 사람이 하늘을 지배할 수 있다는 관념이 포함되어 있지만, 작자는 인간이 하늘을 지배하려고 하면 좋지 않은 일이 일어난다는 것, 즉 비정상적인 상황이 발생한다고 생각하였음을 알 수 있다. 이러한 사상은 확실히 유우석의 하늘과 인간이 서로를 지배한다는 체계적 이론과는 비교될 수 없다.

유우석은 『천론天論』에서 왜 '하늘과 인간이 번갈아 서로를 지배'하게 되는 상황이 발생할 수 있는가에 대하여 분석하였다. 그는 하늘과 인간이 서로를 지배할 수 있다는 주장의 전제로서 하늘과 인간이 각각 할 수 있는 것과 할 수 없는 것이 있으며, 그 둘은 서로 교차되고 보완된다는 점을 들었다.

하늘이 할 수 있는 것을 인간은 결코 할 수 없다. 인간이 할 수 있는 것 가운데도 하늘이 할 수 없는 것이 있다.[14]

유우석이 말한 '하늘'은 푸른 하늘이라는 좁은 의미로 사용된 것이 아니라, 넓은 의미의 하늘, 즉 인간의 육체를 포함한 자연계의 모든 현상·법칙·성질 등을 가리키는 것이다. 그는 다음과 같은 예를 들었다.

봄과 여름에는 여러 가지 식물이 자라나지만, 가을과 겨울에는 그

---

14) 劉禹錫, 『天論』: 天之能, 人固不能也. 人之能, 天亦有所不能也.

것들은 시들거나 죽는다. 물과 불은 사물에 손상을 입힐 수 있지만, 목재는 그것들 때문에 더욱 견고해지고 금속은 더욱 예리하게 된다. 인간을 포함한 모든 생물이 한창 성숙기에 있을 때는 힘차고 강건하지만, 노년기에 접어들면 기운이 쇠잔해져 가쁜 숨을 몰아쉰다. 자연 상태에서 기세가 충만한 것은 주도적인 것이 되고, 능력이 뛰어난 것은 우두머리가 된다.

유우석은 위에서 설명한 법칙과 성질은 모두 하늘, 즉 자연적인 것이며, 그러한 법칙과 성질은 인간이 바꿀 수 없는 것이라고 생각하였다. 즉 인간은 가을이나 겨울이 오는 것을 막을 수 없고, 물이나 불, 쇠나 나무의 자연적 성질을 바꿀 수 없으며, 또 신진대사新陳代謝하는 자연의 법칙에 저항할 수도 없다는 것이다. 이러한 견해에 따르면 하늘은 인간을 지배하며, 인간은 오직 하늘에 복종하기만 해야 한다.

그러나 다른 한편에서 인간은 하늘을 지배할 수 있다. 유우석은 "인간은 동물 가운데서 (가장)우수한 존재이다"라고 하였는데, 이것은 인간이 모든 동물 가운데서 가장 뛰어나고 가장 총명하다는 것을 의미한다. 인간이 하늘을 지배할 수 있다는 것은 다음과 같은 두 가지 측면으로 요약될 수 있다.

첫째, 인간은 지혜를 가지고 있기 때문에 자연 현상이나 자연법칙을 인식할 수 있으며, 나아가 그것들을 인류의 복지를 위해 이용할 수 있다. 물과 불이라는 자연 현상을 예로 들어보면, 인간은 맨 처음에는 그것들의 해로운 측면만 보았다. 그러나 물과 불의 성질을 보다 깊이 이해한 뒤에 인간은 그것들도 인간의 복지를 위해 사용될 수 있다는 것을 알게 되었다. 그 결과 인간은 "물의 해로운 측면은 피하면서 그것을 관개에 사용하고, 불이 아무 것이나 태우지 못하도록 하면서 그것의 빛을 이용하였다."[15] 즉 인간은 물이나 불이 가지고 있는 해로운 점을 피하면서 이로운 점을 살렸으며, 단점을 제거하고 장점이 드러나도록 하였다고 할 수 있는데, 홍수를 방지하면서 동시에 논밭을 적시는 데 물을 사용하였고, 화재를 피하면서 동시에 어둠을 밝히는 데 불을 사용한 것이 그것이다. 이것은 인간이 하늘을 지배하는 것을 의미한다는 것이다.

둘째, 인간은 사회적 성질을 가지고 있다. 이것은 자연계의 기타 사물과 인간이 근본적으로 구별되는 점이다. 인간은 위아래(長幼)를 구별할 수 있고 선과 악을 구분할 수 있으며, 아울러 이러한 것을 기초로 하여 법률과 도덕을 만들었다. 이러한 것들은 모두 의지도 없고 무언가를 선택할 수도 없는 하늘로서는 불가능한 것이다. 도덕과 법률·제도의 제정은 약육강식의 자연법칙이 인간 사회 내부에서 의미를 상실하도록 하였다. 인간 사회에서는 동물의 세계에서처럼 육체적으로 가장 강한 자가 우두머리가 되는 것이 아니라 도덕적으로 가장 고상한 사람이 우두머리가 된다.

유우석은 다음과 같이 두 번째에 해당되는 예를 하나 들었다. 한 무리의 여행자가 황야를 여행하다가 샘물을 찾아 갈증을 풀려고 하거나 낙엽이 무성한 큰 나무를 찾아 햇볕을 피하려고 할 때, 육체적으로 강한 자가 반드시 앞장설 것이며, 도덕은 뛰어나지만 육체적으로 강하지 못한 자는 앞장설 수 없을 것이다. 이것은 하늘이 인간을 지배하는 경우이다. 그러나 그들이 성城 안에 도달하면 강한 육체를 가진 사람은 물을 먼저 마시지 못하고 고상한 도덕을 가진 현자를 깍듯이 우대하는데, 이것이 바로 인간이 하늘을 지배하는 경우이다.

그렇다면 하늘과 인간이 서로를 지배한다는 주장은 양쪽의 실력이

---

15) 같은 곳 : 防害用濡, 禁焚用光.

비슷할 경우에는 우열을 가릴 수 없다는 것을 의미하는가? 결코 그렇지 않다. 유우석은 이점에 대하여 다음과 같이 설명하였다.

하늘은 인간을 지배하려고 노력하지 않는다. 즉 인간이 능동적으로 대처하지 못하면 인간은 하늘에 종속된다. 다시 말하면 하늘은 사심이 없다. 그러므로 인간은 그것을 지배하기 위해 노력할 수 있다.[16]

위의 문장이 의미하는 것은 다음과 같다. 하늘이 인간을 지배하는 것은 확정적인 것이 아니거나, 혹은 뒤바뀔 수 있는 것이다. 그 이유는 다음과 같다. 즉 인간이 자연법칙을 이해하지 못하고, 인간의 도덕법칙과 옳고 그름의 표준이 세워지지 않았을 때 인간은 하늘이 자기들을 지배한다는 것만 알았다. 그와 반대로 인간이 하늘을 지배한다는 것이 확정적이라거나, 혹은 뒤바뀔 수 없다는 것은 하늘은 의지를 가지고 있지 않으며, 그것은 인간이 자신을 이해하는 것으로부터 의도적으로 도피할 수 없고 또 인간이 자기를 개조하는 데 대하여 저항할 수 없다는 점에서이다. 이 때문에 인류가 자신의 총명함과 재능을 충분히 발휘하고 도덕이나 법령, 그리고 옳고 그름의 표준 등을 명확하게 설정하기만 하면 인간이 하늘을 지배한다는 것은 전혀 의심의 여지를 남기지 않게 된다.

유우석의 이러한 견해는 매우 뛰어난 것이다. 그는 인간이 능동적으로 세계를 인식할 수 있고 세계를 개조할 수 있는 능력이 있다는 점을 지적하였다. 즉 인간은 객관세계의 법칙에 대한 인식을 통하여 자기들의 복지를 위해 자연을 개조할 수 있다는 것이다. 동시에 그는 인간은 사회성을 가지고 있으며, 그것은 자연계의 어떤 사물도 가지지 못한 능력이

---

16) 같은 곳 : 天非務勝乎人者也. 何哉. 人不宰則歸乎天也. 何哉. 天無私, 故人可務乎勝也.

란 점을 지적하였다. 그러나 유우석의 이론 역시 결점을 가지고 있다. 이 점에 대해서는 다음에서 자세하게 검토하겠다.

명대의 왕정상王廷相은 하늘과 인간이 서로를 지배한다는 유우석의 견해를 계승하였다.

> 요임금 때 홍수가 발생한 것이나, 탕임금 때 가뭄이 든 것은 천지의 법칙에 의해 그런 것이기 때문에 요임금이라든지 탕임금이라고 해서 그것을 어떻게 막아 볼 도리가 없었다. 하늘은 반드시 인간을 지배한다는 것은 바로 이런 점을 가리키는 말이다. 요임금이 치수에 힘썼기 때문에 9년 동안 홍수가 계속되었지만 백성들은 물고기나 자라의 밥이 되지 않을 수 있었고, 탕임금이 구황에 힘썼기 때문에 비록 7년 동안 가뭄이 계속되었지만 들에는 굶어 죽은 시체가 없었다. 인간이 반드시 하늘을 지배한다는 것은 바로 이런 점을 가리키는 말이다. 홍수나 가뭄도 그것을 방해하지는 못한다. 그러므로 국가에 재난이 발생하였을 때는 군주와 신하가 덕치정치로써 그것을 적절하게 이겨 나가는 것이 최상의 방법이라 할 수 있다.[17]

왕정상의 견해에 따르면 하늘이 인간을 지배하는 측면이 있는데, 그것은 주로 인간이 홍수나 가뭄 등 자연재해의 발생을 막지 못하는 것으로 표현된다. 그러나 인간도 하늘을 지배하는 측면이 있다. 인류사회의 정치가 현명하게 잘 시행되면 자연재해가 발생할 때 손실을 받지 않거나 감소시킬 수 있다.

명청시대에 이와 비슷한 견해를 가진 몇몇 사상가가 있었다. 그러

---

[17] 王廷相, 『愼言』『五行篇』: 堯有水, 湯有旱, 天地之道適然爾, 堯湯柰何哉. 天定勝人者, 此也. 堯盡治水之政, 雖九年之波而民罔魚鼈. 湯修救荒之政, 雖七年之亢而野無飢殍. 人定亦能勝天者, 此也, 水旱何爲乎哉. 故國家之有災沴, 要之君臣德政足以勝之, 上也.

나 그들의 견해는 그다지 체계적이지 못하고 이론적 깊이에서도 유우석
이나 왕정상을 넘어서지 못하였다.

3. 인간은 하늘을 지배한다는 주장

사마천司馬遷은 『사기史記』 「은본기殷本紀」에서 중국 역사상 가장 먼저 하
늘을 이긴 영웅은 제무을帝武乙[18]이라고 주장하였다. 제무을은 '천신天神'
이라고 명명한 인형을 만들도록 하여 그것을 때리고 싸워 이김으로써 하
늘을 모욕하였다. 그는 가죽 주머니에 피를 가득 채워 매달아 놓고 활을
쏘면서 '하늘을 쏘는 것'이라고 이름 붙였다. 이 지배자는 공개적으로
하늘에 도전하였으며 아울러 자기가 승자라고 자처하였다.

　　적어도 상왕조 시대에는 아직 '하늘(天)'이라는 개념은 존재하지
않았기 때문에 이 기록에 대한 신빙성은 떨어진다. 그러나 그것은 중국
고대의 몇몇 지배자들이 대개 "넓은 하늘 아래 왕의 땅 아닌 것이 없다(普
天之下, 莫非王土)"라고 할 만큼 막강한 전제 권력이 이미 자기들에게 충
분한 능력을 갖게 하였기 때문에 더 이상 신이라는 존재에 의한 보호를
받을 필요가 없다고 생각하였음을 반영한 것이다. 인간은 하늘을 지배한
다는 위와 같은 관념은 지배자의 과대망상을 반영한 데 지나지 않는다.

　　선진시대의 순자荀子는 인간은 하늘에 대하여 "재물을 축적함으로
써 제압(物畜而制之)"할 수 있고, "천명을 제어하여 그것을 이용해야(制
天命而用之)" 한다고 제창하였다. 하늘을 인간에 의해 이용될 수 있는 것
으로 간주하여야 한다는 것이다. 이것은 인간이 하늘을 지배한다는 색채

---

18) 상왕조의 끝에서 두 번째 통치자.

를 띠고 있지만, 그는 끝내 '지배한다(勝)'는 말을 사용하지는 않았다.

　유우석의 "인간은 하늘을 지배하기 위해 성실하게 노력해야 한다" 는 명제 속에는 이미 인간이 하늘을 지배한다는 사상이 포함되어 있다. 명대의 사상가 여곤呂坤(1536~1618)은 이러한 사상을 한 층 더 진전시켰다.

　　인간은 반드시, 그리고 충분히 하늘을 지배할 수 있다. 그런데 오늘날의 사람들은 모든 것을 하늘에 맡기기만 할 뿐 인간의 (모든)일이 아직 결정되어 있지 않다는 사실을 알지 못한다. 겨울에는 모든 것이 얼어붙어서 식물이 살 수 없지만, 농부는 겨울에 꽃을 피워 봄에 열매를 맺게 한다. 천성이 어리석은 동물은 인간이 하는 일을 이해하지 못하지만 조련사는 참새가 장기를 두도록 가르칠 수 있고 개구리가 책을 읽도록 훈련시킬 수 있다. 그런데 (인간으로서)충분히 할 수 있는 인간의 일을 하늘에 맡겨서야 되겠는가? [19]

　여곤의 견해에 따르면 인간의 일이 확고부동하게 실천되기만 하면 인간의 주관능동성이 충분히 발휘되기 때문에 인간은 자연을 지배할 수 있다. 근대 초기의 위원魏源도 인간은 반드시 자연을 지배할 수 있다고 주장하였다.

　　인간은 반드시 하늘을 지배할 수 있다. 부귀와 장수가 빈천과 요절로 바뀔 수 있다면, 빈천과 요절 역시 부귀와 장수로 바뀔 수 있다.[20]

---

19) 呂坤, 『呻吟語』: 人定眞足勝天, 今人但委於天而不知人事之未定耳. 夫冬氣閉藏, 不能生物, 而老圃能開冬花, 結春實. 物性愚蠢, 不解人事, 而鳥師能使雀奕棋, 蛙教書. 況於能爲之人事而可委之天乎.

20) 魏源, 『默觚上』: 人定勝天, 旣可轉富貴壽爲貧賤夭, 則貧賤夭亦可轉爲貴富壽.

그러나 인간은 하늘을 지배할 수 있다는 사상이 대대적으로 선전된 것은 서양 근대철학과 자연과학이 중국에 수입된 이후부터이다. 중국 근대의 사상가들은 베이컨의 '자연지배' 사상 등 자연정복·자연개조 사상과 관련된 서양 근대철학과 자연과학을 빌려 하늘(자연계)과 인간(인류) 중 어느 것이 지배적인가 하는 문제를 다시 거론하였는데, 그것은 인간은 반드시 하늘을 지배한다는 그 이전의 단정과는 다르게 제기되었다. 그 가운데 손중산孫中山의 견해가 가장 뛰어나다.

옛말에 '인간은 하늘을 지배할 수 있다' 는 것이 있다. 동물 가운데는 천리마라는 것이 있는데, 그것은 하루에 천리를 달려갈 수 있다. 새는 하늘을 날 수 있으며 물고기는 바다 속을 헤엄칠 수 있다. 만약 우리가 천리마의 능력을 배운다면 우리는 하루에 천리를 갈 수 있을 것이고, 새의 능력을 배운다면 하늘을 날 수 있을 것이며, 물고기의 능력을 배운다면 바다 속을 헤엄칠 수 있을 것이다. 우리가 이러한 일을 할 수 있을까? 우리 인류는 과학적 발명을 통해 기계를 제작할 수 있게 되었는데, 기계를 사용하면 하루에 천리를 갈 수 있으며, 하늘 위를 날 수도 있고 바다 속으로 헤엄쳐 들어갈 수 있다. 예를 들면 우리는 자동차를 타고 쉬지 않고 하루에 천리를 갈 수 있고, 우리는 비행기를 타고 하늘 위를 날 수 있으며, 잠수함을 타고 바다 속으로 헤엄쳐 들어갈 수 있다. 이런 것들은 바로 인간이 인사를 통해 선천적(으로 열등한) 기능을 메워 나갈 수 있음을 말해 주는 것이다.21)

---

21) 孫中山, 『五權憲法』: 古語曰, 人力可以勝天. 動物裏頭有千里馬, 一日能够走一千里. 鳥能够飛天, 魚能够潛海. 假如我們要學千里馬, 一日可以行千里, 要學鳥可以飛天, 魚可以潛海. 試問我們能不能够做得到呢. 因爲我們人類發明了科學, 能够制造機器, 只要用機器便能够一日行千里, 便能够飛上天, 便能够潛入海. 譬如我們坐自動車便不止是日行千里, 我們坐飛機就可以飛上天, 坐潛水艇就可以潛入海, 這就是人事可以補天功.

따라서 손중산은 "오늘날은 과학이 크게 발달하였기 때문에 인간이 하늘을 지배할 수 있다는 것을 비로소 알 수 있다"고 결론지었다.

근대 자연과학과 기계공업의 비약적으로 인해 손중산 등 선진적인 중국인의 시야가 크게 열려 인간의 능력에 대한 새로운 견해가 제시된 것이다. '하루 천리를 간다'는 것과 같은 과거의 꿈은 현실로 바뀌었다. 이 때문에 '인간은 반드시 하늘을 지배한다'는 널리 유행하지 못했던 주장이 중국 근대 및 현대의 주도적 의식이 되었다.

4. 인간은 반드시 하늘을 지배한다는 몇 가지 주장

하늘이 인간을 지배한다는 관념이 절대적으로 지배하던 때부터 인간이 하늘을 지배한다는 사상이 널리 유행하게 되기까지는 인간의 '각성'이 반영되어 있다. 그것은 매우 큰 진보였다. 상고시대의 인간들은 여러 가지 자연 현상과 사회현상을 어렵고 해결할 수 없는 문제로 여겼다. 따라서 인간이 알 수 없는 곳에 존재하는 신, 혹은 운명이 자기들을 지배하고 괴롭힌다고 생각하였으며, 인간이나 동물은 모두 하늘의 노예라고 생각하였다. 그 뒤로 장기간의 사회적 실천을 통하여 인간은 차츰 자기의 능력을 발견하면서 "인간은 만물의 영장이다", "인간의 지혜가 가장 뛰어나다"는 점을 인식하였다. 동물들은 소극적이고 수동적으로 자연환경에 적응하고 있을 뿐이지만, 인간은 도리어 능동적으로 자연을 인식하고 환경을 개조하며 사회를 개조하였다. 이 때문에 인간은 하늘이 가지고 있는 기능을 대신할 수 있었고 심지어는 하늘을 지배할 수 있었다.

유신론有神論과 숙명론을 부정하기 위해서는 '인간은 반드시 하늘을 지배한다(人定勝天)'는 사상은 의심할 바 없이 크게 긍정되어야 한다. 그러나 인간의 활동과 자연계의 관계라는 측면에서 볼 때 반드시 다음과 같은 두 가지 점에 주의하여야 할 것이다.

첫째, '인간이 하늘을 지배한다'고 주장하더라도 인간은 객관적 법칙을 위반할 수 없다는 점이다. 그것과는 반대로 객관적 법칙을 따르기만 한다는 전제 아래서 인간은 비로소 자기의 주관 능동적 작용을 정확하게 발휘할 수 있고 자연환경과 사회를 성공적으로 개조할 수 있다. 만약 객관적 법칙을 고려하지 않고 단순하게 하늘을 지배하려고만 한다면, 그는 하늘을 지배할 수 없을 뿐만 아니라 필연적으로 객관적 법칙 앞에서 여지없이 참패를 당하고 말 것이다.

두 번째, 위의 것과 연관이 있는데, 인간의 활동은 반드시 생태계의 문제를 고려하여야 한다는 점이다. 인류가 오늘날까지 발전해 오면서 생태계 파괴의 문제는 이미 매우 심각한 상태에까지 이르렀다. 거시생태학적 원리에 따르면 인류와 지구상의 다른 생물은 불가분의 생태체계 속에 놓여 있다. 인간과 자연환경, 인간과 기타 동물·식물·미생물들은 긴밀하게 연관되어 있으며, 서로 의존하고 서로 제약하면서 함께 발전한다. 인간은 동물에는 없는, 환경을 인식하고 개조할 수 있는 능력이 있다. 생태학적 용어를 빌면 인간은 고도의 효율성을 가지고 환경을 주도적으로 간섭할 수 있다. 만약 하늘을 지배한다는 것만 주장하면서 우리의 활동이 적절한 것인가에 주의하지 않는다면 생태계의 균형을 더욱 파괴하고 자연환경을 악화시킬 것이며, 심지어는 생태계 전체의 존립을 위협하여 상상할 수 없는 재난을 불러일으킬 것이다. 이점은 중국 고대의 몇몇 사상가들이 이미 인식하고 있던 문제로서 이 책 제3장에서 소개하였다.

한 마디로 인간 활동의 대상으로서의 자연계, 즉 하늘은 의지를 가지고 있지도 않으며 인간의 운명을 지배하는 주재자도 아니다. 그러나 그것은 또 인간이 자기 마음대로 부려먹을 수 있는 노예도 아니다. 인간의 능력이 하늘을 지배할 수 있다고 강조한 중국 고대의 몇몇 사상가, 예를 들면 유종원과 같은 사상가는 자연은 '커다란 열매(大果蓏)'에 지나지 않는다고 하면서 인류와 기타 생물이 그것을 뜯어먹고 살지만 그것은 아무런 반항도 할 수 없다고 주장하였다. 이러한 견해는 일면적이다. 역사적 교훈은 우리에게 다음과 같은 것을 말해 준다. 자연계는 인류의 행위를 반영할 수 있으며, 거시적 안목을 상실한 인간의 생산활동에 대하여 징벌을 내릴 수 있다. 인류는 자연을 개조하면서 그와 함께 반드시 자연을 존중하고 자연환경을 보호해야 한다.

9장 _ 결론

이상에서 중국 역사상의 천인관계론을 여러 가지 측면에서 고찰하였으며, 아울러 그것이 끼친 영향을 검토하였다. 이러한 고찰을 통하여 어떠한 결론을 내릴 수 있을까?

서론에서 이미 지적하였듯이 다음과 같이 크게 유행하는 견해가 있다. 즉 '천인합일'은 중국철학의 근본적인 특징이라는 것이 그것이다. 예를 들면 몇몇 학자들은 중국 역사상의 모든 철학자들이 예외 없이 천인합일을 주장하였고, 천인합일은 중국철학이 서양철학과 가장 다른 점이며, 그것은 중국철학의 발전을 지배하였다고 주장한다. 또 어떤 학자들은 다음과 같이 주장한다. 즉 천인합일이라는 사상적 모델은 점차 '모든 중국인의 삶에서 최고의 공통적 이상'으로 자리 잡았으며, 그것은 또 '중국인의 기본적 의식구조'나 공동의 '심리적 공리'가 되었다는 것이다. 필자는 이러한 견해를 '천인합일설'이라고 부른다.

천인합일설은 20세기의 30, 40년대에 제기되기 시작하였는데, 최근 몇 년 사이에 이러한 견해가 크게 유행되고 있다. 그에 대한 반대 의견을 내놓는 사람이 거의 없는 것으로 보아 그것은 아마도 이미 정론으로 굳어진 것 같다. 그러나 생각해 보면 그러한 견해는 성립하기 어렵다. 따라서 중국 역사상의 천인관계론을 정식으로 개괄하기 이전에 우선 '천인합일설'을 분석해 볼 필요가 있다.

1. '천인합일설'에 대한 회의

'천인합일설'이라는 말은 정확한가? 이 물음에 대답하기 위해서는 반드시 다음과 같이 세 가지 측면에서 분석해 보아야 한다.

첫째, 천인합일이 중국철학의 근본적 특징이라고 주장하는 학자들이 말하는 '천인합일'의 정확한 함의가 무엇인지 명확히 해야 한다. 그들이 설명하는 천인합일의 의미는 일치되는가? 이 기본 전제를 명확하게 하지 않으면 이 토론은 무의미하게 된다. 각자가 자기의 주장을 펼치기만 할 뿐 영원히 공동의 결론에 도달할 수 없을 것이다.

둘째, 역시 문제의 관건이라고 할 수 있는데, 역사상의 중국철학자들(주공에서 장태염에 이르기까지)은 모두 천인합일을 주장하였는가? 혹은 개별적인 경우는 제외하더라도 대부분의 철학자들이 천인합일을 주장하였는가? 덧붙여 말하자면 천인합일로써 역대의 모든 천인관계론의 기본 내용을 개괄할 수 있는가? 또 옛사람들이 주장한 천인합일의 의미는 일치하는가? 그것이 오늘날 학자들이 말하는 천인합일과 일치하는가?

셋째, 외국의 철학자들은 이와 같은, 혹은 이와 비슷한 문제를 어떻게 해결하였는가? 가령 중국철학에서 확실히 천인합일을 근본적인 주장으로 삼았고, 그에 상응하는 외국 철학자들도 똑같이 천인합일을 주장하였거나 그것과 비슷한 견해를 가지고 있었다고 가정한다면, 천인합일은 중국철학의 기본 경향이라고 할 수는 있지만 그것이 중국철학의 특징이라고 이해될 수는 없다. 그것은 각 민족 철학의 공통적 경향이라고 말할 수밖에 없을 것이다.

다음은 위에서 말한 세 가지 측면을 순서대로 분석한 것이다.

(1) 천인합일의 정확한 의미

비록 적지 않은 논문에서 천인합일이 중국철학의 특징, 혹은 근본적 특징이라고 주장되었지만, 천인합일에 대하여 비교적 명확한 정의를 내린 사람이 극히 적다는 점은 매우 유감스럽다.

아마도 많은 사람들이 볼 때 천인합일의 의미 자체는 다시 설명할 필요도 없을 만큼 매우 분명한 것 같다. 즉 '천天'은 바로 자연계를 가리키고 '인人'은 바로 인류를 의미한다.

중국 역대의 철학자들은 모두 인간과 자연계를 하나의 화해적 통일체로 간주하였다. 이 때문에 중국의 여러 가지 철학체계에서 자연관과 사회윤리관은 밀접하게 연관되어 있으며, 심지어는 동일하게 취급되기도 하였다. 이것과는 반대로 서양철학 체계에서는 인간과 자연계가 분명하게 나누어졌으며 자연관과 윤리학은 구별되었다.

이러한 관점은 아마 천인합일설의 가장 전형적인 견해일 것이다. 간단히 말해서 천인합일은 인간과 자연계의 통일, 혹은 조화를 의미한다. 그러나 천인합일을 다르게 해석하는 학자들도 있다.

어떤 학자들은 종교적인 관점에서 천인합일을 신과 인간의 화해와 일치라고 이해하기도 한다. 그들은 다음과 같이 생각한다. 서양 종교사상에서는 신과 인간이 대립적 상태에 있으며, 동시에 매우 분명한 거리를 유지한다. 신은 높은 곳, 즉 피안의 세계— '천국'에 있지만 인간은 '속세'에서 생활한다. 신은 전지전능하며 완전한 존재이지만 인간은 태어나면서부터 죄인(이른바 '원죄')이다. 신과 인간이 구별된다는 이와 같은 견해는 중국 전통철학에서는 발견되지 않는다. 중국적 관념에서는 신의 의지와 인간의 마음은 완전히 일치하며, 신과 인간 역시 아무런 명확한 한계가 없다. 이른바 "머리를 들면 석자三尺 위에 신명이 있다"라는 표현은 이점을 말해 준다. 중국에서는 종교와 철학의 충돌은 전혀 없었다.

어떤 학자들은 천인합일을 운명과 인위의 관계로 해석하기도 한다. 그들은 중국 역사에서 철학자들의 공통된 관심사는, 인간은 당연히 운명에 순종해야 한다는 것이었다고 설명하면서 이것이 바로 천인합일이라고 생각한다.

또 어떤 학자들은 천인합일을 미학美學이나 예술철학의 관점에서 해석하기도 한다. 그들은 서양의 미학적 전통은 사실을 묘사하는 데 중점을 두었기 때문에 객관적 진실을 묘사하는 것이 강조되었고, 다른 한 편으로는 인간의 심리를 자세하게 묘사하는 것이 강조되기도 하였지만, 그와는 달리 중국의 미학적 전통은 의식을 묘사하는 데 중점을 두었기 때문에 주관과 객관의 교류를 강조하였고, 자연에 대한 묘사 속에 자기의 주관적 의식이 스며들도록 하였다고 하면서, 이것이 바로 천인합일이라고 생각한다.

위에서 설명한 것들을 종합해 보면 현재 천인합일설을 견지하고 있는 학자들의 관점은 결코 완전히 일치하지 않는다는 점을 알 수 있다. 그런데 가장 중요한 것은 천인합일을 자연과 인간의 통일이라고 보는 견해이다. 따라서 아래의 글에서는 이러한 천인합일설을 자세하게 검토할 것이며, 그 밖의 몇 가지 관점에 대해서도 필요에 따라 적절히 검토할 것이다.

(2) 합일설과 일량설

이제 역대 중국 철인의 천인합일설이 일치하는가, 혹은 많은 사람들이 천인합일을 주장하였는가 하는 문제를 검토해 보자. 제8장에서 이미 중국 역대의 여러 가지 천인관계론을 소개하였고 또 여러 가지 측면에서 분석해 보았다. 그것을 소개하는 과정에서 많은 중국철학자들이 확실히 천인합일, 혹은 그것과 비슷한 것을 주장하였다는 점을 알 수 있었다. 그러나 그것으로는 중국 천인관계론의 전모를 개괄할 수 없다. 왜냐하면 대부분의 철학자들은 어떤 측면에서는 천인합일을 주장하면서 그 밖의 다른 측면에서는 천인분리를 주장하였기 때문이다. 명확하게 그리고 오로지 '합일'만을 주장한 사람이 있는가 하면 그와는 반대로 확고하게 오로지 '분리'만을 주장한 사람도 있었다. 그러나 이 두 가지 극단적 견해를 가진 사람은 매우 적었다. 중국 역사상 절대 다수의 철학자들은 천인관계를 논의할 때 '합일'과 '분리'를 함께 주장하였다. 여기서 역사를 다시 한 번 되돌아보아야 할 필요가 있다.

서주시대는 중국 천인관계론이 발생한 시기이다(제2장, 제3장, 제4장 참조). 이 시기의 천인관계론은 실제로 인격신과 인간, 특히 지배자와의 관계를 주된 내용으로 한 것이다. 당시의 지배자들은 하늘의 의지와 지배계급의 정책이 일치된다는 점과 하늘은 인간의 시비 표준에 따라 상벌을 내린다는 점을 선전하였다. 이것은 천인일치, 혹은 천인합일이라고 할 수 있다. 그러나 서주시대의 사상에도 역시 예외적인 측면이 있었다. "하늘은 믿을 수 없다. 우리는 오직 문왕의 덕을 계승하여야 한다"라는 등의 주장에 따르면 하늘이 인간과 대립된다는 것은 의심의 여지가 없다. 따라서 서주시대의 사상 속에는 천인일치의 요소도 있고 천인대립의 요소도 있다는 것을 알 수 있다.

『춘추좌씨전春秋左氏傳』이나 『국어國語』의 기록에 따르면(제2장, 제4장 참조), 춘추시대 일반인들의 주장 속에서도 서로 모순되는 표현이 발견된다. 한편에서는 천인동덕天人同德(하늘과 인간은 본질적으로 같음)의 사상이 계속 발전하여 "인민이 원하는 것은 하늘이 반드시 호응해 준다"라든지, "하늘을 알면 인민을 알 수 있다"와 같은 견해가 매우 유행되었다. 그러나 다른 한편에서는 천명과 인위를 대립적으로 파악한 사상도 발전하였는데, 점성술적 천명관天命觀이 대표적인 예이다. 또 어떤 지배자들은 실패하였을 때 "하늘 때문이다. 인간 때문이 아니다"라고 한탄하기도 하였는데, 이것도 하늘과 인간을 대립적으로 파악한 예가 된다. 이런 것들을 통해 볼 때 그 당시에 '합일'과 '분리'가 모두 주장되었다는 것을 알 수 있다.

춘추시대의 대사상가 자산子産은 "천도는 멀고 인도는 가깝다"라는 뛰어난 견해를 가지고 있었다. 이것은 그의 사상 속에 천인분리적 일면이 있음을 설명해 주는 것이다. 그러나 자태숙子大叔이 인용한 자산의 말에 따르면 자산은 '법천法天' 사상을 가장 먼저 제창한 자들 가운데 한 사람인데, 그는 예禮를 가지고 하늘과 땅과 사람을 해석하였다. 이런 점들을 통해 자산의 사상에는 천인분리의 요소가 포함되어 있기는 하지만, 그는 결코 단순하게 천인분리만 주장하지 않았다는 것을 알 수 있다(제5장 참조).

춘추시대의 또 다른 유명한 사상가 범려范蠡는 인도人道는 당연히 천도天道를 본받아야 한다는 법천사상을 주장한 것으로 유명하다(제5장 참조). 범려의 그러한 주장은 천인분리적 요소를 분명히 내포하고 있다. 그러나 범려의 주장은 결코 모든 것을 자연에 내맡겨 두자는 것이 아니었다. 그는 하늘과 인간을 대립적으로 파악하였지만, 이 두 가지가 서로를 보완시켜 준다는 측면에서도 분석하였다. 천지가 모든 것을 할 수는 없기 때문에 인간은 반드시 자기의 능력을 발휘하여야만 비로소 사업을 성공시킬 수 있다는 것이다. "천지는 모습을 드러내고 성인은 그것에 따라 자기의 일을 완성한다(天地形之, 聖人因而成之)"는 말은 이점을 지적한 것이다. 적국의 상황을 분석할 때는 범려도 '인사'와 '천응天應'(하늘의 응답)을 서로 다른 요소라고 생각하였는데, 그것은 범려가 결코 단순하게 천인합일만 주장한 것이 아니라, 분리를 기초로 하면서도 그 두 가지는 적절하게 배합되어야 한다고 주장하였음을 말해 준다.

도가의 창시자 노자는 "인간은 땅을 본받고 땅은 하늘을 본받으며 하늘은 도를 본받는다"라는 유명한 명제를 제기하였다(제5장 참조). 이 것은 인간은 마땅히 천지와 일치되어야 한다는 것을 지적한 것이다. 그러나 그것은 하나의 이상에 지나지 않는다. 현실 사회에서의 상황은 바로 천인분리이다. 따라서 노자는 "하늘의 질서(天之道)는 남는 데서 덜 어다가 모자라는 곳에 보태 주는 것이지만, 인간 사회의 질서(人之道)는 부족한 자에게서 덜어다가 여유 있는 자를 받드는 것이다"라고 주장하 였다. 이러한 것들을 통해 노자의 천인론도 '분리'와 '일치'를 동시에 말 하고 있음을 알 수 있다.

공자도 "하늘이 가장 큰데, 요임금만이 그것을 본받았다"[1]라는 법 천사상을 제기하였다(제5장 참조). 그러나 공자는 하늘을 운명이라고 이 해함으로써 천명과 인력을 대립적으로 파악하였다. 그는 제자들에게 "하늘을 원망하지 마라(不怨天)"고 교육하면서 자기의 주관적 노력에 힘 써야 한다는 점을 강조하였다. 따라서 공자의 사상에도 분리와 합일 등 두 가지 요소가 모두 있었다는 것을 알 수 있다.

묵자는 천지天志가 성인이나 백성의 기대와 일치한다는 것을 강조 하였다. 그의 이른바 '상동尙同'은 천인합일의 요소를 포함하고 있지만, 그는 또 천명과 인위를 분명하게 대립시켰다. 그는 인력을 부정하고 천 명에 맡기는 잘못된 관점을 비판하였는데, 이것 역시 천인분리이다. 이 런 점을 통해 묵자의 사상에도 분리와 합일 공존한다는 것을 알 수 있다 (제3장, 제4장 참조).

맹자의 천인관계론은 천인합일 위주로 전개되었다. 그것은 그가 제기한 진심盡心·지성知性·지천知天이라는 공식을 통해 이해될 수 있다

---

1) 『論語』 『泰伯篇』 : 唯天爲大, 唯堯則之.

(제6장 참조). 그러나 맹자도 천인분리를 절대적으로 부정하지는 않았다. 예를 들면 다음과 같은 것들이 그 증거이다. 맹자는 최고지배자가 되려면 어떻게 하여야 하는가의 문제를 분석할 때 천명과 인력 두 가지 요소를 상정하였으며, 또 천시天時·지리地利·인화人和를 구별하면서 인화가 천시나 지리보다 중요하다고 생각하였다. 이것들은 모두 맹자의 사상 속에도 천인분리적 요소가 있음을 보여 주는 것들이다(제4장 참조).

장자가 천인합일설을 주장했다는 증거로써 그의 몇몇 주장들이 흔히 사용되는데, 특히 "천지는 나와 함께 태어났으며, 만물은 나와 일체가 된다"[2]라는 것과 "내가 말한 하늘이 인간이 아님을 어떻게 알겠으며, 내가 말한 인간이 하늘이 아님을 어떻게 알겠느냐"[3]라는 두 구절이 자주 이용된다. 그러나 실제로 이 두 구절은 모두 '제만물齊萬物'[4]적 견해를 표현한 것이다. 장자는 각 사물들 사이의 구분은 애매하고 명확하지 않으며 다른 것으로 전화할 수 있다고 생각하였다. 이러한 사상을 천인합일이라고 할 수 있는가에 대해서는 좀 더 연구되어야 할 것이다. 다른 한편으로 장자는 하늘과 인간을 명확하게 정의함으로써(제2장 참조) 하늘과 인간이 근본적으로 대립한다는 것을 보여 주었다. 그는 천성과 인위, 천명과 인력의 관계를 설명할 때 인위와 인력에 대하여 전례 없이 날카롭게 비판하고 풍자하였다(제4장, 제6장 참조). 장자는 "하늘의 소인은 인간 사회의 군자이다"라고 주장하였다. 이 말은 장자철학이 매우 강렬한 천인분리 의식에 기초하고 있음을 알 수 있게 해 준다.

많은 사람들은 '역전易傳'을 천인합일의 극치라고 생각한다. 그 속에는 확실히 "대인은 천지와 덕을 일치시킨다(大人與天合其德)" 등과 같

---

2) 『莊子』『齊物論篇』: 天地與我竝生, 而萬物如我爲一.

3) 같은 책, 『大宗師篇』: 庸詎知吾所謂天之非人乎, 所謂人之非天乎.

4) 역자 주: 제만물(齊萬物)은 장자 철학의 핵심적 명제의 하나로 만물을 아무런 차별이나 구별 없이 하나로 본다는 의미이다.

은 말이 자주 나타나기 때문에 『역易』은 '하늘과 땅과 사람(天地人)' 세 가지를 모두 구비하고 있다고 생각되었다(제5장 참조). 그러나 '역전'의 사상 역시 그렇게 일면적이지 않다. 예를 들면 천지는 "만물을 발생·성장하게 하지만, 그것은 우려하는 마음을 가지고 백성을 보살피는 성인과 다르다"[5]라는 것 등이 그것인데, 이것은 천지는 의지가 없지만 인간은 의지가 있다는 점을 지적한 것이다. 이것은 그 후 송명시대의 철학자들에 의해 하늘과 인간의 차이점을 분석하는 중요한 근거로 채택되었다. '역전'이 합일을 위주로 하고 있는 것은 물론이지만, 단순하게 천인합일만을 강조하지 않았다는 것도 알 수 있다.

순자의 사상에 대해서는 앞에서 이미 검토하였다. 그의 주도적 경향은 천인분리론이다. 그는 "하늘과 인간에는 구분이 있음을 잘 알아야 한다"는 명제를 천인관계론 전체를 일관하는 강령으로 삼았다(제3장, 제4장, 제5장, 제6장 참조). 그러나 순자의 사상 속에도 극히 미약하기는 하지만 법천의 흔적이 있다(제5장 참조). 이점은 매우 확고하게 분리를 주장한 철학자들도 절대적으로 합일을 반대하지 않았음을 엿볼 수 있게 해주는 것이다.

한대 사상 속에서 천인합일 관념은 비교적 크게 발전하였다. 동중서는 하늘을 중심으로 한 사상체계를 제기하고, 그 체계에 근거하여 하늘과 인간은 본성이 같을 뿐만 아니라 형체도 같다고 주장하였다(제3장, 제5장 참조). 천인합일은 의심할 것도 없이 동중서 철학의 주도적 경향이었다. 그러나 동중서는 인성의 문제를 설명할 때는 합일을 탄력적으로 적용하였다. 그는 인위를 중시한 순자의 사상을 받아들여 천성과 인위의 차이점을 지적하면서 그 두 가지가 서로 보완적이라고 생각하였다(제6

---

5) 『周易』『繫辭傳上』 : 鼓萬物而不與聖人同憂.

장 참조). 동중서와 같이 완강하게 합일을 주장한 사상가 역시 분리를 완전히 배척하지 않았음을 알 수 있다.

양웅의 사상체계에는 '현玄'을 통해 '하늘과 땅과 사람(天地人)'을 일관되게 설명하는 합일 이론이 있다(제4장 참조).

왕충은 도가와 '역전'의 법천사상을 받아들여 인간은 하늘의 무위無爲를 본받아야 한다고 하였으며, 하늘과 인간의 공통점은 순수하고 독실한 도덕성이라고 생각하였는데, 이것은 합일의 측면을 설명한 것이라고 할 수 있다. 그러나 이것은 일반인들은 하늘과 일치될 수 없다는 것을 전제로 하고 있다. 동시에 이상적인 측면에서 보더라도 인위는 완전히 배척될 수 없기 때문에 천도와 인도는 당연히 구별되어야 한다고 생각하였다. 예를 들면 인도는 마땅히 "교훈적 의미"를 가지고 있어야 한다는 것이 그것이다(『論衡』『自然篇』 참조).

동한 말기 사상의 전반적인 경향은 천인분리를 강조하는 것이었다. 중장통은 인도에 해당하는 것까지 천도에 귀속시키는 데 반대하였고, 또 순열은 역사의 과정에서 '천'적인 요소와 '인'적인 요소는 서로 복합·교차하면서 작용하였다고 분석하였다(제4장 참조).

위진남북조와 동진시대에는 현학玄學이 성행하였다. 현학의 정통파들은 '명교名敎'로 대표되는 인도는 자연과 화해적 관계에 있다고 생각하였다. 그러나 그들은 또 정도를 지나친 인위는 자연을 손상시킨다고 생각하였다. 이것은 하늘과 인간은 이상적으로는 일치하여야 하지만, 현실적으로는 잠재적 대립상태에 놓여 있다고 믿었음을 암시하는 것이다. 현학의 비정통파에 속하는 사람들은 명교와 자연의 대립을 강조하였는데, 포경언鮑敬言의 견해가 바로 그러한 관점에서 출발하였다는 점에 대해서는 이미 소개한 바 있다(제5장 참조).

수당시대의 천인관계론은 주로 한유·유종원·유우석 등 세 사람의 논쟁에 자세하게 표현되어 있다. 이 논쟁에서 유종원의 기본 관점은 천인감응을 반대하고 하늘과 인간이 서로 간섭할 수 없음을 지적하는 데 있었는데, 그것은 비교적 전형적인 천인분리론에 속한다(제3장 참조). 유우석 역시 하늘이 인사에 간섭할 수 있다는 견해에 반대하면서 천도와 인도는 구별되는 것이라고 주장하였다. 그러나 유우석은 또 다음과 같이 지적하기도 하였다. 첫째, 천도와 인도는 서로 의존하고 서로 이용되는 측면이 있다. 둘째, "일반적으로 숫자를 셀 때 작은 숫자에서 시작하여 큰 숫자를 추론해 나가면 반드시 맞아떨어지게 되어 있다. 이와 같이 인간으로부터 하늘을 추론해 나가도 역시 맞아떨어지게 되어 있다. 이치상에서 볼 때 모든 것은 일관되어 있다(『天論』)". 이러한 것들은 하늘과 인간은 서로 일치되기도 하면서 분리되기도 하는 두 가지 측면을 가지고 있다는 사실을 유우석이 인정하였음을 설명해 주는 것이다. 한유의 관점도 비교적 전형적인 천인분리론에 속한다(제3장 참조).

송명시대에 장재는 직접 '천인합일'이라는 말을 사용하였고(『正蒙』「乾稱篇」참조), 또 그점에 대하여 "하늘과 인간은 동일한 존재이다", "하늘과 인간이 기능을 달리한다는 것은 정확한 표현이 못된다"라고 설명하였다. 그러나 장재는 '역전'의 "(천지는)만물을 발생·성장하게 하지만, 그것은 우려하는 마음을 가지고 백성을 보살피는 성인과 다르다"라는 명제를 통해 하늘과 인간에는 차이가 있다는 것을 깨달았다. 즉 그는 하늘이나 "천심天心은 사물에 대한 동정심이 없지만 성인은 우환憂患(백성과 세상에 대한 근심)이 있다"고 지적하였으며, 이 때문에 "천도와 인도를 구분하여야" 하고, "인간과 하늘은 혼동될 수 없다"고 주장하였다(『易說』). 왕부지는 대체로 장재의 견해를 계승하였다(제5장 참조).

정주학파에서도 천인합일을 매우 비중 있게 주장하였다. 그들의 주지는 우주의 본체인 천리와 인간의 본성(天命之性)이 서로 일치한다는 것을 강조하는 데 있었다. 그러나 다른 한편으로 정주학파에서는 천리와 인욕이 대립적이라는 것을 전례 없이 날카롭게 제기하였다. 이것은 하늘과 인간 사이에 중대한 차이점이 존재한다는 것을 그들이 인정하였음을 의미한다(제5장, 제6장, 제7장 참조). 이러한 것들을 통해 리학의 주류파는 분리와 합일을 동시에 주장하였으며 단순하게 합일만을 강조하지 않았다는 것을 알 수 있다. 이점은 육구연의 비판을 받았다(제7장 참조).

육왕심학에서는 합일을 천인관계론의 주된 경향으로 삼았다. 그러나 심학의 집대성자인 왕수인은 도리어 정주의 천리와 인욕의 분리설을 받아들였는데, 이것 역시 그가 단순히 합일만을 강조하였다고 주장할 수 없게 하는 점이다.

명대 중기의 왕정상은 천인분리를 강조하였다.

중국 근대에 이르러 강유위·엄복·장태염 등의 사상가들은 모두 서양 근대의 천문학적 지식으로써 중국 전통의 하늘 숭배적 종교사상을 비판하고, 그 이전의 허구적 천인합일설을 반대하면서 분리적 경향을 뚜렷이 하였다. 그러나 그들은 또 대부분 하늘과 인간은 서로 일치되는 부분이 있음을 인정하였는데, 예를 들면 진화를 하늘(즉 자연)과 인간에 공통하는 중요한 요소라고 생각한 것 등이 그것이다.

이상으로 서주시대부터 근대에 이르기까지의 중요한 천인관계론들을 열거해 보았다. 여기서 대부분의 사상가들이 천인분리와 천인합일을 함께 주장하였다는 것, 즉 하늘과 인간 사이에는 차이점도 있고 일치점도 있다고 생각하였다는 것과, 소수의 사상가들만이 합일이나 분리 중 어느 한쪽을 강조하였다는 것 등을 알 수 있다. 한편으로 합일을 주장한 사상가라 하더라도 흔히 다른 한편에서는 하늘과 인간을 명확하게 구분하였는데, 천인합일을 매우 비중 있게 주장하였던 송명리학에서 바로 그와 같은 예를 찾을 수 있다. 이러한 사실을 통하여 다음과 같이 단정할 수 있다. 즉 천인합일은 중국철학사에 나타난 천인관계 이론의 한 측면이며, 천인합일설을 주장한 학자들은 이러한 측면을 연구하였고, 그 가운데는 가치 있는 견해가 꽤 많이 있다. 그러나 중국철학사에 나타난 천인관계론 전체를 천인합일로써 개괄할 수 없고, 또 천인합일이 중국철학의 근본적 특징이라는 말도 성립될 수 없다. 천인분리의 주장은 순자·유종원·왕정상 등 몇몇 개별적 인물들의 체계에서 뿐만 아니라, 대부분 중국 사상가의 철학체계에서 중요한 구성 요소였다.

덧붙여 말하면 중국 고대 사상가들이 주장한 하늘과 인간의 내용은 시대나 학파에 따라 다르다. 그것은 자연계와 인간의 관계와 같은 것이라거나, 인격신과 인간, 혹은 운명과 인력의 관계와 같은 것이라고 간단하게 말할 수 있는 것이 결코 아니다. 우리가 오랜 동안 검토한 천인관계 문제 속에 위의 내용이 포함되어 있으며, 또 제2장에서 이미 이점에 대하여 검토하였다. 바꿔 말하면 고대 사상가들이 주장한 천인관계는 '천인합일설' 보다 더 풍부하고 복잡하다.

다른 한편에서 볼 때 똑같이 천인합일을 주장했다 하더라도 그것은 학파마다 매우 다르게 이해되었다. 예를 들면 유가에서 주장한 천인합일은 인류의 도덕적 원칙을 자연 현상에까지 확대 적용한 것이었고, 도가에서 주장한 천인합일은 자연으로 인간을 흡수해 버린 것이며, 자연으로 인간의 주관능동 작용을 억압한 것이었다. 이 두 학파의 주장은 "동쪽으로 가는 것은 같지만, 동쪽으로 가는 방법은 다르다"라고 할 수 있을 것이다. 따라서 그들의 주장을 단순하게 천인합일이라는 것으로 개괄하는 것은 비과학적이고 또 역사적 현상을 설명하는 데 아무런 도움을 줄수 없을 것이다.

위와 같은 우리의 검토를 통해 중국 역대 사상가들이 주장한 하늘과 인간의 합일·통일·일치에는 대체로 다음과 같은 몇 가지 측면이 있음을 알 수 있다.

① 하늘과 인간은 마음이 같다. 하늘과 인간은 공통의 의지를 가지고 있기 때문에 감응할 수 있다.
② 인간의 천성은 최고의 근원, 즉 하늘로부터 부여된 것이다. 따라서 인성의 내용과 하늘은 서로 통한다.
③ 인간의 인식이나 도덕수양 및 사회 정치적 최고의 이상은 최고의 본체인 하늘과 일치되는 것이다. 즉 그것은 천인합일을 이상으로 삼고 있다.
④ 하늘의 질서는 인간의 질서와 일치한다. 즉 천도가 바로 인도이다.

반대로 역대 사상가들이 주장한 하늘과 인간의 분리·상이·구별에는 대체로 다음과 같은 몇 가지 측면이 있다.

① 사회적 법칙과 자연적 법칙의 구별을 강조한다.
② 천명과 인력의 대립을 강조한다.
③ 천성과 인위(선천성과 후천성)의 구별을 강조한다.
④ 사회현상을 분석한다(이상적으로는 천인합일이지만, 현실적으로는 하늘과 배치된다).

유물론과 관념론의 진영으로 구분해 볼 때, 역사상의 소박한 유물주의 사상가들 중에는 천인분리론자가 비교적 많고, 관념론적 철학자들 중에는 천인합일론자가 비교적 많았다. 그러나 그것도 절대적이지 못하며 한마디로 말할 수 없다.

만약 역대의 천인관계론을 단순하게 인위와 자연의 화해·일치라고 결론짓는다면, 그것은 확실히 사실과 일치될 수 없다. 왜냐하면 그러한 주장은 다른 하나의 측면, 즉 천인분리의 전통을 무시해 버리는 것이 되기 때문이다. 이 때문에 중국철학사 속의 천인관계론을 비교과학적 측면에서 개괄해 보면, 그것은 분리이면서 동시에 합일이고 합일이면서 동시에 분리이며, 하나이면서 동시에 둘이고 둘이면서 동시에 하나라고 할 수 있을 것이다. 이러한 변증법적 합분관合分觀[6]·일량관一兩觀[7]이 바로 중국 철학적 전통의 참모습이다. 송대의 장재는 "대립하는 두 가지가 동시에 성립하지 않으면 하나도 알 수 없고, 하나를 알지 못하면 두 가지 모두 무의미해진다"라고 하였다. 이 말은 중국철학사 속의 하늘과 인간의 분리와 합일의 관계에도 적용될 수 있다. 합일이나 일치만 주장하고 분리나 상이는 주장하지 않은 것이 결코 중국철학적 전통의 주된 흐름이었다고 할 수 없다.

(3) 서양과의 비교

천인합일설을 주장하는 자들은 중국 이외의 철학과 비교하는 것을 중시하며, 아울러 이러한 측면에서 많은 연구를 진행한다. 그들의 결론은 일련의 비교를 통하여 얻어낸 것들이다. 그들은 중국철학자들이 하늘과 인간의 관계에 대한 문제에서 합일을 주장하였을 뿐만 아니라 그 밖의 중

---

6) 역자 주 : 합분관(合分觀)은 분리이면서 동시에 합일이라고 보는 견해를 말한다.
7) 역자 주 : 일량관(一兩觀)은 하나이면서 동시에 둘이라고 보는 견해를 말한다.

요한 철학적 범주들의 관계에 대해서도 합일(일치)을 주장하였다고 생각한다. 이점은 분리를 위주로 하는 서양과 매우 선명한 대조를 이룬다고 한다. 예를 들어 중국인들은 심물일체心物一體를 주장하지만 서양인들은 심물이원心物二元을 주장한다는 것 등이 그것이다.

여기서 철학적 방법론의 문제를 연구해 볼 필요가 있다.

우선 어떤 민족의 철학적 특징을 총체적으로 개괄하기 위해서는 반드시 총체적으로 비교해야 한다. 즉 그 민족의 철학과 세계의 몇몇 중요한 민족의 철학을 서로 비교해야지 서양철학을 유일한 척도로 삼아서는 안 된다. 이러한 총체적 비교는 당연히 일조일석에 이루어질 수 있는 것이 아니라 장기적인 노력을 필요로 한다.

그 다음으로는 반드시 비교하는 시대에 주의하여야 한다. 같거나 비슷한 시대(역사발전 단계)의 철학을 비교하여야 비로소 서로 다른 민족의 철학적 특징을 총체적으로 개괄할 수 있다. 예를 들면 중국 고대철학을 서양 고대철학(노예제사회와 봉건사회를 포함한 넓은 의미의 고대)과 비교한다거나, 중국 근대철학을 서양 근대철학과 비교해야 한다. 시대를 뛰어넘어 서로 비교해 보는 것도 불가능하지는 않다. 예를 들면 그러한 비교를 통해 철학 발전의 몇 가지 구체적 논리 관계를 설명해 볼 수 있다. 그러나 그러한 비교의 결과를 토대로 서로 다른 민족의 철학적 특색을 총체적으로 개괄할 수는 없다. 노자철학과 헤겔철학의 차이는 중국과 독일 두 민족의 사유방식이 다른 데서 기인한 것이 아니라 시대적 차이에서 기인한 것이라고 할 수 있다. 노자철학이 반영하고 있는 민족적 특색을 설명하려고 한다면 데카르트나 헤겔보다는 헤라클레이토스나 피타고라스, 혹은 석가모니를 비교의 대상으로 선택하는 것이 더 적절할 것이다. 필자의 관찰에 따르면 중국은 합일을 위주로 하고 서양은 분리를 위주로 한다고 주장하는 대부분의 사상가들은 중국 봉건사회의 사상을 서양 17, 18세기의 철학(특히 데카르트의 철학), 즉 상승기의 자본가계급 철학들과 비교하는데, 그 결과가 과학적일 수 없고 설득력을 가질 수도 없다는 것은 쉽게 알 수 있다.

중국 고대철학은 주로 봉건시대의 철학이다. 만약 중국 봉건시대의 철학을 서양 중세철학과 비교하여 천인합일의 문제를 연구한다면, 그 결과는 어떠하겠는가? 그 결론이 천인합일설을 지지할 수 있겠는가? 따라서 그것은 반드시 서양 봉건사회와 관련된 철학사상과 비교하여 연구되어야 한다.

로마에서 노예제의 해체와 봉건제의 형성 시기를 대표하는 최초의 철학사조는 신플라톤주의와 신스토아주의였다. 이 두 학파에서는 모두 전체성을 강조하였다. 그들은 통일은 절대적이고 전체는 개체보다 우월하며 개체는 통일에 복종하여야 한다고 생각하면서 개체의 독립적 존재 의의를 부정하였다. 이것은 분명히 분리라고 할 수 없고 합일이라고 할 수밖에 없다. 합일을 강조하는 것은 스토아학파의 전통이었다. 디오게네스Diogenes(B.C. 240~B.C. 152)의 기록에 따르면 스토아학파에서는 논리학 · 자연철학 · 윤리학은 분리될 수 없으며, 따라서 그들은 이 세 가지를 함께 뭉뚱그려 토론하였다.

그 뒤 기독교철학이 발전하면서 초기 기독교철학은 신플라톤주의와 신스토아학파의 사상을 계승하였다. 예를 들면 '교부철학'의 대표적 인물 이레네우스Irenaeus(137경~202)는 신은 하나이고 그리스도도 하나이며 그의 교회도 하나이고 신앙도 하나라고 생각하여 신의 백성은 협력과 연합을 통해 일체가 되어야 한다고 주장하였다. 보에티우스Boethius(480년경~524) 철학에서는 하느님의 선善과 미美는 인간의 마음속에서 찾아야 한다고 하면서 일반 사람의 마음은 모두 선을 추구하는 본성이 있다고 생각하였는데, 이것은 중국의 사맹학파思孟學派(『중용』의 저자라고 알려진 자사와 『맹자』의 저자인 맹자를 중심으로 한 학파)의 관점과 뚜렷하게 일치한다. 그는 또 인간은 신과 교신할 수 있다고도 생각하였다. 그보다 조금 뒤의 기독교철학자 에리우게나Eriugena(815년경~877)는 하느님은 모든 피조물을 인간 속에 내재하도록 하였기 때문에 우주 속의 모든 것은 인간의 내면 속에 존재한다고 생각하였다. 이것은 육왕심학의 관점과 같다. 이런 것들을 통해 초기 기독교철학 속에도 신인일치神人一致, 즉 신성과 인성이 서로 일치한다는 관념이 있었음을 알 수 있는데, 이것은 중국 고대 천인합일의 몇몇 관점과 매우 가깝다.

서양 봉건제도가 번창할 때 스콜라철학이 유행하였는데, 가장 크게 명성을 떨친 신학자 '성' 토마스 아퀴나스St. Thomas Aquinas(1225년경~1274)는 완벽한 철학 이론을 수립하였다. 그는 하느님이 창조한 우주 속에서는 모든 존재가 서로 연관되어 등급 체계를 우리고 있으며, 우주만물은 이러한 체계 속에서 화해적 통일체를 형성한다고 생각하였다. 이것 역시 분리를 위주로 한 것이라고 볼 수 없다.

신비주의파라고 불리는 스콜라철학의 다른 한 분파에서는 보다 명확하게 신인합일을 주장하였다. 이 학파의 중요한 대표자 베르나르 드 클레르보Bernard de Clairvaux(1093~1153)는 강렬한 종교심과 내적 체험을 통해 개인은 신과 일치될 수 있다고 생각하였다. 그리고 신비주의 신학의 우두머리라고 알려진 보나벤츄라Bonaventura(1221~1274)는 만물의 곳곳에서 하느님을 볼 수 있으며, 따라서 만물은 하느님의 복제품이라고 생각하였다. 이것은 동중서의 인부천수론人副天數論과 매우 흡사하다.

이상의 관점들을 통해 서양철학의 전통에서 일관적이고 단순하게 분리가 주장되었다고 할 수 없으며, 그것과는 반대로 합일이 주장되었고 그것은 또 중국 고대 철학자들이 주장한 천인합일과 유사한 측면이 있다는 것 등을 알 수 있다. 당연한 말이지만 이것은 서양 중세에 신인합일만 주장되었다는 것을 의미하지는 않는다. 적지 않은 중세 신학자들이 천국과 인간 사이에 분명한 한계를 긋기도 하였다. 사실 서양 중세철학과 중국 봉건사회의 철학에는 비슷한 측면이 많이 있으며, 그것들은 하나의 색채만 띠고 있었던 것이 아니라 다원적이었다.

다른 한 측면에서 볼 때, 중국철학에서는 자연관과 윤리학이 밀접하게 연관되어 있었지만 서양에서는 그 두 가지가 분리되어 있었다고 보는 관점은 시대를 뛰어넘어 비교하는 데서 나온 결론인 것 같다. 주지하다시피 서양 중세에는 모든 것이 종교 중심이었다. 자연과학과 윤리학은 종교로부터 독립된 과학으로 성립할 수 없었다.

이런 점들로 미루어 볼 때, 이른바 서양은 분리를 위주로 하였고 중국은 합일을 위주로 하였다는 관점은 과학적이라고 할 수 없다. 서양철학에서는 근대에 이르러서야 비로소 분석을 매우 중시하는 철학사조가 나타났다. 데카르트로 대표되는 그러한 사조는 당시 자연과학의 분화 및 해석학의 연구방법과 밀접한 연관을 가지고 있었다. 그러나 19세기 이후에는 그러한 단편적 관점은 더 이상 크게 유행되지 않았다. 예를 들면 헤겔의 체계에서 논리학·자연철학·정신철학 등은 유기적으로 연관되어 있다. 독일 고전철학의 비판적 계승을 통하여 이룩된 마르크스주의 철학에서는 대립·통일의 관점에서 세계를 보았으며, 인간과 자연을 분명하게 구분하는 태도를 취하지 않았다.

추상적이고 고립적으로 이해된, 인간으로부터 확고하게 분리된 자연계

는 인간에게 있어서 무無나 마찬가지이다.[8]

적극적으로 지양된 사유재산이라는 전제 아래서, ……사회는 인간과 자연의 완전한 본질적 통일체이고, 자연의 진정한 부활이며, 인간이 실현한 자연주의이면서 동시에 자연이 실현한 인도주의이다.[9]

우리는 반드시 다음과 같은 사실을 기억해야 할 것이다. 즉 우리는 이민족을 지배하듯이, 혹은 자연계 밖에 서 있는 사람처럼 자연계를 지배해서는 결코 안 될 것이다. 우리는 우리의 살과 피와 두뇌 등이 모두 자연계에 속하고 그 가운데 존재한다는 점을 명심해야 한다. ……특히 금세기의 자연과학이 크게 진보한 이후로 우리는 적어도 우리들의 가장 보편적인 생산적 활동들 때문에 더욱더 멀어진 자연의 영향을 보다 더 잘 인식하게 되었으며, 따라서 그것에 대한 지배를 배웠다. 그러나 이러한 사정이 많이 일어나면 일어날수록 인간들은 자신과 자연의 통일성을 더욱 새롭게 느낄 뿐만 아니라 인식할 것이다. 그리고 정신과 물질, 인간과 자연, 영혼과 육체 사이의 대립이라는 몰지각하고 반 자연적인 관념 역시 더욱 더 불가능하게 될 것이다. 이러한 관점은 유럽에서 고전고대의 몰락 후에 발생하여 기독교에서 가장 크게 발전하였다.[10]

이렇게 볼 때, 마르크스주의 역시 어떤 측면에서 천인합일을 주장하였다고 할 수 있으며, 심지어 그것은 자연과 인류의 일치로 귀결된다고까지 말할 수 있을 것이다.

위에서 설명한 것들을 정리해 보면, 중국철학 자체에 대한 고찰을 통해서 뿐만 아니라 중서 철학의 비교를 통해서 보더라도 천인합일이 중국철학의 근본적 특색이라는 견해는 성립하기 어렵다는 것을 알 수 있다.

---

8) K.마르크스, 『경제학—철학 수고』
9) 같은 책
10) F.엥겔스, 『자연변증법』, 『원숭이의 인간으로의 진화에서 노동의 역할』

2. 천인관계론과 중국철학의 특징

현재 우리는 중국적 특색을 가진 사회주의를 건설하려고 한다. 중국 전통 문화 및 전통철학의 특징에 대한 총체적 개괄은 사회주의 정신문명 건설에서 매우 중요한 의미를 가지고 있다. 과거에는 중국철학사 연구에서 중국 전통철학의 특색을 총체적으로 개괄하는 데 소홀하였다. 오늘날 유행하고 있는 천인합일설에는 위에서 설명한 결함을 바로잡고자 하는 바람직한 염원이 담겨져 있다. 그러나 비교 방법에서의 부적절함(예를 들면 위에서 설명한 초시대적 비교의 문제) 등의 원인으로 말미암아 천인합일설은 중국 전통철학의 특징을 정확하게 지적해 내지 못하였다.

그러나 중국 전통철학은 특색을 가지고 있다. 역사상의 천인관계론天人關係論에 대한 고찰을 통하여 중국 전통철학이 가지고 있는 특징을 총체적으로 개괄할 수 있을 것이다. 필자는 그것이 적어도 다음과 같은 몇 가지 특징으로 요약될 수 있다고 생각한다.

(1) 소박한 변증법과 엄격하지 않은 추리

제5장에서 이미 법천과 천도 관념의 분석을 통하여 이 문제에 대해 초보적으로 토론하였으며, 분리와 합일에 대한 연구에서는 한 걸음 더 나아가 필자의 견해를 실증하였다. 즉 소박한 변증법적 관념11)은 바로 중국철학의 내재적 본질의 하나이다.

이러한 변증법적 관념은 "극에 도달하면 되돌아오고, 전성기에 이르면 시들어간다"는 천도관념이나, 서로 대립하면서 서로를 완성시켜 준다는 '일량一兩' 관념으로 표현되었을 뿐만 아니라 천인관계의 여러 가지

---

11) 모든 운동은 출발점으로 되돌아온다든지, 서로 대립하면서 서로를 완성시켜 준다든지, 대립·통일한다든지 하는 뛰어난 동태적 관념, 혹은 역사의식을 말한다.

측면으로 표현되었다. 예를 들면 유가에서는 천명과 인력, 천성과 인위의 관계에 대해서는 기본적으로 천명을 인정하였지만 숙명론에 빠지지는 않았고, 인력을 강조하였지만 무제한의 자유를 주장하지 않았으며, 천성을 인정하였지만 인위를 중시하였다. 이처럼 극단을 피하는 '중용'의 방법 속에 변증법적 요소가 포함되어 있다고 하지 않을 수 없다.

천인합일과 천인분리의 문제를 보다 깊이 검토해 보면 대다수의 중국철학자들은 합일과 분리 두 가지 관념을 모두 다 가지고 있었다는 것을 알 수 있다. 그러나 극소수의 사람들은 합일과 분리가 논리적으로 모순된다는 점을 의식하고 있었다. 중국철학의 논리는 일종의 소박한 변증법적 논리이다. 중국 고대 철학자들에 따르면 이럴 수도 있고 저럴 수도 있다는 주장은 매우 정당한 것으로서 전혀 이상할 것이 없다. 한 철학자가 하나의 논문 속에서 천인합일과 천인분리를 동시에 주장할 수 있었다. 왜냐하면 그들이 볼 때는 하나이면서 동시에 둘이고, 둘이면서 동시에 하나라는 것이 바로 세계 위의 모든 사물의 참모습이었기 때문이다. 그 밖의 대립적인 범주도 모두 포섭·침투·전화될 수 있는 것이었다. 이같이 매우 탁월한 관점과 방법은 중국철학이 가지고 있는 가장 우수한 점 가운데 하나이지만, 그것은 동시에 중국철학이 가지고 있는 가장 중요한 결점 가운데 하나이기도 하다. 그것은 다음과 같은 이유 때문이다. 즉 중국철학에서는 소박한 변증법적 사유방식을 지나치게 강조하였기 때문에 엄격한 형식논리학을 경시하고 고차원적이고 거시적인 직관에 만족하였으며, 자세하고 미시적인 추리에 힘쓰지 않고 허구적이고 자의적으로 견강부회하였다. 이 때문에 그것은 정론으로 굳어져 어떠한 회의도 용납되지 않았다. 이점에 대해서는 이미 제5장에서 지적하였다. 이와 같은 이유 때문에 중국철학 논문의 논리구조 역시 자주 엄격성을 상실하였다. 그 한 가지 예를 들면 다음과 같다.

앞의 글에서 당대 유우석의 「천론天論」을 자주 예로 들었는데, 이 글은 중국철학사에서 천인관계를 전문적으로 다룬 몇 편 되지 않는 논문 가운데 하나이다. 이 논문은 많은 참신하고 뛰어난 견해가 돋보인다. 그러나 이 논문을 자세하게 분석해 보면 논리구조에 분명한 결함이 있음을 발견하게 된다. 유우석은 이 논문의 첫머리에서 "세상에서 주장하는 하늘에 관한 견해는 두 가지가 있다"라고 지적하면서 하나는 '음즐설陰騭說'이고 다른 하나는 '자연설自然說'이라고 하였다. 음즐설의 내용은 "재앙은 반드시 자기가 지은 죄로부터 말미암고, 복록은 반드시 자기가 행한 선행으로부터 유래한다"는 것이다. 그러나 그 아래의 글에서 유우석은 다음과 같이 분석하였다. 즉 그는 선행으로 말미암아 상을 받고 악행으로 인하여 벌을 받는다고 하면 하늘이 인사를 간섭한다는 것을 믿지 않는 사람이 있을 수 있다고 설명하였다. 여기서 그는 분명히 논리적 오류를 범하고 있으며, 그의 이러한 주장은 앞뒤가 모순된다. 왜냐하면 앞의 문장에서는 음즐설은 바로 선한 행위는 상을 받고 악한 행위는 벌을 받는다는 생각에서 그것이 유행한다고 하였기 때문이다. 실제로 유우석은 음즐설과 자연설 등 두 가지 학설만 가지고 천명결정론을 총체적으로 개괄하였고 또 중점적으로 분석하였다. 그러나 그는 이러한 이론에 대하여 명확한 개념이나 정의를 부여할 수 없었고, 위의 두 종류의 이론이 제3의 이론과 어떻게 구별되고 연관되는지에 대해서 지적할 수 없었다. 이것은 중국 전통철학이 가지고 있는 전형적인 약점의 하나를 폭로하는 예이다.

근대의 저명한 철학자 엄복과 장태염은 중국 전통철학의 이러한 결점을 이미 간파하고 있었기 때문에 형식논리학을 제창하였다. 엄복은 밀 J.S. Mill의 『논리학』을 번역하였고 장태염은 한대의 고문경학과 불교의 법상종과 유식종 철학으로부터 형식논리학적 요소를 뽑아내서 새롭게 제창하였다. 그들의 이러한 태도는 잃어버린 소를 아쉬워하면서 외양간을 고치는 격이었다고 할 수 있을 것이다.

(2) 전통의 존중과 개념의 모호성

이 특징은 위에서 설명한 특징과 밀접하게 연관되어 있다. 실제로 이것은 동일한 문제를 다른 측면에서 고찰해 보는 데 지나지 않는다.

중국철학, 특히 한대 이후로 정통이 된 유가학설은 전통을 극도로 존중하였다. "옛것을 믿고 좋아한다"든지 "(옛 성현의 언행을)서술하기만 할 뿐 새로 창조하지는 않는" 태도는 공자 이후로 많은 '순유醇儒'들의 공통된 전통이었다. 바로 이러한 태도 때문에 이미 3000년 전의 문헌 속에서 발견되는 하늘과 인간이라는 대립 범주는 오늘날에 이르기까지 계속 이어지면서 끊어지지 않고 있다. 또 『시경』·『서경』·『예기』·『주역』·『춘추』·『논어』·『맹자』 등의 경전들에 대해서는 그것들이 성인의 저작이라는 이유 때문에 시종일관 이의를 제기할 수 없는 것으로 생각되었다. 따라서 이들 경전에 나타난 범주나 개념은 반드시 그대로 답습되었을 뿐만 아니라 그 책들 속의 견해 역시 반드시 계승되어야 하며 수정될 수 없는 것으로 받아들여졌다. 이와 같은 이유에서 후대의 유자들은 새로운 것을 창조하기가 매우 어려웠다. 즉 그들은 주석만 달 수 있을 뿐 창작할 수는 없었다. 유학의 정통이라고 불리는 송명리학의 사상가들은 주로 유가의 경전에 대하여 주석을 달면서 자기의 철학사상을 발표하였다. 주희는 중국 역사에서 가장 많은 저작을 남긴 사람으로 알려져 있지만 그럴듯한 철학 논문은 몇 편 쓰지 않았다. 그의 철학은 대부분 사서四書나 『주역』·

『태극도』등에 대한 주석과 강의록을 통해 발표되었다.

　　이러한 전통은 창조성의 결핍이라든지 보수성 등 쉽게 드러나는 특징 이외에 개념의 모호성이라는 결과를 낳았다. 철학사상은 반드시 변하게 마련이다. 동중서·주희·왕부지 등은 모두 경전을 주석하였고, 모두 공자·맹자로부터 출발하였지만, 동중서는 주희와 다르며, 주희 역시 왕부지와 다르다. 세 사람은 또 공자나 맹자와도 다르다. 예를 들면 앞에서 설명한 천인감응과 관련된 사상에 있어서 『서경』의 천인감응사상과 동중서의 천인감응사상 및 주희의 천인감응 등은 각기 서로 다른 유형으로 분류된다. 그러나 새롭고 특이한 학설을 주장하는 것은 유가의 금기였다. 새로운 사상은 그 이전의 범주나 명제에 대한 해석을 통해서만 가능하였으며, 매우 소수의 대담한 사람만이 새로운 개념이나 범주를 제기할 수 있었다. 이 때문에 '천天'이라는 한 글자는 3000년의 발전과정을 거치면서 매우 다른, 심지어는 상반되는 내용으로 가득 채워졌다. 리학에서는 하늘과 천명을 '리理'라고 해석하였다. 그러나 선진시대의 경전 속에서 하늘은 명백하게 살아 숨 쉬는 최고신이었으며 천명은 분명히 하느님의 명령이었다. 이 때문에 정주의 제자들이 질문을 제기할 때마다 선생들은 얼버무리면서 대충 넘어가려고 하기만 하였다. 리학자들은 자신들이 주공이나 공자·맹자 등과 구별되는 것을 인정하려고 하지 않았다. 따라서 중심이 되는 개념을 명확하고 자세하게 정의하려고 하지도 않았다.

　　3000년 동안 철학자들과 인민들은 모두 '천인지제' 天人之際(하늘과 인간의 경계)에 대하여 토론하였다. 그렇다면 결국 하늘이 무엇이란 말인가? 소수의 제한된 철학자들만이 매우 간단하고 제한적으로 이것을 정의하였다. 예를 들면 『맹자』『만장상편』과 『장자』『추수편』의 정의가 그것인데, 어떠한 철학자도 '천'에 대하여 자세하고 완벽하게 정의하지는 않았다. 이와 같이 어떤 철학자의 천인관계에 대한 논의에서 하늘이 결국 어떤 의미를 갖는가는 흔히 위아래 문맥을 통해 추측할 수 있을 뿐이다. 한 편의 논문에서도 '천'이라는 글자는 여러 가지 의미를 가질 수 있는데도 그 논문의 작자는 이점에 대하여 분명하게 설명하지 않는다. 하늘天이 가지고 있는 의미는 매우 다양하다. 이 범주는 이미 춘추시대부터 충분히 많은 의미를 포괄하고 있었다. 본래부터 더 이상 새로운 내용을 첨가하지 않더라도 새로운 개념과 범주를 만들어 낼 수 있도록 되어 있었다. 그러나 철학자들은 그것을 원하지 않았고 또 감히 그렇게 하지 못한 채 하늘에 대한 새로운 해석만 계속 늘려 나가려 하였다. 하늘은 이 때문에 모호한 개념이 되어버렸다. 누구든 이 개념을 사용할 수 있었지만, 아무도 그것의 구체적 의미를 명확하게 설명하지 않았다. 예를 들면 '천리양심天理良心'이라는 말속의 '천'은 결국 무엇인가? "일이 이루어지는 것은 하늘에 달렸다"라는 말속의 '하늘'은 또 무엇인가? 그것은 신을 가리키는가, 푸른 하늘을 가리키는가, 혹은 운명을 가리키는가, 아니면 다른 어떤 것을 가리키는가? 명확하지 않다고 할 수도 있고, 혹은 모든 의미를 다 포함하고 있다고 할 수도 있다. 하늘의 외연은 그다지 명확한 한계가 없다.

전통을 존중하는 것과 개념의 모호성은 실제로 인과관계에 있다. 개념의 모호성은 전통의 타성에 더욱 젖어 들게 한다. 왜냐하면 극히 모호한 개념은 각양각색의 해석을 용납하기 때문이다. 선진시대의 유교경전은 매우 간결하고 불명확한 언어로 쓰여져 있는데, 이것은 바로 유교경전으로 하여금 강인한 생명력을 갖게 하는 중요한 원인이 되었다.

영국식 고등교육을 받은 중국학자 엄복은 귀국한 뒤에 천인관계 등의 학설을 포함하여 자기 나라 철학을 총체적으로 반성하였다. 그는 부정확한 개념은 해롭다는 점을 깊이 깨닫고, '정의' 할 수 없는 것은 모두 과학적 개념이라고 할 수 없다는 사실을 지적하였다.

그러나 개념의 모호성은 또 절대적으로 나쁜 것만은 아니다. 그것은 위에서 설명한 중국철학의 소박한 변증법적 관념과 밀접하게 연관되어 있다. 변증법은 절대적으로 분명하고 고정불변하는 어떤 한계를 제시하지 않는다. 중국철학에서는 사물이 서로 의존하고 서로 전화하는 것이라고 생각하였기 때문에 이처럼 개념의 부정확성이라는 결과를 낳았다.

요즘 들어 모호성, 즉 모호한 사유, 모호한 논리에 대한 철학적 탐구가 진행되고 있는데, 이것은 중국 전통철학에서 사용한 모호한 방법이 여전히 생명력을 가지고 있음을 실증해 주는 것이다. 비록 그렇다 하더라도 우쭐거리며 뽐낸다거나 낡은 것에만 매달려 있을 것이 아니라 장점은 살리고 단점은 제거하며, 알맹이만 취하고 찌꺼기는 버려야 할 것이다. 중국 전통철학에 대한 연구를 통하여 현대적 사유방식을 시사 받을 수 있을 것이다.

(3) 종교에 대한 지양 형식

앞의 제8장의 분석을 통하여 다음과 같은 사실을 알 수 있다. 서주 이후로 하늘은 줄곧 중국 역대 지배계급이 받들어 모시던 최고의 숭배 대상이고 최고신이었다. 제천은 지배자의 가장 중요한 종교의식이었다. 어떤 견해에 따르면 중국의 하늘은 일종의 신이다. 그것이 비록 주재적 의미를 가지고 있기는 하였지만, 그것의 인격화는 그다지 명확하지 않았으며, 신과 자연, 종교와 철학 등은 엄격한 구분이 없었다. 송대의 어떤 사람들은 서주시대 경전에 나오는 하늘은 이미 '의리지천' 義理之天(이법으로서의 하늘)이었다고 생각하였다. 주희의 제자 진순陳淳(1159~1223)이

편찬한 『북계자의北溪字義』에서는 "옛사람들이 하늘이라고 한 것에 대하여 (오늘날 사람들은)대체로 리라고 설명한다"라고 주장하였다. 현대의 몇몇 학자들은 중국의 '하늘'은 줄곧 자연숭배의 대상이었다고 생각하기도 한다. 필자는 이러한 견해가 전혀 일리 없는 것은 아니지만 정확하지 못하다고 생각한다. 한대 이후로 하늘에 대한 인격화는 사실 아주 선명하지는 않았고 하느님(天帝)은 다른 종교에서와 같이 우상을 가지고 있지 않았다.[12] 그러나 인격화의 정도는 원래부터 그러한 모습을 띠는 것이 아니라 일정 정도의 발전을 걸친 뒤에 나타나는 것이다. 서주시대 초기에 하늘의 인격화는 매우 두드러졌는데, 이점에 대해서는 제3장에서 『시경』 「경지편」을 인용하여 분명하게 설명하였다. 춘추전국시대에 하느님의 인격화는 상당히 뚜렷해졌다. 어떤 지배자는 "하늘이 나를 짓누르는 꿈을 꾸었다"고 하였는데, 여기서 하늘은 당연히 인격신을 가리킨 것이다. 순자는 위엄을 가진 어떤 사람을 묘사할 때 "하느님같이 행동한다"라는 표현을 사용하였다. 순자 자신은 종교를 반대하였지만 여기서는 일반 사람들의 관념을 그대로 따른 것이다. 순자의 이 표현을 통해 당시 사람들의 의식 속에서 하느님은 비교적 고정되고 구체적인 모습을 하고 있었음을 알 수 있다. 그러나 서주 말기와 춘추시대 초기부터 어떤 사람들은 자연화된 하늘과 땅을 최고신의 지위에 올려놓기 시작하였다. 한대에 이르러 동중서는 한편으로는 "하늘은 최고신으로서 의지를 가지고 있다"는 일종의 종교적 관념을 유지하면서, 다른 한편으로는 최고신의 모습은 자연이고 자연 현상은 신의 의지를 표현하는 수단이라고 설명하였다. 이와 같이 이해된 하늘은 그 뒤로 봉건사회의 주도적 관념이 되

---

12) 실제로 우상은 대개 비교적 원시적이고 초보적인 종교에서 나타난다. 기독교나 이슬람교의 최고신은 우상이 없다. 하느님의 대변인이라는 예수나 마호멧을 형상화한 것만 있을 뿐이다.

었으며, 봉건 지배계급의 하늘에 대한 이해를 대표하였다. 한대유학과 송명유학은 모두 일정한 종교적 색채를 띤 철학이었다. 한대 이후의 의식형태는 확실히 서양 중세의 그것과는 비교적 큰 차이가 난다. 서양 중세에 지배적 지위를 차지한 것은 적나라한 종교적 신학이었지만, 한대 이후 봉건사회의 유학은 반종교半宗教 반철학半哲學의 혼합체였다. 그것은 피안에 대해서는 설명하지 않았으며 현실 사회의 정치를 중시하였는데, 이것이 종교와 다른 점이다. 그것은 또 "하늘은 모든 신의 우두머리이다 (天者, 百神之大君也)"라는 등의 종교적 명제를 제기하였고, "천리를 보존하고 인욕을 제거하라"는 금욕주의적 구호를 제창하였다. 이점은 서양에서 하느님을 최고의 유일신이라고 생각한 것이나 인간의 영혼과 육체를 대립적으로 생각한 사상과 매우 비슷하다.

중국 봉건사회에서 지배적 지위를 차지한 것은 위에서 설명한 것처럼 반종교 반철학적 혼합체였기 때문에, 봉건사회가 해체되던 명말청초에 반리학사조反理學思潮에 의해 수행된 전통 비판은 서양 계몽사상가들의 중세전통에 대한 비판과 완전히 같은 것은 아니었다.

종교사상에 대한 지양은 여러 가지 형식이 있을 수 있다. 그것은 격렬한 비판의 형식을 띠기도 하고 점진적 개조의 형식을 띠기도 한다. 중국에서든 서양에서든 그 두 가지는 병행되었다. 서양철학사에서 프랑스의 유물론은 종교에 대하여 격렬한 비판의 형식을 취했으며, 스피노자는 범신론의 형식을 빌려 종교를 개조하였다. 중국철학사에서는 춘추전국시대에 몇몇 사상가들이 하느님과 귀신을 직접적으로 비판하기는 하였지만, 개념의 모호성 때문에 개조의 형식은 보다 다양했으며, 철학자들은 하늘이 가진 높은 지위를 바꾸지 않고 그것을 새롭게 해석하기만 하였다. 중국철학에서는 종교에 대한 개조가 매우 일찍부터 시작되었다.

즉 늦어도 기원전 8세기 이전에 시작되었다. 전세계사적으로 보더라도 그것은 상당히 선진적이었다. 그러나 역사 과정에 비추어 볼 때 조숙한 것이 항상 바람직하지만은 않다. 비판과 개조가 조금 늦게 시작되었더라면 종교에 대한 부정은 보다 철저하게 추진되었을 것이기 때문이다. 그러나 그것은 심각한 사회적 배경에 의해 결정되는 것이었기 때문에 선택의 여지가 없었다.

한마디로 서양 사상사와 비교해 볼 때 중국철학은 종교와의 관계에서 나름대로의 특징을 가지고 있었지만 공통점도 가지고 있었다. 중국철학은 종교에 대하여 주로 개조의 형식을 취했기 때문에 그 뒤의 사상가들은 선진 경전의 종교적 기록들을 철학적 관점에서 해석하였다. 그리하여 중국 종교사상의 본래 모습을 명확하게 알 수 없게 해 버렸다. 어떤 사람은 이러한 해석에 근거하여 중국에는 처음부터 철학과 종교의 구별이 없었고 다만 천인합일만 있었다고 생각하지만 이러한 견해는 분명히 잘못된 것이다.

(4) 인간의 능동성에 대한 중시

앞의 제8장의 설명에서도 알 수 있듯이 중국철학자들은 천인관계를 여러 가지 분야와 여러 가지 차원, 그리고 여러 가지 각도에서 연구하였다. 인간과 운명, 인간과 천성의 측면에서 천인관계를 검토할 때 그들은 매우 자연스럽게 '인人'을 인위, 즉 인간의 활동이라고 이해할 수 있었다. 바꿔 말하면 중국 사상가들은 인간을 정태적이거나 외계를 인식하는 추상적 자아정신이라고 파악한 것이 아니라, 동태적이고 실천적인 주체로 이해한 것이다. 인간은 무언가를 알 수 있을 뿐만 아니라 그것을 실천할 수 있는 존재로 이해되었다.

중국철학의 전통은 변증법적이기 때문에 대다수의 중국철학자들은 하늘과 인간 사이의 변증법적 관계를 강조하였다. 인위를 부정한 철학자들이 아주 없지도 않지만(예를 들면 장자와 왕충) 그 숫자가 많지는 않았다. 관념론적 철학자든 유물론적 철학자든 모두 인간의 능동적 작용을 매우 강조하였다. 그 가운데서도 유물론적 철학자들이 보다 두드러진데, 순자를 비롯하여 유종원·유우석·왕정상·왕부지·손중산에 이르기까지 인간의 능동적 작용을 강조하였고 인간의 활동, 즉 '실천(行)'을 강조하였다. 이것은 그들이 세계의 근원에 대한 문제에서 유물론적 관점(주로 '기'가 세계의 근원이라는 이론으로 표현된다)을 가지고 있는 것과 일치하며 모순되지 않는다. 고대로부터 근대에 이르는 중국 최고의 유물주의 철학자 가운데서 왕충 한 사람만이 인간의 능동적 작용을 부정하였다. 이점은 서양철학사의 상황과 크게 다르다.

희랍의 철학자들은 능동성이라는 측면에서 인간을 이해하지 않았으며, 중국의 하늘이나 인간과 같은 범주를 제기하지 않은 듯하다. 희랍의 유물주의결정론은 숙명론적 색채를 띠고 있었다. 이점에 관하여 마르크스는 『포이에르바하에 관한 테제』에서 다음과 같이 지적하였다.

> 지금까지의 모든 유물론(포이에르바하를 포함하여)의 주요한 결점은 사물·현실·감각을 다만 객체적, 혹은 직관의 형식을 통해서만 이해하였으며, 그것을 인간의 감성적 활동, 즉 실천으로는 이해하지 않았고 또 주체적 측면에서 이해하지도 않았다는 데 있다. 따라서 그 결과 유물론과는 반대로 관념론에서 능동적 측면을 발전시켰다. 그러나 그것은 추상적으로만 발전되었다. 왜냐하면 관념론은 당연히 현실적, 감성적 활동 자체를 몰랐기 때문이다. [13]

---

13) K.마르크스, 『포이에르바하에 관한 테제』

중국철학사에서는 위에서 설명한 '주요한 결점'이 명확하게 드러나지 않는다. 중국의 유물론적 사상가들도 엄격하게 말해서 사물을 인간의 감성적 활동이라고 이해하지는 못하였다. 그러나 오랜 동안의 천인관계론(인위와 비인위의 관계라는 의미에서)의 연구를 통해 그들은 인간의 능동적 작용을 강조하고 인간의 실천을 강조하고 자연에 대한 인간의 과정적 참여(이른바 '參贊')를 강조하도록 시사 받았다.

그러나 중국 고대 사상가들이 주장한 '인위', 즉 능동적 작용과 실천은 근대 철학적 개념과도 다르다.

공자에서부터, 심지어는 공자 이전의 시대부터 중국에서 주도적 지위를 차지한 관념은 '인문주의', 혹은 '인도주의(Humanism)'였다고 보는 견해가 있다. 또 중국의 전통사상은 인간에 대한 전면적 부정과 말살이었으며 중국철학은 주체성을 전혀 수립하지 않았다고 보는 견해도 있다. 이 두 가지 견해는 각기 자기의 주장만 고집하면서 그칠 줄 모르고 논쟁한다.

사실의 진상은 다음과 같다. 중국 고대사상의 주류는 인간을 중시하는 것이었다. 그러나 이러한 인간의 중시는 일반적으로 인간과 대립되는 최고의 본체, 즉 하느님(天帝) · 천지天地 · 천리天理의 부정을 의미하는 것은 결코 아니며, 이 본체는 대체로 봉건 윤리강상이 추상화된 것이다. 다른 한편 중국 고대의 전통철학은 인간의 능동적 작용과 실천활동을 충분히 긍정하였다. 그러나 그것은 수신修身에서부터 제가齊家 · 치국治國 · 평천하平天下에 이르는, 성인聖人이 되기 위한 정확한 방향을 전제로 한 것이다. 성인이란 모든 말과 행위가 봉건도덕에 완전하고 자각적으로 일치되는 사람을 가리킨다. 인위, 혹은 인력은 반드시 이러한 방향으로 초점이 맞추어져야 하며, 이 방향을 벗어날 수 없었고 개인의 의지의 절대자유는 주장될 수 없었다. 이러한 범주 안에서 인간은 자기의 능동적 작용을 충분히 발휘하고 여러 가지 난관을 극복하며 운명에 복종하지 않을 수 있었다. 간단하게 말해서 중국 전통철학에서의 인위는 주로 도덕·윤리·정치적 측면의 실천을 가리키는 것이었고, 아울러 그것은 확실한 방향성을 가진 실천이었다. 이 때문에 이러한 전통은 서양 문예부흥 이후 권위를 부정하고 개인해방을 제창한 인문주의의 관점과 분명하고 크게 구별된다. 만약 누군가가 유가를 정통으로 하는 중국 전통사상을 '인문주의'라고 한다면 반드시, 그리고 명확하게 이러한 차이를 의식하고 또 지적해야 할 것이다.

중국 근대철학(5·4운동 이전의 것을 가리킨다)은 인간의 능동적 작용을 긍정하였고 또 그 나름대로의 특징을 가지고 있었다. 중국 근대철학의 주류, 즉 중국의 민족주의적 자본가계급의 '신학新學'은 봉건강상을 부정하였고, 국가와 민족을 말살하려는 외세와 투쟁할 것을 강조하였으며, 이러한 의미에서 '인간이 하늘을 이긴다'는 점을 강조하였다. 그러나 그와 동시에 그들도 개인의 의지는 마땅히 다수의 이익에 복종하여야 한다고 주장하였다. 중국의 민족주의적 자본가계급의 여러 가지 공상적·주관적 '주의主義'가 반영되어 나타난 것이 강유위의 '대동', 손중산의 '민생주의' 등이다. 따라서 그것도 서양의 인문주의와 다른 것이다. 이 책의 주제가 제한되어 있기 때문에 그 점에 대해서는 자세하게 분석할 수 없다.

3. 중국 전통철학 특징의 형성 원인

천인관계론과 관련된 장기간의 논쟁이 반영하고 있는 중국철학의 특징을 이론적으로만 분석하는 것은 매우 불충분하다. 왜냐하면 이러한 특징이 형성된 데는 깊은 사회적 근원과 자연과학적 배경이 있기 때문이다. 그 가운데 몇 가지 측면, 예를 들면 소박한 변증법적 관념의 형성에 대해서는 이미 앞에서 분석하였기 때문에 여기서 부연하지 않는다.

중국철학의 완강한 계승성 및 그에 따른 개념의 모호성, 철학과 종교의 상호침투 등은 공통의 사회적 근원을 가지고 있다. 간단하게 말해서 중국철학은 봉건사회에서 기원하였고 봉건사회가 지속된 시간이 비교적 길었기 때문에 중국철학의 발전과정에서는 변화성보다 계승성이 더 두드러졌고, 갑작스런 변화보다 점진적 변화가 더 많았다.

중국철학, 희랍철학, 인도철학이 발생한 절대 년대는 서로 큰 차이가 없다. 즉 기원전 6세기를 전후하여 노자·공자·헤라클레이토스·피타고라스·석가모니 등이 출현하였는데, 그들은 거의 비슷한 시대를 살았다. 그러나 이 위대한 철학자들이 처한 사회적 환경은 결코 같지 않다.

희랍철학은 노예제시대에 발생하였으며, 노예제의 전형적인 영주국가가 한창 번영할 때 전성기를 누렸다.

중국 역사에 대한 시대구분 문제는 오랜 동안 논쟁되어 온 것으로서 의견이 분분하다. 위진봉건론魏晉封建論을 주장하는 개별 학자들을 제외하면 대부분 학자들의 의견은 다음과 같이 두 가지로 구분된다. 첫째는 중국 봉건사회가 서주시대 초기에 시작되었다는 것이고, 둘째는 중국 봉건사회가 전국시대에 시작되었다는 것이다. 열쇠는 춘추전국이라는 교체기에 발생한 사회적 변혁을 어떻게 이해하는가에 달려 있다. 서주봉건론西周封建論을 주장하는 학자들은 춘추전국 교체기를 봉건영주제로부터 봉건지주제로의 전환기라고 생각하고 있으며, 전국봉건론戰國封建論을 주장하는 학자들은 그것을 노예제로부터 봉건제로의 전환기라고 생각한다. 필자는 범문란范文瀾을 대표로 하는 서주봉건론이 보다 역사적 사실에 부합된다고 생각한다. 왜냐하면 서주시대의 정치·경제제도는 이미 전형적인 봉건제적 색채를 띠고 있기 때문이다. 전국봉건론에 따르면 춘추전국 교체기에 활동한 노자나 공자 역시 전환기의 인물이라고 설명한다.

서양에서 희랍철학과 중세철학은 서로 다른 시대와 계급적 배경을 가지고 있는데, 그것들은 각각 노예제사회와 봉건제사회의 산물이다. 서주시대에서부터 아편전쟁에 이르기까지 중국철학은 대체로 동일한 사회적 형태 속에서 발전되어 왔다. 이와 같이 오랜 기간의 역사가 진행되는 동안 중국 사회에서는 점진적이고 부분적인 변화만 있었지 근본적인 사회변혁은 발생하지 않았다. 따라서 공자가 제창한 도덕원칙은 줄곧 정통적 지위를 차지하였으며, 봉건사회 초기 단계에 제기된 하늘과 인간이라는 범주 역시 줄곧 유지되었다. 왜냐하면 그것들은 이미 봉건사회의 의식형태를 구성하는 요소로서 봉건사회의 각 시기에 자연스럽게 적용되었기 때문이다.

중국철학의 이러한 계승성과 안정성은 또 진한秦漢 이후 장기간의 봉건적·중앙집권적 전제정치와 관계가 있다. 전국시대에는 제후들이 할거하였기 때문에 사상전선에서 '백가쟁명百家爭鳴'이 출현하였다. 그러나 분열되어 있던 여러 나라들은 한대 이후로 통일되었는데, 이것은 서양의 상황과 크게 다른 점이다. 전제정치는 철학적 안정성과 통일을 필요로 하였으며, 또 철학의 안정과 통일의 분위기를 조성하였다.

보편적으로 인간의 능동적 작용을 중시한 중국철학자들의 관념은 천인관계론에 반영되어 있는데, 그것은 당시의 사회 상황이나 자연과학과 관련이 있다. 중국철학자들은 희랍 철학자들과는 달리 대부분 단순히 철학적 사변 활동에만 종사한 것이 아니라 철학자 겸 정치가(봉건관리)였다. 이 때문에 그들의 철학은 실천(윤리적 실천)적 성격을 띠고 있는데, 이것은 매우 자연스러운 것이었다. 그들은 자신을 자연 현상의 해석자로 생각하였을 뿐만 아니라 보다 중요한 것은 자기를 봉건도덕 원칙의 실천자 및 추진자로 생각하였다. 노자는 전설에 따르면 주나라의 '수장사守藏史'(주나라 궁중의 문헌을 관장하는 관리)였고 공자는 노나라의 '사구司寇'(재판장)였으며 순자는 '난릉령蘭陵令'(난릉 지방의 수령)을 지냈다. 그 뒤의 동중서·왕충·양웅·곽상·유종원·유우석·한유·주희·왕정상·왕수인 등도 모두 사상가 겸 관리였다. 그리고 중국 고대의 자연과학은 대부분 실용성이 매우 강한 경험과학이었다. 중국 고대의 천문학은 역법을 제정하기 위해 직접 사용되었으며, 그밖에 탁월한 성과를 이룩한 과학, 예를 들면 의학·농학·수공업 등에서는 실용적·경험적 특성이 보다 더 분명하게 드러난다. 이것 역시 중국 전통철학으로 하여금 실천을 중시하고 인간의 능동적 작용을 중시하는 사상이 형성되도록 추동하였다.

중국 근대의 근본적 특징은 반식민지반봉건사회이다. 이것은 서양 근대철학이 발전하게 된 사회적 배경과 크게 다른 점이다. 중국사회는 100년 안팎의 기간 안에 봉건사회로부터 반식민지반봉건사회로 전화되었으며, 또 거기서 사회주의 사회로 뛰어 넘어갔다. 이 때문에 필연적으로 중국 자본가계급의 철학이 충분하게 발전되지 못하였으며, 자본가계급의 철학과 봉건철학이 명확하게 구분되지도 못하였다. 일부분의 중국 근대 철학자들은 정치 활동가 아닌 사람이 없었다. 이러한 모든 요소들 때문에 중국 전통철학의 특징이 근대에도 지속될 수 있었다.

맺는말

중국 역사상의 천인관계론은 매우 풍부하고 심오하다. 그것은 현대 중국인의 사고방식에 여전히 영향력을 행사하고 있는 전통이다. 이점에 대해서는 앞에서 검토할 때 충분히 논증하였다. 이러한 전통에 대하여 우리는 어떠한 태도를 취하여야 할 것인가?

중국 봉건사회 후기의 몇몇 사상가들은 오랜 역사를 가진 이러한 전통에 도취되어 있었다. 명말청초의 탁월한 철학자의 한 사람인 왕부지는 여러 가지 독특한 견해를 제기하였다. 예를 들면 그의 '천성'은 '날마다 새롭게 태어나고 날마다 완성된다(日生日成)'는 등의 이론은 이미 전통의 울타리를 벗어났다. 그러나 그는 선진先秦 이후 3천년 가량 지속된 중국 천인관계론의 주요 이론을 충분히 검토하였고 또 그러한 전통에 대하여 긍지를 가지고 있었다. 마테오 리치 등의 선교사에 의해 전래된 서양의 천문학적 지식을 접하였을 때 그는 그것을 크게 비웃으면서 일축해 버렸다. 중국에 있어서 '하늘'이 함축하고 있는 의미는 비할 데 없이 심오하지만, 서양인들은 단순하게 수학적 방법을 사용하여 하늘을 연구하였으니 참으로 가소롭기 짝이 없다는 것이었다. 이와 같은 맹목적 자부심과 폐쇄적 태도는 확실히 해로운 것이었으며, 상대적으로 진보한 서양의 자연과학 지식을 받아들이는 데 불리하게 작용하였다.

그러나 중국 역사상의 천인관계론에 대하여 전반적으로 부정적인 태도를 취하는 것 역시 옳지 못하다. 어떤 사람들은 하늘에 대한 언급은 모두 종교·미신적인 것이거나 천명론이며, 그것은 또 완전히 구시대의 산물로서 현대인의 생활과는 전혀 어울리지 않는다고 생각한다. 여태까지의 분석을 통해 볼 때 이러한 견해는 잘못된 것이라고 단정할 수 있다.

중국 역사상의 천인관계론의 진정한 면모는, 거기에는 '알맹이(精華)'도 있고 '찌꺼기(糟粕)'도 있다는 것이다. 이 책에서 이미 총체적으로 정리하고 개괄하였듯이 천인관계론이 가지고 있는 알맹이 가운데 가장 중요한 것은 그것이 소박한 변증법적 관념을 포함하고 있다는 점과, 인간의 능동적 작용과 사회성을 강조하고 있다는 점 등이다. 구체적으로 살펴보면 중국 역사에는 오늘날 우리가 계승할 만한 요소가 전혀 없는, 즉 순전히 찌꺼기만 가지고 있는 천인관계론은 존재하지 않는다. 예를 들어 서주시대의 천인관계론에서는 하늘을 인격적 최고신으로 전제하고 있다. 이것은 말할 것도 없이 허무맹랑한 종교적 관념이다. 그러나 이 이론은 인사나 인위의 중요성을 강조하였고 따라서 그것은 합리적인 요소를 가진 것이라고 할 수 있다. 점성술에서 주장한 천명결정론과 동중서의 천인감응론은 서주시대의 천신天神관념에 뒤지지 않을 만큼 허무맹랑하며, 현대인의 관점에서 볼 때 허튼 소리로 가득 차 있다. 그러나 그러한 이론에서 우리는 자연계와 인류사회를 통일하려는 웅대한 철학체계의 수립에 대한 최초의 시도를 볼 수 있으며, 또 그러한 염원에 힘입어 자연 현상이 분야별로 연구되었다는 것을 알 수 있다. 이처럼 중국 역사에서 가장 허무맹랑한 몇몇 천인관계론에도 적극적인 요소가 있는 점만 보더라도 그 밖의 이론 체계 속에 계승할 만한 요소가 있다는 점에 대해서는 말할 필요가 없을 것이다.

반대로 중국 역사상의 천인관계론 속의 찌꺼기 역시 반드시 명확하게 인식하여야 한다. 모든 천인관계론은 알맹이를 가지고 있으며, 또 모든 천인관계론은 찌꺼기를 가지고 있다. 예를 들어 왕충의 천인관계론은 매우 탁월한 무신론과 매우 낙후된 명정론의 결합으로 이루어진 것이다. 실천적 측면에서 보았을 때 천인관계론 속의 낙후된 요소는 의심할 것도 없이 중국 사회 발전을 가로막는 걸림돌이 되었으며, 그것은 또 대개 낙후성을 기꺼이 받아들이게 하였고, 진취적 생각을 갖지 못하도록 구실을 만들어 주었으며(예를 들면 道家 천인관계론의 몇몇 관점), 심지어 타락하고 파렴치한 행위를 변호하기까지 하였다. 송대의 리학자 주희는 우리에게 다음과 같은 고사를 들려준다. 즉 손적孫覿이라는 문인이 宋 흠종欽宗과 함께 금金나라 군사에게 포로로 잡혔는데, 금나라 군사는 손적에게 (금나라 임금의)공덕을 예찬하는 글을 짓도록 하였다. 다른 사람들은 그가 거절할 구실을 찾을 것이라고 생각하였다. 그러나 그는 두말없이 승낙하면서 붓을 들고 앞으로 나가 아부와 추태로 가득 찬 화려한 문장을 완성하였다. 절개라고는 조금도 찾아볼 수 없는 이러한 행위에 대하여 나중에 질책을 받을 때 손적은 다음과 같이 답변하였다.

> 인간은 결코 하늘을 지배하지 못하며, 고금의 화란은 모두 하늘에 의해 일어난 것이다. 그런데 기껏 한 시절을 살아가는 선비가 인력으로써 하늘을 지배하려고 한다면 대부분 실패할 뿐 거의 성공할 수 없으며, 살아남을 수도 없을 것이다. 맹자가 "하늘에 따르는 자는 제 몸을 보존하고 하늘을 거역하는 자는 제 몸을 잃는다"라고 한 말은 이것을 가리킨다.[14]

손적의 논리는, 인간은 하늘 앞에서 무기력하기 때문에 침략자 앞

---

14) 『晦庵先生文集』: 人不勝天久矣, 古今禍亂, 莫非天之所爲. 而一時之士, 欲以人力勝之, 是以多敗事而少成功, 而身不免焉. 孟子所謂順天者存, 逆天者亡者, 蓋謂此也.

에서는 모든 저항을 포기하고 침략자의 공덕을 예찬하여야 한다는 것인데, 그는 그렇게 하는 것이 바로 하늘의 의지에 순응하는 것이라고 생각하였다. 이러한 관점은 부끄러운 것이며, 그것은 영혼을 파는 철학이다.

중국 역대의 여러 가지 천인관계론에는 알맹이와 찌꺼기가 기계적으로 혼재되어 있지 않기 때문에 간단하게 찌꺼기를 잘라 내고 알맹이를 보존할 수 없다는 점이 반드시 지적되어야 할 것이다. 실제로 알맹이와 찌꺼기는 대개 유기적으로 연관되어 있다. 예를 들면 소박한 변증법적 관념과 추리의 불엄격성이 바로 그렇다. 따라서 반드시 역사적이고 구체적인 철학적 분석을 진행해야 하며, 단순하게 추종하거나 무시해서는 안 된다.

중국철학의 알맹이를 발전시키려고 할 때에는 서양철학과 다른 점에 특히 주의해야 할 것이다. 왜냐하면 우리들의 지도적 사상인 마르크스주의 철학은 주로 서양철학의 기초 위에서 성립된 것이기 때문이다. 중국철학의 특징에 대한 깊은 연구로부터 얻을 수 있는 계발을 통해 우리는 중국적 특색을 가진 사회주의를 건설하고 마르크스주의 철학을 발전시키는 데 기여할 수 있을 것이며, 그럼으로써 세계문명의 건설에 뛰어난 공헌을 하게 될 것이다.

역자 후기

I

올해를 기준으로 4, 5년 사이에 중국철학 및 사상에 관한 많은 서적이 우리말로 번역되었다. 이 기간에 번역된 책은 어림잡아 그 이전에 번역된 숫자를 상회하는 것 같다. 역자는 중국철학 전공자의 한 사람으로서 이러한 현상을 매우 긍정적으로 평가한다. 물론 일부에서 지적하는 바와 같이 졸속 번역에 의한 오역의 우려가 없는 것은 아니지만, 전반적으로 볼 때 이러한 현상은 중국철학 전공자들의 양적 팽창과 그에 따른 수요에서 기인하며 그것은 일반 독자의 인식의 전환을 유도할 것이기 때문이다.

중국철학, 혹은 동양철학 관련 서적의 양적 증가에 대해 이념서적의 퇴조로 나타난 일시적인 기현상이라고 풀이하는 사람도 있다. 그러나 이러한 현상이 오늘에야 뒤늦게 나타난 것이 오히려 기이한 현상으로 보인다. 그것이 긍정적 작용을 했든 부정적 작용을 했든 동양철학은 이 땅에서 일천년 이상의 긴 역사 속에 뿌리 내리고 있으며, 따라서 우리나라를 포함한 동양사회 전반의 역사와 현실을 총체적으로 이해하기 위해서는 간과될 수 없다는 인식이 앞서기 때문이다. 다만 그간 출판된 대부분의 동양철학 관련 번역물이 철학사, 사상사 위주로 구성되어 있다는 점이 아쉬움으로 남는다. 이것은 출판사의 경제적 고려에 힘입은 바 크지만, 또 우리나라 철학의 현주소를 설명해 주는 것이기도 하다.

II

철학이 하나의 보편과학으로서 우리에게 실천적 지표를 제시해 줄 수 있는 학문이라는 점을 승인한다면 동서철학의 구별은 빛을 잃을 것이다. 즉 현재 동서철학의 구분은 과거를 기준으로 나눈 것이지, 현재 우리의 사색이나 실천을 기준으로 나눈 것이 아니기 때문이다. 동양이나 서양할 것 없이 인류의 유산으로서의 철학적 전통은 우리의 사색과 연구의 보조 자료로서는 여전히 유용하지만 그것이 어떤 방식으로든 우리의 문제를 '직접' 해결해 주지 못한다는 것은 명백하다. 사회구조의 변화와는 무관한, '순수철학'은 존재하지 않기 때문이다. 따라서 우리의 철학적 전통에 대한 무관심 못지않게 심각한 문제로 지적할 수 있는 것은 그것에 대한 무비판적 수용 및 교조주의적 맹신이다.

36년의 일제와 40여년의 미국식 프로그램에 따른 식민적 교육으로 말미암아 야기된 전통 유산에 대한 말살과 무관심의 문제는 이제 새삼 거론할 필요도 없지만, 그 문제 못지않게 우리의 전통문화를 왜곡하고 과거의 창고 속에 갇혀 보다 깊은 잠에 빠져들도록 하는 자들은 바로 고색창연한 입심으로 자신의 녹슨 머리와 배짱을 자랑하는 이른바 '향원鄕原' 들이다. 그들은 입만 열면 도덕을 부르짖고 자신들을 제외한 모든 사람들이 부도덕한 사람인 양 도덕교육의 필요성, 특히 봉건적 도덕규범의 부활을 강변한다. 그들에 따르면 현대사회의 문제는 도덕의 타락에서 기인하며, 그 처방으로는 조화와 화해를 근간으로 하는 동양의 '정신'에서 찾아야 한다. 물론 도덕의 아름다움이나 그것의 중요성이 무시될 수 있다는 것은 결코 아니다. 다만 여기서 지적하고 싶은 것은 그들의 도덕결정론적 발언 속에 담긴 시대착오적 처방이 현실의 문제를 해결하는 데 아무런 도움이 안 될 뿐만 아니라, 과거의 철학적 유산으로부터 긍정적 측면을 비판적으로 계승하려는 데 오히려 걸림돌이 된다는 점이다.

　　대부분의 중국철학은 봉건시대의 형성과 함께 탄생되거나 체계화되었다. 따라서 그것들은 봉건적 이데올로기의 선전에 많은 부분을 할애하고 있음도 사실이다. 물론 그러한 체계와 이념에 대하여 비판적 의식을 가진 철학도 없지 않았지만, 그들 역시 봉건적 생산관계를 물적 토대로 삼고 있었기 때문에 일정 정도 한계를 가질 수밖에 없었다. 특히 군신관계로 대표되는 봉건계급 질서의 정당화·절대화는 지배적 이념으로 기능하였던 유교에 부여된 최대의 과제였다. 간단한 예로 공자 이후 초기유가의 대표적인 두 사상체계, 즉 맹자孟子와 순자荀子의 천인관계론을 들 수 있다. 그들은 하늘과 인간의 문제에 있어 전혀 상반된 주장을 하였다. 그러나 이들 대립하는 두 철학사상은 봉건이데올로기의 정립과 선전, 그리고 그것의 효율적 교육이라는 측면에서는 일치한다. 즉 그들은 하늘과 인간을 서로 상반되게 정의하고, 또 그 양자의 관계 역시 서로 다르게 설명하였지만, 그것을 봉건적 윤리강상의 필요성을 증명하는 기본 전제로 복무하게 하였다는 점에서는 동일하다. 우리는 오늘날 우리 주위의 '향원'들의 주장에서 봉건시대 초기유가의 하늘과 인간에 대한 견해, 특히 맹자적 세계관에서 한 걸음도 앞으로 나아가지 못한, 퇴화된 흔적기관痕迹器官의 부활을 발견한다. 진화의 법칙으로부터 소외된 그들의 주장이 동양철학계 전체를 대변하는 것으로 오해되는 것을 경계해야 할 것이다.

Ⅲ

이 책은 현대 중국의 젊은 철학자 풍우馮寓의 저서『天與人』(重慶出版社, 1990)을 우리말로 옮긴 것이다.

　　이 책의 저자 풍우는 1954년 북경에서 태어났다. 그는 북경사범대학 역사학계를 거쳐 중국인민대학에서 석 · 박사 학위를 취득하였으며, 인도 델리대학에서 박사후 과정을 마치고 현재 중국인민대학 철학과 부교수로 재직하고 있다. 그는 중국철학사학회 비서를 역임하였고 '중국 및 동양철학연구소(中國與東方哲學敎硏室)'의 주임으로, 아주철학연합회亞州哲學聯合會 집행위원으로, 일본 비교사상회 회원으로 활발하게 활동하고 있으며, 잡지 『공자연구孔子硏究』와 『Darshana International』(인도에서 발행하는 잡지)의 편집위원이기도 하다. 그는 중국철학 외에 특히 '비교철학'과 '전통문화의 현대화' 등을 주요 연구 과제로 삼고 있다.

철학적 사유의 자료, 혹은 자산으로서 우리에게 주어진 동양철학은 과거의 유산으로만 남아 있기를 거부한다. 그것은 현대 사회에서 새롭게 해석되고 재평가되기를 요구하고 있다. 이러한 요구에 부응하기 위한, 정당한 해석과 정당한 평가를 위한 모색이 중국에서는 오래 전부터 활발하게 진행되어 왔다. 이 책은 그러한 논의와 고민을 통해서 나온 구체적 결실의 하나이다. 그러나 이러한 작업은 아직 토론 과정에 있으며, 따라서 아직 명확한 결론이 나지 않은 것이라는 점에서 이 책이 제시할 수 있는 결론도 한계를 가지고 있음을 독자들은 유념하기 바란다. 저자가 밝히고 있듯이 이 책은 "중국적 특색을 가진 사회주의 정신문명 건설에 이바지하고 세계 문명의 발전에 공헌"하기 위해 '천인관계'라는 특정한 테마를 통해 중국철학의 특징을 밝히고 그 가운데서 '알맹이'와 '찌꺼기'를 구분하려고 시도한다.

이 책은 하늘과 인간을 범주론적 측면에서 전문적으로 다룬 최초의 단일 저작이라는 점뿐만 아니라, '천인합일설'이 중국철학의 주된 특징이라고 하는 일반적인 주장에 강하게 반대하는 점에 그 특징이 있다.*저자는 이 문제에 관하여 이 책의 결론 부분을 담당하고 있는 제9장에서 여러 가지 예를 들어가면서 다각도로 검토하고 있다. 천인합일설에 대한 무비판적 수용 및 지지는, 동양은 정신문명이고 서양은 물질문명이며, 동양은 직관적이고 서양은 논리적·분석적이라는 등의 피상적인 믿음과 궤를 같이 하는 것으로 보인다. 우리나라에서도 중국철학, 혹은 동양철학의 중요한 특징의 하나가 바로 천인합일설에 있다는 무비판적 이해가 많은 지지자를 얻어 가고 있는 점에 비추어 볼 때, 그러한 견해에 이의를 제기해 오던 한 사람으로서 이 책의 출판이 그러한 편견을 수정해 줄 수 있는 계기가 되기를 바란다. 이러한 점에서 이 책은 단순히 중국철학의 안내서 역할에서 벗어나기를 희망한다.

IV

역사상의 중국철학자 중 '하늘(天)'과 '인간(人)'에 대한 논의에 참여하지 않은 사람은 거의 없을 것이다. 중국의 거의 모든 학파, 모든 철학자들이 하늘과 인간의 개념 및 이 양자의 관계를 나름대로 정의하고 설명하였다. 즉 어떤 형식으로 의문을 제기하고 어떤 결론에 도달하였건 간에 이 논의에 참여하지 않은 철학자나 철학사조는 거의 찾아볼 수 없다. 이러한 현상은 비단 중국에 그치는 것이 아니라 우리나라를 비롯하여 중국문화의 영향권에 있던 다른 나라들도 마찬가지였다. 이 책의 저자도 지적하고 있듯이 하늘과 인간은 중국철학사에서 가장 오래된, 가장 대중적인, 그리

---

* 張岱年의 『中國哲學大綱』(中國社會科學出版社, 1982)을 효시로 하여 중국철학에 대한 이른바 범주론적 접근을 시도한 많은 저서들이 출간되었다. 『中國哲學範疇史』(葛榮晋, 黑龍江人民出版社, 1987), 『中國哲學範疇發展史』(張立文, 中國人民大學出版社, 1988), 『中國哲學問題發展史』(方立天, 中華書局, 1990), 『中國認識論史』(姜國柱, 河南人民出版社, 1989) 등이 그 대표적인 것들이다. 이들 책에서는 대체로 하늘과 인간을 하나의 중요한 범주로 설정하여 설명하고 있지만 전문적으로 천인관계만을 다루고 있지는 않다. 또 단일 저작으로 梁慧傑의 『天人關係論』(대만 大林出版社, 1981)이 있지만, 선진시대의 몇몇 철학자나 저술을 중심으로 설명되었을 뿐이어서 천인관계론의 주요 문제와 범주를 중심으로 기술한 이 책과는 구별된다.

고 가장 지속적으로 논의된 범주이다. 따라서 여타의 다른 철학적 범주와는 달리 그것은 중국철학사에서 가장 중요한 지위를 차지하였다고 할 수 있다. 대개 하늘과 인간을 어떻게 정의하느냐에 따라, 그리고 이 양자의 관계를 어떻게 설정하느냐에 따라 철학체계가 달라졌고, 또 서로 다른 철학체계는 이들 개념 및 관계를 서로 다르게 정의하였다. 천인관계론이란 바로 하늘과 인간 및 이 양자의 관계에 대한 논의의 총칭이다.

그러면 중국 고대철학자들은 왜 하늘과 인간 및 그것들의 관계에 대한 문제에 그처럼 열중하였는가라는 물음을 제기할 수 있다. 그것은 바로 중국 고대철학에 있어 천인관계론은 모든 철학적 · 정치적 논의의 전제이고 출발점이었다는 데서 해답을 찾을 수 있을 것이다. 즉 중국 고대철학자들은 천인관계론이라는 총체적 논의 속에서 자연과 인간, 인식과 실천의 문제를 통일적으로 설명하고자 하였다. 따라서 그것은 세계관을 형성하는 중요한 요소, 특히 철학의 근본문제와 관련이 있음을 알 수 있다. 철학의 근본문제란 물질과 의식, 존재와 사유의 관계에 대한 문제이다. 다시 말하면 그것은 물질과 의식, 혹은 존재와 사유에서 어느 것이 규정성을 가지고 있는가, 그리고 인간의 의식은 그것과는 독립적으로 존재하는 객관적 실재를 인식할 수 있는가 하는 문제를 가리키는데, 인식론이 존재에 대한 사고의 관계를 해명하는 데서부터 출발한다는 점에서 철학의 근본문제는 인식론의 근본문제이기도 하다. 중국철학에서 이것과 관련된 것이 바로 천인관계론이라고 할 수 있을 것이다. 즉 천인관계론은 단순히 자연과 인간의 관계만을 다루었던 것이 아니라, 인간과 만물의 기원, 자연과 사회의 운동법칙 및 개인의 내면적 · 사회적 실천의 문제 등을 논의의 대상으로 삼았는데, 그 속에서 인성론, 윤리론, 교육론, 역사론 및 인식론적 문제들은 뚜렷하게 구분되지 않은 채 서로 유기적 연관을 맺고 있다. 중국 고대철학자들은 이러한 총체적 논의로서의 천인관계론 속에서 의식적, 혹은 무의식적으로 세계관의 기초를 이루는 물질과 의식의 문제, 물질적 대상에 대한 인식의 문제까지도 포괄적으로 탐구하였던 것이다. 이것은 오늘날 우리가 중국철학, 혹은 동양철학의 여러 범주들을 연구함에 있어 천인관계론을 우선적으로 검토해야 하는 이유이기도 하다.

V

역자는 이 책을 번역하면서 '천天' 과 '인人'에 대한 적절한 번역어를 찾는 데 많은 어려움을 겪었다. 주지하다시피 이 두 개념, 특히 전자의 경우 매우 복합적인 의미를 가지고 있다는 이유 때문이었다. 따라서 각 문장마다 번역어를 달리 하면서 저자의 의도를 존중할 경우, 전체적인 일관성이 깨질 우려가 있고, 특정한 뉘앙스를 배제한 채 처음부터 끝까지 똑같은 번역어를 사용할 경우에는 저자의 의도가 사라져 버릴 위험성을 안고 있다. 역자는 이 두 가지 방법 가운데 어느 한 가지만 고집하지 않고, 많은 경우 '천'은 '하늘'로 '인'은 '인간'으로 번역하면서, 부분적으로 적절한 번역어(예를 들면 天은 '자연', '천성'으로, 人은 '인위', '인욕' 등)를 사용하였다. 그리고 인용된 고전의 번역에 대해서는 애매모호한 표현과 옛말투를 피하고 과감하게 오늘날 우리가 쓰는 말로 옮기되, 저자와 원전의 의도를 최대한 살리고자 노력하였다.

오역이나 부적절한 표현으로 인하여 독자나 저자에게 누가 되는 부분이 있다면 발견되는 대로 바로잡을 것이다. 선후배 학자들과 독자 여러분들의 애정 어린 충고를 달게 받겠다.

1993. 4. 5.
옮긴이 씀

찾아보기